개념으로 풀어 쓰는 과학

생명 과학 / 화학

1

현대 사회는 점차 선진 기술이 평준화함에 따라 창의성이 더욱 요구되고 있습니다. 창의성 계발은 기초 기본 교육을 근간으로 이루어지기 때문에 선진국들은 이를 교육의 최우선 정책으로 추진하고 있습니다. 우리나라도 융합인재교육(STEAM)을 통하여 미래의 성장 동력을 찾고 있습니다.

재능이 뛰어난 사람으로서, 타고난 잠재력을 계발하기 위하여 특별한 교육을 필요로 하는 학생을 영재라고 합니다. 영재성은 선천적으로 주어지지만, 이를 발달시키기 위해서는 자녀에 대한 부모의 끊임없는 관심과 지원, 창의성 계발을 위한 교수·학습의 기회, 다양한 경험, 풍부한 독서 활동 등과 같은 환경적 요인이 매우 중요합니다.

『개념으로 풀어 쓰는 과학』은 영재 교육 계발에 앞장서 계시는 현장 선생님들이 학교와 대학 부설 영재 교실, 교육청 중심의 영재 학교 등에서 축적한 오랜 경험과 노하우를 한 곳에 모아 집필하였으며, 생명 과학, 화학, 물리학, 지구 과학 분야에서 핵심적인 개념을 이해하기 쉽게 정리한 책입니다.

이 책이 과학에 관심을 가지고 공부하는 학생이나 과학 영재 학교 진학을 목표로 공부하는 학생들에게 큰 도움을 줄 것이라 확신합니다. 모쪼록 교육 현장에서 적극 활용되기를 바랍니다.

저자 일동

이 책의 **구성**

❶ 흥미와 호기심을 가질 수 있는 과학 개념 중에서 가장 중심적인 것으로 구성하였다.

❷ 개념의 사전적인 뜻과 개념의 핵심을 초등학교와 중학교의 과학, 고등학교의 물리, 화학, 생명 과학, 지구 과학 등에서 다루고 있는 개념과 연계하여 간단하게 풀어 설명하였다.

❸ 제시된 기본 개념을 이해하고, 과학적 사고력을 가질 수 있도록 다양한 사진과 함께 쉽게 풀어 썼다.

---

❶ # 소화 기관 Digestive Organ / 消化器官

❷ 입, 식도, 위, 작은창자, 큰창자, 항문 등 소화에 관여하는 기관이다.

우리 몸의 소화 기관

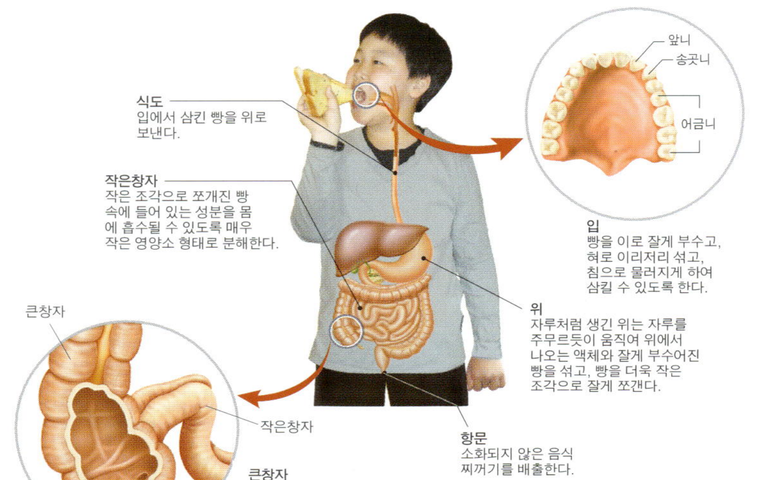

❸ **소화를 도와주는 기관**

우리 몸에서 소화를 도와주는 기관에는 간, 쓸개, 이자 등이 있다. 간에서는 소화를 돕는 액체인 쓸개즙을 만든다. 쓸개즙에는 소화 효소가 없지만 지방의 소화를 돕는다.
쓸개는 간에서 만드는 쓸개즙의 저장 장소이다. 쓸개즙은 십이지장으로 분비된다.
이자는 탄수화물을 분해하는 아밀레이스, 단백질을 분해하는 트립신, 지방을 분해하는 라이페이스 등과 같은 소화 효소가 들어 있는 이자액을 분비한다.

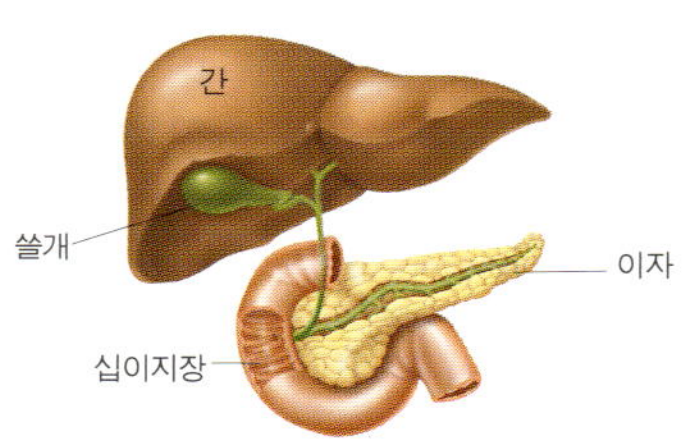

○ 간, 쓸개, 이자, 십이지장

❹  더 나아가기

유리는 액체일까, 고체일까

유리의 제련 과정을 보면 마치 액체처럼 흘러내리고 넣는 용기에 따라 모양과 부피가 달라진다. 하지만 제련 후 굳게 되면 모양과 부피가 일정한 상태가 된다. 유리는 높은 열로 가열하면 액체와 같은 성질을 나타내기도 하고, 굳어 있을 때는 고체의 성질을 나타내는 까닭은 결정의 배열이 규칙적이지 않기 때문이다. 분자의 배열이나 유동성을 볼 때 유리를 과냉각 상태의 액체라고 보는 시각도 있고 불규칙한 결합을 가진 고체라고 보는 시각도 있다.

이렇게 액체와 고체를 어떻게 정의하느냐에 따라 유리의 분류가 달라질 수 있지만, 중요한 것은 그만큼 유리가 독특하고 중요한 물질이라는 것이다.

❹ 개념과 관련되는 재미있거나 일상생활에서 적용되는 곳, 개념에 대한 TIP, 용어 풀이, 관련된 과학자 등을 다루어 개념에 친근할 수 있도록 하였고, 탐구 실험과 자유 탐구는 실험 과정을 통해 개념을 이해할 수 있도록 하였다.

 더 나아가기  용어 풀이  과학자  개념에 대한 TIP  IF
 자유 탐구  탐구 실험  실생활  FUN  세계 데이터

❺ 『개념으로 풀어 쓰는 과학』 안의 여러 가지 내용을 가, 나, 다 순서로 정리하여 쉽게 찾아볼 수 있도록 하였다.

INDEX

❺ 찾아보기

이 책의 **차례**

생명 과학
BIOLOGY / 生命科學

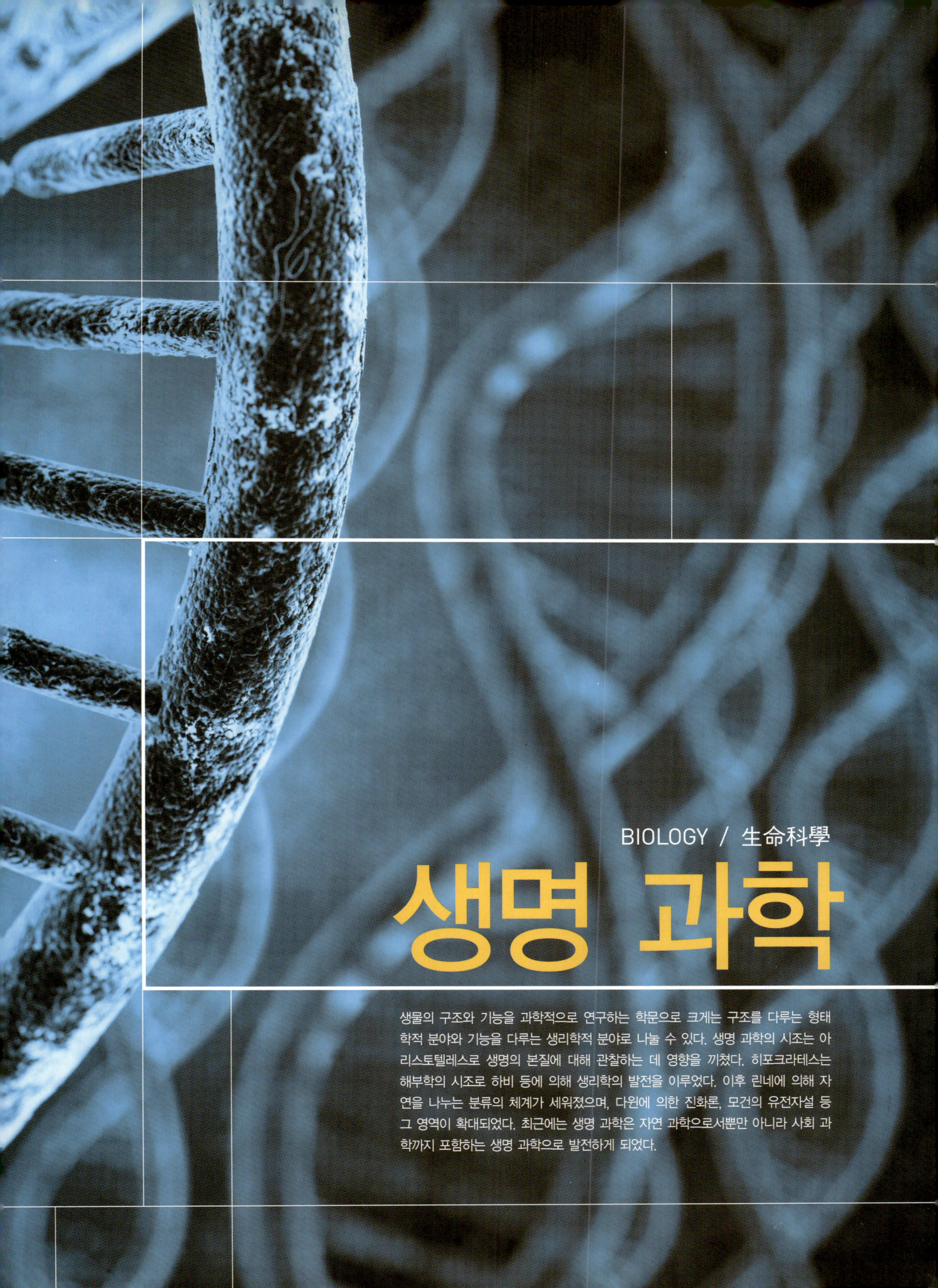

생명 과학

생물의 구조와 기능을 과학적으로 연구하는 학문으로 크게는 구조를 다루는 형태학적 분야와 기능을 다루는 생리학적 분야로 나눌 수 있다. 생명 과학의 시조는 아리스토텔레스로 생명의 본질에 대해 관찰하는 데 영향을 끼쳤다. 히포크라테스는 해부학의 시조로 하비 등에 의해 생리학의 발전을 이루었다. 이후 린네에 의해 자연을 나누는 분류의 체계가 세워졌으며, 다윈에 의한 진화론, 모건의 유전자설 등 그 영역이 확대되었다. 최근에는 생명 과학은 자연 과학으로서뿐만 아니라 사회 과학까지 포함하는 생명 과학으로 발전하게 되었다.

생명체 Organism / 生命體

생명이 있는 물체를 말하며 지구 상에는 동물, 식물 외에 다양한 생명체가 존재한다.

세포

사람, 뱀장어, 해바라기 등은 겉모양은 완전히 다르지만 모두 세포들이 질서 있게 모여 조직을 이루며, 조직은 기관과 기관계를 이루고 있다.
단세포 생물인 짚신벌레는 세포 한 개로 이루어져 있다. 세포는 생명 유지에 필요한 모든 활동이 일어나는 생명체의 기본 단위이다.

🔺 세포
생명체의 기본 단위

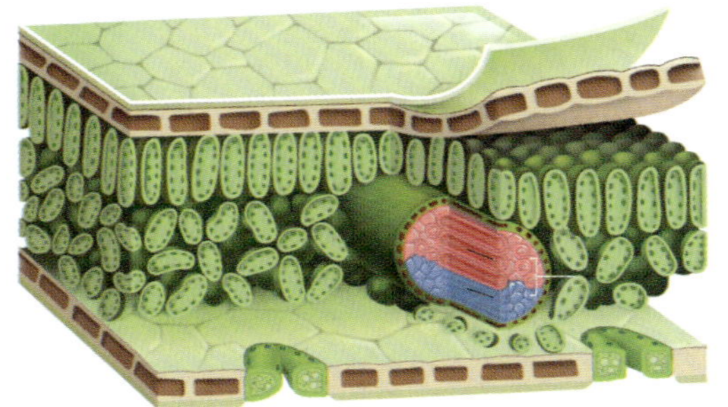

🔺 조직(잎)

🔺 식물 기관

에너지 사용과 물질대사

생명체는 주위 환경으로부터 자신에게 필요한 물질을 흡수한다. 흡수한 물질을 이용해 자신에게 필요한 물질을 합성하기도 하고, 또는 물질을 분해하면서 그로부터 생명 활동에 필요한 에너지를 얻는다. 또 물질을 합성하거나 분해하는 과정에서 생긴 부산물이나 노폐물을 배출하기도 한다. 이렇게 생명체가 자신의 생명 유지를 위해 진행하는 모든 과정을 물질대사라고 한다.

물질대사에는 동화 작용과 이화 작용이 있는데, 동화 작용은 간단한 물질을 복잡한 물질로 합성하는 과정이고, 이화 작용은 복잡한 물질을 간단한 물질로 분해하는 과정이다.

식물이 물과 이산화 탄소를 이용하여 양분을 만들어 내는 광합성은 동화 작용의 예이고, 유기물을 분해하여 에너지를 얻는 호흡은 이화 작용의 예이다.

항상성

주위 환경의 변화를 자극이라고 하는데, 생물은 자극에 대하여 적절한 반응을 하며 체내의 환경을 일정하게 유지하는데, 이러한 성질을 항상성이라고 한다.

예를 들어, 추운 겨울날 소변을 보고 나면 저절로 몸이 떨리는 것은 몸 안에서 따뜻한 물이 밖으로 방출되어 체온이 급격히 내려가게 되는 것을 운동을 통해서 방지하기 위한 신체 반응이다. 즉, 열의 방출을 회복하여 체온을 일정하게 유지하기 위한 항상성의 일종이라고 볼 수 있다.

하지만 추운 겨울철 밖에 세워 둔 자동차는 스스로의 온도를 유지하기 위해 어떤 반응도 하지 않는다. 차 내부의 온도를 높이기 위해 히터를 작동하는 것은 사람의 조작을 통해 가능한 것이기 때문에 자동차를 생명체라 부를 수 없다.

생식과 유전

생식이란 생물 개체가 자기와 같은 종류의 새로운 생물 개체를 생산하는 현상으로, 이러한 생식에 의해 연속적으로 생기는 각 개체는 각각 하나의 세대를 형성한다.

어느 세대의 개체와 그것에 의해 생산된 다음 세대의 개체는 반드시 모양이 같지는 않지만, 일정한 세대를 거친 다음에는 모양이 같은 개체가 나타난다. 생식은 크게 무성 생식과 유성 생식으로 나뉜다.

생식을 통해 새로 태어난 개체는 어버이로부터 형질을 이어받게 된다. 이와 같이 어버이의 형질이 자손에게 전달되는 현상을 유전이라고 한다.

FUN

지구 최초의 생명체, 원핵생물

지구 최초의 생명체는 원핵생물이다. 원핵생물이란 핵막이 없는 원핵 세포로 되어 있는 생물을 말한다. 원핵생물은 약 30억 년 동안 살아온 생명체로서 지구에 생겨난 최초의 생명체이다. 오늘날 지구 상에서 관찰되는 원핵생물로는 세균류와 남조류가 있으며 모두 단세포 생물이다.

원핵생물은 우리의 눈에는 잘 보이지 않는 생물이지만 지구 생물권의 필수적인 집단으로서, 생태계에서 매우 중요한 반응들을 수행할 뿐만 아니라 대기권의 중요한 구성 성분인 산소를 만들어 내기도 하고 유전적인 다양성을 증가시키는 데 기여하기도 한다.

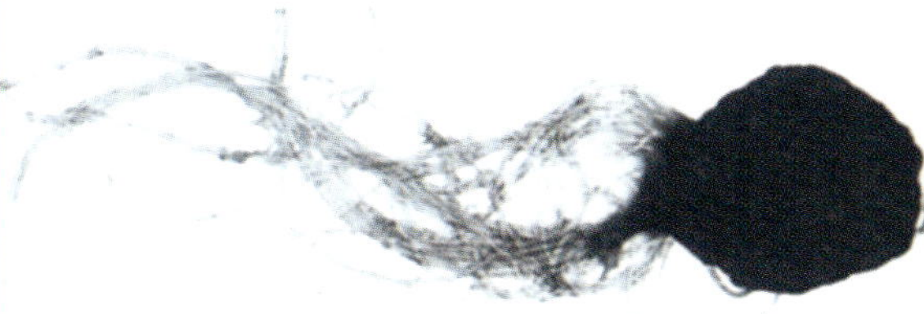

🔺 메테인 생성균
가장 흔한 고세균으로 습지, 진흙, 지하 암석, 동물의 소화관 등에서 발견된다.

발생과 생장

세균이나 아메바와 같은 단세포 생물은 무성 생식을 하지만, 유성 생식을 하는 동식물은 수정란이 세포 분열을 하면서 기관을 형성하고 개체를 이루는 발생에 의해 새로운 개체가 된다.

예를 들어 울기만 하던 아이가 몇 년이 지난 후 걸으며 말도 하는 모습을 볼 수 있다. 이러한 변화는 생물체를 이루고 있는 세포의 수가 많아져서 생물체의 크기가 커지거나 무게가 증가하는 생장을 통해 가능하다.

발생과 생장은 몸이 자라는 것뿐만 아니라 몸의 구조가 복잡하게 분화하여 완전한 개체가 되는 것을 의미한다.

적응과 진화

생물체는 외부 자극(빛, 온도, 중력, 소리 등)에 대해 즉각적으로 반응한다. 빛에 따라 홍채의 크기가 변화하며 어떤 물체가 몸 쪽으로 다가오면 피하거나 잡는다. 생물체가 오랜 시간에 걸쳐 환경에 반응하여 형태, 기능, 습성 등을 변화시키는 현상을 적응이라고 한다. 예를 들어, 사막에 사는 여우와 북극에 사는 여우는 서로 다른 특징을 가진 것을 알 수 있다. 이는 다른 환경 속에서 살아가기 위한 생물체의 대표적인 적응과 진화 과정이라고 할 수 있다.

🔺 북극여우
귀가 작고 몸집이 커서 열의 손실을 줄일 수 있다.

🔺 사막여우
귀가 크고 몸집이 적당히 마른 편이다.

생물의 분류 Classification / 分類

개체를 대상으로 하여 종을 구별하고 같은 특징을 지닌 집단을 종류에 따라 나누어 놓은 것이다.

칼 리처드 워즈의 생물 분류

학교에서 공부하는 과목은 성격에 따라 국어, 수학, 영어, 과학, 사회 등으로 분류한다. 마찬가지로 지금까지 보고된 생물 약 170만 종을 생물의 형태와 구조, 생식 발생 등의 비슷한 점과 다른 점에 따라 분류할 수 있다.

1977년 미국 일리노이 대학의 칼 리처드 워즈 등이 생물을 3개의 영역과 6가지 생물계로 분류하였는데, 이러한 분류 체계는 생물학에서 현재 많이 사용하고 있다. 하지만 생물의 분류 체계는 학자, 그리고 시대에 따라 다르며, 지금도 다양한 생물이 발견되고 있기 때문에 분류 체계는 변할 수 있다.

고세균을 처음 정의한 칼 리처드 워즈

미국의 미생물학자이며 생물리학자인 칼 리처드 워즈(Woese, Carl Richard: 1928~2012)는 1977년 리보솜 RNA의 계통 분류를 통해 새로운 분류군인 고세균을 처음 정의한 것으로 알려져 있다.

또한 1977년 RNA 체계 가설을 처음 주장한 것으로 유명하다.

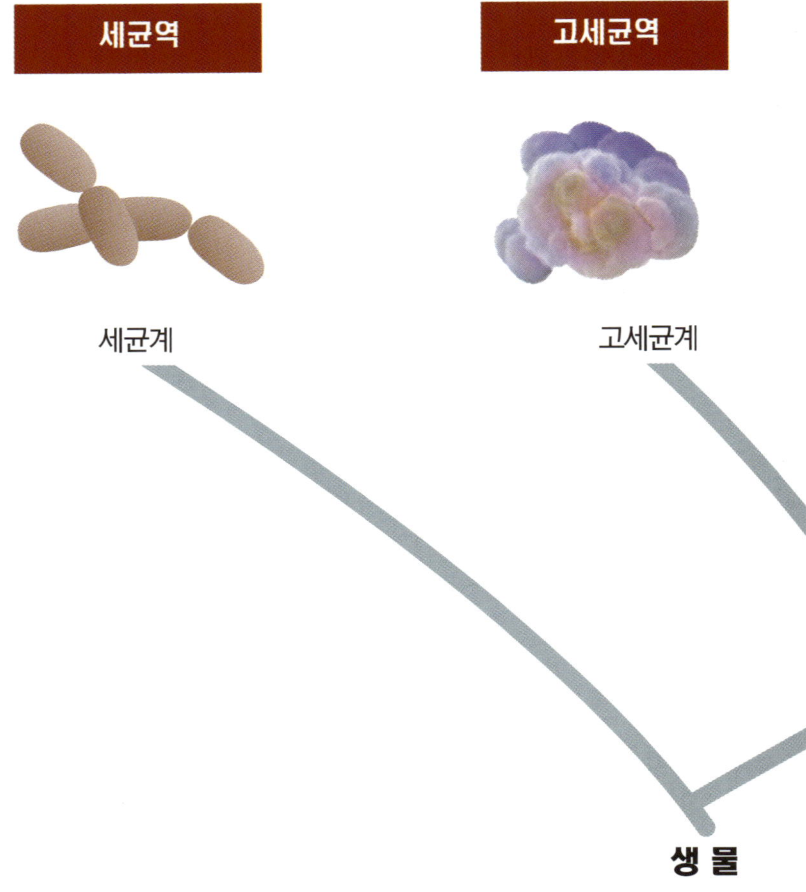

세균역 Bacteria

세포 소기관을 가지지 않은 대부분의 원핵생물이 여기에 속하며, 원핵생물에 속하지만 고세균과는 다른 계를 이루고 있다.

현재의 세균류는 지구 상에 최초로 번성한 생물군이 살아남은 것이며, 오늘날 세균류가 다양한 작용을 하는 것은 환경 변화에 적응하면서 생화학적 진화를 한 것이라고 볼 수 있다. 세균은 핵막이 없으며, 세포벽은 탄수화물과 아미노산으로 이루어진 매우 얇은 막이다.

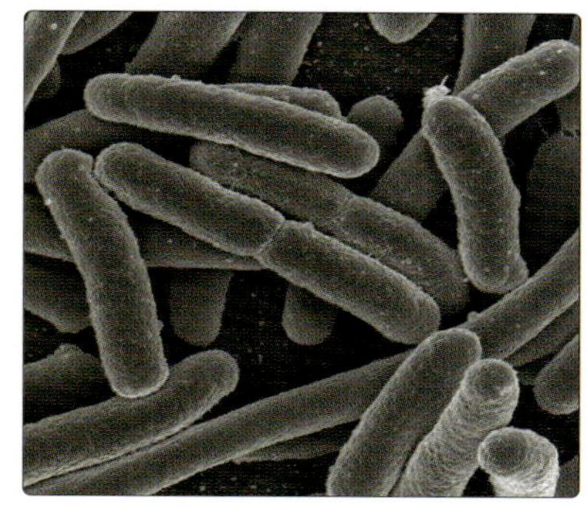

▲ 대장균

고세균역(원시세균) Archaea

원핵생물의 한 부류로 일부 특성은 세균과 닮아 있고, 일부는 진핵생물과 닮아 있다. 핵이 존재하는 진핵생물과 다르게 핵이 없다.

고세균 중에는 다른 생물이 살 수 없는 환경에서 사는 종류가 있다. 예를 들면 소금 농도가 매우 높은 곳, 황이 풍부한 화산 온천, 대서양 중앙 해령의 뜨거운 물이 분출하는 곳 등에서 다른 생물은 생존하기도 어렵지만 고세균은 살 수 있다.

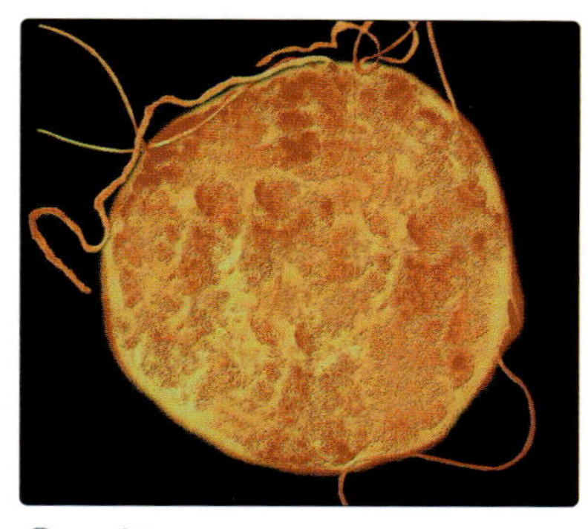

▲ 고세균

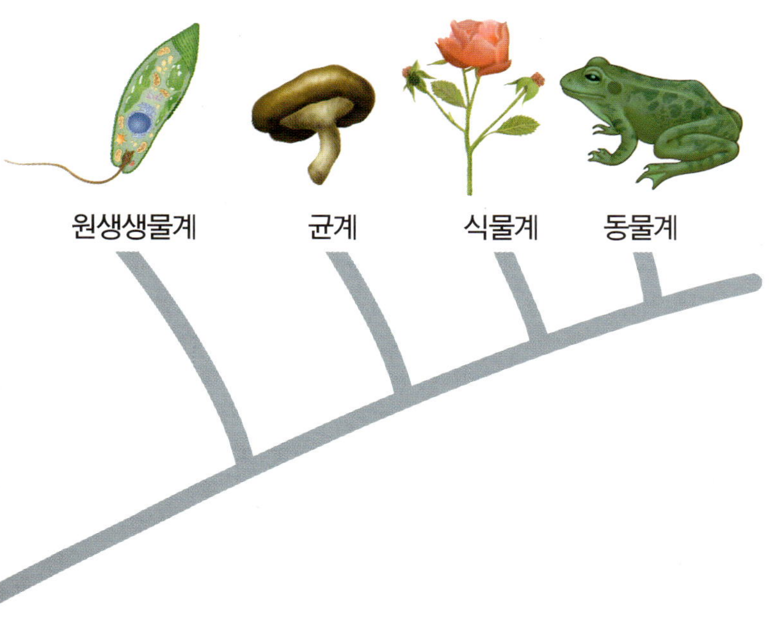

진핵생물역 Eukaryota

진핵생물은 원핵생물과 달리 세포 내에 핵과 막으로 둘러싸인 미토콘드리아나 골지체와 같은 소기관이 있다. 진핵생물에는 원생생물계, 균계, 식물계, 동물계가 포함된다.

원생생물계는 대부분 단세포이며 대표적인 예로 아메바, 짚신벌레 등이 있고, 균계는 다세포로 이루어져 있으며 주로 동물이나 식물, 썩는 물질에서 양분을 얻어 자라며 효모, 곰팡이, 버섯 등이 여기에 속한다.

식물계는 다세포 생물이며 광합성을 하여 스스로 양분을 만든다. 동물계 역시 다세포 생물이지만 식물과 달리 광합성을 하지 못하여 다른 생물을 먹고 살아간다.

원핵생물 Prokaryote / 原核生物

원핵 세포로 이루어진 단세포 생물로 핵이나 다른 막으로 구성된 세포 소기관을 가지고 있지 않다.

지구 관리인, 원핵생물

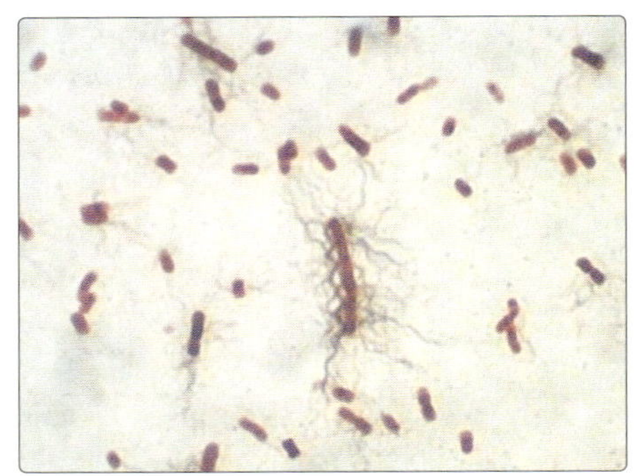

▲ 육류를 부패시키는 프로테우스 불가리스균

만약 지구 상의 모든 동물과 식물이 멸망하더라도 미생물은 계속 살아남을 수 있다. 반면, 모든 원핵생물이 사라진다면 나머지 생물들은 살아남을 수 없다. 지구의 시스템을 유지하기 위해 필수적인 생물들인 원핵생물은 지구 상에 출현한 최초의 생물 형태이다.

지구는 중력으로 인해 외부의 물질이 들어오기 어렵고, 내부의 물질 역시 빠져나가기 어렵다. 이러한 지구 상에 새로운 생명이 나타나고 살아가기 위해서는 물질의 재사용, 즉 생물을 형성하는 유기물과 무기물 사이에서의 물질 순환 과정이 필수적인데 이는 주로 원핵생물에 의해서 이루어진다. 원핵생물의 수를 정확히 알 수는 없지만 최소 5×10^{30} 이상 지구 상에 존재하는 것으로 추측하고 있다.

원핵생물이 사는 환경

많은 사람들은 원핵생물 즉, 세균을 사람에게 병을 일으키는 병원성 미생물로 생각한다. 하지만 실제 세균 중, 사람이나 동물의 내부 또는 외부에 서식하는 종류는 전체의 1% 미만이며, 식물 역시 마찬가지이다.

원핵생물이 사는 환경은 매우 다양해서 암석의 내부, 빙산, 온천 등에서 관찰할 수 있다.

우리가 알고 있는 원핵생물에 대한 지식은 극히 일부의 종을 실험실에서 배양해서 얻은 것이다. 따라서 현재의 과학 기술로 배양할 수 있는 원핵생물의 종류는 일부에 불과하다.

FUN

원핵생물은 필요악

원핵생물 중에는 결핵이나 콜레라와 같은 병을 일으키는 세균도 있지만, 병원균은 원핵생물 중 얼마 되지 않고, 대부분은 우리의 삶에 꼭 필요한 미생물들이다. 원핵생물은 물속과 공기 중으로 산소를 방출하는 데 도움을 주며, 어떤 박테리아는 공기 중의 질소를 식물이 흡수하고 사용할 수 있는 상태로 바꾸어 주기도 한다.

또한 지구 상의 죽은 생물체를 분해하는 역할도 한다. 원핵생물이 없다면 진핵생물도 살아갈 수 없다. 하지만 진핵생물이 사라지는 것과 상관없이 수십억 년 동안 그랬던 것처럼 원핵생물은 계속 존재할 것이다.

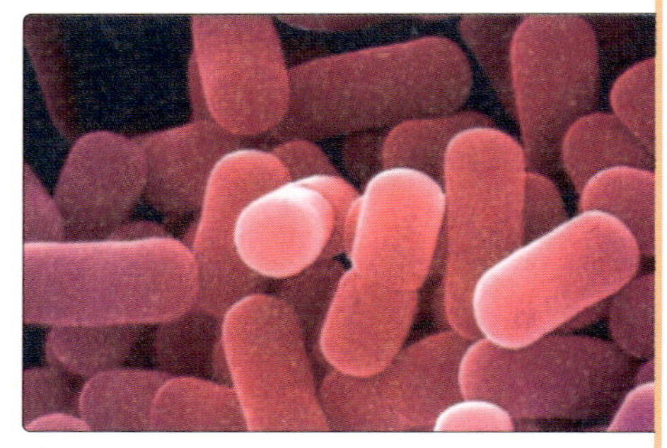

▲ 간균(세균)

원핵 세포와 진핵 세포의 구조

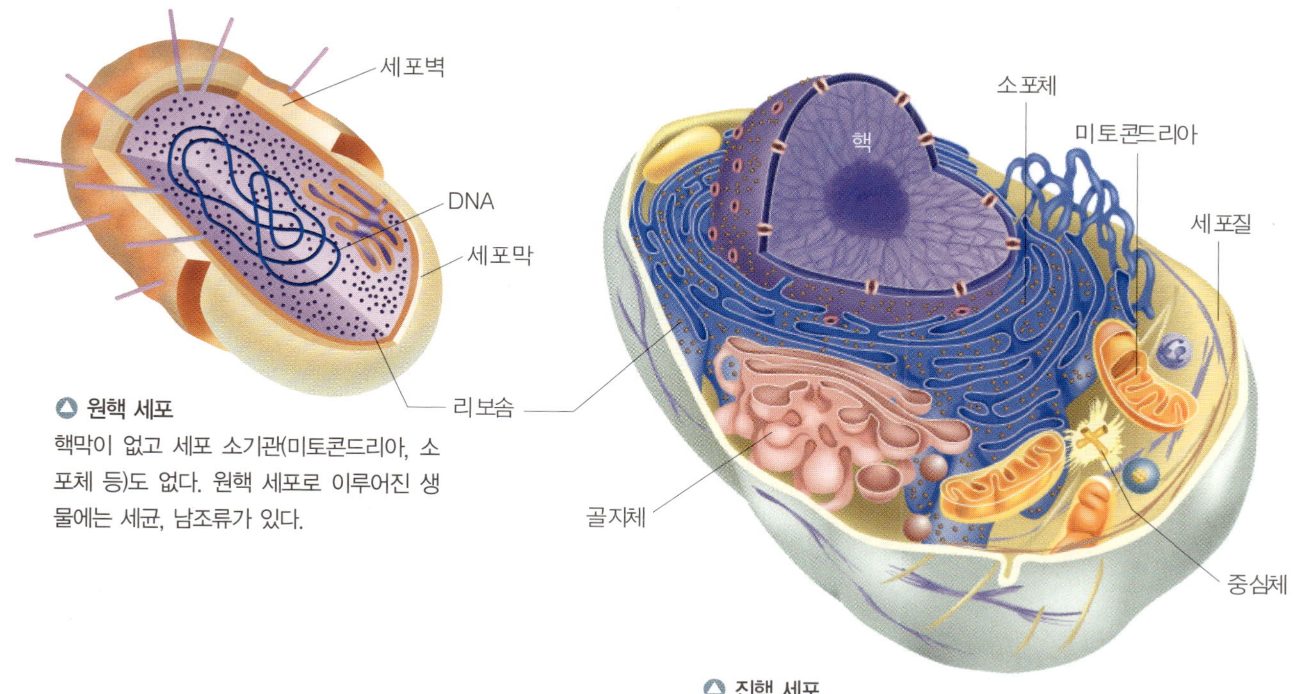

🔺 **원핵 세포**
핵막이 없고 세포 소기관(미토콘드리아, 소포체 등)도 없다. 원핵 세포로 이루어진 생물에는 세균, 남조류가 있다.

🔺 **진핵 세포**
핵막이 있고 세포 소기관(미토콘드리아, 소포체 등)도 있다. 진핵 세포로 이루어진 생물에는 동물, 식물이 있다.

세균과 고세균

세균은 크기가 보통 1~5 μm로 광학 현미경으로도 구조를 자세히 관찰할 수 없을 정도로 작지만, 그 수가 많고 지구 상의 모든 곳에 분포한다.

고세균은 0.2 μm 크기의 매우 작은 단세포 미생물로서 원핵생물이지만 세균과 다른 특징을 가지고 있고, 일부는 진핵생물과 비슷하다. 고세균은 매우 다양한 환경에서 살며, 세균보다 진핵생물과 가깝지만 세균과 유사한 특징도 많이 갖고 있다.

특징	세균	고세균	진핵생물
핵막	없다.	없다.	있다.
막으로 된 세포 소기관	없다.	없다.	있다.
인트론(비암호화 유전자)	거의 없다.	일부 있다.	있다.
원형 염색체	있다.	있다.	없다.
세균과 고세균의 공통점	• 핵이 존재하지 않는다. • 막으로 된 세포 소기관이 없다.		
세균과 고세균의 차이점	• 고세균은 세균과는 다른 rRNA와 tRNA 염기 서열을 나타내며 다른 종류의 리보솜 단백질을 가지고 있다. • 고세균은 세균과는 다른 세포벽 구성 성분을 가지고 있다. • 고세균은 일부의 세균에서는 찾아볼 수 없는 직사각형 형태도 있다.		

바이러스 Virus

세포 구조를 갖추지 못한 생물과 무생물의 중간 단계로 살아 있지 않으며, 아주 작은 전염성의 병원체이다.

바이러스의 발견

1892년 러시아 식물학자인 이바놉스키(Ivanovsky, Dmitry Iosifovich: 1864~1920)는 담배 식물 잎의 성장을 방해하고 반점을 일으키는 질병을 연구하면서 질병을 일으킨다고 생각되는 세균을 분리하기 위해 여과기에 손상된 잎과 건강한 잎을 통과시켰다. 그러나 여과기를 통과한 손상된 잎과 건강한 잎의 추출물이 모두 동일하게 감염되는 현상을 보였다. 비록 원인을 밝히지 못했지만 이바놉스키는 여과기를 통해 빠져나간 무언가가 담뱃잎을 감염시킨다고 생각했다.

1895년 독일의 식물학자 바이제링크(Beijerinck, Martinus)는 이바놉스키의 실험을 다시 진행하여 바이러스라는 이름을 붙였다. 바이러스는 라틴어로 '독'이라는 뜻이다.

🔺 이바놉스키

바이러스의 특징과 종류

바이러스는 세균처럼 아주 작은 미생물이고 전염병을 일으키긴 하지만, 여러 면에서 세균과는 전혀 다른 생명체이다. 바이러스는 생명체 밖에서는 아무런 활동을 하지 못하는 무생물과 같지만, 생명체 안에 들어오면 다른 살아 있는 생명체와 같이 왕성한 생명 활동을 보여 준다. 바이러스는 살아 있는 특수한 숙주 세포 안에서만 발달한다.

바이러스는 세포에 비해 매우 단순하게 이루어져 있으며, 크기는 0.01~0.2 μm 정도로 세포에 비해 훨씬 작기 때문에 전자 현미경으로만 관찰이 가능하다.

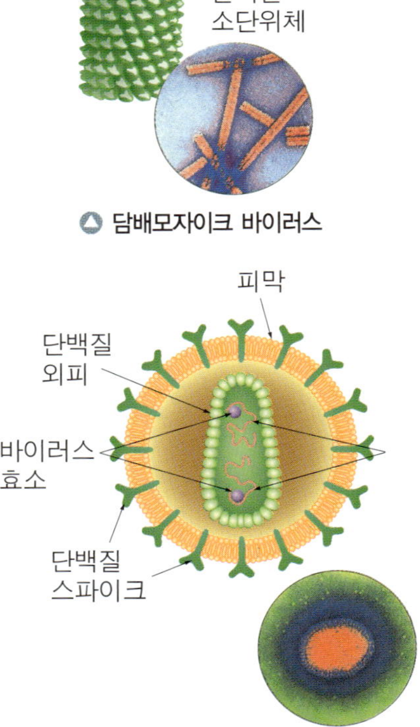

🔺 담배모자이크 바이러스

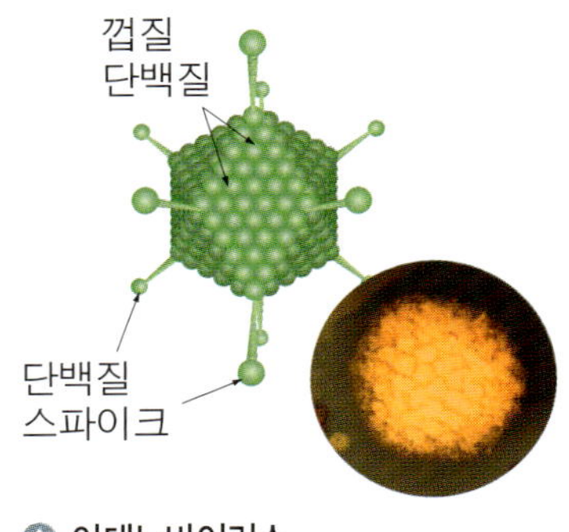

🔺 아데노바이러스

🔺 피막바이러스(HV)

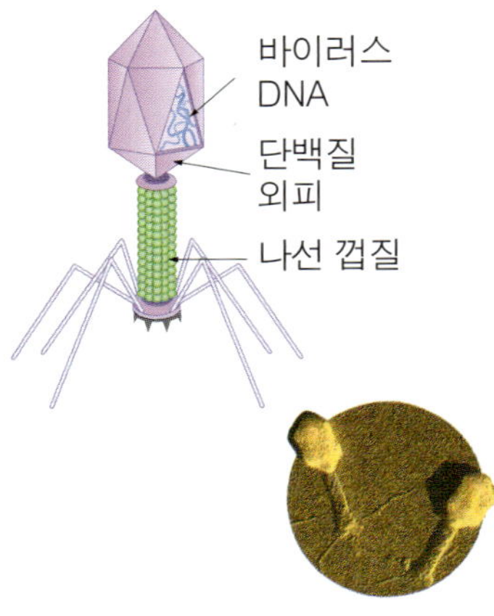

🔺 T-박테리오파지

바이러스의 증식

바이러스는 살아 있는 숙주 세포 내에서 증식한다. 바이러스의 유전 물질은 숙주 세포의 기능을 이용하여 수백만 개의 새로운 바이러스로 증식한 후 세포를 파괴하거나 세포 면에서 떨어져 나와 숙주 세포를 떠나게 된다.

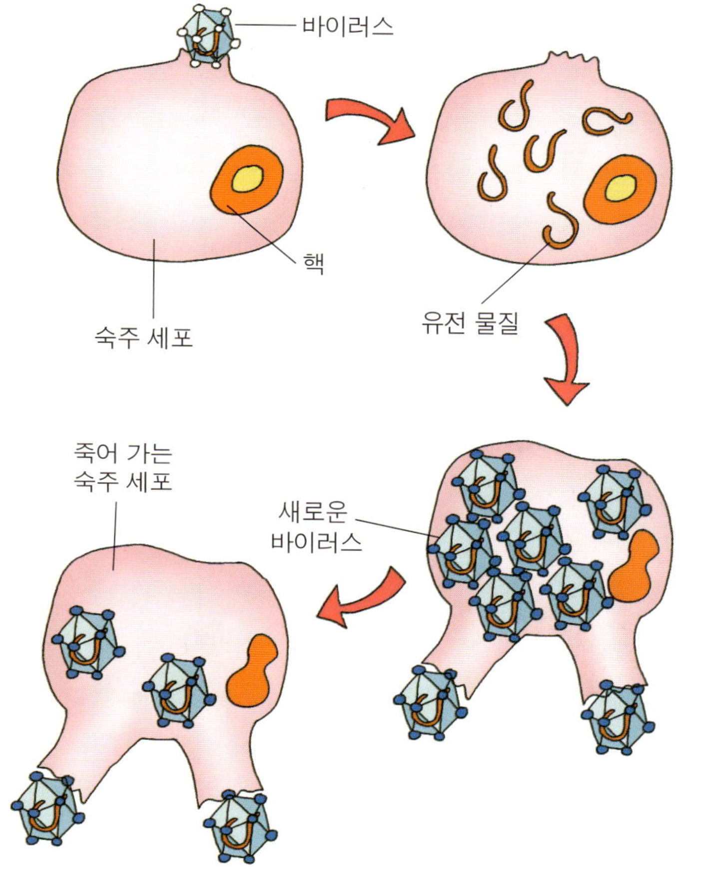

바이러스 백신

백신은 일종의 가짜 병균이라고 볼 수 있는데, 백신을 인체에 넣어 주면 진짜 병균으로 생각하여 몸 안에서 방어 체계를 가동시키기 때문에 진짜 병균이 몸에 침투해도 맞서 싸울 수 있다.

플루엔자 바이러스의 경우 예방 백신을 맞으면 60~90% 예방이 가능하다. 현재 예방 접종이 효과적으로 시행되고 있는 바이러스 질환으로는 홍역, 풍진, 유행성 이하선염, 소아마비, 일본 뇌염, 인플루엔자, B형 간염, 광견병 등이 있다.

하지만 바이러스 감염 질환의 치료는 아직 초기 단계에 머물고 있다. 실제로 지금까지 개발된 항바이러스제는 모두 바이러스의 증식을 억제할 뿐 잠복해 있는 바이러스를 직접 죽이진 못한다. 백신을 개발했다고 해도 새로운 돌연변이를 상대해야 하기 때문에 바이러스를 정복한다는 것 자체가 불가능한 일인지도 모른다. 가장 오래된 바이러스 중 하나인 감기의 치료제 개발이 늦어지는 것도 그런 이유 때문이다.

대한민국을 공포에 몰아넣은 메르스

2015년 대한민국은 바이러스 공포에 빠졌다. 중동 호흡기 증후군(Middle East Respiratory Syndrome) '메르스' 때문이다.

메르스는 중동에서 발생한 급성 호흡기 감염증으로 메르스 코로나바이러스가 원인이다. 메르스에 감염될 경우 발열, 기침, 호흡 곤란 등의 일반적인 호흡기 증상 외에 메스꺼움, 구토, 설사 등과 같은 증상이 나타난다. 메르스 바이러스는 2 m 이내에서 기침, 재채기를 할 경우 나오는 분비물을 통해 전염된다.

메르스를 예방하기 위해서는 사람이 많은 장소를 피하고, 비누로 손을 자주 씻어야 한다.

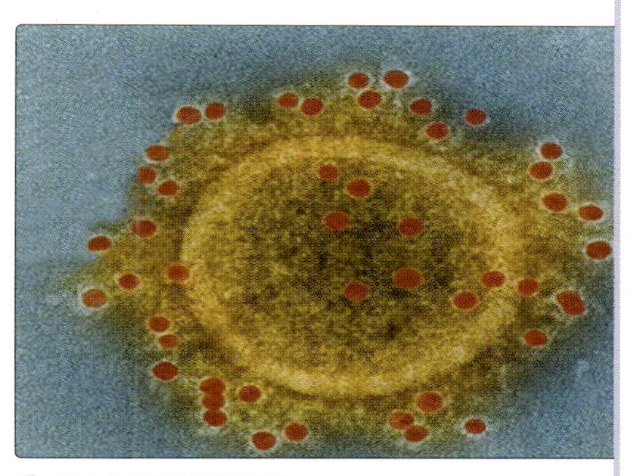

△ 메르스 코로나바이러스

원생생물 Protista /原生生物

단세포 진핵생물로 핵을 가지고 있는 생물 중 가장 단순한 종류이다. 핵과 세포질, 원형질막이 기본 구조이지만 세포벽을 가지고 있는 것도 있다.

원생생물

원생생물은 균계, 식물계, 동물계 중 어디에도 속하지 않는 진핵생물 무리이다. 원생생물의 대부분은 단세포 생물이며 주로 물속에서 생활한다. 생식 방법이 다양하여 무성 생식만 하는 것도 있고, 무성 생식과 유성 생식을 번갈아 가면서 하는 것도 있다. 원생생물은 동물처럼 먹이를 섭취하는 원생동물, 식물처럼 광합성을 하는 조류, 균류처럼 유기물을 분해하여 흡수하는 점균류와 물곰팡이류(난균류)로 나눌 수 있다.

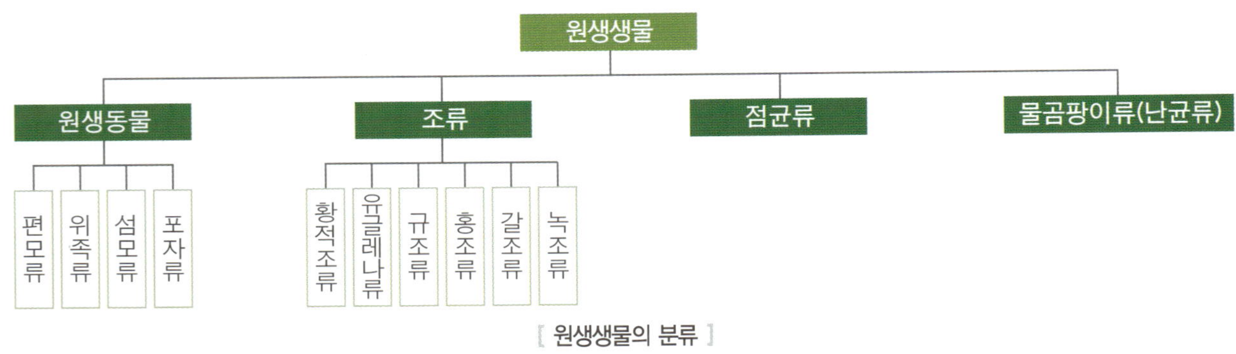

[원생생물의 분류]

원생생물의 생태적 역할

대부분의 원생생물은 물속에서 생활하며 다른 종과 공생 관계를 형성한다. 산호초를 구성하는 산호 폴립은 와편모조류(쌍편모조류)의 일부를 몸 안으로 받아들여 공생을 하는데, 와편모조류는 산호 폴립에 영양분을 제공한다. 바다의 한가운데에 발달된 산호초는 해양의 다양한 생물체에게 서식지와 피난처 및 짝짓기에 매우 중요한 역할을 한다. 와편모조류는 적조의 원인이 되는 플랑크톤성의 조류로 적황색 계통의 색소를 가지고 있다.

원생생물 중 악명이 높은 것으로 말라리아를 일으키는 열원충이 있는데, 모기를 통하여 전염되며 현재 치료가 어려운 질병이다. 원생생물은 전체 진핵생물의 대부분을 차지할 만큼 많고 그 종류도 다양하다.

더 나아가기

적조 현상

적조는 인이나 질소 따위를 함유하는 더러운 물이 호수나 강, 바다 등에 흘러들어, 적황색 계통의 색소를 가지고 있는 플랑크톤인 와편모조류가 급격하게 증가하여 붉은색 계통의 색깔을 띠는 현상이다.

적조 현상은 다음과 같은 결과를 가져온다, 첫째, 적조 현상을 일으키는 플랑크톤이 독소를 낸다. 그 독소는 수중 생물과 인간에게 치명적인 위협을 준다. 둘째, 풍부한 영양 물질을 분해하려는 미생물의 양이 함께 증가하여 분해 과정에서 산소가 많이 소모되므로 물고기가 떼죽음을 당하는 현상이 발생한다.

적조 현상은 우리나라 남해안 지역에서 자주 발생한다.

🔵 적조 현상이 나타난 바다

대표적인 원생생물

구분		특징	
원생동물	아메바 (위족류)	귓불 또는 튜브 모양의 위족을 사용해서 작은 조류나 박테리아들을 삼켜서 영양을 얻는다. 단세포 생물이며 다른 생물을 먹이로 하는 종속 영양 생활을 한다. 일부 아메바는 사람에게 알레르기를 일으키기도 한다. 바닷물에 사는 유공충, 방산충, 태양충도 위족류에 속한다.	
	짚신벌레 (섬모류)	몸 표면을 덮고 있는 수천 개의 섬모가 특징이다. 깔때기 모양의 입 부위를 따라 난 섬모가 먹이(주로 세균)를 세포의 움푹 파인 곳으로 이동시킨다. 단세포 생물로는 매우 뚜렷한 수축포를 가진다. 수축포는 동물의 방광과 비슷한 역할을 한다. 나팔벌레, 종벌레 등도 섬모류에 속한다.	
	말라리아 병원충 (포자류)	포자류는 기생 생활을 하여 식포나 운동 기관 등이 퇴화하였고 포자로 번식한다. 말라리아 병원충은 적혈구에 들어가 적혈구를 파괴하여 말라리아를 일으키는 생물이다.	
조류	실패돌말 (규조류)	규조류는 지구 상에서 가장 중요한 식물성 플랑크톤의 하나이다. 또한 단세포 생물로 지구상에서 가장 종수가 많은 생물 중 하나로 광합성을 하여 수중 생태계의 주요 생산자 역할을 한다. 규조류는 흔히 돌말이라고 부르며 뿔돌말, 깃돌말 등도 규조류에 속한다.	
	유글레나 (유글레나류)	연못에서 흔히 발견되는 연두색의 단세포 생물로 연두벌레라고도 한다. 세포의 앞부분에 1개 또는 2개의 편모가 나오는 주머니가 있다. 안점을 통해 빛을 감지하고 빛 쪽으로 이동할 수 있다. 대부분 혼합 영양 생물로 빛이 있으면 광합성을 하지만 빛이 없으면 주위로부터 유기물을 흡수하는 종속 영양 생물이다.	
점균류	털먼지 곰팡이	점균류는 썩은 나무 같은 곳에서 아메바처럼 위족을 내어 이동하면서 먹이를 먹고 성장하다가, 이 시기가 지나면 건조한 곳으로 이동하여 포자낭을 형성하고 포자를 만든다. 털먼지곰팡이, 자주먼지곰팡이 등이 점균류에 속한다.	
물곰팡이류 (난균류)	물곰팡이	물곰팡이도 한때는 색소체를 가졌을 것으로 생각되지만 지금은 퇴화하여 광합성을 할 수 없다. 주로 죽은 생물을 분해해서 영양을 얻거나 살아 있는 다른 세포 몸속에 들어가서 산다. 대부분의 물곰팡이는 주로 민물에 서식하며, 죽은 조류와 동물의 표면에 솜뭉치 모양으로 자라는 분해자이다.	

균계 Fungi /菌界

엽록소가 없어 기생 생활을 하는 종속 영양 생물로서 유기물을 분해하여 영양분을 흡수한다.

균계

예전에는 곰팡이류와 버섯류를 식물로 분류하였지만, 최근에는 이들을 식물계에서 분리하여 별도의 균계로 분류한다. 균류는 다세포 생물이면서 키틴 성분으로 이루어진 세포벽을 가지며 엽록소가 없고, 몸이 많은 균사로 이루어져 있어 포자로 번식한다. 주로 죽은 동식물의 몸에 붙어 기생 생활이나 공생 생활을 하여 생태계에서 분해자 역할을 한다. 균계는 생식 방법에 따라 접합균류, 자낭균류, 담자균류로 분류한다.

분해자

생태계를 구성하는 생물은 양분을 얻는 방법에 따라 생산자, 소비자, 분해자로 구분할 수 있다.
분해자는 생물의 사체나 배설물을 분해하여 살아가는 생물을 말한다.

접합균류

접합균류는 주로 다른 생물에 기생하거나 편리 공생(어느 한쪽은 이익을 받으나, 다른 쪽은 이익도 해도 없는 공생의 한 형태)을 하며 살아간다.

🔺 검은빵곰팡이

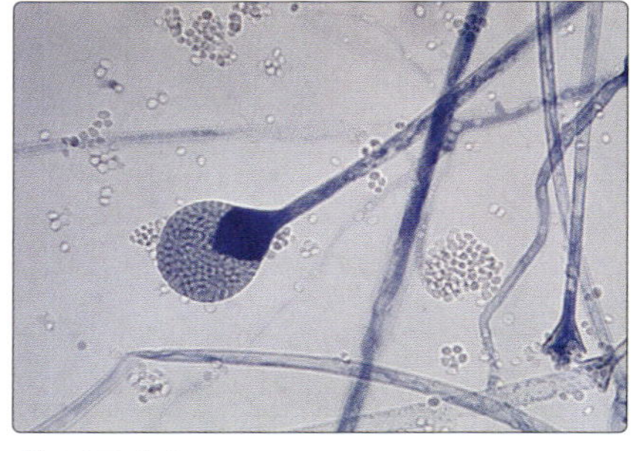

🔺 털곰팡이

자낭균류

자낭균류는 바다, 민물, 땅 위 등 다양한 곳에서 살아간다. 균사 끝에서 만들어지는 분생 포자로 무성 생식(암수 배우자의 결합 없이 이루어지는 생식)을 하거나, 균사의 접합으로 자낭 포자를 만드는 유성 생식(암수 두 배우자가 만나 새로운 생명체가 발생하는 생식)을 한다.

🔺 푸른곰팡이

🔺 누룩곰팡이

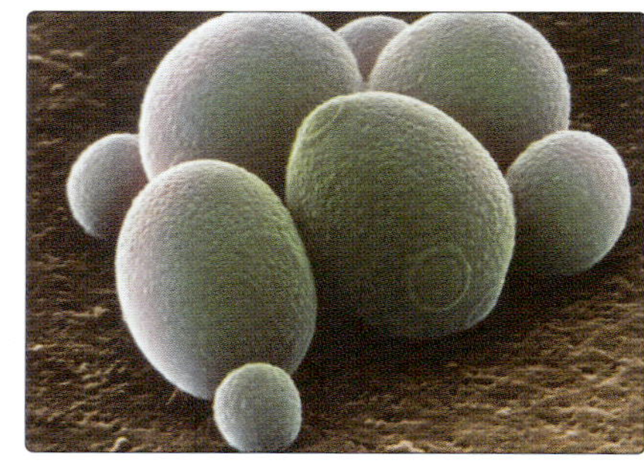

🔺 효모

담자균류

담자균류는 버섯이 대표적이고 담자병이라는 자루 모양의 돌기에 담자 포자가 형성된다. 담자 포자가 땅에 떨어져 자라 다른 균사체와 결합하여 2차 균사체를 이뤄 자실체를 만들어 버섯이 된다. 깜부기균, 녹병균 등도 담자균류에 속한다.

△ 영지버섯

△ 송이버섯

△ 표고버섯

△ 느타리버섯

과학자

푸른곰팡이로부터 페니실린을 발견한 플레밍

플레밍(Fleming, Alexande: 1881~1955)은 1881년 스코틀랜드에서 농부의 아들로 태어났다. 그는 13세에 런던에서 안과를 개원하고 있던 형의 집으로 가 폴리테크닉 공업학교를 졸업한 뒤 의학 공부를 하기 위해 세인트 메리 의과대학에 들어갔다.

플레밍이 일하던 실험실의 아래층에서는 곰팡이를 연구하던 라투슈가 실험을 하고 있었다. 1928년 여름 플레밍은 포도상 구균을 기르던 접시를 배양기 밖에 둔 것을 잊은 채로 휴가를 다녀왔다. 휴가에서 돌아온 플레밍은 푸른곰팡이가 페트리 접시 위에 자라 있고, 곰팡이 주변의 포도상 구균이 깨끗하게 녹아 있는 모습을 발견했다.

그는 평소 항균 작용에 관심을 가지고 있었기 때문에 곰팡이가 포도상 구균의 성장을 막고 있다는 것을 알아차렸다. 이 특별한 곰팡이는 아래층 라투슈의 연구실에서 우연히 올라와 플레밍의 페트리 접시에서 자리를 잡고 자란 것이었다.

플레밍은 문제의 곰팡이를 배양했다. 그리고 배양된 곰팡이를 새로운 액체 배지에 옮기고, 다시 일주일이 지난 뒤 배양액을 $\frac{1}{1000}$까지 희석했는데도 포도상 구균의 발육이 억제됐다. 이로써 곰팡이가 생산해 내는 어떤 물질이 강력한 항균 작용을 한다는 점이 확실해졌다. 그 곰팡이는 페니실리움(Penicillium) 속에 속했으므로 그 이름을 따서 곰팡이가 만든 물질을 페니실린(penicillin)이라고 불렀다. 페니실린은 인류 의학 역사상 위대한 발견으로 인정받았다. 이러한 공로로 인해 플레밍은 1945년 노벨 생리의학상을 수상했다.

△ 플레밍

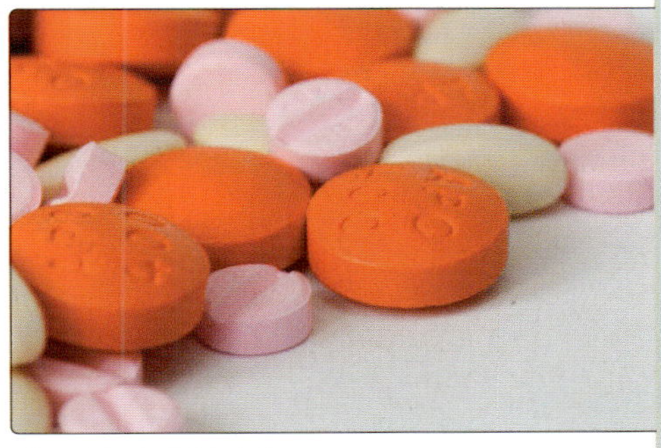
△ 여러 가지 항생제
항생제는 세균뿐만 아니라 인체에도 해로울 수 있다는 문제점이 있다.

식물 Plant / 植物

식물은 햇빛, 물, 이산화 탄소를 이용하여 스스로 양분을 만드는 다세포 생물이다.

식물의 분류

우리 주변에서 쉽게 볼 수 있는 다양한 식물을 여러 가지 기준에 따라 분류할 수 있는데,
크게 선태식물, 양치식물, 종자식물(겉씨식물, 속씨식물)로 분류할 수 있다.

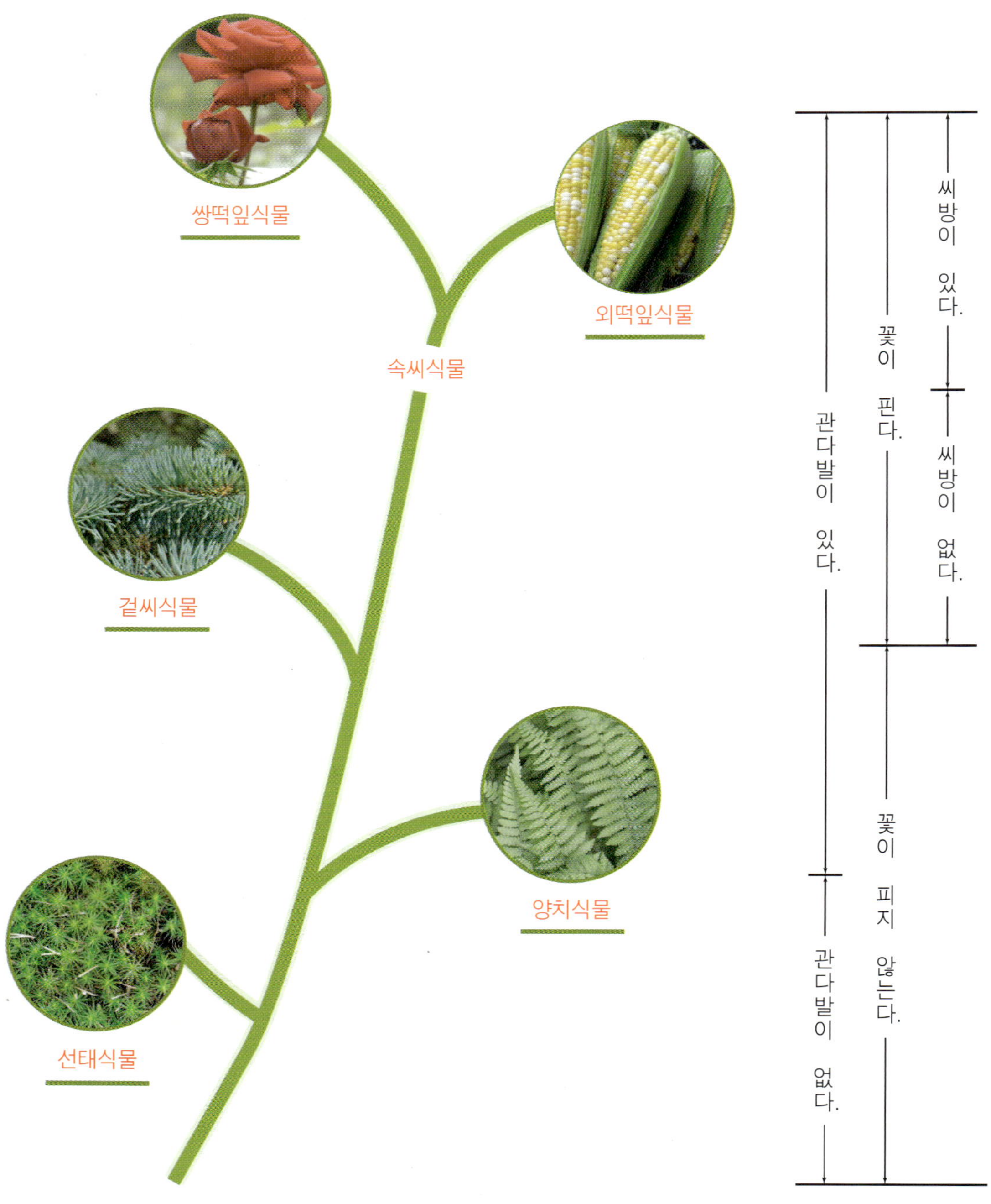

선태식물

선태식물은 수중 생활에서 육상 생활로 옮겨 가는 중간 단계의 특성을 가지고 있으며, 수정을 위해 배우자가 이동할 때 물이 필요하기 때문에 물 주변을 떠나 생활할 수 없다.

일반적으로 솔이끼는 약간 그늘지고 습한 곳을 좋아하지만 햇빛이 비치는 곳에서도 살기 때문에 산지, 늪, 점토질 토양이 많은 곳에서 채집할 수 있고, 우산이끼는 집 근처 암모니아 성분이 많은 곳에서 쉽게 채집할 수 있다.

▲ 솔이끼 암그루

▲ 솔이끼 수그루

▲ 우산이끼 암그루

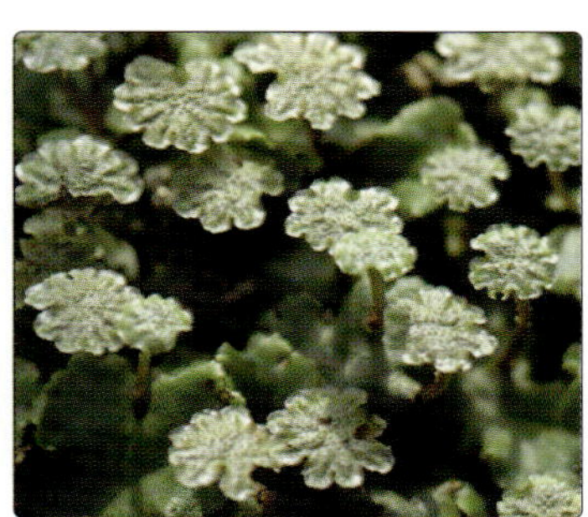

▲ 우산이끼 수그루

구분	암그루 특징	수그루 특징
솔이끼	• 무더기로 모여 자란다. • 보통 5~10 cm 크기이다. • 산속의 그늘진 나무나 바위틈, 계곡 등 비교적 습한 곳에서 산다.	(그림) 홀씨주머니 / 헛뿌리 / ▲ 암그루 ▲ 수그루
	• 병을 세척하는 솔 모양이다. • 줄기와 비슷한 긴 대롱이 있고 그 끝부분에 홀씨주머니가 달려 있다.	• 병을 세척하는 솔 모양이지만 긴 대롱과 홀씨주머니가 없다. • 소나무 줄기와 같은 곳에 솔잎이 달려 있는 모양이다.
우산이끼	• 땅에 붙어 무리 지어 자란다. • 전체적으로 잎사귀처럼 생긴 엽상체 위에 우산 모양의 암그루와 수그루가 붙어 있다. • 엽상체는 보통 7~20 mm 크기이다. • 산속의 그늘지고 습한 곳, 집이나 담장 근처의 그늘진 곳에서 산다.	(그림) 엽상체 / 배주 / 헛뿌리 / ▲ 암그루 ▲ 수그루
	잎사귀 같은 곳에 갈라진 우산 모양으로 붙어 있다.	잎사귀 같은 곳에 펼쳐진 우산 모양으로 붙어 있다.

양치식물

잎이 마치 양의 이빨과 같이 나란한 모양을 한 것에서 이름이 유래된 양치식물은 꽃이 피지 않는 식물 중에서 가장 발달한 식물이다. 선태식물과 달리 양치식물은 뿌리로 몸을 지탱하고 관다발이 있으며, 위로 길게 자라는 길이 생장을 한다.

양치식물은 주로 습한 환경에서 서식하며 잎, 줄기, 뿌리의 구별이 뚜렷하다. 헛물관과 체관으로 이루어진 관다발을 가지고 있지만, 형성층이 없다. 오늘날 남아 있는 양치식물은 대체로 따뜻하고 습도가 높은 지역에서 살고 있으나, 온대 지역이나 한대 지역에서도 적은 종이 살고 있다.

🔺 석송

🔺 솔잎난

🔺 쇠뜨기

🔺 고사리

🔺 물부추

🚀 더 나아가기

고사리 화석

🔺 고사리 화석과 고사리가 살았던 환경

화석은 옛날에 살았던 동식물의 몸체나 흔적이 암석이나 지층에 남아 있는 것을 말한다.

고생대 무렵에 양치식물은 크게 번성하여 삼림을 이루고 있었는데, 현재의 양치식물과 달리 매우 크게 자랐을 것으로 예상하고 있다. 이렇게 번성하였던 고생대의 양치식물은 땅속에 묻혀 오늘날 화석 연료인 석탄으로 남게 되었다.

만일 어떤 곳에서 고사리 화석이 발견되었다면 그곳은 고사리가 살던 당시의 기온이 따뜻하고 습기가 많은 곳이었음을 짐작할 수 있다.

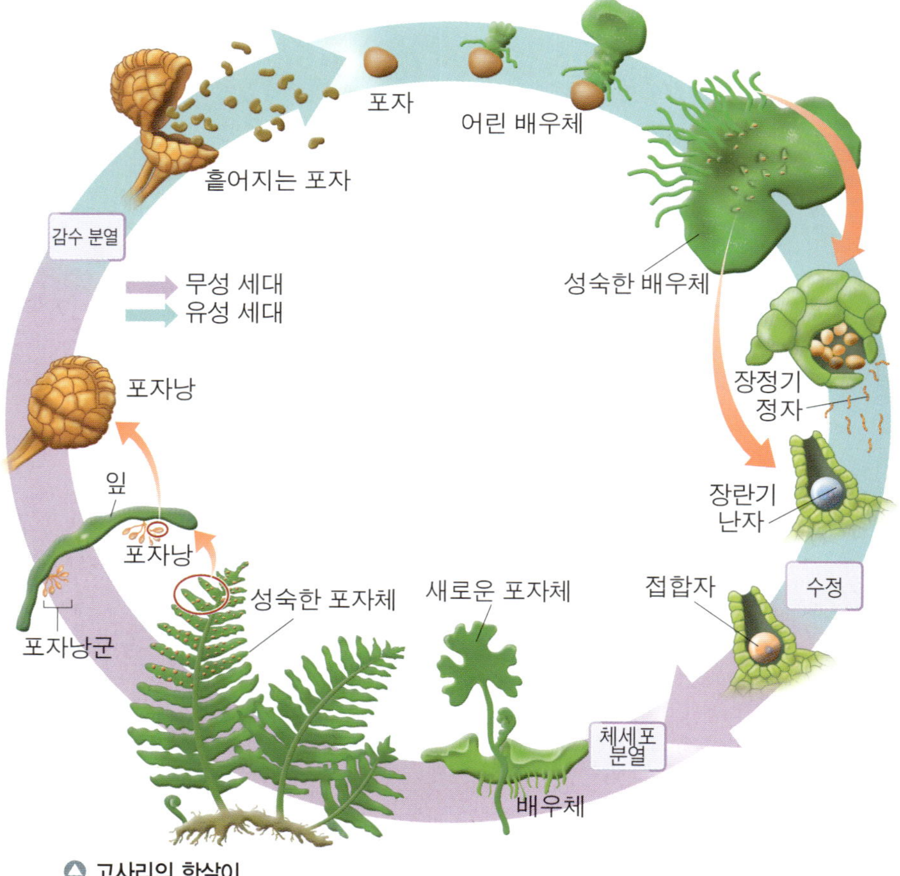

🔺 고사리의 한살이

종자식물

뿌리, 줄기, 잎의 구별이 뚜렷하며 관다발이 체계적으로 발달하였다. 종자식물의 종자는 단단한 껍질에 싸여 있고, 싹틀 때에 필요한 양분을 저장하고 있어 극한 환경에서도 살아남아 자손을 퍼뜨릴 수 있다(종자식물은 생식을 위한 배우자의 이동에 물이 필요하지 않고, 뿌리와 관다발의 발달로 습지가 아닌 곳에서도 서식할 수 있다.).

종자식물은 바람, 벌과 나비, 작은 새, 물 등의 도움을 받아 수분(꽃가루받이)이 이루어진다. 씨방의 유무에 따라 겉씨식물과 속씨식물로 분류되고, 속씨식물은 떡잎의 수에 따라 외떡잎식물과 쌍떡잎식물로 분류할 수 있다.

꽃가루받이

수술에서 만들어진 꽃가루가 암술머리에 옮겨 붙는 것을 꽃가루받이 또는 수분이라고 한다. 식물은 꽃가루받이가 이루어진 뒤에 씨가 자라고, 씨를 싸고 있는 부분이 열매가 된다.

🔺 **겉씨식물**
암꽃에는 씨방이 없어 밑씨가 드러나 있고, 꽃잎과 꽃받침이 발달하지 않았다. 관다발은 헛물관과 체관으로 이루어져 있으며, 은행나무, 소나무, 향나무, 전나무 등이 해당된다.

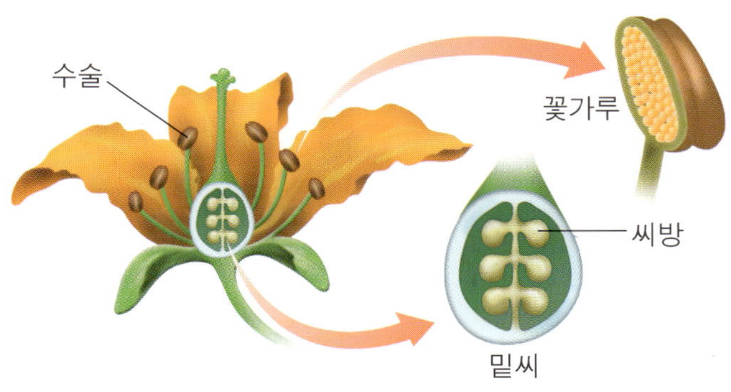

🔺 **속씨식물**
암술에 씨방이 있고 밑씨는 씨방 속에 들어 있으며, 꽃잎과 꽃받침이 발달되어 있다. 관다발은 물관과 체관으로 이루어져 있으며, 벼, 보리, 붓꽃, 장미, 콩, 민들레 등이 해당된다.

🔺 **쌍떡잎식물**

🔺 **외떡잎식물**

뿌리 | Root

식물에서 보통 땅속에 묻히거나 다른 물체에 박혀 수분과 양분을 빨아올리고 줄기를 지탱하는 작용을 하는 기관이다.

뿌리의 구조

뿌리는 표피로 둘러싸여 있으며, 표피의 일부분이 길게 자란 것이 뿌리털이다. 뿌리털은
뿌리와 흙이 접촉하는 면적을 넓게 할 뿐만 아니라, 작은 흙 알갱이 사이로 뻗어나갈 수
있어서 흙속에 녹아 있는 물과 양분을 효과적으로 빨아들인다.
뿌리털에서 빨아들인 물과 양분은 물관을 통해 위로 올라가고 잎에서 만든 양분은 체관
을 통해 내려온다. 뿌리의 길이 생장은 뿌리 끝에 있는 생장점에서 이루어지는데, 생장
점은 뿌리골무로 둘러싸여 보호받고 있다.

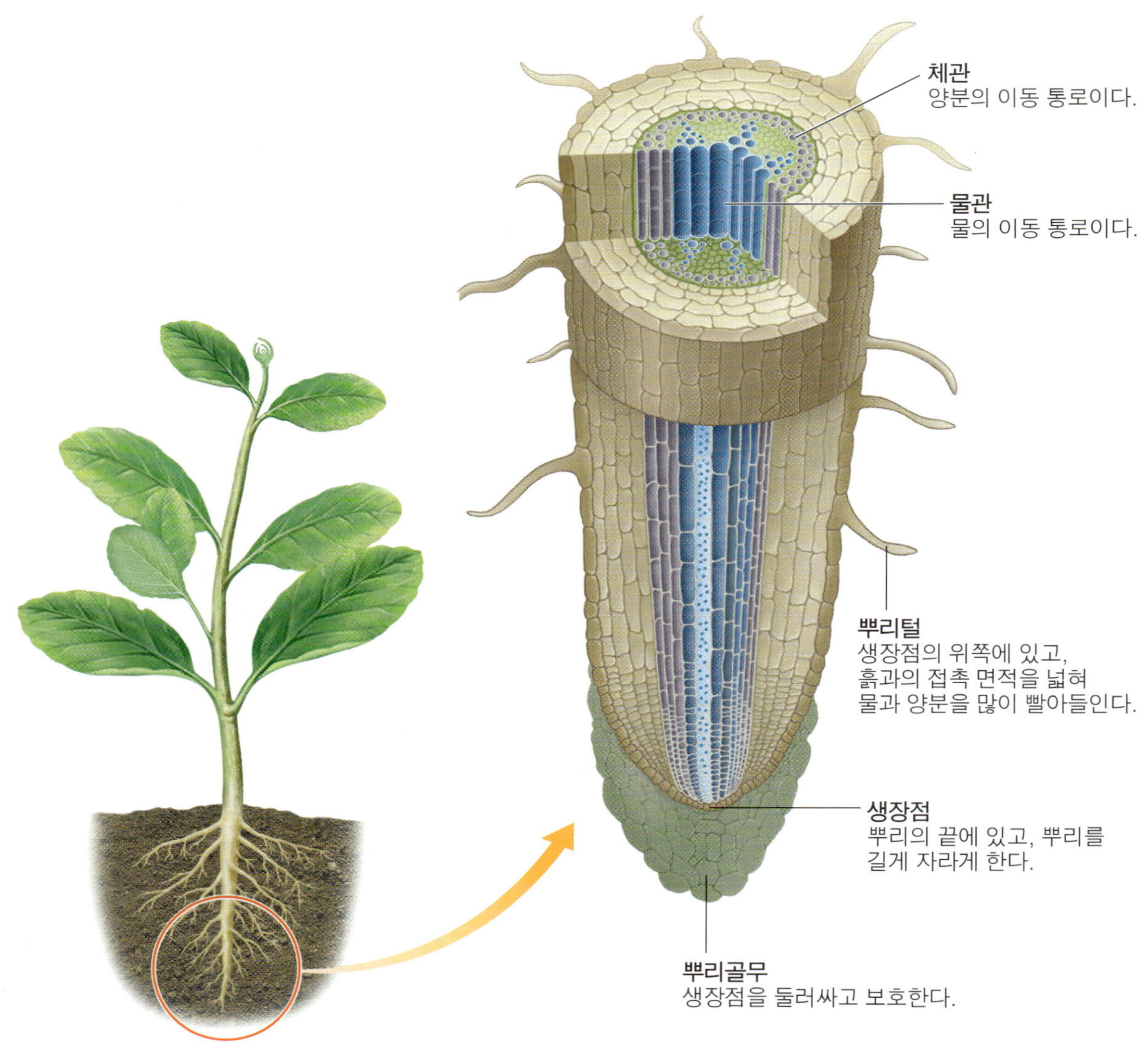

뿌리의 지지 기능

뿌리는 땅속으로 깊이 뻗기 때문에 줄기와 함께 식물체를 지지하는 역할을 한다. 만약 식물에 뿌리가 없을 경우 바람이 불면 잘 쓰러지고 손으로 잡아당기면 쉽게 뽑힐 것이다. 식물이 크면 클수록 뿌리의 크기도 크고 땅속 깊이 뻗어 식물을 튼튼하게 지지한다.

뿌리의 흡수 기능

뿌리는 삼투 현상(분자의 크기에 따라 선택적으로 물질을 통과시키는 막인 반투막을 경계로 용액의 농도가 낮은 쪽에서 높은 쪽으로 용매가 이동하는 현상)을 이용하여 땅속의 물을 흡수한다.

일반적으로 뿌리털 세포 내의 농도가 주변보다 높기 때문에 물은 흙으로부터 세포막을 통과하여 뿌리털 안으로 흡수된다.

또, 뿌리의 중심으로 갈수록 세포 내의 농도가 높기 때문에 흡수된 물은 뿌리 가운데에 있는 물관까지 이동한다. 뿌리의 물관은 줄기의 물관과 연결되어 있으므로 뿌리의 물관으로 들어간 물은 줄기를 거쳐 잎까지 올라간다.

양파를 이용한 뿌리의 흡수 기능 실험

| 준비물 |

양파 2개, 비커 2개, 물, 가위 등

| 실험 과정 |

△ 뿌리를 자른 양파

△ 뿌리를 그대로 둔 양파

❶ 양파 1개는 뿌리를 자르고 다른 1개는 뿌리를 그대로 둔다.
❷ 크기가 같은 비커 2개에 같은 양의 물을 담는다.
❸ 양파의 밑부분이 물에 닿도록 비커에 각각 올려놓는다.
❹ 햇빛이 잘 드는 곳에 3일 이상 놓아둔다.
❺ 비커 2개에 들어 있는 물의 양이 어떻게 변할지 예상하여 본다.

| 실험 결과 |

뿌리를 그대로 둔 양파를 올려놓은 비커의 물은 많이 줄어들었는데, 뿌리를 자른 양파를 올려놓은 비커의 물은 거의 줄어들지 않았다.

| 까닭 |

비커 2개에 들어 있는 물의 양이 변한 까닭은 물이 공기 중으로 증발하거나, 뿌리가 있는 양파가 물을 흡수하였기 때문이다.

줄어든 물의 양이 다른 까닭은 양파의 뿌리가 물을 흡수하였기 때문에 뿌리를 그대로 둔 양파를 올려놓은 비커의 물이 더 많이 줄어들었다.

| 실험을 통하여 알게 된 뿌리의 기능 |

실험을 통하여 식물의 뿌리는 물을 흡수하는 역할을 한다는 것을 알 수 있다.

뿌리의 저장 기능

무나 당근, 고구마 등은 통통하고 굵은 뿌리가 있으며 그 주변에 가는 뿌리들이
나 있다. 무, 당근, 고구마 등의 식물은 광합성을 통해 잎에서 만든 양분을 뿌리
에 저장한다. 무, 당근, 고구마 등의 뿌리가 다른 뿌리와 달리 크고 굵은 까닭은
뿌리에 양분이 많이 들어 있기 때문이다.

▲ 무

▲ 당근

▲ 고구마

뿌리혹박테리아

뿌리혹박테리아는 콩과식물의
뿌리에 혹을 만들어 그 안에서
산다. 콩과 뿌리혹박테리아는
서로 돕는 공생 관계이다. 콩
이 자라려면 질소가 많이 필요
한데, 뿌리혹박테리아가 공기
중의 질소를 고정시켜 주기 때
문에 질소질 비료를 따로 필요
로 하지 않는다. 콩은 이 질소
성분을 흡수해서 단백질이 풍
부한 콩 열매를 만든다.

원뿌리와 곁뿌리, 수염뿌리

▲ 원뿌리와 곁뿌리
가운데에 굵은 원뿌리가 있고, 주변에 가는 곁뿌리
가 있다. 주로 쌍떡잎식물에서 볼 수 있다.

▲ 민들레

▲ 명아주

▲ 무

▲ 수염뿌리
뿌리의 굵기와 길이가 비슷하며, 원뿌리와 곁뿌리
에 비하여 식물체를 잘 지지하지 못한다. 주로 외
떡잎식물에서 볼 수 있다.

▲ 벼

▲ 옥수수

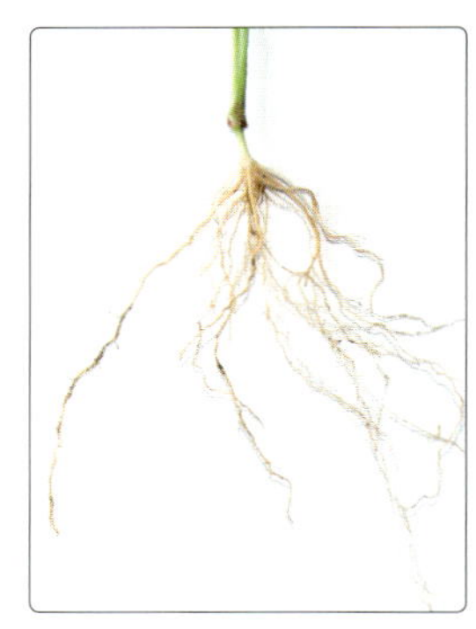

▲ 강아지풀

식물의 뿌리에 대한 사고의 변천사

옛날 사람들은 식물이 물만 흡수하는 것이 아니라 흙 알갱이와 동식물의 사체도 흡수한다고 생각했다. 물만 흡수하여 자라기에는 나무의 크기가 사람에 비해 매우 컸기 때문이다.

벨기에의 과학자 헬몬트(Helmont, Jan Baptista van: 1580~1644)는 1630년에 커다란 화분에 버드나무를 심고 5년 동안 물만 주고 길렀다. 버드나무를 심기 전에 먼저 버드나무와 화분에 있는 흙의 무게를 각각 재고, 5년 뒤에 다시 버드나무와 흙의 무게를 쟀다. 5년 후 버드나무는 자라서 훨씬 더 무거워졌는데 흙의 무게는 5년 전과 큰 차이가 없었다. 그래서 헬몬트는 나무가 흙을 흡수하지 않는다는 실험 결과를 발표하였다.

또, 나무의 뿌리는 돌이나 흙, 동식물의 사체 같은 커다란 것은 흡수할 수 없지만 동식물의 사체가 썩어 거름이 되고 거름이 더 잘게 부서져 물 속에 녹으면 식물이 흡수할 수 있기 때문에 옛날 사람들이 식물은 사체를 먹는다고 생각한 것도 완전히 틀렸다고 할 수는 없다.

식물의 다양한 뿌리

뿌리는 식물을 지지하고 물을 흡수하며, 잎에서 만든 양분을 저장하는 역할을 한다.

식물의 모습이 다른 만큼 뿌리의 모습도 환경에 적응하기 위하여 모양과 역할이 다양하게 변한다.

🔺 기생뿌리 – 겨우살이

다른 식물에 붙어 뿌리를 내리고 뿌리털 없이도 물과 양분을 빨아들인다.

🔺 버팀뿌리 – 옥수수

아래쪽 줄기 마디에서 나온 뿌리가 땅속까지 뻗어 줄기를 지지한다.

🔺 수중뿌리 – 개구리밥

물속에 늘어져 식물이 뒤집히지 않도록 균형을 잡아 주고 물속의 양분을 흡수한다.

🔺 부착뿌리 – 담쟁이덩굴

담장이나 나무에 잘 달라붙기 위하여 줄기의 군데군데에 뿌리를 뻗는다.

🔺 호흡뿌리 – 맹그로브

갯벌이나 바닷물에 잠겨 있는 땅속에서도 뿌리를 뻗고, 일부는 수면 위로 나와 있다.

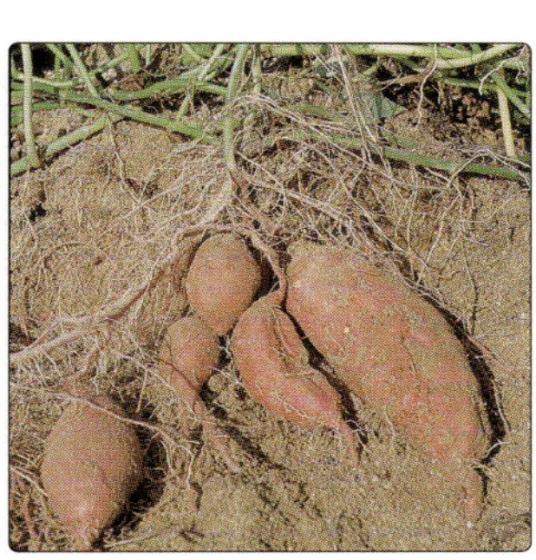

🔺 저장뿌리 – 고구마

물과 양분을 뿌리에 저장하기 때문에 뿌리가 크고 굵다.

줄기 | Stem

식물체를 받치고 뿌리로부터 흡수한 물이나 양분을 물관과 체관을 통하여 식물체의 각 부분에 나르는 역할을 한다.

줄기의 외부 구조

줄기는 잎을 지지하고 뿌리와 잎 사이에서 양분과 물을 운반한다.

줄기는 잎이 붙어 있는 자리인 마디, 하나의 마디와 연속된 다른 마디 사이에 있는 부분인 마디 사이, 줄기의 끝에 새로운 줄기와 잎을 만드는 부분인 끝눈, 줄기 사이에 있는 부분인 곁눈으로 이루어져 있다.

줄기의 내부 구조

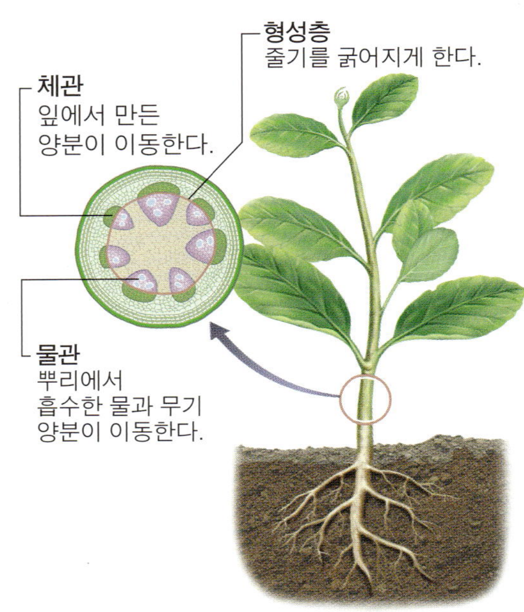

뿌리와 잎을 연결하는 줄기는 사람의 몸에 있는 혈관처럼 물과 양분이 이동하는 통로 역할을 하는데, 이 역할을 하는 기관을 관다발이라고 한다.

관다발은 물관과 체관으로 이루어져 있으며, 그 사이에는 줄기의 부피 생장을 일으키는 형성층이 있다.

FUN

나무의 나이

나무는 보통 사계절이 뚜렷한 우리나라와 같은 기후 조건에서는 봄에서 여름에 걸쳐 꾸준히 생장하다가 겨울에 생장을 멈춘다. 이러한 생태적 특성으로 인해 세포의 형태나 색깔이 다르게 나타나는 것이 나무의 나이테이다.

나이테는 한 해에 1개씩 생기기 때문에 나이테로 나무의 나이를 알 수 있다. 또 나이테의 간격을 보면 어느 해에 나무가 잘 자랐는지, 어느 해에 나무가 생장하기 어려웠는지도 알 수 있다. 나이테의 간격이 넓으면 그 해에 비가 적당히 오고 적당히 따뜻하여 땅속에 영양분도 많아서 세포들이 많이 불어나고 잘 자랐으며, 반면 나이테의 간격이 좁다면 그 해에는 나무가 자라기 힘들었다는 것을 추측할 수 있다.

줄기 속 물의 이동 알아보기

| 실험 과정 |

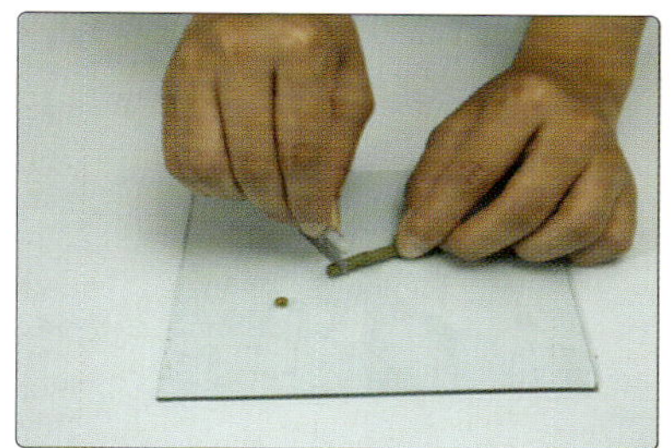

△ 줄기를 가로로 자르기

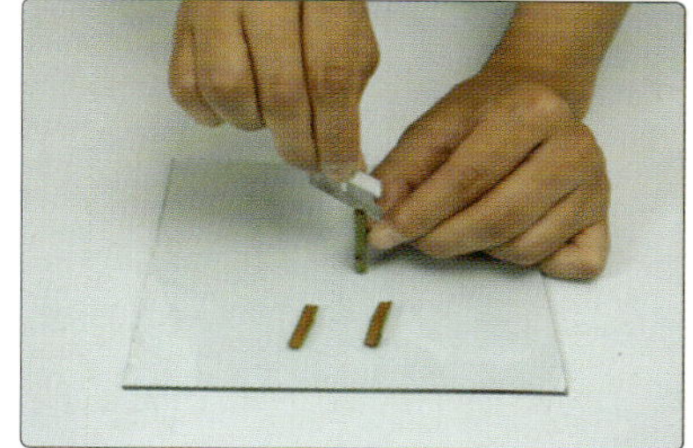

△ 줄기를 세로로 자르기

△ 색소 물에 담근 백합

❶ 붉은색 색소 물이 들어 있는 삼각 플라스크에 백합과 봉숭아 줄기를 각각 담고, 4시간 이상이 지난 뒤에 가로와 세로로 잘라 관찰한다.

❷ 햇빛이 잘 드는 곳에 3일 이상 놓아둔다.

| 실험 결과 |

봉숭아는 가로 단면의 가장자리 부분만 붉게 물들었고, 백합은 붉은색 점이 사방으로 보인다.

| 실험을 통하여 알게 된 점 |

쌍떡잎식물(봉숭아)의 관다발은 규칙적으로 배열되어 있고, 외떡잎식물(백합)의 관다발은 불규칙적이다.

쌍떡잎식물과 외떡잎식물의 줄기 구조

식물의 떡잎 수에 따라 속씨식물을 쌍떡잎식물과 외떡잎식물로 분류하는데, 서로 줄기 구조가 다르다. 잎에서 만든 양분이 이동하는 체관이 바깥쪽에 위치하고, 물과 무기 양분이 이동하는 물관이 내부에 위치하는 점은 같지만, 외떡잎식물과 달리 쌍떡잎식물만 형성층이 있으며 이를 통해 부피 생장을 한다.

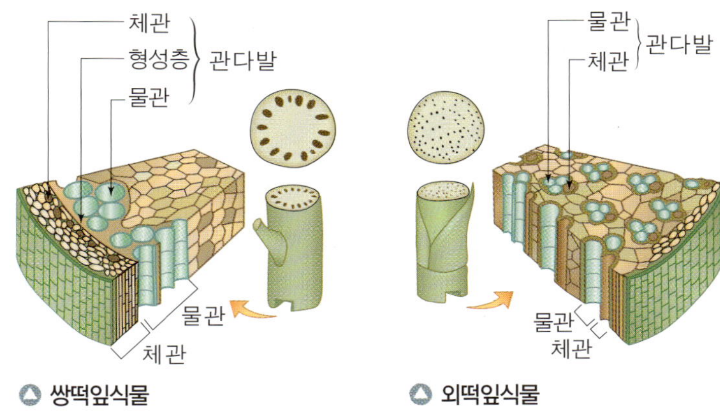

△ 쌍떡잎식물

△ 외떡잎식물

잎 Leaf

식물의 영양 기관의 하나로서 줄기의 끝이나 둘레에 붙어 있으며, 광합성과 증산 작용이 일어난다.

잎의 외부 구조

잎몸
엽록체 때문에 녹색을
띠며 뒷면에는 기공이 있다.

잎맥
양분이나
물이 지나는
통로이다.

잎자루
잎몸과 줄기를
연결하는 부분이다.

턱잎
잎이 자람에 따라
대부분 떨어진다.

잎의 내부 구조

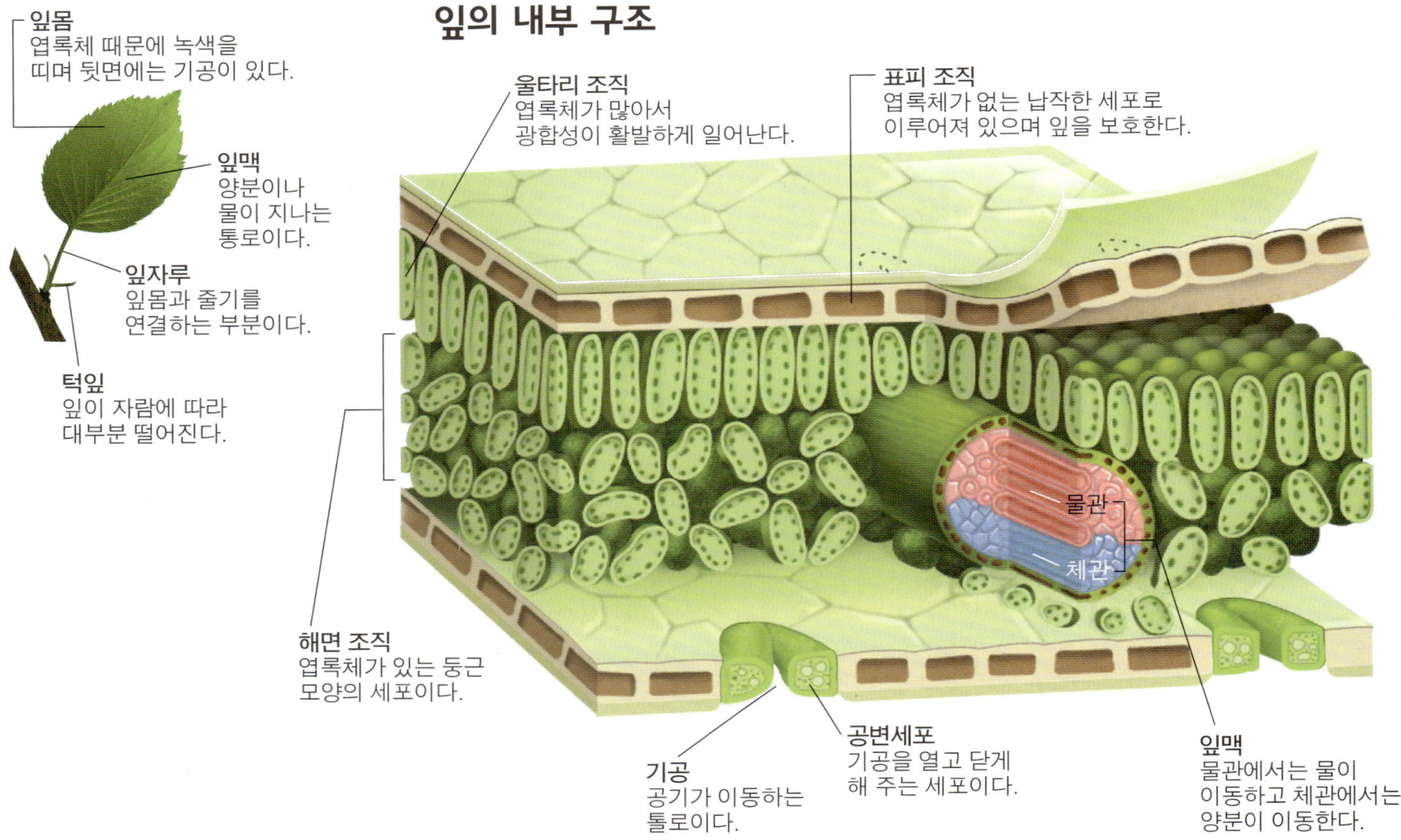

잎차례

잎차례란 잎이 줄기에 달린 모양을 의미한다. 식물의 종류에 따라 잎차례의 유형이 다르다.

선인장 가시의 정체

다른 식물과 달리 선인장은 잎을 관찰하기 어렵다. 선인장은 잎이 없는 것이 아니라 잎이 뾰족한 가시 모양을 하고 있다. 이는 선인장이 사막에서 살아남기 위해 환경에 적응한 것이라고 볼 수 있다. 강수량이 적어 건조한 사막에서 선인장이 살아남기 위해서는 수분의 보존이 중요하기 때문이다. 즉, 넓은 잎 대신에 뾰족한 가시 모양을 함으로써 체내의 수분을 보존하며 외부의 모래바람을 막아 주는 역할도 한다.

잎맥의 종류

속씨식물 중 외떡잎식물의 잎맥은 나란히맥으로 잎 속의 주요 잎맥들이 평행하게 배열되어 있다.

쌍떡잎식물의 잎맥은 그물눈이 주요 잎맥인 그물맥을 이루고 있다.

🔺 그물맥(개나리 잎)

🔺 나란히맥(자주달개비 잎)

잎의 모양

잎의 모양은 식물의 종류에 따라 다양하다. 잎의 전체적인 모양으로 분류할 때는 잎의 전체적인 모양이 좁은 것과 좁지 않은 것으로 분류한다. 잎이 좁지 않은 것은 등나무, 토끼풀, 감나무, 벚나무, 국화, 단풍나무, 연꽃 등이 있으며, 좁은 것은 강아지풀, 대나무 등이 있다.

잎의 가장자리 모양에 따라 분류할 때는 잎의 가장자리가 갈라진 것과 갈라지지 않은 것으로 분류한다. 잎 가장자리가 갈라지지 않은 것으로는 강아지풀, 등나무, 토끼풀, 감나무, 대나무, 벚나무, 연꽃 등이 있으며, 갈라진 것으로는 국화, 단풍나무 등이 있다.

잎이 붙어 있는 모양에 따라 분류할 때는 잎이 한 장인 것과 여러 장인 것으로 분류한다. 잎이 한 장인 것은 강아지풀, 감나무, 대나무, 벚나무, 국화, 단풍나무, 연꽃이고, 잎이 여러 장인 것은 등나무, 토끼풀 등이 있다.

🔺 강아지풀　🔺 등나무　🔺 토끼풀

🔺 감나무　🔺 대나무　🔺 벚나무

🔺 국화　🔺 단풍나무　🔺 연꽃

증산 작용

식물의 뿌리에서 흡수한 물은 줄기의 물관을 통하여 잎까지 올라가 사용되고, 일부분은 잎 밖으로 빠져나간다. 잎에는 우리 눈에 보이지 않는 작은 구멍이 있는데, 이것을 기공이라고 한다.

뿌리에서 흡수한 물이 식물의 기공을 통해 밖으로 빠져나가는 현상을 증산 작용이라고 한다. 기공은 주로 잎의 뒷면에 많이 있기 때문에 증산 작용은 잎의 앞면보다 뒷면에서 더 활발하게 일어난다.

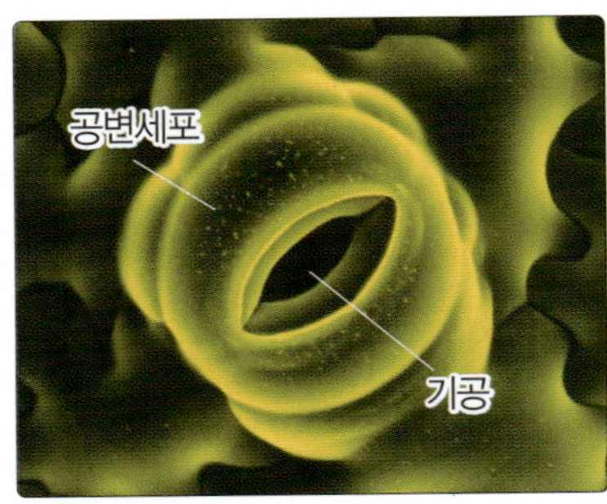

△ 기공이 열렸을 때

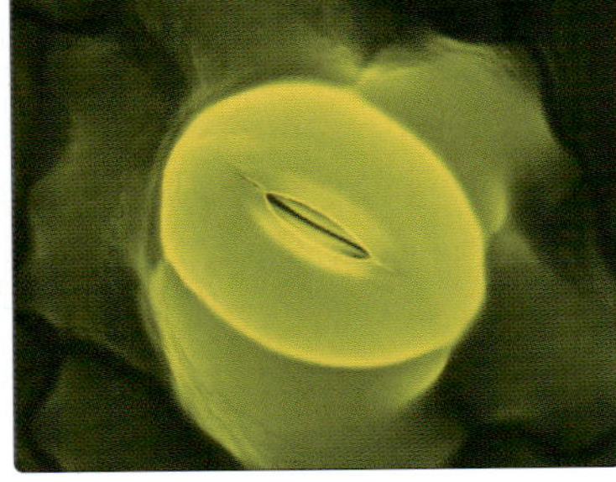
△ 기공이 닫혔을 때

식물에서 증산 작용이 일어나면 식물체 내의 수분이 감소하고, 줄어든 물을 보충하기 위하여 뿌리에서 흡수한 물이 물관을 통해 물기둥을 이루면서 올라간다. 따라서 증산 작용은 뿌리에서 흡수한 물을 식물 꼭대기까지 끌어올리는 역할을 한다.

뿌리에서 흡수한 물이 잎까지 올라가는 데는 증산 작용 외에도 뿌리에서 물을 흡수할 때 생기는 압력 등 여러 가지가 함께 작용한다.

또 우리 몸의 경우 체온이 올라가는 것을 땀이 막아 주듯이 증산 작용은 햇빛에 의해 식물의 온도가 올라가는 것을 막아 주는 역할을 한다.

증산 작용은 빛의 세기, 바람, 온도 등의 영향을 받는다. 맑은 날에는 기공이 잘 열리고 바람이 불거나 온도가 높은 경우에도 잎에서 수분이 증발하는 양이 많아져 증산 작용이 활발하게 일어난다.

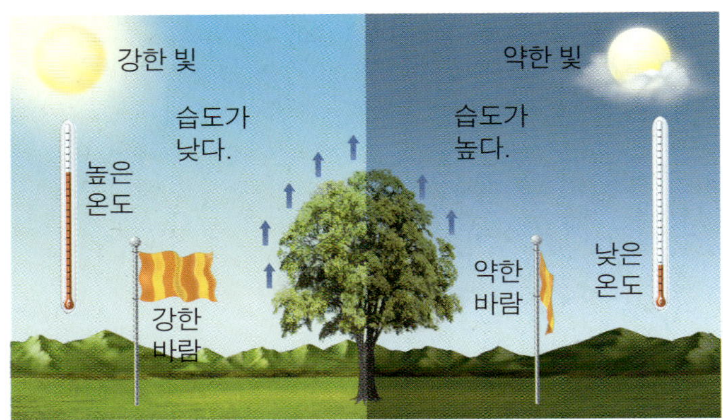

△ 증산 작용이 활발한 경우   △ 증산 작용이 약한 경우

증산 작용

| 준비물 |

잎이 달린 같은 종류의 식물 2그루, 삼각 플라스크 2개, 물, 비닐봉지 2개, 셀로판테이프 등

| 같거나 다르게 해야 할 조건 |

잎이 달린 식물의 종류, 삼각 플라스크에 담는 물의 양은 같게 하고, 잎의 유무는 다르게 한다.

| 실험 과정 |

△ 잎을 제거한 식물

△ 잎을 그대로 둔 식물

❶ 식물 1그루는 줄기에 달린 잎을 제거하고, 다른 식물 1그루는 잎을 그대로 둔다.

❷ 잎을 제거한 식물과 잎을 그대로 둔 식물을 각각 물이 들어 있는 삼각 플라스크에 넣는다.

❸ 식물에 비닐봉지를 씌운 다음에 공기가 통하지 않도록 묶어 햇빛이 잘 드는 곳에 1~2일 동안 놓아둔다.

| 실험 결과 |

△ 잎을 제거한 식물
비닐봉지 안에 물방울이 거의 맺히지 않고, 삼각 플라스크 속 물의 양은 거의 줄지 않았다.

△ 잎을 그대로 둔 식물
비닐봉지 안에 물방울이 많이 맺히고, 삼각 플라스크 속 물의 양이 많이 줄어들었다.

식물이 물을 끌어올리는 세 가지 원리

식물은 삼투 현상, 모세관 현상, 증산 작용 등이 복합적으로 작용하여 물을 끌어올린다. 뿌리압 또는 삼투 현상과 모세관 현상이 물을 밀어올리는 힘이라면, 증산 작용은 위에서 물을 끌어올리는 힘이다. 이러한 복합적인 작용을 통해 식물은 잎까지 끌어올린 물을 이용해 광합성을 하여 스스로 양분을 만들 수 있다.

실생활

증산 작용을 통한 천연 가습기, 수생 식물

부레옥잠이나 물상추 등과 같이 물에서 사는 식물을 수생 식물이라고 한다. 수생 식물을 집 안에서 키우면 증산 작용으로 인해 실내의 수증기나 실내 습도를 조절할 수 있다. 기계 가습기에 비해 가습 효과는 떨어지지만, 곰팡이나 세균의 감염으로부터 안전하다.

증산 작용
식물의 잎에서는 잎에서 흡수한 물이 수증기가 되어 증발하면서 아래쪽의 물 분자를 위로 끌어올린다.

삼투 현상
뿌리압이라고도 하며, 식물 세포의 농도에 의해 수분이 흡수되어 물을 밀어 올린다. 흙속의 물은 뿌리털을 통해 흡수된다.

모세관 현상
식물의 뿌리에서 잎 끝까지 연결된 물관이 있어 모세관 현상(물 분자와 가는 관 사이에 잡아당기는 힘이 생겨 이 힘에 의해 물이 관을 따라 올라가는 현상)을 통한 수분 상승이 일어난다.

광합성 Photosynthesis / 光合成

식물이 태양 에너지, 이산화 탄소, 물을 이용하여 양분(포도당)을 만들고 산소를 공기 중에 내보내는 과정이다.

광합성에 필요한 물질

식물은 동물과 달리 대부분 빛을 이용하여 직접 양분을 만든다. 식물이 빛에너지를 이용하여 스스로 양분을 만드는 과정을 광합성이라고 한다.

광합성은 식물의 잎에 있는 엽록체에서 일어난다. 엽록체 속에는 녹색 색소인 엽록소가 들어 있어 식물의 잎이 녹색을 띤다.

식물은 광합성을 할 때 빛에너지가 필요한데, 빛은 엽록체에 있는 엽록소에 의해 흡수된다. 이 밖에도 식물의 광합성에는 잎의 기공을 통해 흡수된 이산화 탄소와 뿌리에서 흡수한 물이 반드시 필요하다.

광합성에 대한 잘못된 생각

'식물이 흙에서만 물과 양분을 흡수하여 살아간다.'는 것은 잘못된 생각이다. 식물이 물만 주면 잘 자라는 것으로 생각하여 흙에서 물과 양분만 흡수하여 자라는 것으로 생각하지만 식물은 햇빛, 물, 이산화 탄소를 이용하여 양분을 만든다.

'광합성은 식물의 잎에서만 일어난다.'는 것도 잘못된 생각이다. 식물에서 초록색으로 보이는 모든 부분에는 광합성이 일어나는 세포 소기관(엽록체)이 있기 때문에 잎이 아닌 부분에서도 광합성이 일어난다.

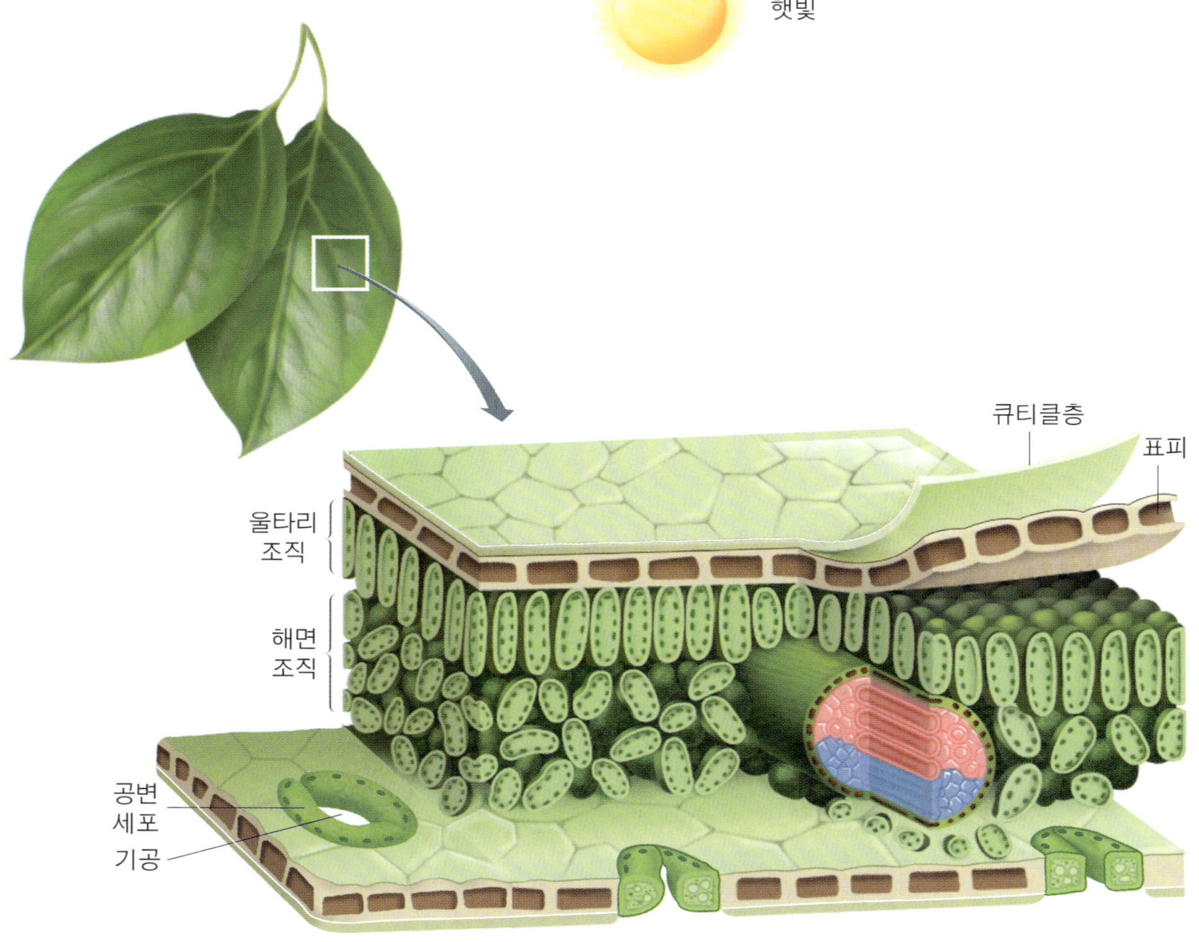

🔷 잎에서 광합성이 일어나는 장소

광합성의 과정

광합성은 엽록체에서 빛에너지, 물, 이산화 탄소를 이용하여 양분과 산소를 만드는 과정으로 주로 잎에서 일어난다.

엽록체에 공급되는 이산화 탄소는 잎의 뒷면에 많은 기공을 통해 흡수되고, 뿌리에서 흡수한 물은 물관을 통해 운반되며 햇빛을 통해 빛에너지를 흡수한다. 엽록체에서 만들어지는 양분은 포도당이며, 일부분이 녹말로 전환된다. 또 포도당이 만들어짐과 더불어 산소가 발생한다.

만약 식물이 광합성을 하지 않는다면 산소로 호흡하는 생물은 산소가 부족하여 살아갈 수 없다. 그 결과 생산자인 식물을 먹이로 하는 초식 동물은 양분을 얻을 수 없어 살아갈 수 없으며, 초식 동물을 먹이로 하는 육식 동물도 살아갈 수 없다. 이와 같이 식물의 광합성은 생태계의 먹이 그물과 생태계 평형에 큰 영향을 미친다.

광합성에 영향을 주는 요인

식물은 대부분 햇빛이 잘 비치는 곳에 둔다. 햇빛이 잘 비치는 곳에서 식물이 잘 자라는 까닭은 식물이 강한 빛에서 활발히 광합성을 하여 생장에 필요한 양분을 만들기 때문이다.

광합성 속도는 빛의 세기가 강해지면 증가하고 빛의 세기가 약해지면 감소하지만 빛의 세기를 점점 강하게 하면 처음에는 증가하지만, 빛의 세기가 어느 수준 이상이 되면 더 이상 증가하지 않고 일정하게 유지된다.

이산화 탄소 농도의 경우도 이산화 탄소 농도가 증가하면 광합성 속도는 증가하지만, 일정 수준 이상이 되면 더 이상 증가하지 않는다. 온도의 경우도 온도가 높아지면 광합성 속도가 증가하여 35~40℃에서 최대가 되지만 그 이상의 온도에서는 광합성 속도가 오히려 감소한다. 광합성은 빛의 세기, 이산화 탄소 농도, 온도와 같은 여러 가지 환경 요인의 영향을 받는다.

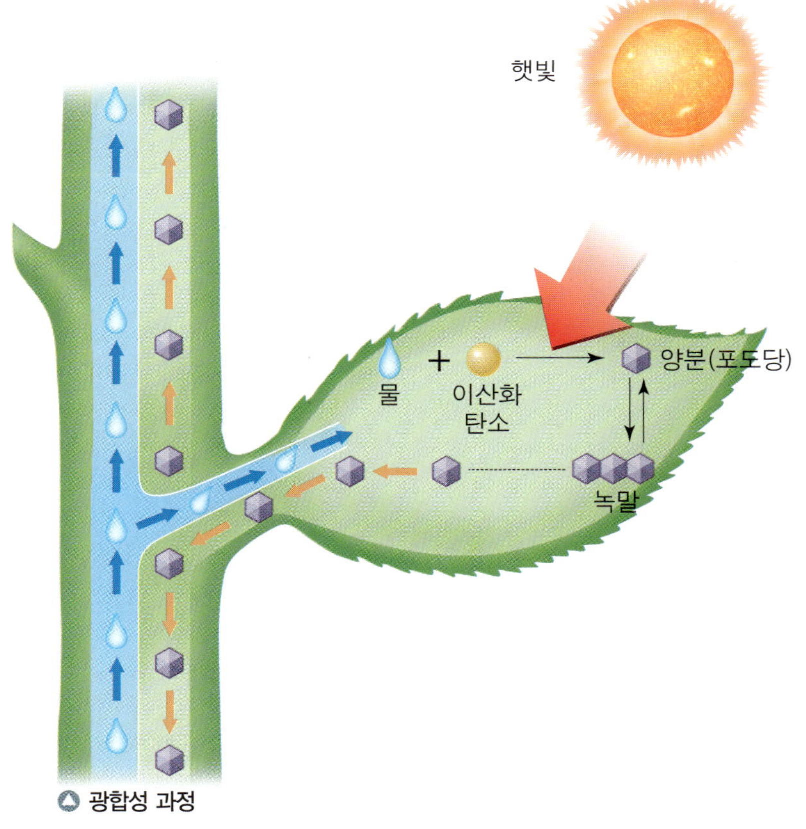

△ 광합성 과정

이산화 탄소 + 물 $\xrightarrow{\text{빛에너지}}$ 양분(포도당) + 산소

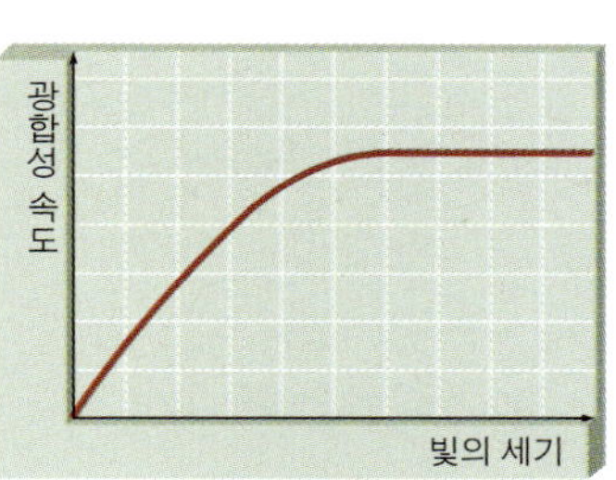

[빛의 세기와 광합성 속도]

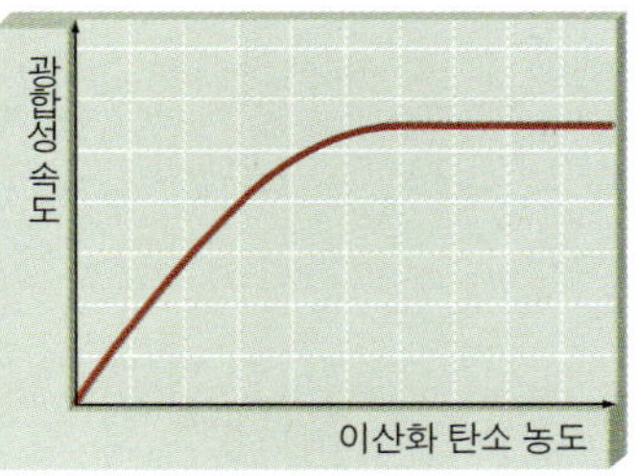

[이산화 탄소 농도와 광합성 속도]

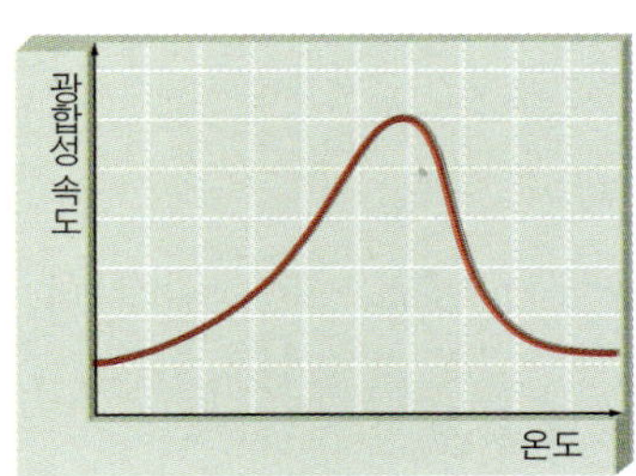

[온도와 광합성 속도]

광합성으로 만들어지는 물질 확인하기

| 준비물 |

같은 종류의 식물 모종 2개, 어둠상자, 비커 2개(200 mL, 500 mL), 알코올램프, 삼발이, 쇠그물, 점화기, 유리판, 페트리 접시, 아이오딘-아이오딘화 칼륨 용액, 스포이트 등

| 실험 과정 |

🔺 물이 들어 있는 비커를 가열한다.

🔺 알코올이 들어 있는 비커에 잎을 넣고 중탕한다.

🔺 두 잎에 아이오딘-아이오딘화 칼륨 용액을 각각 떨어뜨린다.

❶ 식물 모종 2개에 달린 잎의 개수를 똑같이 맞춘다.

❷ 식물 모종 1개는 어둠상자로 덮고, 다른 식물 모종 1개는 어둠상자로 덮지 않은 채 햇빛에 2~3일 동안 놓아둔다.

❸ 물이 들어 있는 비커를 끓인 다음 알코올램프의 불을 끈다.

❹ 알코올이 들어 있는 비커에 어둠상자로 덮은 잎과 덮지 않은 잎을 넣고, 이 비커를 물이 들어 있는 비커에 넣고 유리판으로 덮는다.

❺ 중탕한 잎을 따뜻한 물로 헹군 다음에 페트리 접시에 놓고, 아이오딘-아이오딘화 칼륨 용액을 떨어뜨린다.

| 실험 결과 |

어둠상자로 덮은 잎은 아이오딘-아이오딘화 칼륨 용액에 의한 색깔 변화가 없고, 어둠상자로 덮지 않은 잎은 청람색으로 변한다. 아이오딘-아이오딘화 칼륨 용액과 녹말이 만나서 색깔 변화가 나타났기 때문이다.

| 실험으로 알 수 있는 것 |

어둠상자로 덮은 잎과 덮지 않은 잎이 아이오딘-아이오딘화 칼륨 용액 반응에 차이가 나는 까닭은 햇빛을 받았는지 받지 못하였는지의 차이 때문이다. 어둠상자로 덮지 않은 잎에서는 햇빛을 이용하여 양분(포도당)을 만들고 일부는 녹말로 저장했다.

| 아이오딘-아이오딘화 칼륨 용액 |

아이오딘화 칼륨 수용액에 아이오딘을 녹여 만든 용액으로 녹말 검출 반응에 사용한다. 녹말이 들어 있는 용액에 아이오딘-아이오딘화 칼륨 용액을 넣으면 청람색으로 변한다.

잎에서 만들어지는 물질을 확인하는 실험을 할 때 주의할 점

어둠상자로 덮은 잎과 덮지 않은 잎을 잘 구분하여 실험한다. 두 잎의 잎자루 길이를 다르게 하여 구분할 수도 있다.

중탕이 되고 있는 비커 속 알코올을 들여다보거나 직접 냄새를 맡지 않는다.

알코올이 든 비커를 직접 가열하지 않는 까닭은 알코올은 인화성이 높아 직접 가열하면 화재의 위험이 있기 때문이다. 알코올에 중탕한 잎을 꺼낼 때에는 탈수되어 뻣뻣해진 잎이 손상되기 쉬우므로 조심해서 다룬다.

녹말이 들어 있는 음식물

아이오딘-아이오딘화 칼륨 용액을 이용하여 녹말이 들어 있는 음식물을 찾을 수 있다.

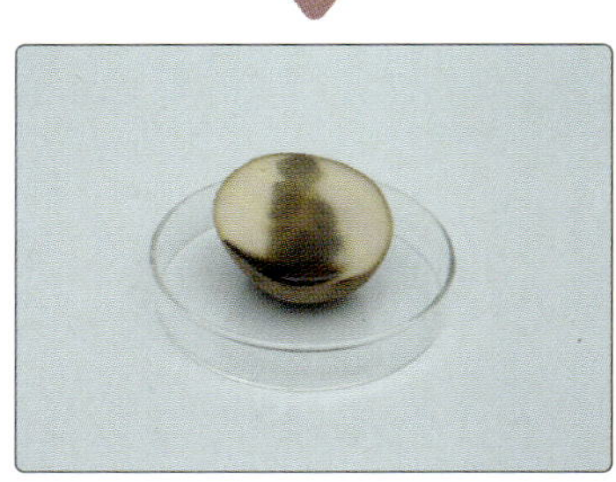

🔺 감자

잎이 없는 겨울에 식물이 광합성을 하지 않고 살아가는 방법

🔺 비비추의 겨울나기

여러해살이식물 중 풀은 대개 땅속줄기와 알뿌리를 남기고 땅 위의 잎과 줄기는 시든다. 즉, 땅 위에 있는 부분은 시들어 죽지만 땅속에 있는 부분은 살아남아 이듬해에 새순이 나온다. 민들레, 망초, 엉겅퀴, 냉이 등은 잎이 땅바닥에 붙어서 낮게 자라므로 뿌리와 함께 겨울을 나기도 한다.

나리, 파, 감자, 토란, 연 등은 우리가 먹을 수 있는 땅속줄기로 겨울을 나는데 땅속줄기에는 겨울을 나는 데 필요한 영양분과 봄에 싹틀 때 필요한 영양분이 저장된다.

🔺 낙엽

뿌리에서 흡수한 물은 증산 작용을 통해 잎에서 빠져나간다. 겨울에는 뿌리에서 물을 흡수하지 못하기 때문에 식물체 내의 물을 보존해야 한다. 침엽수는 잎의 부피에 비해 표면적이 작아 수분 손실을 줄일 수 있지만, 활엽수는 잎의 표면적이 커 수분 손실이 크다(물론 소나무 같은 침엽수도 겨울을 대비해 늙은 잎은 떨어뜨린다.). 따라서 활엽수는 초가을에 잎을 떨어뜨려 식물체 내의 수분이 부족하지 않도록 한다.

낙엽은 줄기와 잎자루 사이에 떨켜라는 특별한 조직이 생겨 잎과 줄기 사이에 물과 양분을 이동시키는 통로인 관다발을 막기 때문에 잎이 떨어지는 현상이다.

호흡과 광합성

식물은 살아가는 데 필요한 에너지와 양분을 분해하여 얻는다. 이 과정에서 산소가 소모되고 이산화 탄소가 발생한다. 이처럼 산소를 흡수하여 에너지를 얻고 이산화 탄소를 내보내는 과정을 호흡이라고 한다. 식물의 호흡은 뿌리, 줄기, 잎 등 식물체 전체에서 일어난다.

식물은 빛이 없을 때는 동물처럼 호흡만 일어나지만 빛이 있을 때는 호흡과 광합성이 모두 일어난다. 광합성은 호흡과는 반대로 이산화 탄소를 소비하고 산소를 내보내는 과정이다. 따라서 빛이 있을 때와 빛이 없을 때 식물에서 발생하는 기체가 달라진다.

꽃 Flower

종자식물(겉씨식물과 속씨식물)의 번식 기관으로 모양과 색깔이 다양하며, 대부분 꽃받침과 꽃잎, 암술과 수술로 이루어져 있다.

속씨식물의 꽃의 구조

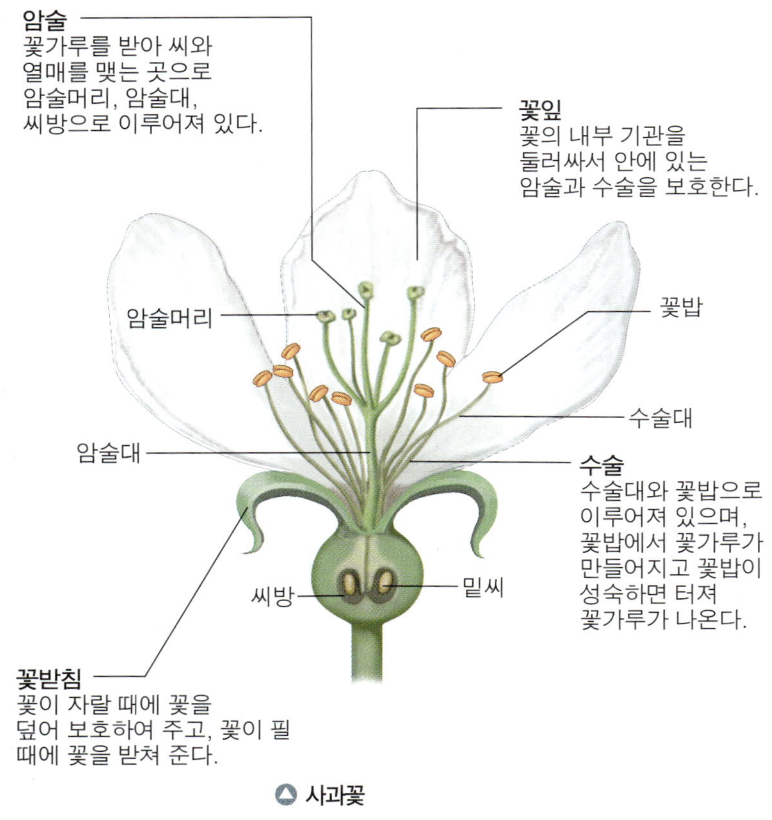

🔺 사과꽃

겉씨식물의 꽃의 구조

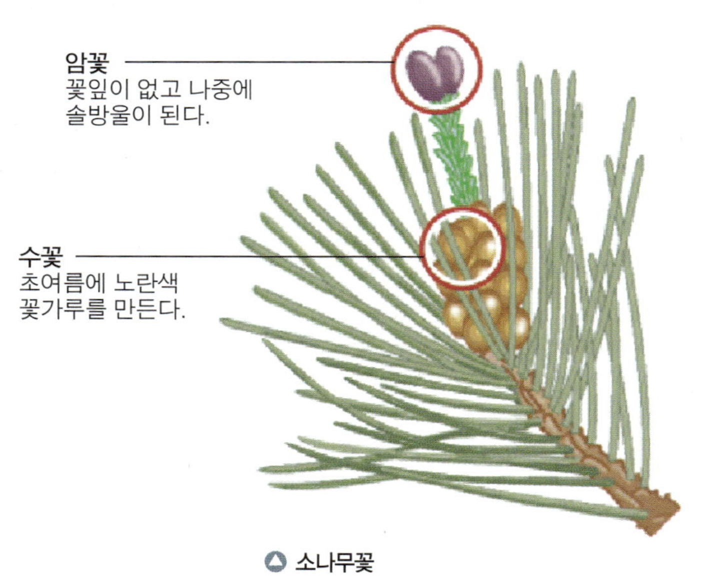

🔺 소나무꽃

종자식물

종자식물은 선태식물, 양치식물과 다르게 꽃이 피는 특징이 있으며, 밑씨가 어디에 있느냐에 따라 속씨식물과 겉씨식물로 분류된다.

속씨식물은 밑씨가 씨방 속에 들어 있고, 겉씨식물은 씨방이 없어 진짜 열매를 만들지 못하며 밑씨가 겉으로 드러나 있다. 속씨식물의 꽃에는 꽃받침, 꽃잎, 씨방이 있고, 암술과 수술이 꽃 안에 있다. 겉씨식물은 꽃받침과 꽃잎이 없고, 대부분 암술만 있는 암꽃과 수술만 있는 수꽃이 따로 피며 꽃가루받이는 주로 바람에 의해서 이루어진다.

🚀 더 나아가기

솔방울

솔방울은 소나무의 열매이다. 솔방울에는 비늘처럼 생긴 껍질이 여러 개 붙어 있다. 이 껍질 사이사이에 씨가 들어 있는데 이 씨의 크기는 약 3 mm 정도이며, 바람에 잘 날 수 있도록 날개 역할을 하기 때문에 소나무의 씨는 바람에 날려서 멀리 퍼질 수 있다.

꽃의 분류.

분류 기준		특징	꽃의 종류	
구조에 따른 분류	갖춘꽃	암술, 수술, 꽃잎, 꽃받침을 모두 가지고 있는 꽃	진달래	개나리
	안갖춘꽃	암술, 수술, 꽃잎, 꽃받침 중 어느 한 가지라도 없는 꽃	백합	호박
한 꽃에 암술과 수술을 포함하는지에 따른 분류	양성화	한 꽃 안에 암술과 수술이 모두 있는 꽃	봉숭아	국화
	단성화	암술과 수술이 각각 다른 꽃에 떨어져 있는 꽃(암꽃과 수꽃이 따로 있다.)	소나무	은행나무
꽃잎 모양에 따른 분류	통꽃	꽃잎이 서로 붙어 있는 꽃	나팔꽃	오이
	갈래꽃	꽃잎이 따로 떨어져 있는 꽃	장미	벚꽃
꽃가루받이(수분) 방법에 따른 분류	충매화	곤충(벌, 나비)에 의해 꽃가루받이가 이루어지는 꽃	복숭아나무	무궁화
	풍매화	바람에 의해 꽃가루받이가 이루어지는 꽃	벼	옥수수
	조매화	새에 의해 꽃가루받이가 이루어지는 꽃	동백나무	바나나
	수매화	물에 의해 꽃가루받이가 이루어지는 꽃	나사말	연

꽃가루받이(수분)와 수정

꽃가루받이란 종자식물에서 수술의 꽃가루가 암술머리에 옮겨 붙는 것이며, 수정이란 수분된 꽃가루에서 만들어진 정핵과 씨방 속의 밑씨가 결합하는 것이다.

꽃가루받이(수분)

꽃밥에서 만들어진 꽃가루가 암술머리로 옮겨 붙는 것을 꽃가루받이(수분)라고 한다. 수술의 꽃밥에서 만들어진 꽃가루가 암술머리에 옮겨 붙으면 꽃가루가 길게 자라 암술대를 따라 씨방으로 이동하여 밑씨와 결합하면 씨가 자란다. 일반적으로 꽃가루받이(수분)는 같은 꽃의 수술에서 받거나, 다른 꽃의 수술에서 받아 이루어진다.

꽃가루의 이동 방법에 따라 곤충을 이용하는 충매화, 바람을 이용하는 풍매화, 물을 이용하는 수매화, 새를 이용하는 조매화 등이 있다. 충매화는 꽃이 화려하고 꿀샘이 있으며 풍매화는 꽃이 눈에 잘 띄지 않는다. 또, 조매화는 꽃이 비교적 크고 꿀도 많으며, 수매화는 대부분 수생 식물이다.

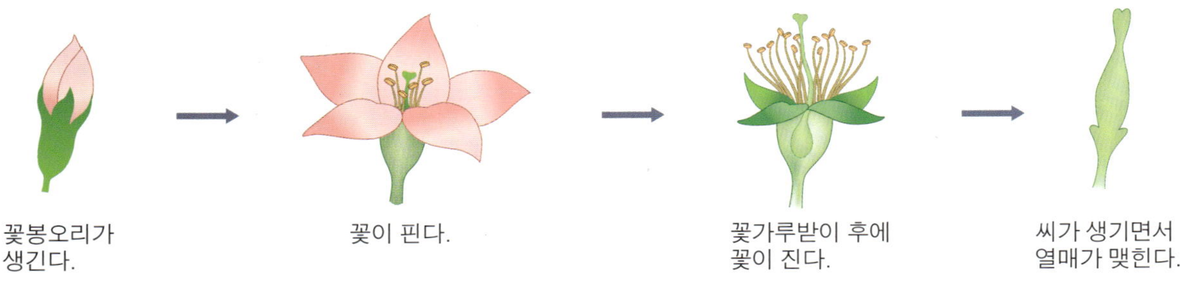

꽃봉오리가 생긴다.   꽃이 핀다.   꽃가루받이 후에 꽃이 진다.   씨가 생기면서 열매가 맺힌다.

△ 꽃가루받이가 이루어진 뒤에 꽃의 변화

사라지는 꿀벌

충매화는 곤충을 이용하여 꽃가루받이를 하는 꽃으로, 꽃가루받이 과정에서 70% 이상의 역할을 꿀벌이 해내고 있다. 하지만 꿀벌들이 인간 때문에 점차 사라지고 있다. 살충제를 뿌리고 항생제를 먹이는 것, 꽃가루받이를 위해 벌들을 여기저기 데리고 다니는 것, 꿀벌들이 열심히 모은 꿀을 아무 대가 없이 가져가는 것, 휴대 전화의 전자파로 꿀벌의 방향성을 상실하게 하는 것 등이 꿀벌들에게 큰 스트레스를 주고 있기 때문이라고 한다.

일부 과학자는 앞으로 이런 현상이 더욱 심해져 꿀벌이 사라진다면 생태계는 물론 인간의 식량 체계가 무너져 엄청난 식량 대란이 오게 될지도 모른다고 주장하고 있다.

꽃가루를 옮기는 벌

△ 벌

벌은 곤충으로 몸은 머리, 가슴, 배로 나눌 수 있고, 두 쌍의 날개와 세 쌍의 다리가 가슴에 붙어 있다.

암컷이 꽃과 꽃 사이를 돌아다니며 꽃가루를 모아서 뒷다리 털에 붙여 집으로 옮겨 오는 동안 약간의 꽃가루가 없어지는데, 이때 꽃가루받이(수분)를 일으킨다.

속씨식물의 수정

속씨식물의 수정은 꽃가루가 암술머리로 옮겨지는 꽃가루받이(수분)로부터 시작된다. 암술머리에 붙은 꽃가루는 암술대 안으로 꽃가루관을 만들며 자라게 된다. 꽃가루관 안에서는 모두 3개의 정핵이 만들어지게 되고, 암술의 밑씨 안에는 8개의 핵이 있으며, 이 중에서 3개는 밑씨의 상단, 3개는 하단, 2개는 중앙에 위치하는데, 이를 극핵이라고 한다.
속씨식물은 2개의 정핵이 수정하는 데 모두 참여하여 두 곳에서 동시에 수정이 일어나므로 이것을 중복 수정이라고 한다. 중복 수정은 속씨식물의 특징이다. 수정이 이루어지면 배와 배젖은 씨껍질에 싸여 씨가 되고, 밑씨를 둘러싸고 있던 씨방은 자라서 씨를 둘러싸는 열매가 된다.

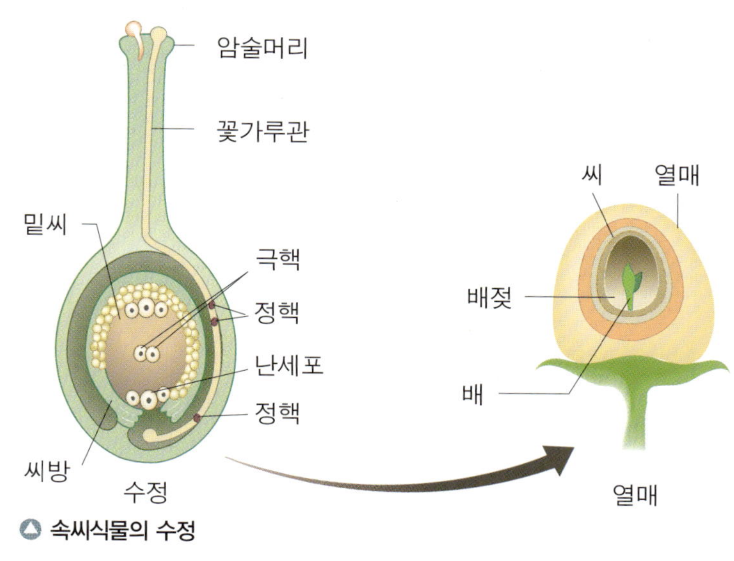

🔷 속씨식물의 수정

겉씨식물의 수정

겉씨식물은 씨방이 없고 밑씨가 암술 표면에 드러나 있으며, 속씨식물과는 달리 중복 수정을 하지 않는다. 겉씨식물은 종류에 따라 수술에서 만들어지는 꽃가루가 다르다. 은행나무와 소철은 정자를 만들고, 소나무는 정핵을 만든다.
소나무는 꽃가루받이 후에 꽃가루관을 따라 운반된 정핵이 밑씨에 도달하여 2개의 난세포와 결합하지만 은행나무에서와 같이 1개만 배로 자라고 나머지 1개는 퇴화되어 없어진다.
겉씨식물의 배젖은 속씨식물과 달리 배젖을 만드는 과정이 따로 있어서 수정 전후에 만들어진다.

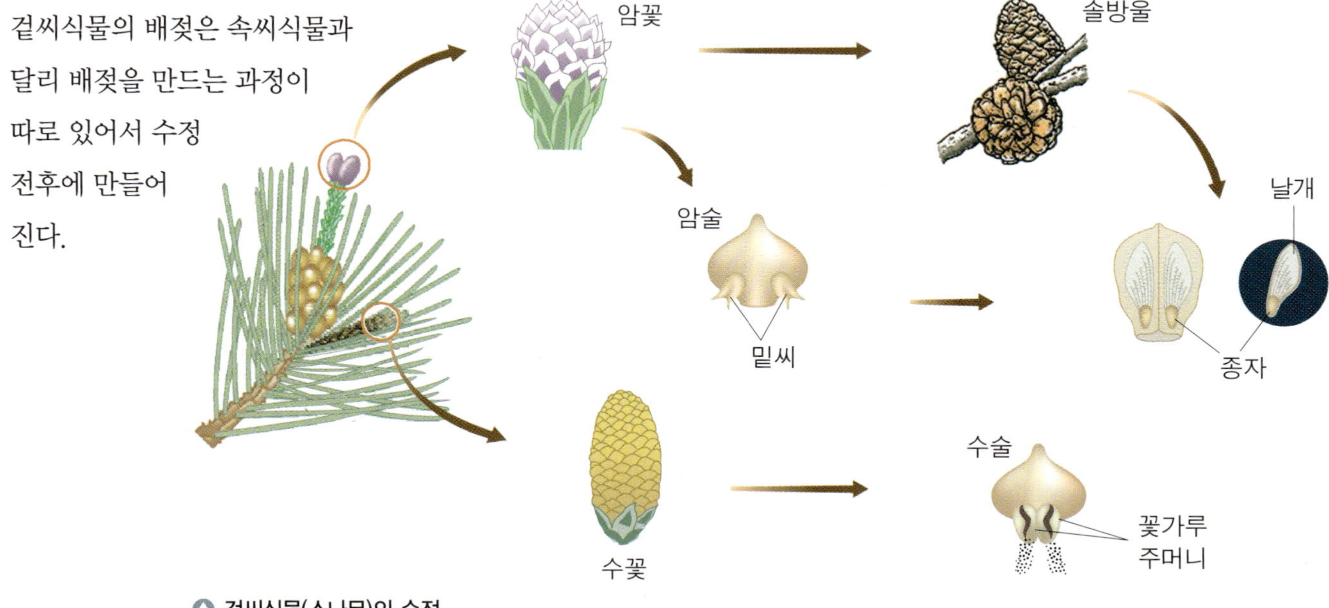

🔷 겉씨식물(소나무)의 수정

열매와 씨

열매란 식물이 수정한 후 씨방 혹은 다른 기관이 자라서 생기는 것이며 씨는 수정한 밑씨가 자라서 된 것으로, 싹이 터서 자라 새로운 식물이 될 부분이다.

열매 Fruit

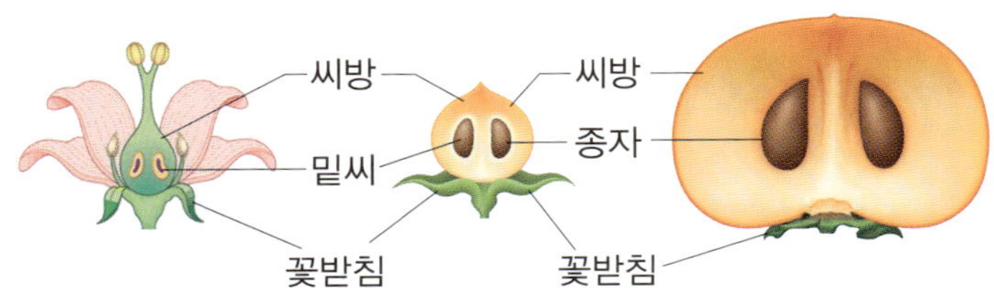

△ 감꽃과 열매

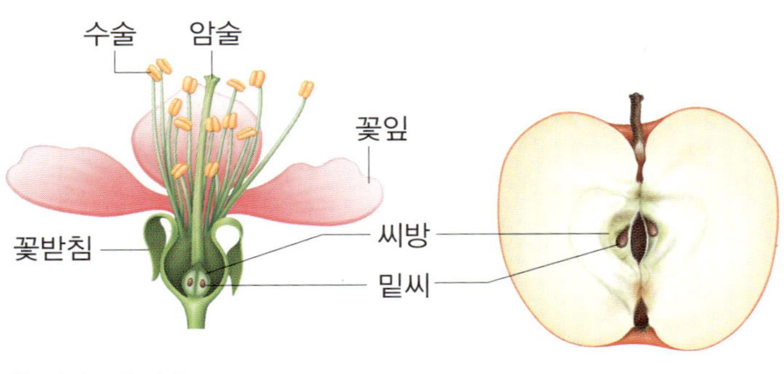

△ 사과꽃과 열매

열매는 식물의 꽃에서 꽃가루받이가 이루어지고 수정이 이루어진 다음 주로 암술의 씨방이 자라서 된 기관이다. 열매는 속씨식물에서만 발달한 기관으로, 다 자라면 씨를 퍼뜨리기 위한 방법의 하나로 열매를 만들고, 그 속에 씨를 넣어 다양한 방법으로 다른 장소로 운반하여 씨를 멀리 퍼지게 한다. 열매는 그 속에 번식에 필요한 씨가 들어 있기 때문에 꽃과 함께 생식 기관으로 취급한다.

열매는 크게 과피와 씨(종자)로 구분한다. 씨는 암술의 씨방 속에 있던 밑씨가 수정 후에 자라서 된 부분으로 자라서 식물체가 되는 부분이며, 과피는 씨를 둘러싸고 있는 바깥 부분으로 다시 외과피, 중과피, 내과피로 구분한다.

외과피는 열매의 겉껍질 부분, 중과피는 우리가 주로 먹는 부분, 내과피는 열매의 속껍질 부분으로 씨를 둘러싸고 있는 부분이다.

열매의 색깔이 변하지 않는다면

△ 열매가 익기 전   △ 열매가 익은 후

아직 익지 않은 녹색 또는 연두색의 사과를 풋사과라고 한다. 우리가 먹는 사과는 대부분 붉은색의 먹음직스러운 사과이다. 이들은 다른 열매일까? 아니면 같은 열매일까?

열매가 익기 전에는 주로 녹색을 띤다. 왜냐하면 씨가 성숙되기 전에 동물들에게 먹히는 것을 피하기 위해 잎과 같은 색깔을 유지하여 잘 구별되지 않게 하기 위해서이다. 하지만 열매가 익으면 노란색, 빨간색 등으로 색깔을 변화시켜 동물들의 눈에 잘 띄게 변한다. 즉, 동물이 열매를 먹고 배설해야 씨를 더 멀리, 더 넓게 퍼뜨릴 수 있기 때문이다.

씨 Seed

씨는 겉씨식물과 속씨식물에서 암술에 있는 밑씨가 수정하여 발달하고 성숙한 것으로 싹이 터서 새로운 식물체로 자라게 되며, 종자라고도 한다.

씨는 씨껍질, 배, 배젖으로 이루어져 있다. 씨껍질은 씨의 바깥쪽을 싸고 있는 단단한 껍질 부분이고, 배는 장차 자라서 식물체가 된다. 배젖은 배가 싹틀 때 필요한 양분을 저장한다.

배젖의 유무에 따라 씨를 분류하기도 한다. 감, 사과, 배 등의 씨는 배젖에 양분을 저장하고 강낭콩, 완두콩 등은 배젖이 퇴화되어 싹틀 때 필요한 양분을 떡잎에 저장한다.

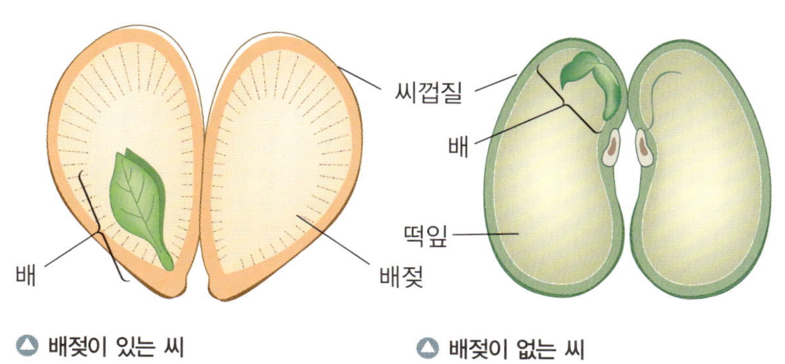

🔺 배젖이 있는 씨　　　　🔺 배젖이 없는 씨

씨가 퍼지는 방법

식물이 씨를 퍼뜨리는 까닭은 자신의 대를 이어 가고, 모체와의 생존 경쟁을 피하기 위해서이다.

씨가 퍼지는 방법	동물이 먹고 난 뒤에 배출한 배설물을 통하여	껍질이 터지면서	바람에 날려서	동물의 몸에 달라붙어서	물을 이용하여
식물의 종류	사과, 도토리	제비꽃, 봉숭아	단풍나무, 민들레	도깨비바늘, 가막사리	야자, 연

🔖 실생활

씨와 열매의 이용

🔻 헬리콥터의 프로펠러

2장의 날개가 있는 단풍나무씨가 바람에 날려 퍼지는 모습을 보고 만들었다.

🔻 낙하산

민들레씨 끝부분에 갓털이 많이 나 있어서 바람을 타고 멀리까지 날아가는 모습을 보고 만들었다.

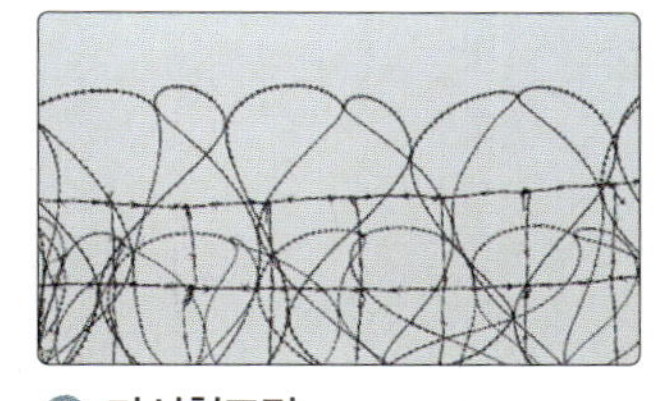

🔻 가시철조망

덩굴장미에는 가시가 많아 사람이나 동물이 접근하기 어려운 점을 이용하여 만들었다.

🔻 매직테이프

도깨비바늘에 갈고리처럼 생긴 가시가 있어 달라붙기 좋은 점을 이용하여 접착식 테이프를 만들었다.

식물의 한살이

식물이 씨가 싹 트고 자라 꽃을 피운 다음에 열매를 맺어 다시 씨를 만들고 죽기까지의 과정이다.

식물의 한살이

식물은 여러 방법으로 꽃가루받이와 수정을 통해 씨에서 다시 새로운 씨를 만드는 과정을 반복하면서 대를 이어 간다. 식물 중에는 한해 동안 한살이 과정을 거치고 수명을 다하는 한해살이 식물도 있고, 여러 해 동안 죽지 않고 한살이 과정을 반복하는 여러해살이 식물도 있다. 한해살이 식물은 주로 풀이며, 여러해살이 식물에는 풀과 나무가 있다.

식물의 한살이를 관찰하기 위해 씨를 심는 방법

화단에 씨를 심을 경우에는 흙을 깊이 파서 뒤집은 다음 잡초와 돌을 고르고 평탄하게 한다. 이랑을 만들고 씨 두께의 두세 배 깊이로 씨를 심는다.

화분에 씨를 심을 경우에는 먼저 화분 아랫부분을 막고 거름흙을 $\frac{3}{4}$ 정도 넣은 다음 씨 두께의 두세 배 깊이로 심고 물을 준 다음 팻말을 꽂는다.

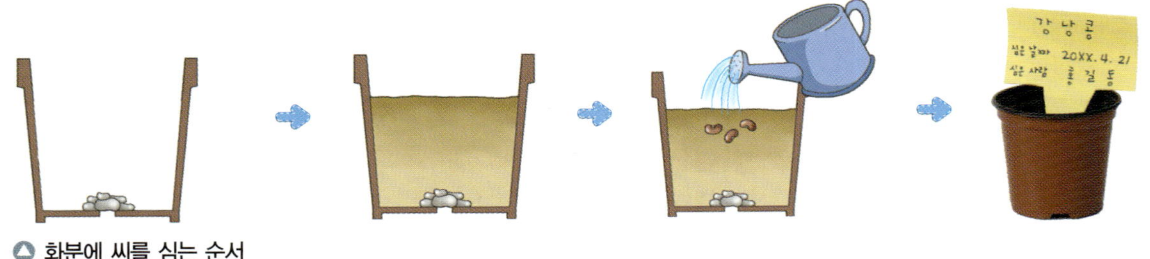

🔼 화분에 씨를 심는 순서

한해살이 식물의 한살이(벼)

🔼 볍씨

🔼 싹이 튼다.

🔼 잎과 줄기가 자란다.

🔼 꽃이 핀다.

🔼 열매가 자란다.

🔼 씨를 만들고 죽는다.

벼는 한해살이 식물로 봄에 싹이 터서 자라고 여름이 되면 꽃을 피우고 열매를 맺어 씨를 만들고 수명을 다한다. 이듬해에 다시 씨를 심어야 대를 이을 수 있다.

벼는 꽃잎이 없으며 벌어진 연한 초록색의 벼 껍질에 6개의 하얀색 수술이 밖으로 드러나 있다. 벼의 꽃이 진 뒤에 표면이 거칠거칠한 노란색의 열매가 달린다.

여러해살이 식물의 한살이

여러해살이 식물은 한해살이 식물과 달리 여러 해 동안 생명을 유지한다. 여러해살이 식물에 속하는 나무는 줄기와 가지가 단단하며, 씨앗이 싹 튼 후 2~5년 동안은 주로 길이가 활발하게 자라고 싹 튼 후 2~5년이 지난 후에는 줄기가 굵어지기 시작하며 겨울눈을 만들어 겨울을 난 후, 이듬해에 이 눈에서 새싹을 틔워 해가 바뀌어도 계속 자랄 수 있다. 여러해살이 식물에 속하는 풀은 봄에 싹이 터서 자라고 여름이 되면 꽃을 피우고 열매를 맺는다. 겨울에는 땅 위에 있는 부분은 시들어 죽지만 땅속에 있는 부분은 살아남아 이듬해에 새순이 나온다.

🔺 여러해살이 식물(풀)–비비추의 한살이

🔺 여러해살이 식물(나무)–감나무의 한살이

한해살이 식물과 여러해살이 식물의 비교

구분	한해살이 식물(풀)	여러해살이 식물(풀)	여러해살이 식물(나무)
공통점	씨가 싹 터서 자라 꽃이 피고 열매를 맺어 대를 이어 간다.		
차이점	봄에 씨가 싹 터서 자라 꽃을 피우고 열매를 맺어 대를 잇고 죽는다.	• 대체로 싹이 터서 자라고 꽃을 피우며, 열매를 맺는다. • 땅 위의 잎과 줄기는 시들어도 땅속줄기나 알뿌리로 겨울을 지내며 이듬해에 새순이 나오고 꽃을 피우며 열매를 맺는 것을 반복한다.	• 싹이 터서 몇 년 동안 자라다가 꽃을 피우고 열매를 맺는다. • 나뭇가지로 겨울을 지내며 이듬해에 새순이 나와 꽃을 피우며 열매를 맺는 것을 반복한다.
식물의 종류	강낭콩, 벼, 옥수수, 봉숭아, 호박 등	비비추, 쑥, 엉겅퀴, 민들레 등	감나무, 복숭아나무, 사과나무, 개나리 등

동물의 분류

동물을 분류할 때는 다양한 기준을 사용하지만, 가장 일반적인 방법은 척추의 유무에 따라 척추동물과 무척추동물로 분류하는 것이다.

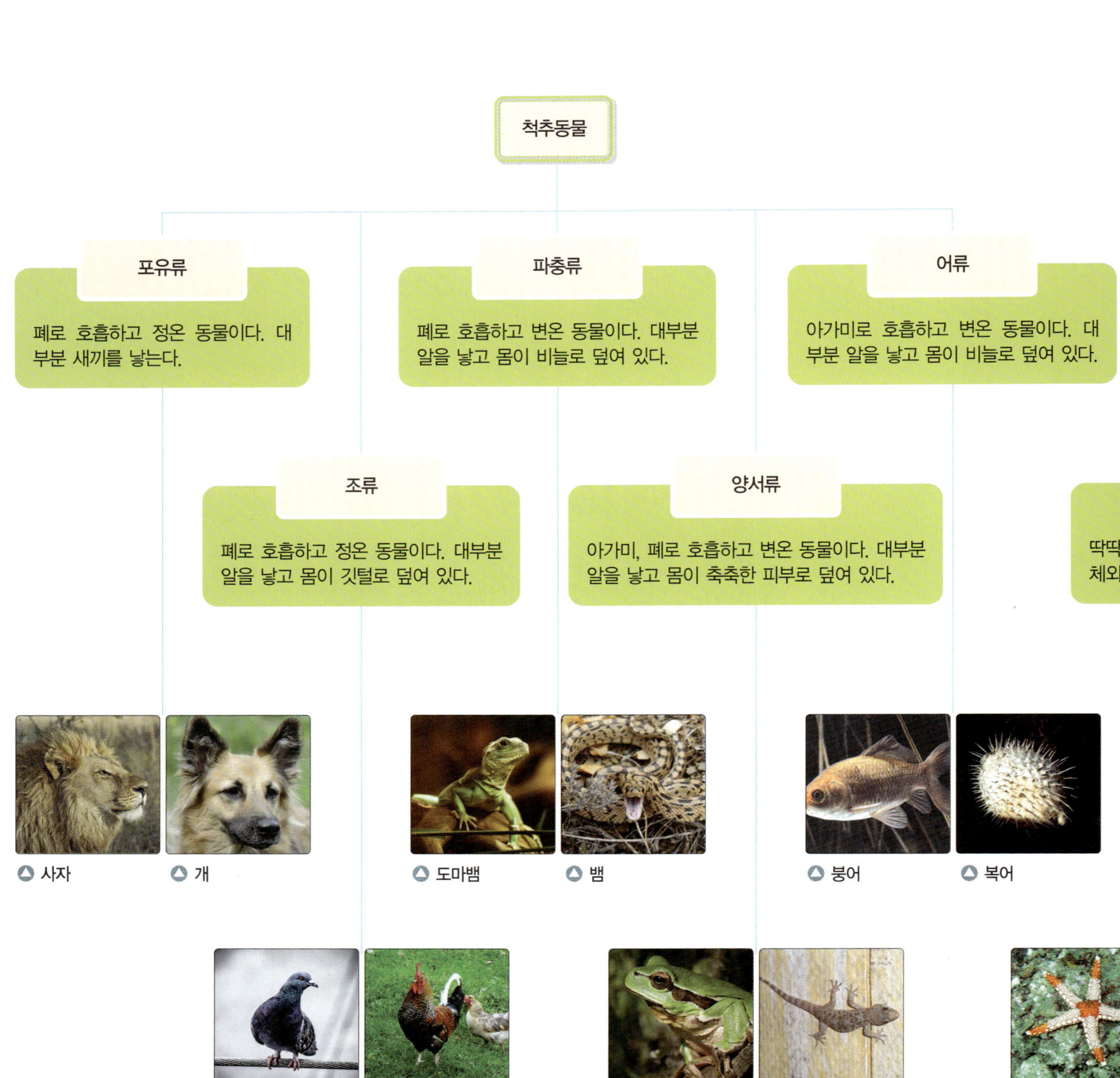

동물은 척추(등뼈)의 유무에 따라 척추동물과 무척추동물로 분류한다. 척추동물에는 포유류, 조류, 파충류, 양서류, 어류가 있으며 무척추동물에는 극피동물, 절지동물, 환형동물, 연체동물, 편형동물, 강장동물 등이 있다. 척추동물은 전 세계적으로 약 6만 5,000종, 무척추동물은 약 130만 종이 있으며 전체 동물의 약 96%를 차지하고 있다.

용어 풀이

분류

분류란 생물들을 어떤 기준을 세우고 그 기준에 따라 서로 특징이 같은 것끼리 하나의 단위로 묶고 특징이 서로 다른 것을 나누는 방법으로 생물계를 체계적으로 정리하는 것이다.

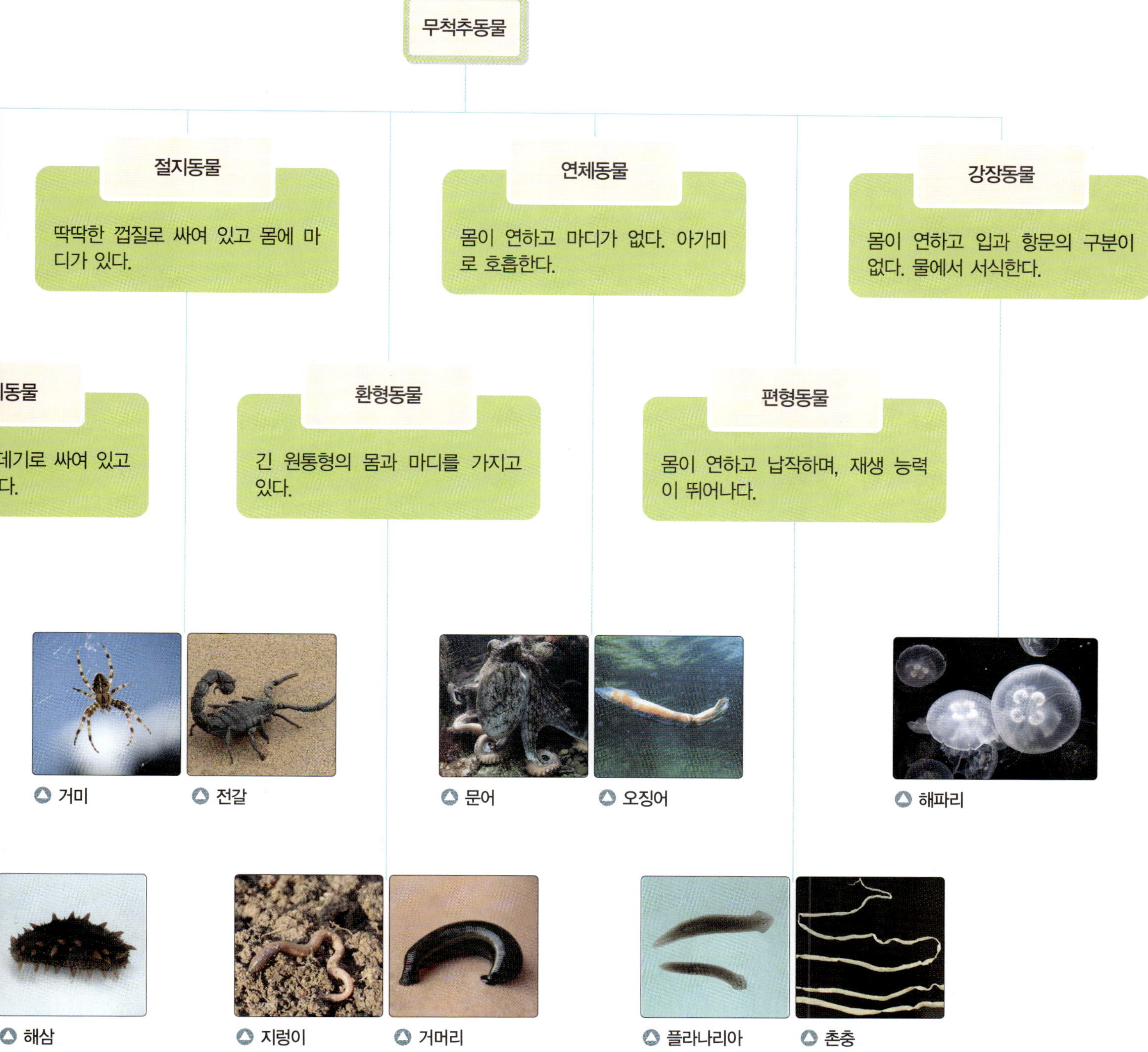

무척추동물

절지동물
딱딱한 껍질로 싸여 있고 몸에 마디가 있다.

연체동물
몸이 연하고 마디가 없다. 아가미로 호흡한다.

강장동물
몸이 연하고 입과 항문의 구분이 없다. 물에서 서식한다.

극피동물
⋯⋯데기로 싸여 있고 ⋯⋯다.

환형동물
긴 원통형의 몸과 마디를 가지고 있다.

편형동물
몸이 연하고 납작하며, 재생 능력이 뛰어나다.

△ 거미　　△ 전갈　　△ 문어　　△ 오징어　　△ 해파리

△ 해삼　　△ 지렁이　　△ 거머리　　△ 플라나리아　　△ 촌충

척추동물 Vertebrata / 脊椎動物

무척추동물에게는 없는 등뼈(척추)를 가지고 있는 동물로 포유류, 조류, 파충류, 양서류, 어류로 나눌 수 있다.

포유류

젖을 먹여 새끼를 키우는 척추동물을 통틀어 가리키며, 종류로는 개, 고양이, 소, 돼지, 말 등이 있다. 사람도 포유류에 속한다.

대부분의 포유류는 새끼를 낳지만 오리너구리처럼 암컷과 수컷이 짝짓기를 한 후 알을 낳는 종류도 있다. 새끼는 어미 배 속에서 일정 기간 동안 자란 다음에 태어나고 어미의 젖을 먹고 자란다. 포유류는 체온이 일정하게 유지(정온 동물)되는 특징이 있다.

▲ 호랑이

▲ 소

▲ 오리너구리

▲ 코끼리

조류

날개가 있고 몸이 깃털로 덮여 있으며, 알을 낳아 기르는 새 종류이다. 새의 가장 큰 특징은 날개가 있다는 점이다.

날개는 진화 과정에서 앞다리가 변한 것으로 날개가 있어서 하늘을 날 수 있다. 날개 외에도 공기의 저항을 줄이기 위해 몸이 유선형으로 되어 있고, 몸의 균형이 잘 맞으며 뼛속이 비어 있고 부드러운 깃털로 덮여 있는 점도 새가 하늘을 날기에 알맞은 점이다.

▲ 까치

▲ 딱따구리

▲ 박새

▲ 왜가리

파충류

피부가 딱딱한 비늘로 덮여 있어 몸속의 수분이 체외로 잘 빠져나가지 않도록 보호해 주기 때문에 건조한 사막에서도 살아갈 수 있다. 현재 6,500여 종이 존재하며 종류로는 뱀, 도마뱀, 거북, 악어 등이 있다.

파충류는 체온이 변하는 변온 동물이며 추운 겨울에는 겨울잠을 자기도 한다.

▲ 도마뱀

▲ 뱀

▲ 거북

▲ 악어

양서류

어린 시절을 물속에서 아가미로 호흡하면서 지내다가 완전히 자라면 물 밖으로 나와 허파와 피부로 호흡하며 살아가는 동물이다. 종류로는 개구리, 두꺼비, 도롱뇽, 맹꽁이 등이 있다.

양서류의 몸 표면은 매끈하고 피부는 항상 축축하게 젖어 있으며 변온 동물이다. 양서류는 알을 낳으며 대부분 다리가 네 개이다.

🔺 개구리

🔺 두꺼비

🔺 도롱뇽

🔺 맹꽁이(출처: 공공누리에 따라 용인시의 공공저작물 이용)

어류

물속에 살면서 몸이 유선형이며 아가미로 호흡하고 지느러미로 운동하는 동물이다. 어류의 몸은 대부분 물살을 잘 헤쳐 나가기 위해 중앙 부분은 굵고 머리와 꼬리 끝으로 가면서 차츰 가늘어진다.

아가미는 물에 녹아 있는 산소를 받아들이고 몸속에서 생긴 이산화 탄소를 몸 밖으로 내보내는 역할을 한다.

대부분의 어류는 부레가 있으며 몸의 비중을 조절하여 물에 뜨거나 가라앉는 것을 도와준다. 종류로는 다랑어, 상어, 가오리, 메기 등이 있다.

🔺 다랑어

🔺 상어

🔺 납자루

🔺 고등어

🔺 가오리

🔺 메기

 과학자

분류학의 아버지, 린네

린네(Linne, Carl von: 1707~1778)는 스웨덴의 식물학자로, 흔히 분류학의 아버지로 불린다. 그가 생물을 분류할 때 사용한 계층적 방법은 현대 분류학에서도 사용되고 있다.

린네는 유사한 ‘종’들을 묶어 ‘속’으로 분류했다. 그리고 유사한 ‘속’끼리 묶어서 ‘과’로 묶고 이런 작업을 반복하여 다수의 ‘계’를 형성하였다.

그는 종합적으로 생물을 ‘계, 문, 강, 목, 과, 속, 종’의 7단계로 분류했다. 저서로는 『자연의 체계』, 『식물의 종』 등이 있다.

포유류 Mammal / 哺乳類

척추동물 중에서 새끼를 낳아 젖을 먹여 키우는 동물 무리이다.

포유류의 분류

포유류는 척추동물 중 가장 발달된 무리로, 약 2억 2,000만 년 전에 파충류에서 진화되었으며, 공룡의 몰락 이후 더욱 다양해졌다. 대부분은 육상 생활을 하지만 박쥐처럼 날개를 가진 포유류도 있고, 돌고래, 고래 등과 같이 수중에서 사는 종류도 있다. 포유류는 새끼의 양분인 젖을 생산하는 젖샘이 있고, 몸이 대부분 털로 덮여 있어서 체온을 유지할 수 있다. 포유류는 단공류, 유대류, 태반류로 나눌 수 있다.

단공류 포유류는 젖을 먹여 새끼를 기르고 몸이 털로 덮여 있지만 오리너구리와 바늘두더지는 새끼가 아닌 알을 낳고 젖꼭지도 없다. 오리너구리는 오스트레일리아 동쪽에 있는 강과 태즈메이니아섬 근처에서 살며, 주로 작은 새우와 수서 곤충을 먹는다. 암컷은 대개 2개의 알을 낳으며, 나뭇잎으로 만든 둥지에서 새끼를 키운다. 알에서 깨어난 오리너구리는 어미의 피부에서 나오는 젖을 핥으며 자란다.

○ 오리너구리

유대류 포유류 중 유대류와 태반류는 임신 기간 동안 배가 태반에 의해 어미의 몸 안에서 자란다. 주머니가 있는 포유류인 유대류는 태아 상태의 작은 새끼를 낳아 어미의 배에 있는 젖꼭지에 다다르는 동안 발생(조직과 기관을 만들어가는 과정)이 완성된다. 새끼는 어미의 배 밖에 달려 있는 주머니인 육아낭 안에서 자란다. 코알라, 캥거루 등이 유대류이다.

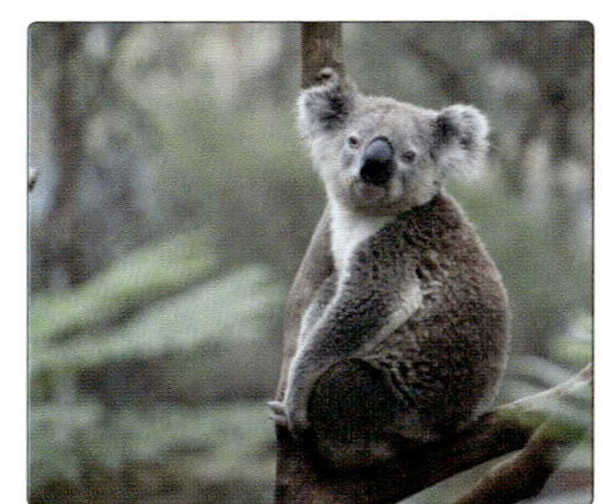

○ 코알라

태반류 태반류는 태반에 의해 어미의 몸 안에서 새끼가 성숙하는 포유류로 현존하는 포유류 중에서 약 95% 정도를 차지한다.
양막 안에서 태아가 발생하는 동안 보호를 받으며, 양막 안에는 양수가 들어 있다. 인간은 얼룩말, 원숭이, 유인원과 함께 태반류이다.

○ 얼룩말

○ 캥거루

인류의 진화

오랜 세월 동안 생물이 환경에 적응하여 변화해 온 것을 진화라고 한다. 신생대는 공룡이 멸종한 후 약 6,500만 년 전에 시작되어 오늘날까지 이어지는 지질 시대로써 현존하는 포유류의 모든 종은 이 시대에 진화했다. 인류는 유인원에 속하며, 인류의 조상은 고릴라, 침팬지, 오랑우탄, 긴팔원숭이 등이 속해 있는 영장류이다.

약 600만~700만 년 전에 아프리카에서 출현한 초기 인류는 두 발로 걷는 직립 보행을 하고 도구를 만들어 사용하였지만 몸집이 작았다.

약 200만~400만 년 전에 두 발로 걷는 것은 물론 사람과 비슷한 손과 치아를 가졌지만 뇌의 용량은 오늘날 인류의 $\frac{1}{3}$ 정도인 오스트랄로피테쿠스(Australopithecus)가 출현하였다.

약 240만 년 전쯤에 오스트랄로피테쿠스보다 뇌 용량이 크고 정교한 석기를 사용하였으며 턱이 짧아진 호모 하빌리스(Homo habilis)가 나타났다.

약 180만 년 전에 살았던 호모 에렉투스(Homo erectus)는 최초로 불을 사용하였다. 현생 인류인 호모 사피엔스(Homo sapiens)의 가장 오래된 화석은 약 19만 5천 년 전의 것으로 추정되며, 얼굴이 작고 턱이 선명한 특징이 있다.

포유류의 부상 浮上

포유류는 파충류가 진화하여 나타난 동물로 중생대 초기부터 공룡과 함께 지구 상에 존재했다. 중생대 초기의 포유류는 크기가 작고 몸에 털이 나 있었으며 알을 낳는 동물이었지만, 중생대 말에 새끼를 낳도록 진화하였다. 당시의 포유류는 곤충을 잡아먹고 땅속에 살며 야행성이었지만, 공룡이 사라지자 몸집이 커지고 지능이 발달하면서 생태계 내에서 공룡의 위치를 차지할 수 있게 되었다.

FUN

지구에서 가장 큰 포유류

지구에서 가장 큰 포유류는 몸무게 150 t, 몸길이 약 30 m인 흰긴수염고래로 대왕고래라고도 부른다. 주로 극지방의 찬 바다에서 살며, 겨울이 되면 적도 지방으로 이동한다. 암컷은 2~3년에 한 번씩 새끼를 낳는데, 태어난 새끼는 10년 동안 어미 곁에서 성장한다.

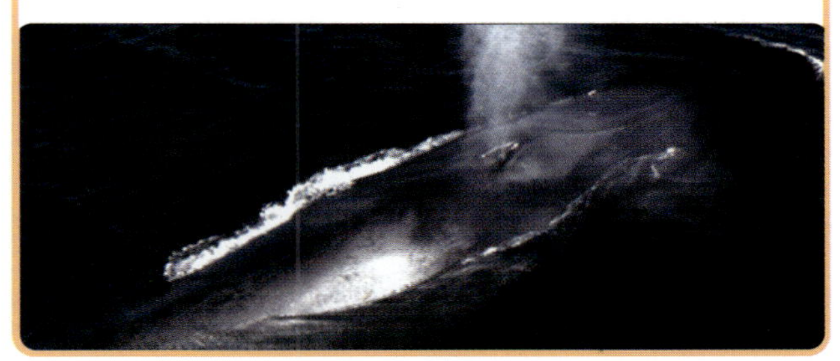

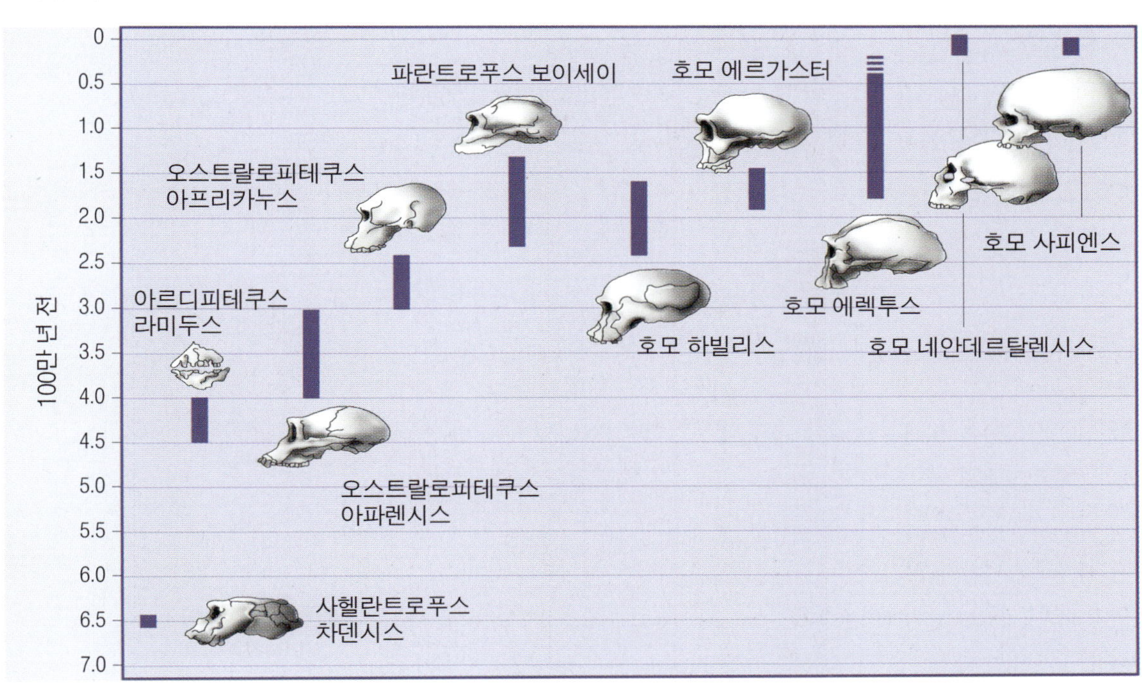

조류 Bird / 鳥類

폐로 호흡하고 체온이 주위 환경과 관계없이 항상 일정하며, 몸의 표면은 깃털로 덮여 있다. 알을 낳아 번식하는 척추동물이다.

날기 적합한 구조

△ 독수리

대부분의 새들은 날기에 적합한 구조를 갖고 있다. 몸에 있는 많은 깃털은 비행하는 동안 무게를 감소시킨다. 뼛속이 비어 있고, 뼈는 벌집 구조를 하고 있어 비행할 때 강한 지지 작용을 한다.

독수리는 기류를 올라탈 수 있는 날개가 있으며, 벌새는 비행 기술은 뛰어나지만 지속적으로 떠 있기 위해 펄럭거려야 한다. 또 비행하는 동안 힘을 받을 수 있도록 가슴뼈에는 큰 가슴 근육이 붙어 있다. 칠면조나 닭의 흰색 살은 모두 비행 근육이다.

바다를 나는 거대한 군함새의 경우 날개를 펼치면 2 m 이상이나 된다. 그러나 뼈 무게는 모두 더해도 113 g에 지나지 않는다.

△ 벌새

△ 칠면조

△ 군함새

🚀 더 나아가기

시조새 화석

시조새는 중앙 유럽의 적도 근처 갯벌에서 살았을 것으로 추정하고 있다. 시조새는 날개, 깃털과 같은 조류의 특징과 이빨, 날개 끝의 발톱, 많은 척추, 꼬리와 같은 파충류의 특징을 모두 가지고 있기 때문에 파충류와 조류의 중간 단계로 본다.

현대의 조류와 비슷한 날개 모양의 깃털을 가지고 있었던 시조새는 무거운 몸 때문에 잘 날 수는 없었을 것으로 추정된다.

감각 기관

조류는 안전한 비행을 위해서 매우 날카로운 감각을 지녀야 한다. 새는 척추동물 중에서 가장 뛰어난 시각을 가지고 있다. 새들은 비교적 큰 뇌를 가지고 있으며 번식기에는 복잡한 행동을 한다. 어떤 새들은 먹이와 번식 장소를 찾기 위해 매년 먼 거리를 이동한다.

▲ 철새의 이동 모습

날지 못하는 새

모든 새가 하늘을 날 수 있는 것은 아니다. 타조, 에뮤, 키위 등과 같이 날지 못하는 새는 대부분 날개 뼈가 작고 날갯짓이 약한 대신에 다리가 길고 튼튼하여 나는 것보다 걷거나 달리는 것을 잘한다.

▲ 타조

▲ 에뮤

🚀 더 나아가기

포유류에 속하는 박쥐

포유류에 속하는 박쥐는 날개를 가지고 있지만 몸에 털이 나 있고 이빨이 있으며, 암컷은 가슴에 한 쌍의 젖꼭지가 있어 젖을 먹여 새끼를 키운다. 뒷다리에 5개의 발가락이 있고 갈고리 모양을 한 발톱이 있어서 나뭇가지나 동굴 속에서 매달릴 수 있다.

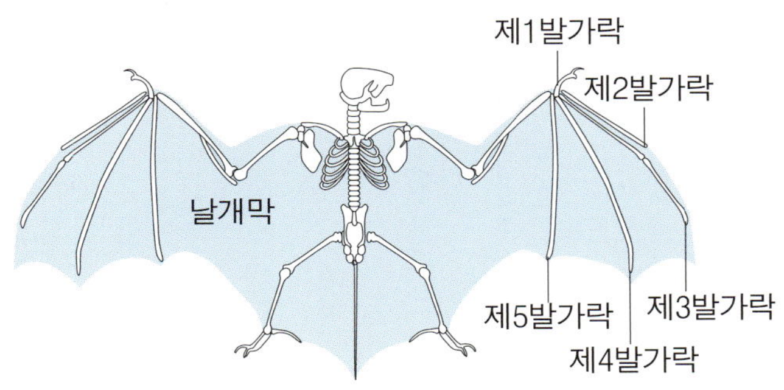

몸의 일부가 날개처럼 되어 있는 동물

▲ 하늘다람쥐

몸의 크기는 15~20 cm 정도이고 다리가 4개이며 꼬리가 있다. 앞다리와 뒷다리 사이에 날개막이 있어서 네 다리를 펼치면 날개막이 만들어져 10 m 이상을 날 수 있다.

▲ 날치

몸이 유선형이고 가슴지느러미가 날개처럼 되어 있다. 위협을 느끼면 물 밖으로 튀어나와 날 수 있다. 많이 날면 300~400 m까지의 거리를 30~40초 정도 날 수 있다.

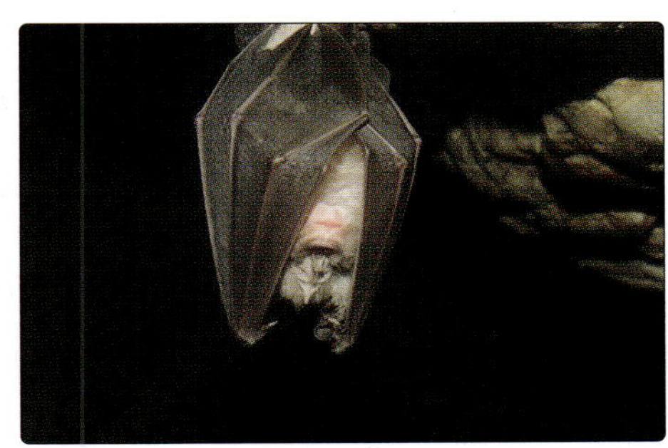
▲ 박쥐

앞다리가 날아다니기에 알맞게 날개처럼 변하였다. 엄지발가락은 짧지만 갈고리 모양을 한 발톱이 있으며, 다른 4개의 발가락은 매우 길고 날개막으로 연결되어 있다.

파충류 Reptilia / 爬蟲類

척추동물로 폐로 호흡하고 체온이 주위 환경에 따라 변하며, 알을 낳아 번식한다.

외온성 동물

파충류는 변온 동물로 여러 가지 행동적 적응으로서 체온을 조절한다. 예를 들어 도마뱀은 기온이 낮을 때는 햇빛에 몸을 쪼이고 기온이 높을 때에는 그늘을 찾아가 자신의 체온을 조절한다. 도마뱀은 몸속에서 많은 열을 생산하기보다 외부 열을 흡수하기 때문에 파충류를 더 확실한 용어로 외온성 동물이라고 부른다.

🔺 도마뱀

양막 알

'파충류의 시대'라고 불리는 중생대에 파충류는 지구상에 매우 널리 분포하였다. 지금으로부터 약 6,500만 년 전 중생대 말기까지 계속하여 파충류는 종류가 다양화되었다. 파충류의 피부는 거친 케라틴 단백질로 된 방수성 비늘로 덮여 있어 몸이 마르는 것을 방지하고, 물을 함유하고 있는 양피지 같은 껍질로 싸여진 알을 낳는다. 대부분의 파충류는 물웅덩이에 알을 낳지만 몇몇 종류는 썩은 통나무나 나뭇잎으로 덮여 있는 모래흙에 알을 낳기도 한다. 알의 내부에는 양막이라는 액체가 가득 들어 있는 보호 기능을 하는 주머니가 있으며 이 주머니 안에서 배가 발생된다. 양분을 가지고 있고 건조한 기후에도 견딜 수 있는 양막 알로 진화함으로써 파충류는 서식지를 육지로 옮길 수 있게 되었으며, 이러한 사실은 파충류가 물에서 기원하였다는 사실과도 연관된다.

🔺 거북의 알

뱀이 주위 환경의 변화를 느끼는 방법

뱀은 야콥슨 기관(뱀의 입천장 앞쪽에 있는 화학 물질 감지 기관)이 발달하여 후각이 예민하고, 여기에 뱀 특유의 혀에 의한 후각 작용이 더해진다. 공기 중에 떠도는 냄새 알갱이를 끝이 둘로 갈라진 혀를 날름거리면서 야콥슨 기관까지 운반하여 사냥해야 할 먹이와 적의 존재를 알아차린다. 또 뱀의 혀는 공기의 진동, 흐름, 온도차 등도 감지하는 능력이 있어서 자주 혀를 날름거리면서 행동을 하거나 먹이에 접근한다.

뱀의 눈은 눈꺼풀 대신 투명한 비늘로 덮여 있어 항상 뜨고 있다. 머리 옆 부분에 위치하기 때문에 입체적인 시각을 가지지 못해 시력이 나쁘지만 가까운 거리에서 움직이는 것을 잘 본다. 또한 적외선을 볼 수 있어 어두운 곳에서도 동물들을 쉽게 찾을 수 있다.

🔺 뱀의 혀

🔺 뱀의 눈

공룡

공룡은 몸집이 매우 큰 파충류로 중생대(2억 4,800만 년 전~6,500만 년 전) 동안 지구를 지배했다. 중생대는 거의 2억 년에 이르는 시기로 트라이아스기, 쥐라기, 백악기로 나뉜다.

쥐라기(약 2억 600만 년 전~1억 4,400만 년 전)에는 비가 많이 오고 기후가 따뜻했다. 이로 인해 거대한 숲이 형성되고 해수면은 상승했다. 무성한 숲은 용각류와 같은 초식 공룡이 살기에 알맞았다. 이들의 몸집은 길이가 최고 30 m에 달했으며, 몸무게는 50 t 정도였던 것으로 추정된다.

용각류는 몸집이 매우 컸기 때문에 먹이를 소화하고 몸을 보호하는 데에 매우 유리했지만 커다란 몸집을 유지하기 위해 많은 양의 풀을 먹어야 했기 때문에 소화하기가 까다로워서 위의 크기가 매우 컸다. 지구 상에 존재했던 육상 동물 중 몸집이 가장 컸던 동물 중에는 아파토사우루스, 브론토사우루스, 디플로도쿠스, 아르젠티노사우루스 등이 있다.

새롭게 나타난 포식자인 수각류는 날렵하고 빠르며, 날카로운 이빨과 발톱을 가졌고 다리는 두 개였다. 수각류 중에는 몸길이가 10 m에 이르는 알로사우루스가 있는 반면 몸길이가 20~50 cm 정도밖에 되지 않는 것들도 있었다.

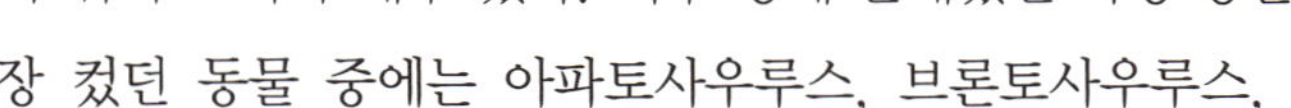

▼ 아크로칸토사우루스의 화석

공룡 발자국 화석이 발견되는 과정

아직 굳어지지 않은 펄과 같은 곳을 공룡이 지나가면서 발자국을 남겼고 이것이 굳어져서 단단한 암석이 된다. 이러한 화석이 지표면 위로 드러나면서 우리에게 발견되는 것이다. 현재 암석에서 나온 발자국을 통해 이곳이 공룡이 걸을 당시에 진흙으로 이루어진 물렁물렁한 층이었다는 것을 알 수 있다.

공룡의 몸 색깔

공룡이 등장하는 만화나 영화를 보면 공룡의 몸이 여러 가지 색깔로 칠해져 있는 것을 볼 수 있다. 공룡은 인간이 지구 상에 나타나기 훨씬 이전에 살았다 멸종되었기 때문에 살아 있는 공룡을 본 사람은 없다. 공룡의 뼈나 흔적을 통해 공룡의 크기나 형태를 알 수 있지만, 겉모양의 형태를 이루고 있는 가죽이나 피부는 남아 있지 않다. 따라서 공룡의 몸 색깔은 만화나 영화를 만드는 사람의 상상에 의해 만들어진 것이다.

양서류 Amphibian / 兩棲類

물속과 육지에서 모두 생활할 수 있는 척추동물로서 대부분 폐 호흡과 피부 호흡을 동시에 한다.

꼬리가 있는 양서류

양서류는 크게 꼬리가 있는 종류와 꼬리가 없는 종류로 나눌 수 있다. 대부분의 양서류는 꼬리가 없는데 꼬리가 있는 대표적인 양서류는 도롱뇽이다.

도롱뇽은 맑은 계곡이나 웅덩이 주변에 사는 양서류로, 어둡고 그늘진 곳을 좋아해서 주로 밤에 활동하는 야행성이다. 도롱뇽은 새끼 때는 얼굴 옆쪽에 있는 아가미로 호흡을 하지만 자라면서 아가미는 점점 퇴화하고 폐가 발달하면서 폐와 피부로 호흡을 한다. 도롱뇽은 물속에서 짝짓기를 하고 알을 낳지만 대부분 땅 위에서 산다.

▲ 도롱뇽

양서류의 먹이

초기의 양서류는 서식하기에 적합한 풍부한 숲에서 생활하면서 다양한 곤충과 육상에 먼저 정착한 무척추동물을 먹이로 구할 수 있었다. 그 결과 양서류는 매우 다양해지고 먼 지역까지 널리 퍼져 번성하였다.

3억 년 전, 석탄 숲이 줄어들면서 초기 양서류도 쇠퇴하기 시작하였고 많은 종류가 사라졌으며, 어떤 것은 현대의 양서류로, 어떤 것은 파충류로 진화하였다.

▲ 물속에서 먹이를 찾고 있는 개구리

양서류 집단의 감소

현재의 양서류는 약 4,800종으로 전 세계적으로 양서류 집단은 빠르게 감소하고 있다. 양서류 집단의 감소 원인은 매우 다양하지만 환경 파괴와 병원성 곰팡이의 확산, 양서류의 생활사에 필요한 습지가 산성비에 의해 파괴되고 있는 것 등이 가장 큰 원인이라고 할 수 있다.

▲ 지구 온난화로 개체 수가 줄어든 무당개구리 (출처 : 국립환경과학원), 북방산개구리

개구리의 한살이

개구리는 대부분의 시간을 육지에서 보내지만 알은 물속에 낳는다. 알에서 나와 올챙이가 되는데 다리가 없으며, 한 쌍의 아가미를 통하여 물속의 조류를 먹는다. 올챙이의 꼬리는 물고기의 지느러미와 비슷하다. 올챙이는 개구리로 변하면서 강 언덕으로 올라간다. 육상에서 곤충을 먹기 시작하면서 아가미 대신에 공기 호흡을 할 수 있는 허파와 한 쌍의 외부 고막이 생기며 꼬리는 사라진다.

개구리 알의 특징

개구리 알은 마르기 쉬운 우무질로 둘러싸여 있기 때문에 물속에 알을 낳아야 한다. 개구리 알은 여러 개가 뭉쳐서 덩어리를 이루고 있고 둥글고 투명하며 만지면 미끈미끈하다. 우무질 속의 알은 위쪽이 검고 아래쪽은 하얗다.

알
투명한 우무질에
싸여 있고 물속에 있다.

올챙이
몸통과 꼬리가
있고 다리는 없다.

올챙이(부화 후 15일)
뒷다리가 나온다.

개구리의 한살이

개구리
꼬리가 짧아지고 개구리가
된다.(부화 후 45~55일)

올챙이(부화 후 25일)
앞다리가 나오고 꼬리가
짧아진다.

개구리와 두꺼비의 다른 점

🔺 **두꺼비**

두꺼비는 울음주머니가 없기 때문에 짝짓기 철이 되어도 개구리처럼 울음소리를 내지 않는다. 또 밤에 돌아다니는 습성이 있어서 낮에는 잘 관찰하기 어렵다.
두꺼비의 귀샘과 등 쪽 피부의 우툴두툴한 돌기에서 독액이 나오는 것도 개구리와 다른 점이다.

개구리가 우는 소리

수컷 개구리는 짝짓기 철이 되면 알을 낳을 수 있는 물웅덩이에서 소리를 내어 암컷을 부른다. 대부분의 암컷은 큰 소리로 우는 수컷을 좋아한다.

어류 Fish / 魚類

등뼈를 가지고 알을 낳으며, 주변 온도에 따라 체온이 변하는 동물이다. 또, 물속에서 수정이 이루어지는 체외 수정을 하고, 아가미로 호흡하는 특징을 가지고 있다.

어류의 분류

어류는 물에서 산소를 흡수하는 아가미와 헤엄칠 때 몸의 움직임을 돕는 7장의 지느러미를 가지고 있다. 어류는 연골어류(상어, 가오리, 홍어 등)와 경골어류(송어, 금붕어 등)로 나눌 수 있다.

연골어류 연골어류는 물렁뼈로 된 유연한 뼈대를 가지고 있다. 상어는 유선형의 몸체, 빠른 감각, 강력한 턱을 가지고 빠른 속도로 헤엄칠 수 있다. 눈은 예리하지 않으나 후각이 매우 발달되어 있으며, 머리에는 주위 동물이 근육을 움직일 때 일어나는 미세한 전자장을 감지할 수 있는 특별한 전자 감응 장치가 있다. 또한 옆면에는 감각 기관인 측선계가 분포되어 있어 근처에서 헤엄치는 동물의 작은 진동에 의해 생기는 수압의 변화를 감지한다.

○ 상어

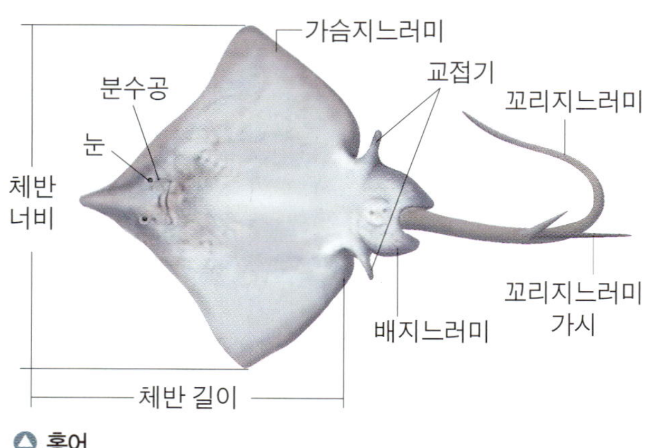

○ 홍어

경골어류 경골어류는 딱딱한 뼈대를 가지고 있다. 옆줄이 있으며, 예리한 후각과 시력을 가졌다.

경골어류의 머리 양쪽에 있는 아가미뚜껑은 아가미를 덮어 보호하고 물이 드나들게 하는 넙적한 뼈로 된 뚜껑이다.

경골어류는 부레를 가지고 있는데, 여기에 가스가 가득 차 있어서 부력을 유지할 수 있다.

○ 경골어류

물고기의 몸이 유선형인 까닭

유선형은 앞부분이 좁은 형태였다가 몸 중간으로 가면 점점 넓어지고 끝으로 가면 좁아지는 형태를 말한다. 물고기의 몸이 유선형인 까닭은 물고기가 헤엄칠 때 물의 저항을 적게 받기 위해서이다.

새를 포함하여 비행기나 고속 열차, 배의 경우도 전체적인 모양이 공기의 저항을 적게 받는 유선형이다.

회유성 물고기

연어나 뱀장어와 같이 먹이를 찾거나 번식을 위해 바다와 민물을 오고 가며 사는 물고기들을 회유성 물고기라고 한다.

연어는 강에서 태어나 바다로 이동하여 자란 후, 알을 낳기 위해 다시 태어난 강으로 되돌아온다. 연어는 냄새를 이용해 자기의 고향으로 찾아온다고 알려져 있다. 반대로 뱀장어는 바다에서 태어나 강으로 이동하여 민물에서 살다가, 알을 낳기 위해 다시 바다로 이동한다.

이 밖에도 숭어, 전어, 망둥이, 황복 등은 바다와 민물이 만나는 곳에서 살아간다. 바다와 민물이 만나는 곳은 염분의 농도가 끊임없이 변하는 곳이기 때문에 그것에 대한 적응력과 조절 능력이 뛰어나다.

△ 연어(출처: Fotolia)

물고기의 숨쉬기와 먹이 먹는 모습

구분	입이 열릴 때	아가미가 열릴 때
옆에서 본 모습		
위에서 본 모습		
아가미와 입의 변화	아가미가 닫힐 때 입이 열리면서 물과 먹이가 들어간다.	입이 닫히면서 아가미가 열리고 이때 물만 나오기 때문에 먹이를 먹을 수 있다.

어류의 감각 기관, 옆줄

주로 물고기 몸통의 양 옆에 위치하고 있는 옆줄은 물의 온도, 물의 깊이, 물의 빠르기, 물이 흐르는 방향 등을 감지하는 감각 기관이다. 옆줄은 아가미뚜껑부터 꼬리 앞까지 점선의 형태로 되어 있다. 상어와 같은 몇몇 어류는 옆줄을 이용해 자기장을 감지하기도 한다. 대부분의 어류는 옆줄이 한 줄이지만, 정어리와 같이 옆줄이 없는 종류도 있다.

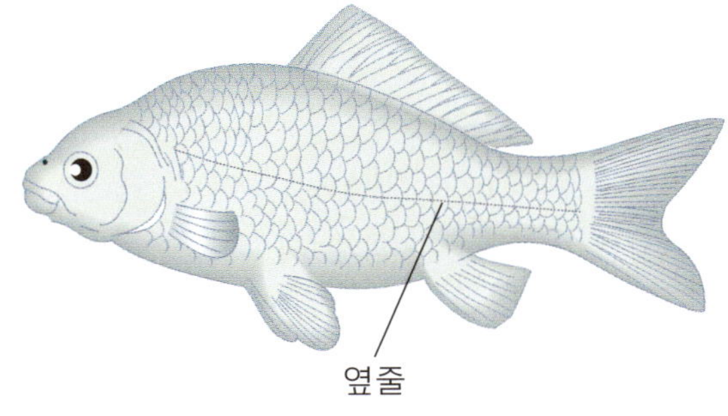

무척추동물 Invertebrates / 無脊椎動物

동물 중에서 등뼈가 없는 동물 무리이다.

무척추동물의 분류

무척추동물은 현재 지구 상에 살고 있는 동물의 90% 이상을 차지하며, 하나의 세포로 되어 있는 동물에서부터 복잡한 구조로 되어 있는 다세포 동물에 이르기까지 그 종류가 다양하다. 척추동물에 비하면 대체로 몸이 작고, 기관의 구조도 단순하다. 무척추동물은 몸의 모양, 번식 방법, 생활 방식 등에 따라 극피동물, 절지동물, 환형동물, 연체동물, 편형동물, 강장동물 등으로 나눌 수 있다.

극피동물 가시나 돌기가 많은 딱딱한 표피는 밖으로 드러나 있지만 실제로는 내골격이다. 극피동물은 다른 동물에서 볼 수 없는 독특한 호흡기 및 순환계 역할을 하는 수관계를 가지고 있다. 또, 외부로는 운동과 감각을 담당하는 근육질의 관족이 있는데, 관족의 바깥쪽은 빨판으로 되어 있어 수관 속의 수압을 조절하여 물체에 붙었다가 떨어졌다 할 수 있다. 그래서 쉽게 옮겨다니거나 먹이를 잡을 수 있다. 해삼, 성게, 불가사리 등이 이에 속한다.

△ 해삼

△ 성게

절지동물 지구 상의 전체 동물 종의 약 85%를 차지하는 무척추동물이다. 절지동물은 크게 갑각류, 거미류, 다지류, 곤충류로 구분한다.

절지동물은 마디로 된 다리가 있으며, 몸은 대부분 좌우 대칭이다. 키틴질로 된 단단한 외골격으로 덮여 있어서 주기적으로 허물벗기를 하여 성장한다. 메뚜기, 노래기, 거미, 파리, 가재, 나비 등이 이에 속한다.

△ 메뚜기

△ 노래기

△ 거미

△ 파리

환형동물　몸이 가늘고 긴 원통 모양이며, 머리와 꼬리 부분을 제외하고는 고리 모양의 많은 마디로 이루어져 있다.

아가미나 피부로 호흡하며, 소화관은 곧게 뻗어 있고 항문은 몸의 뒤쪽에 있다.

종류로는 지렁이, 거머리, 갯지렁이 등이 있다. 갯지렁이는 암수딴몸이고, 지렁이와 거머리는 암수한몸이다.

△ 지렁이

△ 갯지렁이

연체동물　절지동물 다음으로 가장 많은 종을 갖는 무척추동물로, 몸이 연하고 마디가 없으며 아가미로 호흡한다.

몸통은 외투막으로 싸여 있고 개방 혈관계(동맥의 끝이 조직으로 열려 있고 정맥과는 연결되어 있지 않은 혈관계)를 갖는다. 달팽이, 오징어, 홍합, 가리비 등이 이에 속한다.

△ 달팽이

△ 오징어

편형동물　대부분 암수한몸으로 몸이 납작하고 편평해서 편형동물이라고 부른다.

입은 있지만 항문이 없기 때문에 소화되지 않은 찌꺼기는 입을 통해 배출한다. 플라나리아는 맑은 물에서 자유 생활을 하고, 디스토마류, 촌충류 등은 동물의 몸에서 주로 기생 생활을 한다. 플라나리아, 촌충 등이 이에 속한다.

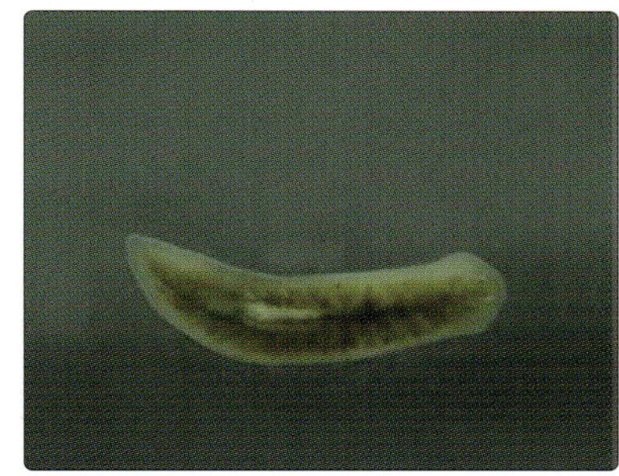

△ 플라나리아

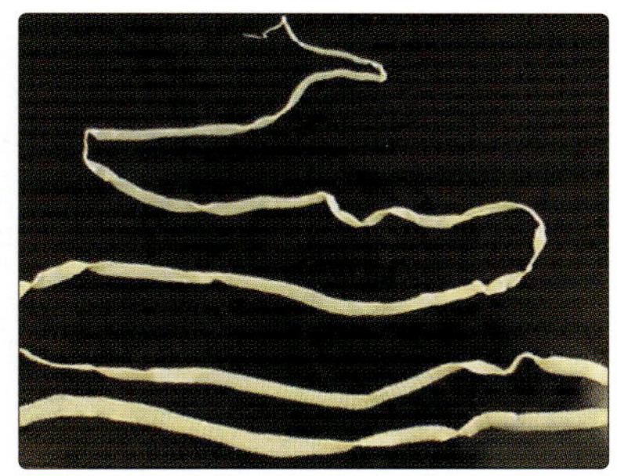

△ 촌충

강장동물　몸은 대부분 주머니 모양으로 방사 대칭이다. 입과 강장이라는 원시적인 소화관이 있으나 항문이 없기 때문에 입은 항문의 역할도 겸한다.

입 주변에 있는 촉수를 이용하여 먹이를 잡는다. 히드라, 산호, 말미잘 등은 바위나 다른 생물체에 붙어서 생활을 하고 해파리는 물속에서 자유롭게 움직인다.

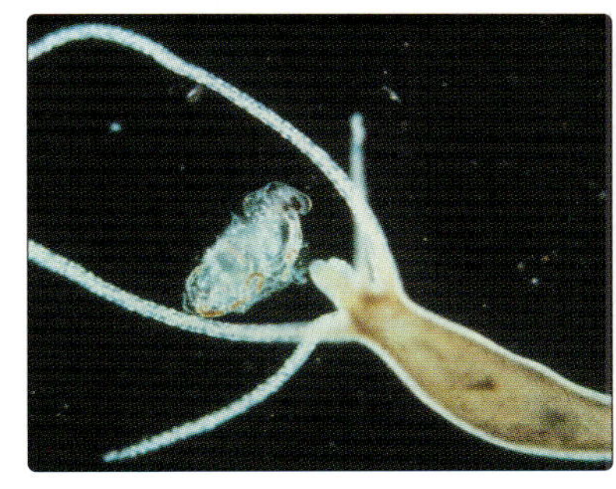

△ 히드라

△ 산호

극피동물 Echinodermata / 棘皮動物

몸은 방사 대칭 형태이고 다리는 관처럼 생긴 해양 무척추동물이다.

극피동물의 분류

극피동물의 이름은 가시를 뜻하는 그리스어 에키노(Echino)와 피부를 뜻하는 데르마 (Derma)의 합성어에서 유래되었으며, '가시와 같은 피부를 가진 동물'이라는 의미를 가진다. 가장 큰 특징은 피부에 가시가 나 있고, 몸이 다섯 갈래로 나뉘어져 있으며, 몸의 조직 일부가 떨어져 나가더라도 다시 재생한다는 점이다.

극피동물의 수관계

극피동물은 물이 가득 차 있는 관이 망 구조를 이루고 있으며, 관족으로 뻗어 있는 독특한 구조의 수관계를 가진다. 관족은 관 모양의 발로 운동 기관으로 이용되지만, 먹이를 섭취하고 기체 교환에도 관여한다. 입은 아래쪽 가운데에 있다. 불가사리가 가장 좋아하는 먹이인 굴이나 조개를 만나면 관족으로 껍질을 잡고 입을 조개껍질 사이의 좁게 열린 부분으로 가져가서 자신의 위를 입 밖으로 밀어내 조개껍질 속으로 집어넣은 다음, 소화액을 분비하여 조갯살을 녹여 잡아먹는다. 조개가 완전히 녹고 나면 위를 다시 거둬들인다.

불가사리와는 대조적으로 성게는 둥근 모양이며 팔이 없다. 그러나 자세히 보면 긴 실과 같은 관족이 가시 사이에 나 있는 것을 볼 수 있다.

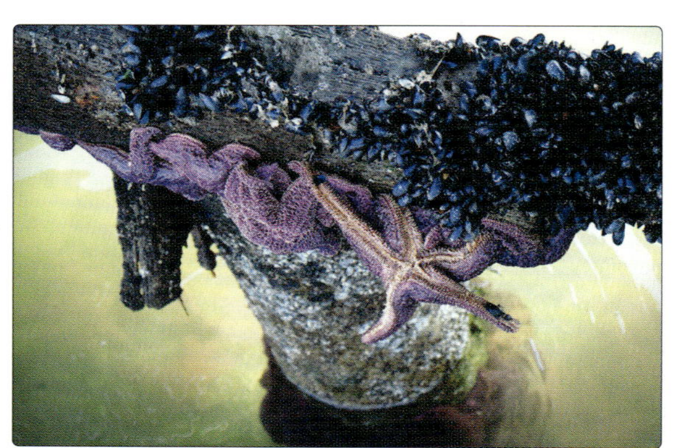

△ 먹이를 먹고 있는 불가사리

극피동물의 중요성과 이용

△ 해삼을 이용한 요리

양식장에서 기르는 생물을 먹어 치운다는 이유로 불가사리에 대한 부정적인 시각도 있지만, 생태계에서는 생물 사이의 평형을 유지하기 위한 행동으로 보아야 할 것이다.

해양 생태계에서 극피동물은 바다 밑바닥을 청소하고, 여러 생물을 잡아먹음으로써 서식 생물의 수를 조절하는 역할을 한다.

해삼은 우리나라뿐 아니라 중국 등에서 요리 재료로 각광받고 있지만 일부 지역 해삼의 경우 몸 안에 독을 함유하고 있기도 하다. 불가사리와 성게는 의료용으로 활용될 예정이어서 인간 생활에 크게 영향을 미칠 것이다.

불가사리

불가사리의 몸은 내부와 외부가 모두 방사 대칭(중앙의 한 점에서 사방으로 바퀏살처럼 뻗쳐 있는 모양)이다.

대부분 5개의 팔을 가지고 있고, 뇌가 없지만 팔과 신체 중앙에 있는 기관을 이용하여 외부 환경을 감지한다. 불가사리의 배 쪽에 관족이라는 많은 발들이 촘촘하게 붙어 있다. 관족이 늘어나거나 오므라들면서 움직이거나 물체에 달라붙을 수 있다.

등 쪽에는 항문이 있다. 또 재생 능력이 아주 강하여 팔이 떨어져 나갔더라도 죽지 않으며, 얼마 지나지 않아 그 자리에서 팔이 다시 자라 나온다. 때때로 분리된 팔에서 새로운 불가사리 개체가 형성되기도 한다.

불가사리의 각 팔 끝에는 안점이 있어서 빛을 감지한다. 안점은 크기가 작고 주변과 색깔이 다르다.

일부 불가사리는 알과 새끼를 돌보기도 하지만, 그렇지 않은 것들은 한 번에 250만 개의 알을 바닷물에 그냥 방출한다.

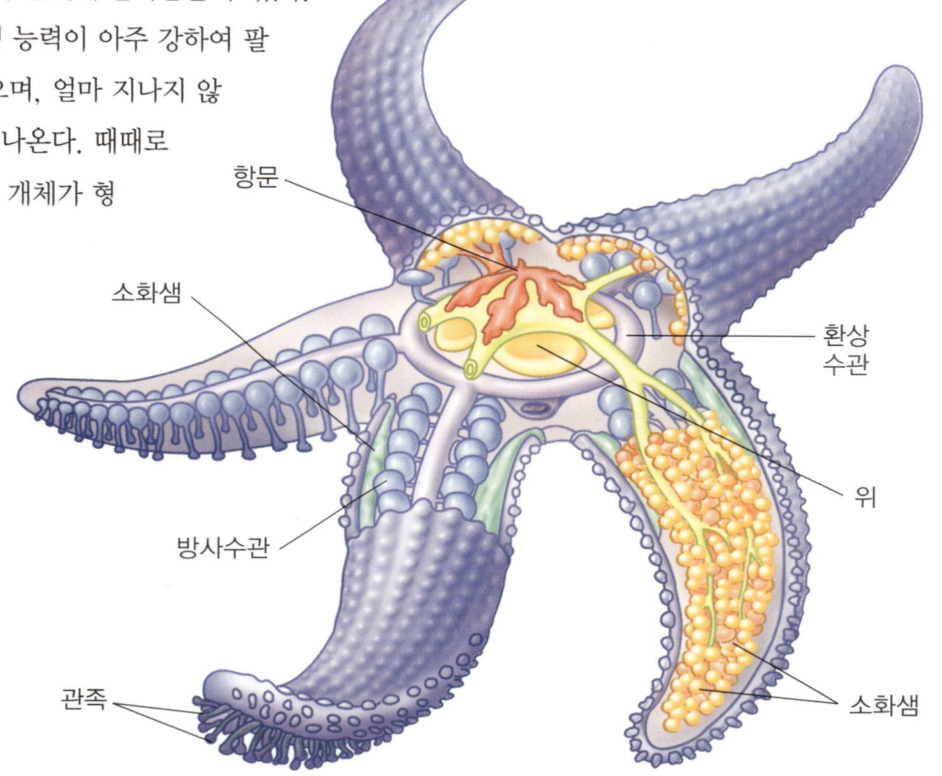

성게

성게는 딱딱한 껍질을 가졌지만, 껍질이 판으로 연결되어 있어서 약하기 때문에 다른 생물에게 잡아먹히지 않으려고 뾰족한 가시로 몸을 감싸고 있다. 성게는 살이 거의 없지만 맛있는 알을 가지고 있어서 물고기들이 매우 좋아한다. 가늘고 날카로운 가시가 있지만, 이들만 잡아먹는 물고기 때문에 낮에는 항상 바위 틈이나 구멍 속에 여럿이 모여 있거나 숨어 지내고 밤이 되면 밖으로 나와서 해조류를 먹는다. 성게의 긴 침 사이에는 수백 개의 하늘거리는 작은 실 같은 것이 있고, 그 끝에 빨판이 있어서 이것을 바닥에 붙여 가면서 이동하며 하룻밤 사이에 5m를 이동하기도 한다.

🔺 성게

🔺 성게알

절지동물 Arthropoda / 節肢動物

등뼈가 없는 무척추동물 중 몸이 딱딱한 외골격으로 싸여 있으며, 몸과 다리에 마디가 있는 동물 무리이다.

절지동물의 진화

캄브리아기(5억 5,000만 년 전)의 많은 화석들은 환형동물과 절지동물의 중간 형태이다. 그러나 여러 가지 생물학적 증거에 의하면 절지동물과 환형동물은 초기 좌우 대칭 동물에서 각각 다른 계통으로 갈라져서 진화하였음을 알 수 있다. 몸과 다리의 마디는 이러한 조상들에게서 처음 기원되었거나 혹은 환형동물이나 절지동물 계통에서 독립적으로 진화하였을 것이다.

절지동물의 특징과 분류

'절지' 란 마디(관절)와 다리를 뜻하는데, 이는 관절로 된 다리를 가지고 있음을 의미한다. 절지동물은 몸과 다리 등 기타 기관이 마디로 구성된 체절 구조를 가지고 있고, 몸이 탄산칼슘으로 된 외골격에 싸여 있어 몸을 보호하거나 체내 수분의 증발을 막는 역할을 한다. 탈바꿈을 통해서 몸의 크기가 커지고, 체절이나 관절을 가지는 구조는 운동을 가능하게 만들어 준다. 절지동물의 몸은 좌우대칭이고 머리, 가슴, 배로 구분되거나 머리가슴과 배로 구분된다.

절지동물은 메뚜기, 잠자리, 딱정벌레와 같은 곤충류와 전갈, 진드기와 같은 거미류, 게, 새우, 바닷가재와 같은 갑각류, 노래기, 쥐며느리, 지네와 같은 다지류로 분류된다.

구분	곤충류	거미류	갑각류	다지류
몸의 구분	머리, 가슴, 배	머리가슴, 배	머리가슴, 배	머리, 배
다리	3쌍	4쌍	5쌍	많다.
날개	보통 2쌍	없다.	없다.	없다.
더듬이	1쌍	없다.	2쌍	1쌍
호흡기	기관	기관(책허파)	아가미	기관
눈	겹눈, 홑눈	홑눈	겹눈	홑눈
배설 기관	말피기관	말피기관	촉각선	말피기관
탈바꿈	대부분 한다.	하지 않는다.	한다.	하지 않는다.
동물의 종류	메뚜기, 잠자리 등	전갈, 진드기 등	게, 새우 등	노래기, 쥐며느리 등

[절지동물의 분류]

살아 있는 화석, 투구게

▲ 투구게

2005년 캐나다 매니토바 주에서 발견된 화석은 '루나타스피스 아우로라' 라는 이름을 가진 생물로, 약 4억 5,000만 년 전인 고생대에 살았던 것으로 밝혀졌다. 루나타스피스 아우로라는 초승달 모양의 갑각과 양쪽의 겹눈, 뾰족한 꼬리를 가지고 있어 오늘날의 투구게와 매우 비슷한 모습이었다.

절지동물에 속하는 오늘날의 투구게는 자외선에 반응하는 1쌍의 겹눈이 있고 중앙에도 1쌍의 훨씬 작은 눈이 있다. 입은 아래쪽 면에 5쌍의 다리에 둘러싸여 있다. 다리에는 가시가 나 있는 날카로운 돌기들이 있다.

다 자란 투구게는 주로 껍질이 연한 게 종류나 갯지렁이를 먹는다. 투구게는 식량과 비료로 이용되어 왔으며, 루나타스피스 아우로라의 발견과 멸종한 삼엽충과의 비슷한 모습 때문에 '살아 있는 화석' 이라고 한다.

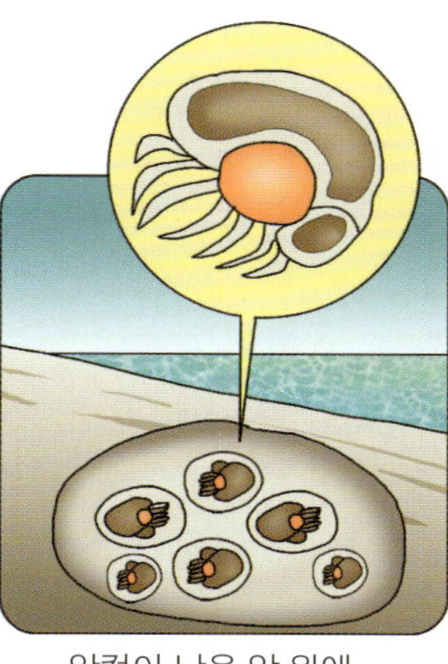

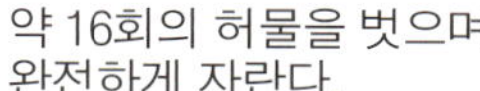

▲ 투구게의 한살이

실생활

곤충의 겹눈

겹눈이란 수많은 작은 낱눈이 모여 이루어진 눈으로, 잠자리, 파리, 진드기, 거미, 지네 등의 절지동물에서 볼 수 있다. 각 낱눈은 한 방향으로 고정되어 있어서 물체를 따라 움직일 수 없기 때문에 물체가 움직이면 신호를 발사하여 그것을 중추 신경계로 전달한다. 겹눈은 고등 동물의 눈처럼 정확한 상을 맺지는 못하지만 움직이는 물체를 감지하는 능력은 매우 뛰어나다. 겹눈으로 바라본 세상은 모자이크처럼 보인다고 한다.

과학자들은 인간의 눈에 비해 뛰어난 곤충의 눈을 모방한 360° 입체 영상 카메라를 개발하였다. 곤충은 각각의 낱눈이 본 정보를 뇌에서 모자이크처럼 모아 사물을 인지한다. 언뜻 보기에 불편해 보이지만 각각의 낱눈이 아주 미세한 변화까지 감지할 수 있다. 파리가 사람의 손을 쉽게 피하는 것도 이 때문이다. 인공 곤충 눈은 몸 안의 미세한 변화를 감지하는 내시경으로도 활용할 수 있다. 또 낱눈들은 공과 같은 3차원 구조에 흩어져 있기 때문에 높이와 각도가 다른 곳에서 들어온 빛을 감지할 수도 있다.

▲ 곤충의 겹눈을 본뜬 카메라

곤충의 형태

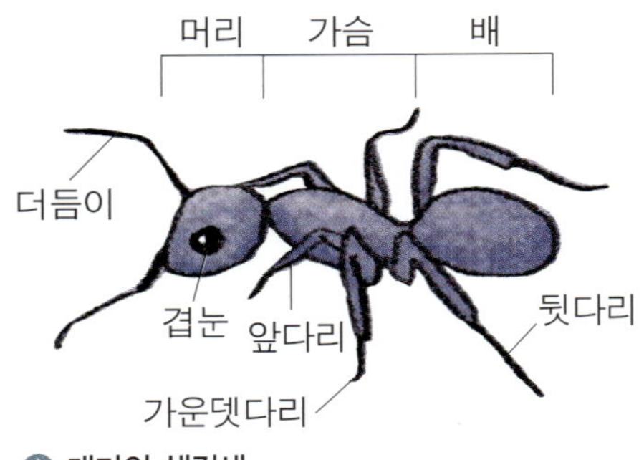

▲ 개미의 생김새

곤충은 절지동물 곤충강에 속하는 동물로서 흔히 벌레라고도 한다. 대부분의 곤충은 머리, 가슴, 배 세 부분으로 되어 있다. 머리에는 1쌍의 더듬이와 1쌍의 눈이 있고, 곤충의 성충은 대부분 가슴에 3쌍의 다리와 2쌍의 날개를 가지고 있다. 박쥐와 조류를 제외하면 곤충이 유일하게 날개를 가지고 있는데 비행 능력은 진화의 중요한 요인이 되었다.

메뚜기목

▲ 사마귀

메뚜기목에는 귀뚜라미, 여치, 매미, 바퀴벌레, 대벌레, 사마귀 등이 속한다. 이들 곤충은 씹어먹는 입을 가지고 있으며 날개가 없는 종도 있으나, 대부분은 앞날개와 뒷날개를 1쌍씩 가지고 있다.

잠자리목

▲ 잠자리

잠자리목에는 잠자리와 물잠자리 등 5,000여 종이 있다. 비슷한 2쌍의 날개를 가지고 있으며 물어뜯을 수 있는 입이 있고 다른 곤충을 잡아먹는 육식성이다.

파리목

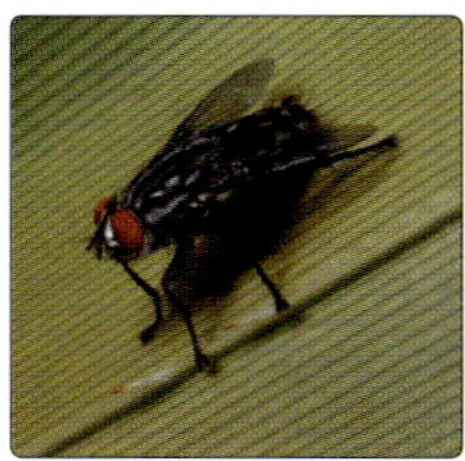

▲ 파리

파리목에는 과실파리, 집파리, 각다귀, 모기 등이 속한다. 앞날개 1쌍은 매우 크지만 뒷날개는 줄어들어 곤봉 모양인 평균곤으로 변하여 거의 눈에 띄지 않는다. 이 평균곤은 날 때에 몸의 균형을 잡는 일을 맡고 있다.
모기는 피부를 뚫고 피를 빨 수 있는 입이 있는데, 암컷만 피를 빨아먹는다.

나비목

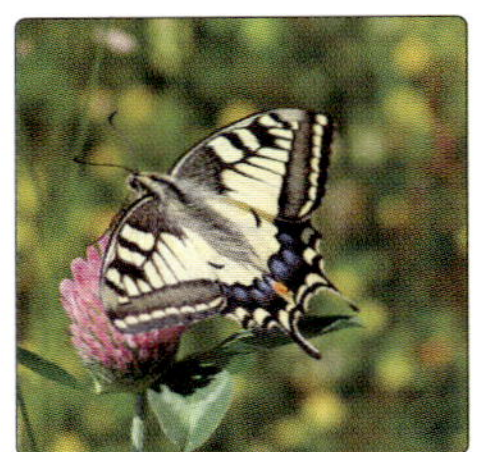

▲ 호랑나비

나비목에는 나방과 나비 등이 속한다. 2쌍의 날개가 있는데, 뒤쪽의 날개가 더 작다. 날개와 몸은 비늘로 덮여 있다. 입은 긴 관 모양을 하고 있는데 꽃에서 꿀을 빨아먹기에 적합한 모양이다. 입을 사용하지 않을 때는 머리 아래쪽에 감겨 있고, 꿀을 빨아먹을 때는 뻗어서 꽃 속 깊이까지 닿도록 한다.

노린재목

▲ 노린재

노린재목에는 빈대, 노린재, 소금쟁이 등이 속한다. 구멍을 뚫고 빨 수 있는 입이 있으며, 대부분의 종은 식물의 수액을 먹지만 빈대 같은 종은 피를 먹는다. 두 쌍의 날개가 있고 앞날개의 앞쪽 반은 두껍다.

벌목

▲ 개미

벌목에는 개미, 벌, 장수말벌 등이 속한다. 2쌍의 날개를 가지고 있으며 날 때 모두 사용한다. 일반적으로 가슴과 배는 가는 허리로 나누어져 있는데, 이는 투명한 날개와 함께 벌목의 특징이다.

딱정벌레목

▲ 장수풍뎅이

딱정벌레목의 곤충은 숲, 개천, 연못, 흙, 똥, 썩은 고기, 식물성 물질 등 거의 모든 곳에서 서식한다. 딱정벌레는 물어뜯고 씹을 수 있는 입이 있다.

길이가 1mm 이하인 것부터 12cm인 것까지 크기도 다양하다. 2쌍의 날개를 가지고 있으나 뒤쪽 날개만 기능을 한다.

허물벗기

곤충의 애벌레는 자라면서 낡은 피부를 벗어 버리고 새로운 피부를 가지게 되는데, 이것을 허물벗기라고 한다.

애벌레는 허물을 벗을 때마다 크기가 점점 커지는데, 번데기나 성충이 될 때까지 허물 벗는 횟수는 곤충마다 다르다.

완전 탈바꿈과 불완전 탈바꿈

성장 과정에서의 형태적 변화를 탈바꿈이라고 하는데, 완전 탈바꿈을 하는 곤충에는 모기, 나비, 파리, 사슴벌레, 무당벌레, 풍뎅이 등이 있으며, 불완전 탈바꿈을 하는 곤충에는 잠자리, 매미 등이 있다.

▲ 호랑나비(완전 탈바꿈)

▲ 매미(불완전 탈바꿈)

곤충의 입 모양

나비나 벌은 대롱 모양의 입, 매미나 모기는 바늘 모양의 입, 파리는 핥아먹는 입, 잠자리는 턱이 잘 발달되어 씹어먹는 입을 가지고 있다.

▲ 꿀을 빨아먹는 입(나비)

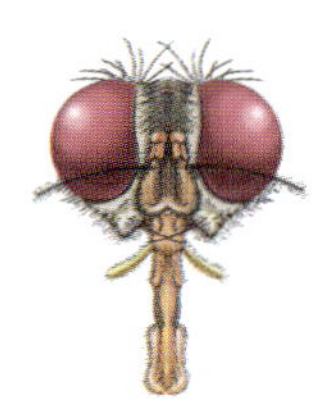

▲ 식물의 즙을 빨아먹는 입(매미)

▲ 핥아먹는 입(파리)

▲ 씹어먹는 입(잠자리)

하루살이

한여름 밤에 볼 수 있는 하루살이는 보통 하루만 산다고 생각하기 쉽지만, 애벌레 시절까지 합하면 그렇지도 않다. 하루살이는 짧게는 몇 달에서 길게는 몇 년까지 물속에서 애벌레로 지낸다. 어른벌레가 되면 물 밖으로 나와 번식을 하는데, 보통은 1시간에서 2~3일 정도까지 살 수 있다. 오래 살 경우에는 3주까지 살 수 있다.

환형동물 Annelid / 環形動物

머리와 꼬리를 제외하고 모두 비슷한 체절로 되어 있다. 지렁이류는 머리에 촉수가 있고, 각 마디에 다리와 같이 생긴 측족이 한 쌍 있다.

체절

체절은 동물의 진화에 있어서 매우 중요한 역할을 하였다. 체절화는 겉에 홈이 파여 있는 고리 모양의 지렁이에서 볼 수 있으며, 체절에 의해 체강이 벽으로 나누어져 있다. 각 체절에는 신경계인 배측 신경다발과 액체로 된 배설물을 내보내는 배설 기관이 있다.

소화관은 체절로 나뉘어 있지 않으나 체절성 벽을 통해 몸 전체에 연결되어 있으며, 동물 몸의 길이만큼 길다.

순환계인 등 혈관과 배 혈관도 체절화되어 있지 않으며, 앞쪽 끝부분의 5쌍의 보조 심장과 함께 체절 혈관으로 연결되어 있다. 등 쪽의 혈관 앞부분이 확대된 것이 심장이다.

지렁이

지렁이의 몸은 꿈틀거리기 쉽도록 끈끈한 액체로 덮여 있다.

흙을 먹으면 소화관에서 흙속의 양분을 흡수하고 소화되지 않은 물질은 항문을 통해 내보내는데, 이런 지렁이의 배설물은 훌륭한 거름이 되어 농사를 짓는 데 도움을 준다.

피부로 숨을 쉬는 지렁이는 비가 오는 날에는 땅속으로 빗물이 스며들어 땅속에서 숨을 쉴 수 없기 때문에 땅 위로 나온다.

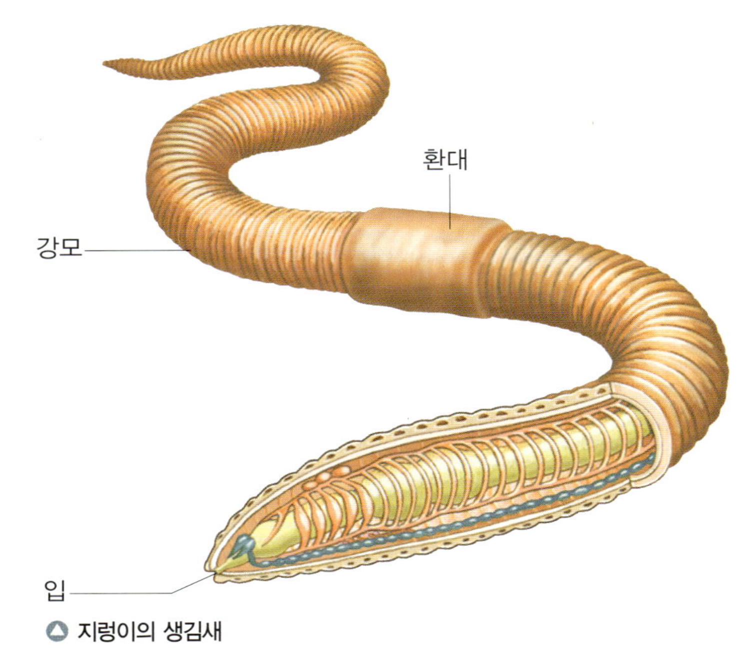

🔺 지렁이의 생김새

환형동물의 피는 파란색

🔺 꼬막

🔺 피조개

사람은 적혈구 안에 헤모글로빈을 가지고 있는데, 헤모글로빈의 중심 원소가 철(Fe)이기 때문에 산소와 결합하여 혈액이 빨간색을 띠지만, 연체동물, 환형동물, 절지동물은 헤모시아닌을 가지고 있고, 그 중심 원소가 구리(Cu)이기 때문에 산소와 결합하여 혈액이 파란색을 띤다.

그런데 꼬막과 피조개는 연체동물임에도 불구하고 헤모글로빈을 가지고 있어서 혈액이 빨간색을 띤다.

다모강

⬡ 모래벼룩

환형동물 중 다모강은 종류가 가장 많다. 모래벼룩과 같은 종은 해저에서 살며, 체절로 된 부위에 난 뻣뻣한 털을 꿈틀거리며 움직이면서 먹이를 찾아다닌다. 체절로 된 부속 기관은 체표 면적을 넓혀 산소를 받아들이고 노폐물을 배설하는 데 유용하다. 대부분의 다모강은 바다에 살지만 어떤 종류는 강어귀나 민물에 살기도 한다. 바다에 사는 대부분은 입 주변의 샘에서 분비한 끈끈한 단백질로 만들어진 관 속에서 사는데, 깃털 같은 부속 기관을 뻗어 물속의 먹이를 잡아먹는다.

거머리

거머리는 피를 빨아먹는 것으로 유명하지만, 대부분은 자유 생활을 하는 육식 동물로 달팽이나 곤충 등 무척추동물을 먹고 연못이나 습지, 육지 등에서 살며, 어떤 종류는 바다에서도 산다.

⬡ 거머리

앞쪽 끝에 1~4쌍의 눈이 있고 피부로 호흡한다. 암수한몸이지만 난자와 정자의 수정은 서로 다른 개체 간에 일어난다.

에너지의 소모를 최소화하기 위하여 평소에는 잘 움직이지 않고 조용하고 어두운 곳에 가만히 있지만, 수온이 조금 따뜻해지면 활발하게 움직이고 서로 뭉쳐 지낸다.

작은 거머리는 올챙이 또는 개구리, 물고기와 곤충 알에서 영양분을 섭취한다. 그러나 성장한 거머리들은 번식을 하기 위해서 큰 물고기들이나 물을 마시러 물가를 찾아오는 척추동물을 노린다.

의료용 거머리

서양에서는 기원전 300년 전부터 거머리를 의료용으로 이용해 왔다고 한다. 현재 지구 상에 거머리의 종류는 약 650종이 있지만, 7종만이 사람의 피를 빨아서 각종 질환을 치유한다고 알려져 있다.

거머리는 환자의 나쁜 피를 제거하기 위해 주로 이용하는데, 사람 피부에 달라붙어 피를 빨 때에는 단지 사람의 피를 빨기만 하는 것이 아니라 동시에 사람에게 이로운 역할을 하는 성분을 내어 준다고 한다. 즉, 면도날 같은 입으로 피부를 자르고 강한 마취 성분과 혈액 응고를 막는 성분이 있는 타액을 상처에 분비하여 통증 없이 혈액이 응고되는 것을 막는다.

거머리의 타액에 들어 있는 '히루딘'이라는 성분은 마취 성분이 있어서 거머리가 살을 파고 들어가 피를 한참 빨 때까지도 아픔을 거의 느끼지 못한다고 한다. 또한 거머리 타액에는 혈액 응고를 막는 성분이 있어서 굳은 혈액을 용해시켜 혈액의 흐름을 좋게 하고 혈압을 낮추는 효과도 있다고 한다.

기네스북에서는 의료용 거머리를 인류에게 가장 유익한 동물 중 하나로 선정하기도 하였다.

⬡ 의료용 거머리

연체동물 Mollusca / 軟體動物

몸이 연하고 무른 무척추동물로 바다에 서식하는 수중 동물의 가장 많은 부분을 차지하고 있지만, 육지에 사는 것들도 있다.

연체동물의 몸 구조

연체동물의 몸은 대부분 피부가 자라서 만들어진 외투막에 둘러싸여 있으며, 조개의 경우는 몸 바깥의 외투막에서 만들어진 단단한 껍데기가 몸을 보호해 준다. 하지만 오징어나 문어는 껍데기가 없어서 위험을 느끼면 먹물을 뿌린 후에 재빨리 도망친다. 연체동물은 체강을 갖는 동물로 몸통에는 순환기, 소화기, 배설기 등이 있으며 양분이나 물을 온몸에 공급하는 진정한 의미의 순환계가 있는 최초의 동물이다. 순환계는 온몸으로 가지가 뻗어 있어 몸통 속에서 공간의 역할을 한다. 대표적인 연체동물에는 조개, 홍합, 문어, 굴, 달팽이, 오징어 등이 있다.

치설

치설은 연체동물에서 많이 발견되는 구조로 먹이를 긁어모으는 데 사용된다. 달팽이의 치설은 입에서 나와 앞뒤로 움직이면서 먹이를 긁어모은다.

🔺 달팽이의 치설

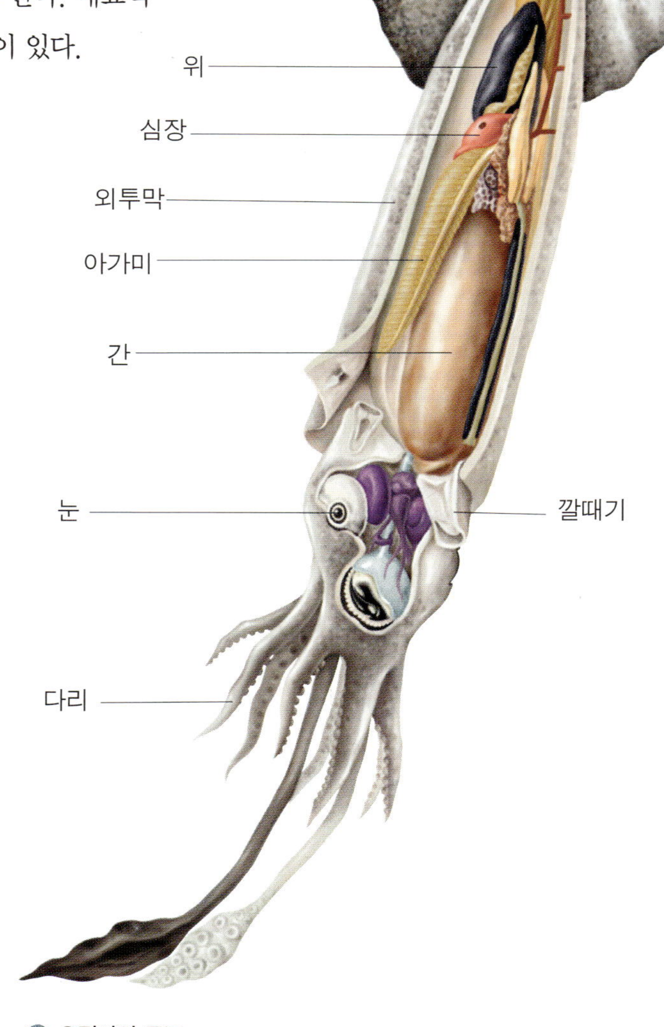

🔺 오징어의 구조

세발낙지의 다리는 3개?

'세발' 이라는 이름 때문에 세발낙지의 다리가 3개인 것으로 오해하는 친구들이 종종 있다. 세발낙지는 '아주 가느다란[細(세)] 발을 가진 낙지' 라는 뜻으로, 다른 낙지처럼 다리 수는 8개이다. 연체동물 중 낙지, 오징어는 머리에 다리가 달려 있다. 오징어 다리는 10개, 낙지와 문어 다리는 각각 8개이다.

복족류

복족류는 연체동물에서 가장 종류가 많으며, 대표적인 복족류에는 달팽이와 민달팽이가 있다. 복족류는 주로 민물, 바닷물, 육상에서 서식한다. 유일하게 지상에 서식하는 일부 종이 포함되지만 대부분의 복족류는 바다에서 서식한다.

▲ 바다 민달팽이

부족류

부족류에는 대표적으로 대합, 굴, 홍합, 가리비 등이 있다. 부족류는 경첩이 있는 두 쪽의 껍질이 있으며, 모래나 진흙에서 근육으로 된 발을 이용하여 진흙이나 모래를 파면서 정착한다. 점액으로 덮여 있는 아가미를 사용하여 물속의 작은 먹이를 잡는다.

▲ 가리비

두족류

두족류는 속도와 민첩성에 있어서 복족류나 부족류와는 구별된다. 모든 두족류는 큰 뇌와 잘 발달된 감각 기관 덕분에 성공적으로 살아남았다. 몇 종류의 두족류는 크고 무거운 껍질을 가지고 있으나, 대부분은 작은 껍질이 내부에 있거나(오징어) 껍질이 없다(문어). 먹이를 부수거나 찢는 데에 새의 부리와 같이 생긴 입과 치설을 사용하고, 발의 아래쪽에 있는 입은 촉수 쪽으로 나올 수 있으며, 촉수는 먹이를 잡아채서 붙잡을 수 있다.

▲ 문어

조개의 호흡

무척추동물 중 연체동물에 속하는 조개는 모래나 펄 또는 바위틈에서 살아가며 관상용으로 기르기도 한다. 주로 사는 곳은 바다나 민물인데, 집단을 이루어 펄 속이나 바위에 붙어살고 있다. 물속에 살기 때문에 빗살로 된 아가미가 있어 물속에서도 호흡이 가능하다. 아가미를 통해 물속 산소를 걸러 내어 호흡을 할 수 있는 것이다.

신축성 있는 조개관자가 있어 조개의 뚜껑을 열고 닫을 수 있다. 몸의 구조 중 입수관과 출수관이 있는데, 입수관으로 물을 빨아들이고 물속 미생물을 섭취하여 영양을 공급받으며 다시 출수관을 통해 물을 내보낸다.

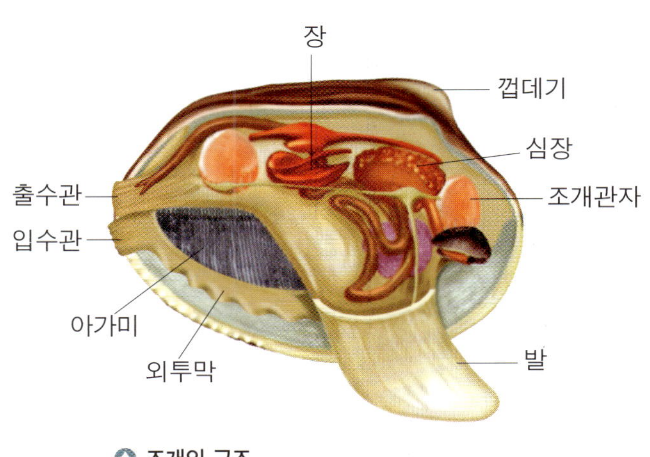

▲ 조개의 구조

편형동물, 강장동물

편형동물(Platyhelminthes / 扁形動物)은 대부분 다른 동물의 몸속에 기생하여 살아가며, 강장동물(Coelenterates / 腔腸動物)은 몸속에 위의 역할을 하는 강장이라는 소화관이 있는 무척추동물이다.

편형동물의 몸 구조

편형동물은 입은 있으나 항문이 없는 무리로, 강장동물과 비교할 때 몸의 구조가 좀 더 발달된 동물이다. 몸은 편평하고 납작하며, 체절은 없고 좌우대칭이다. 또한 배설 기관인 원신관이 있으며, 각종 근육이 발달되어 있어서 활발하게 운동할 수 있다. 편형동물은 대부분 암수한몸이고, 유성 생식을 한다.

편형동물은 크게 와충류, 흡충류, 촌충류의 세 무리로 구분한다. 와충류는 자유 생활을 하는 종류로 플라나리아가 이에 속한다. 플라나리아의 표면은 섬모 상피로 덮여 있으며, 삼각형의 머리에 빛을 감각하는 안점을 가지고 있다. 입은 배쪽 중앙에 있으며, 입에서부터 시작되는 소화관은 둘로 갈라진 후 다시 많은 가지를 쳐서 갈라져 있지만, 항문이 없어서 소화되고 남은 찌꺼기는 다시 입을 통해 내보낸다.

흡충류에는 기생 생활을 하는 간디스토마, 폐디스토마 등이 있다. 촌충류도 기생 생활을 하는데 길이는 몇 m에 이르는 것도 있으며, 소화관은 퇴화하여 없고, 몸 표면에서 숙주의 체액이나 양분 등을 흡수한다.

촌충류에는 갈고리촌충, 민촌충, 넓은마디촌충 등이 있다.

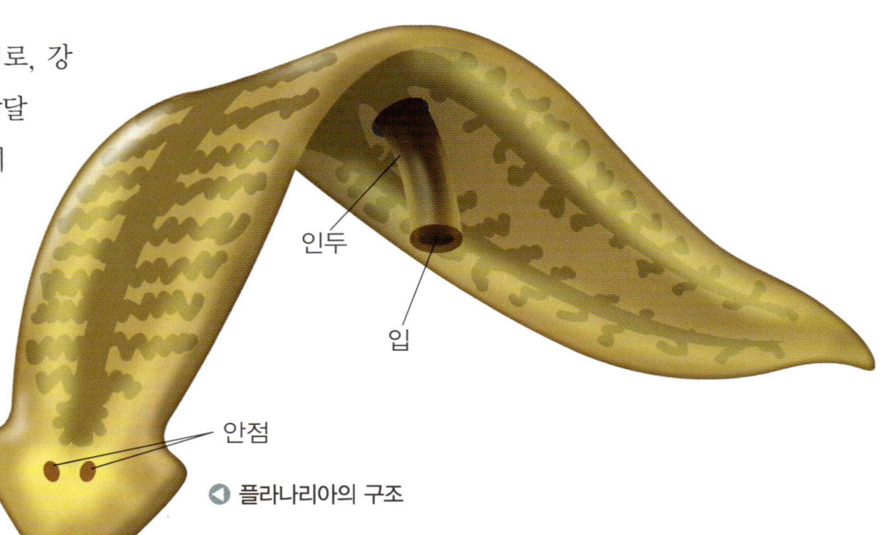

◀ 플라나리아의 구조

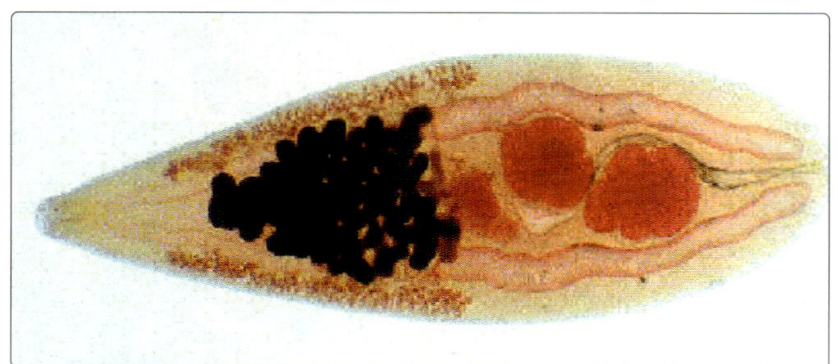

⬆ 간디스토마(출처 : 스탠퍼드대학)

간디스토마

간디스토마는 사람의 담도(쓸갯길), 즉 쓸개즙의 통로에 기생하며, 쓸개즙을 먹으며 산다. 간디스토마는 수가 적을 경우에는 별다른 증상을 나타내지 않지만, 수가 많아지면 복통, 식욕 부진, 피로감 등이 나타난다. 담도의 기능은 간에서 만들어진 쓸개즙을 작은창자로 운반하는 것인데, 간디스토마로 인해 담도가 막히면 쓸개즙이 혈액으로 흡수되어 황달이 일어날 수 있다.

사람이 생선회를 먹을 때 주머니 안에 든 유충을 같이 섭취함으로써 간디스토마에 걸리게 된다.

붕어나 잉어, 돌고기, 모래무지, 향어 등이 간디스토마의 감염원으로 알려져 있다.

⬆ 돌고기(출처 : 국립수산과학원)

플라나리아

산골짜기 물속의 가랑잎 밑에 주로 살며, 물에서 살기에 편리한 생김새와 특징을 가지고 있다.

몸의 모양은 납작하고 편평하며 좌우 대칭이다. 머리 쪽은 세모 모양이고 까만 점이 2개 있으며, 꼬리 쪽은 둥근 모양이다. 움직일 때는 미끄러지듯 기어간다.

촌충

대부분의 촌충은 길이가 매우 길고 조각들이 반복적으로 이어져 있는 리본 모양이다. 이들은 소화관이 없어서 숙주의 장내에서 몸 표면 전체로 양분을 흡수한다. 머리는 몸에서 가장 작고 숙주에 부착하는 빨판과 갈고리가 있다. 머리 뒤쪽에 짧은 목이 있고 작은 조각이 반복적으로 이어져 있으며, 수컷과 암컷의 생식 기관으로 가득 차 있어서 성숙한 알이 가득 차면 끝에서부터 조각이 떨어져 숙주의 배설물과 함께 외부로 나간다.

몇 가지 종류의 촌충은 사람에게도 감염되는데, 유생에 감염된 소의 고기를 덜 익혀 먹으면 민촌충과 같은 큰 촌충에 감염될 수 있다. 유생은 현미경으로 관찰할 정도로 작지만 성체는 사람의 장에서 6 m 이상 자란다.

강장동물의 몸 구조

강장동물의 몸은 방사 대칭이고 한곳에 붙어사는 히드라, 산호, 말미잘 등과 같은 종류와 물에 떠다니며 사는 해파리 같은 종류가 있다. 입 주위에는 여러 개의 촉수가 있으며, 촉수의 끝이나 몸 표면에 자세포가 있다.

자세포는 먹이를 잡을 때나 적으로부터 몸을 보호하기 위해 주로 이용하며 평소에는 안쪽에 들어가 있다가 먹이를 발견하면 먹이에 자세포를 넣어 독을 분비한다.

강장동물은 잡아들인 먹이를 강장 속으로 밀어 넣어 소화하고 소화된 찌꺼기는 다시 입을 통해 배출한다.

말미잘

🔵 말미잘과 흰동가리

말미잘의 생김새는 원통형으로 높이 5 cm, 폭 3 cm 정도이며, 대부분 바위나 다른 동물에 붙어산다. 몸통 위쪽에는 머리카락처럼 하늘하늘 움직이는 촉수가 있는데, 촉수의 개수는 말미잘의 종류에 따라 다르다.

말미잘의 촉수에는 독이 있어서 이것을 이용하여 먹이를 잡지만 사람에게는 별로 해가 되지 않는다고 한다. 동물성 먹이를 주로 먹으며, 작은 플랑크톤부터 큰 물고기까지 가리지 않고 잡아먹는다.

말미잘은 흰동가리와 공생하는 것으로도 유명한데, 흰동가리는 말미잘의 촉수 사이에 숨어 적을 피하는 대신 물고기들을 유인하여 말미잘이 먹이를 쉽게 얻도록 도와준다.

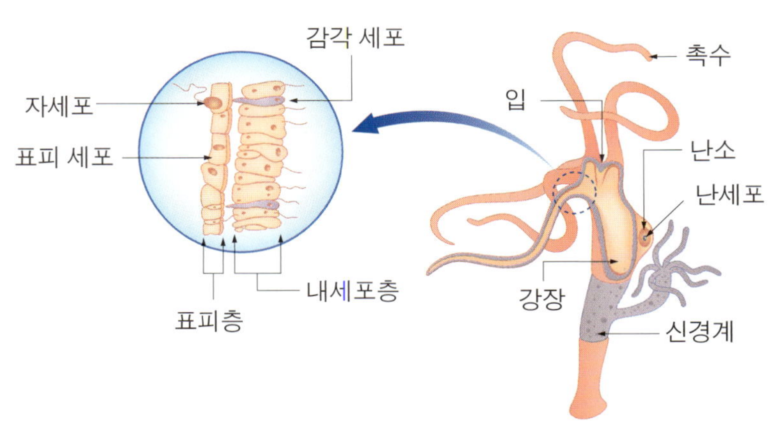

🔵 히드라의 구조

동물의 움직임

어떤 동물은 한곳에 머물며 신체의 일부분만을 움직이기도 하지만, 대부분의 동물은 많이 움직이고, 먹이를 찾기 위해 시간과 에너지를 소비한다.

물속에서의 운동

물속에서 서식하는 동물의 경우 물이 동물의 무게를 받쳐 주기 때문에 중력은 큰 문제가 되지 않지만, 물속에서의 마찰력을 극복하기 위한 다양한 방법이 진화되어 왔다. 곤충은 물속에서 움직일 때 노를 젓듯이 다리로 물을 밀고 나가며, 오징어와 해파리는 물을 흡수해서 밖으로 뿜어내고, 물고기는 몸과 꼬리를 이쪽저쪽으로 움직이면서 나아간다. 고래는 유선형의 몸과 꼬리를 위아래로 흔들어 움직이면서 빠르게 헤엄친다.

🔺 물방개

🔺 해파리

🔺 돌고래

육지에서의 운동

동물이 공기를 통과하는 데에는 저항을 거의 받지 않으므로 에너지가 많이 소모되지 않지만, 공기는 동물의 몸을 거의 받쳐 주지 않기 때문에 땅에서 움직이기 위해서는 몸을 지탱하고 중력을 이기는 강한 근육과 뼈대를 갖는 것이 더욱 중요하다.

캥거루는 다리를 이용해 뛰어서 이동한다. 뒷다리의 큰 근육으로 힘을 만들어 내며, 근육과 뼈를 이어 주는 힘줄은 캥거루가 땅에 내려왔을 때 순간적으로 에너지를 축적하여 다음 점프에 이용한다.

🔺 캥거루

뱀이나 지렁이처럼 기어다니는 동물은 몸이 대부분 땅과 닿아 있기 때문에 마찰력에 의한 저항이 매우 크다. 뱀은 비늘로 덮여 있는 몸 전체를 이리저리 흔들며 빠르게 기어서 이동하는데, 땅을 누를 때 그 힘으로 앞으로 나아간다.

지렁이는 꿈틀 운동을 하는데, 머리에서 꼬리까지 규칙적인 근육 수축에 의해 움직인다. 꿈틀 운동을 하기 위해서는 몸을 늘리고 수축시키는 근육이 필요하며 몸을 땅에 붙일 수 있어야 한다.

🔺 뱀

하늘에서의 운동

동물이 중력을 이기고 날기 위해서는 날개가 발달해야 한다. 비행기를 포함한 모든 날개는 기류를 바꾸어 몸체를 들어 올리는 구조를 하고 있다.

대부분의 조류는 몸이 깃털로 덮여 있고 하늘을 날려면 몸이 가벼워야 하기 때문에 속이 빈 뼈를 가지고 있다. 또한 몸의 균형이 잘 맞기 때문에 하늘을 날기에 알맞다. 나비, 벌, 잠자리와 같은 곤충의 경우는 4장의 날개가 있어 하늘을 날 수 있다.

🔺 제비

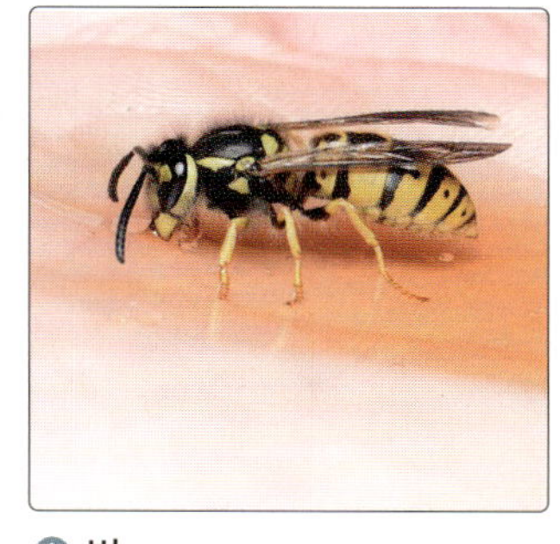

🔺 벌

FUN

가장 빠른 동물

모든 동물들 중에서 가장 빠른 동물은 군함새로, 나는 속력이 약 418 km/h이다. 땅 위에서 달리는 동물 중에서는 치타가 가장 빠르다. 치타의 발톱과 발바닥은 달릴 때 마찰력을 증가시키고, 머리는 몸에 비해 크기가 작기 때문에 공기 저항이 적으며, 다리는 상체에 비해 매우 길다. 또 척추는 거대한 스프링 역할을 하며, 심장과 폐, 그리고 간의 크기가 몸집에 비해 매우 커서 산소와 에너지를 온몸에 효율적으로 공급할 수 있다.

포식과 먹이 그물

포식이란 한 종이 다른 종을 먹는 상호 작용으로 이때 먹는 종을 포식자, 먹히는 종을 먹이라고 한다. 먹이 그물이란 생태계에서 먹이 사슬이 서로 얽혀 마치 그물처럼 보이는 것을 의미한다.

포식과 진화

△ 시계꽃덩굴

포식자는 먹이를 찾기 위해 매우 민감한 감각을 가지고 있다. 초식성 곤충은 다리에 있는 화학적 감지기로 먹이를 포착하고 입은 식물의 단단한 섬유질을 자르거나 즙을 빨 수 있도록 적응되었다. 또한 속도, 민첩성, 집게, 독니, 매복 전술 등과 같은 포식자에게 유리한 형태도 발달되었다.

일부 포식자와 먹이의 관계에서는 상호 관계를 통해 함께 진화된 경우도 있다. 예를 들어 열대 덩굴인 시계꽃덩굴은 초식성 곤충으로부터 잎을 보호하기 위하여 유독 물질을 생산하지만, 초식성 곤충인 헬리코니우스의 애벌레는 다른 곤충이 거의 먹지 못하는 시계꽃덩굴을 먹이로 이용한다.

식물의 저항

움직이지 못하는 식물은 초식 동물로부터 도망갈 수 없으므로 돌기나 가시가 있거나 독성 물질을 분비하는 등 다양한 방법으로 자신을 보호한다. 독성 물질에는 양귀비의 모르핀, 담배의 니코틴, 계피, 박하 등이 있다. 사람은 이것을 향신료로 사용하지만, 식물을 먹는 포식자에게는 독성이 되는 물질이기도 하다. 일부 식물은 곤충의 호르몬과 유사한 화합물을 분비하여 이것을 먹는 곤충이 비정상적인 발생을 하도록 유도하기도 한다.

△ 양귀비

동물의 저항

동물이 포식자로부터 자신을 보호하기 위한 방법은 다양하다. 청개구리, 배추벌레, 카멜레온 등은 몸 색깔이 주위 환경의 색깔과 비슷하게 변한다. 자벌레, 으름덩굴큰나방 등은 몸의 색깔뿐만 아니라 생김새까지 주위 환경과 비슷한 모양을 하고 있다.

물결나비, 박각시나방 애벌레는 다른 동물의 흉내를 내 적을 위협하여 물리친다. 예를 들어 박각시나방 애벌레의 경우 건드리면 머리와 목을 부풀려 작은 독뱀처럼 보이게 하여 포식자가 달아나도록 한다.

△ 카멜레온

△ 자벌레

△ 으름덩굴큰나방

△ 물결나비

먹이 그물

생태계 내에서 생물들은 다양한 먹이를 먹고 살기 때문에 생물 사이에는 먹고 먹히는 관계가 그물과 같이 복잡하게 얽혀 있다. 먹이 그물이 복잡할수록 생태계의 평형이 쉽게 깨지지 않으므로 더 안정된 생태계가 유지된다.

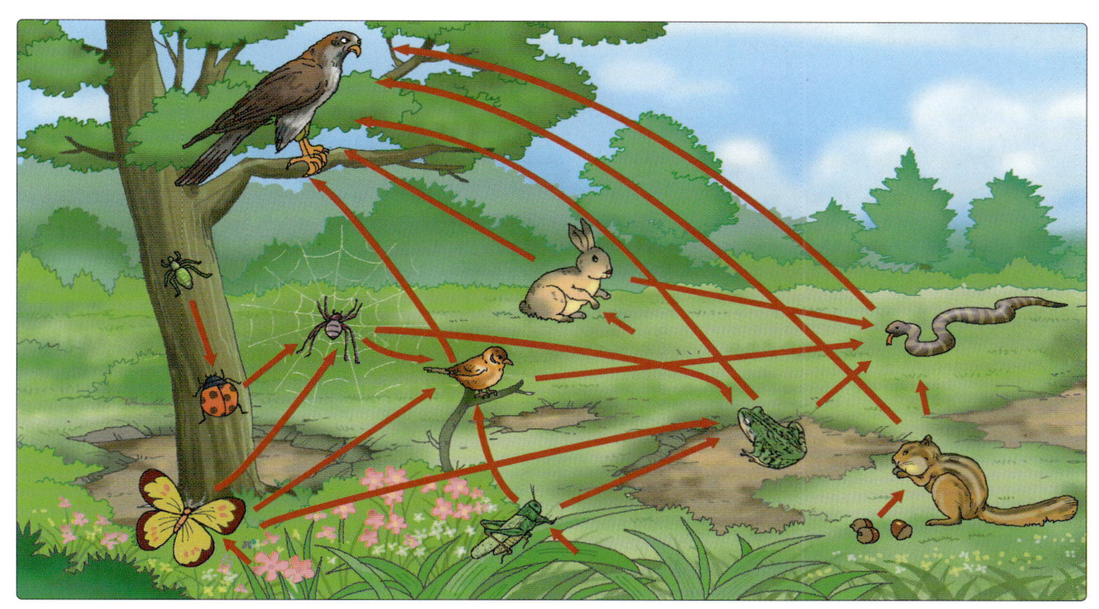

동족을 잡아먹는 동물

거미나 사마귀의 경우, 짝짓기 후에 도망치지 못한 수컷을 암컷이 잡아먹곤 한다. 그 밖에 어류가 동족의 새끼를 잡아먹거나 새의 경우에 자신이 낳은 알이 부화하기 전에 깨어 먹는 경우가 있다.

이처럼 동족을 잡아먹는 경우, 먹이 부족의 이유도 있지만 스트레스를 받거나 필요가 없어질 경우 잡아먹기도 한다.

생태 피라미드

생산자인 식물을 먹이로 하는 초식 동물을 1차 소비자, 1차 소비자를 먹이로 하는 육식 동물을 2차 소비자, 마지막 단계의 소비자를 최종 소비자라고 한다. 이러한 먹이 사슬에 따라 생물의 수나 양 등을 표시하면 단계가 위로 올라갈수록 줄어드는 피라미드 모양이 된다. 이것을 생태 피라미드라고 한다. 생태 피라미드는 각 영양 단계의 양을 개체 수로 본 개체 수 피라미드, 생물체의 무게로 본 생체량 피라미드, 보유 에너지량으로 본 에너지 피라미드로 나눌 수 있다. 영양 단계가 올라갈수록 개체 수는 감소하고 한 개체의 크기는 증가하며 보유하고 있는 총 에너지량은 줄어든다.

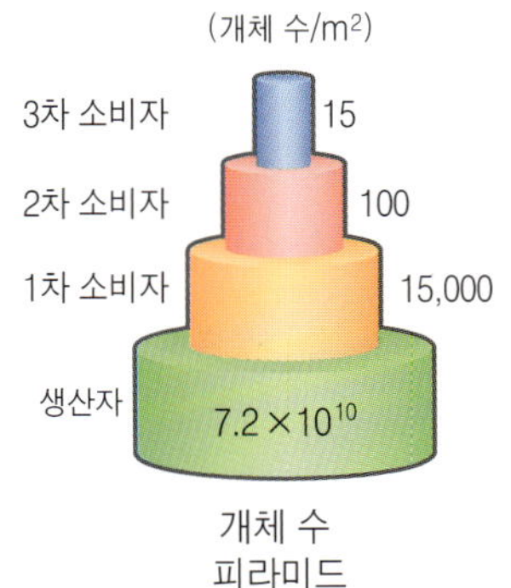

개체 수 피라미드

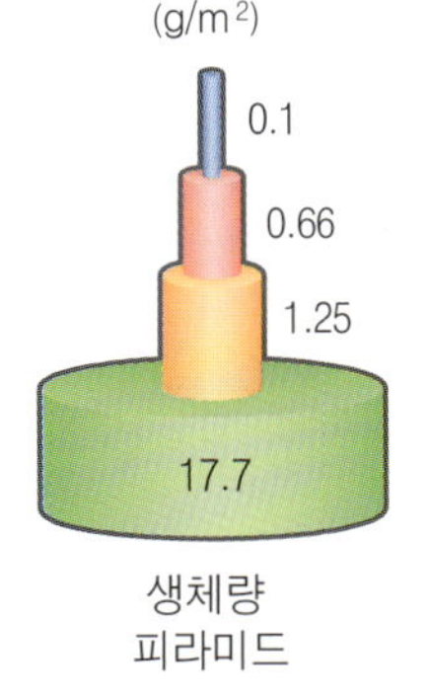

생체량 피라미드

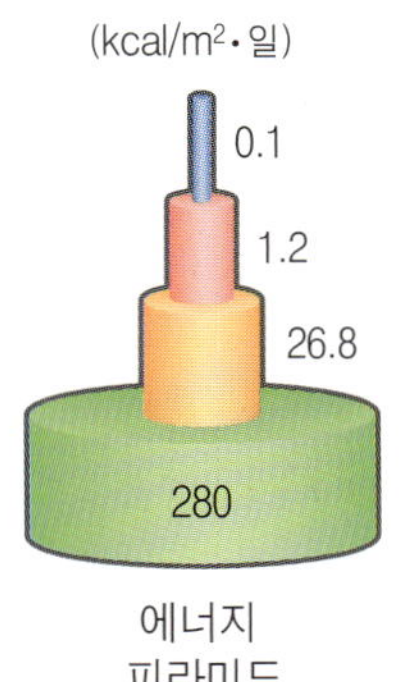

에너지 피라미드

생물 간의 상호 작용

생태계 내에서 생물은 먹거나 먹히는 관계 외에도 다른 생물과 다양한 관계를 맺으며 살아간다.

경쟁

⬠ 숲속 식물 사이의 경쟁

생물은 햇빛, 양분, 생활 공간과 같은 자원을 차지하기 위하여 경쟁하며, 생태적 역할이 비슷한 서로 다른 종 간의 경쟁에서 패배한 생물은 수가 줄거나 없어진다. 이렇게 생태적 역할이 비슷한 두 종 사이의 경쟁에서 한 종이 상대 종에 의하여 받아들여지지 못하고 제외되는 현상을 경쟁적 배타 원리라고 한다.

찌르레기

⬠ 찌르레기

코뿔소와 공생하는 찌르레기는 몸길이가 약 24 cm 정도이며 암수의 모양이 같다. 머리, 가슴, 등, 꼬리는 검고 밝은 주황색이다. 흔한 여름 철새이다.
먹이로는 양서류, 연체동물, 쥐류, 곤충류, 완두, 버찌 등과 같은 나무 열매를 먹는다.

기생

기생은 서로 다른 종류의 생물이 함께 생활하며, 한쪽이 이익을 얻고 다른 쪽이 해를 입는 일을 말한다. 이러한 관계에서 양분과 에너지를 빨아먹는 생물을 기생 생물, 양분과 에너지를 빼앗기는 생물을 숙주 생물이라고 한다. 예를 들어 촌충은 기생충으로 장 내에 기생하면서 숙주로부터 영양분을 흡수한다. 외부 기생충인 참진드기는 동물의 피를 빨아먹고 진딧물은 식물의 즙을 빨아먹는다.

⬠ 진딧물

⬠ 참나무와 겨우살이

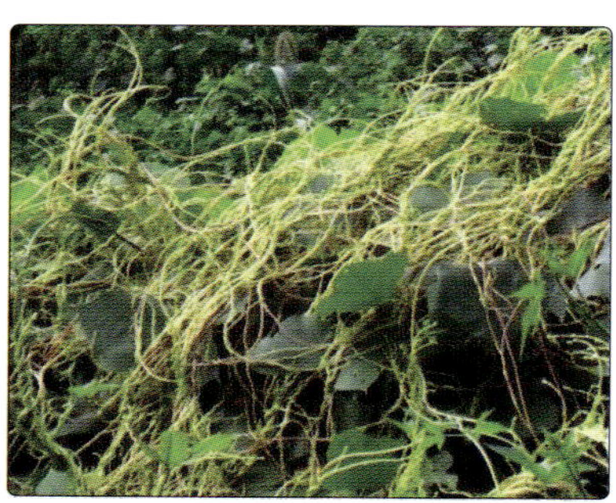
⬠ 새삼 줄기

공생—상리 공생

상리 공생은 서로에게 호의적인 영향을 미치는 경우로 예를 들어 아까시나무(아카시아나무)는 개미에게 서식지를 제공하고, 개미는 텅빈 가시 속에 살면서 나무가 분비하는 당분을 먹는다. 반면, 개미는 나무에 기어오르는 다른 곤충이나 거대한 초식 동물을 쏘고 나무 근처에 자라는 식물을 자르기까지 한다.

말미잘의 촉수에는 독이 있기 때문에 이곳에 숨어 사는 흰동가리는 다른 포식자로부터 자신을 보호할 수 있다. 이때 말미잘이 흰동가리 때문에 아무런 이익을 얻지 않으면 편리 공생, 다른 생물이 말미잘 근처로 유인되어 이익을 얻으면 상리 공생으로 분류한다.

⬆ **나비와 꽃**
꽃은 나비에게 꿀을 제공하고, 나비는 꽃의 꽃가루받이에 도움을 준다.

⬆ **코뿔소와 찌르레기**
찌르레기는 코뿔소에 서식하는 진드기를 잡아 주고, 덩치가 큰 코뿔소에 자리 잡아 포식자를 피할 수 있다.

⬆ **악어와 악어새**
악어새는 악어의 이빨 사이에 긴 찌꺼기를 청소해 주면서 그 찌꺼기를 먹고 산다.

공생—편리 공생

⬆ **조개에 붙어 있는 따개비**

공생에는 편리 공생, 상리 공생, 편해 공생이 있다. 편리 공생이란 한쪽이 다른 쪽에 크게 영향을 주지 않으면서 이익을 얻는 관계를 의미한다.

생태계 내에서 이러한 공생 관계는 많지 않다. 왜냐하면 한쪽이 전혀 영향을 받지 않는다는 것이 어렵기 때문이다. 조류가 바다거북의 껍질에서 자라고, 따개비가 고래 등에 붙어 자라고, 소가 풀을 뜯는 동안 노출되는 벌레를 일부 새들이 먹고 사는 정도만이 편리 공생으로 볼 수 있다.

공생—편해 공생

편해 공생은 한쪽은 피해를 입고 다른 한쪽은 아무 영향이 없는 관계를 말한다.

푸른곰팡이가 분비하는 페니실린이 다른 세균을 죽이는 것, 검은호두나무 뿌리에서 주글론이라는 화학 물질이 나와 주변의 다른 식물을 죽게 하는 경우가 대표적인 예이지만, 푸른곰팡이나 검은호두나무가 전혀 영향을 받지 않는다고 할 수는 없다. 자연에서 편해 공생은 매우 드물게 나타나는 현상이다.

동물의 본능적 행동

같은 생물 종에서 비슷하게 나타나는 행동을 말한다.

고정 행동 양식

고정 행동 양식이란 절대 변하지 않고 순서적으로 나타나는 행동 양식을 의미한다. 동물이 고정 행동 양식을 시작하면 중간에 다른 자극을 받더라도 항상 하던 행동의 순서를 끝까지 마치려고 한다.

로렌츠(Lorenz, Konrad: 1903~1989)와 틴버겐(Tinbergen, Niko: 1907~1988)은 회색기러기로 고정 행동 양식을 연구하였다. 기러기는 우연히 알과 부딪쳐서 알이 둥지 밖으로 나가면 항상 같은 방법으로 알을 제자리에 가져다 놓는다. 기러기는 일어나 목을 길게 빼고 주둥이를 사용하여 알을 끌어당긴다. 그러고 나서 둥지로 돌아와 다시 앉는다. 만약 기러기가 알을 제자리로 옮기는 동안 그 알이 미끄러져 나가면 기러기는 옆쪽으로 조금씩 머리를 움직이는 동작을 멈춘다. 그리고 알이 둥지에 그대로 있는 것으로 착각하여 둥지 위에 다시 돌아와 앉는다. 앉은 후에야 그 알이 둥지 바깥쪽에 있는 것을 알아차린 기러기는 다시 같은 순서의 동작을 반복하여 알을 둥지로 가져간다. 알을 밀어내면 다시 같은 동작을 반복한다.

심지어 장난감과 같은 물체를 둥지 주변에다 두었을 때에도 기러기는 같은 동작을 순서대로 반복한다.

뻐꾸기의 본능

🔵 뻐꾸기

암컷 뻐꾸기는 알을 낳을 때가 되면 적당한 다른 종의 새 둥지를 찾은 뒤 그 둥지의 주인 새가 둥지를 비우면 불과 몇 초 사이에 둥지로 날아가서 주인 새의 알 중 하나를 부리로 물어 먹어 치우고 그 자리에 자신의 알을 놓아둔 다음 날아가 버린다.

뻐꾸기 알은 주인 새의 알보다 먼저 부화되고, 일단 부화된 후에는 고정 행동 양식을 통해 살아남는다. 즉, 아직 눈조차 뜨지 못한 어린 뻐꾸기 새끼가 부화되지 않은 주인 새의 알을 둥지 밖으로 밀어내는 것이다. 이렇게 알을 밀어내는 행동이 바로 선천적인 고정 행동 양식이다. 주인 새는 자기 새끼 대신 어린 뻐꾸기를 돌보게 된다. 갓 부화한 새끼 뻐꾸기는 옆에 어미 새가 있는 것을 감지하면 또 다른 고정 행동 양식을 보인다. 즉, 자기 머리를 치켜들고 입을 벌려 울면서 먹이를 달라고 조르는 것이다. 어미 새 역시 고정 행동 양식에 따라 뻐꾸기 새끼의 입 안에 먹이를 가득 채워 준다. 이러한 행동은 심지어 어린 뻐꾸기가 가짜 부모인 주인 새보다 훨씬 더 몸집이 커진 후에도 반복된다.

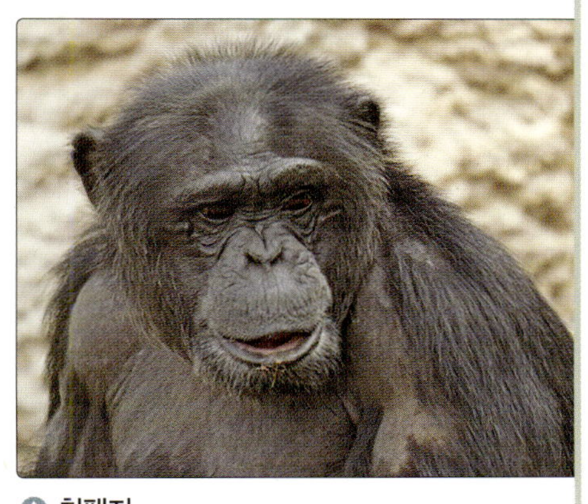

△ 다른 새의 둥지에서 뻐꾸기 새끼가 부화되는 과정

제인 구달(Goodall, Valerie Jane: 1934~)

영국의 동물학자 구달은 1960년 탄자니아 카콤베 골짜기에서 야생 침팬지에 대한 연구를 시작했다. 연구가 몇 년 동안 이어지면서 그동안 사람들이 침팬지를 비롯하여 현장 생물학의 본질에 대해 가졌던 편견을 완전히 뒤바꿔 놓았다. 구달의 연구가 있기 전까지 사람들은 침팬지가 과일이나 야채를 주로 먹고 가끔 곤충이나 쥐를 잡아먹는다고 생각했다. 하지만 구달은 침팬지들이 자신들보다 덩치가 더 큰 동물을 사냥하는 것을 관찰했으며, 침팬지 무리가 생존과 상관없이 다른 무리를 죽이는 것을 처음으로 관찰했다. 또 침팬지들이 나뭇가지를 사냥 도구로 사용하는 것을 목격하기도 했다. 이로 인해 전쟁과 무기 제조 활동이 인간의 전유물이 아니라는 사실이 밝혀졌다.

△ 침팬지

세포 Cell / 細胞

생물체를 이루는 기본 단위로서, 생명체의 구조적이고 기능적인 단위이다.

세포의 발견

영국의 과학자 훅(Hooke, Robert: 1635~1703)은 1665년 자신이 만든 현미경으로 얇게 자른 코르크 조각을 관찰하다가 코르크 조각이 여러 개의 작은 방으로 이루어져 있는 것을 발견하고, 이를 세포라고 불렀다.

그 후 독일의 슐라이덴(Schleiden, Mattihas Jakob: 1804~1881)은 자신의 관찰을 토대로 식물이 세포로 이루어져 있다고 주장하였고, 슈반(Schwann, Theodor: 1810~1882)은 동물이 세포로 이루어져 있다고 주장하였다. 이후 여러 학자의 연구에 의해 생물이 세포로 이루어져 있다는 것이 밝혀졌다.

코끼리와 쥐의 세포 크기

쥐와 코끼리의 몸의 크기 차이는 어마어마하다. 그래서 코끼리는 쥐보다 큰 세포로 이루어져 있다고 생각할 수 있다. 하지만 쥐와 코끼리는 세포의 크기가 다른 것이 아니라 세포의 수가 다르다. 포유류 세포의 평균 크기는 0.001mm 정도로, 쥐처럼 작은 포유류에서부터 코끼리 같은 거대 포유류에 이르기까지 세포의 평균 크기는 비슷하다.

식물 세포와 동물 세포

식물과 동물의 형태와 구조, 특징은 다르기 때문에 세포 역시 차이점이 있다. 식물 세포와 동물 세포는 공통적으로 핵, 세포질, 세포막, 미토콘드리아를 가지고 있다.

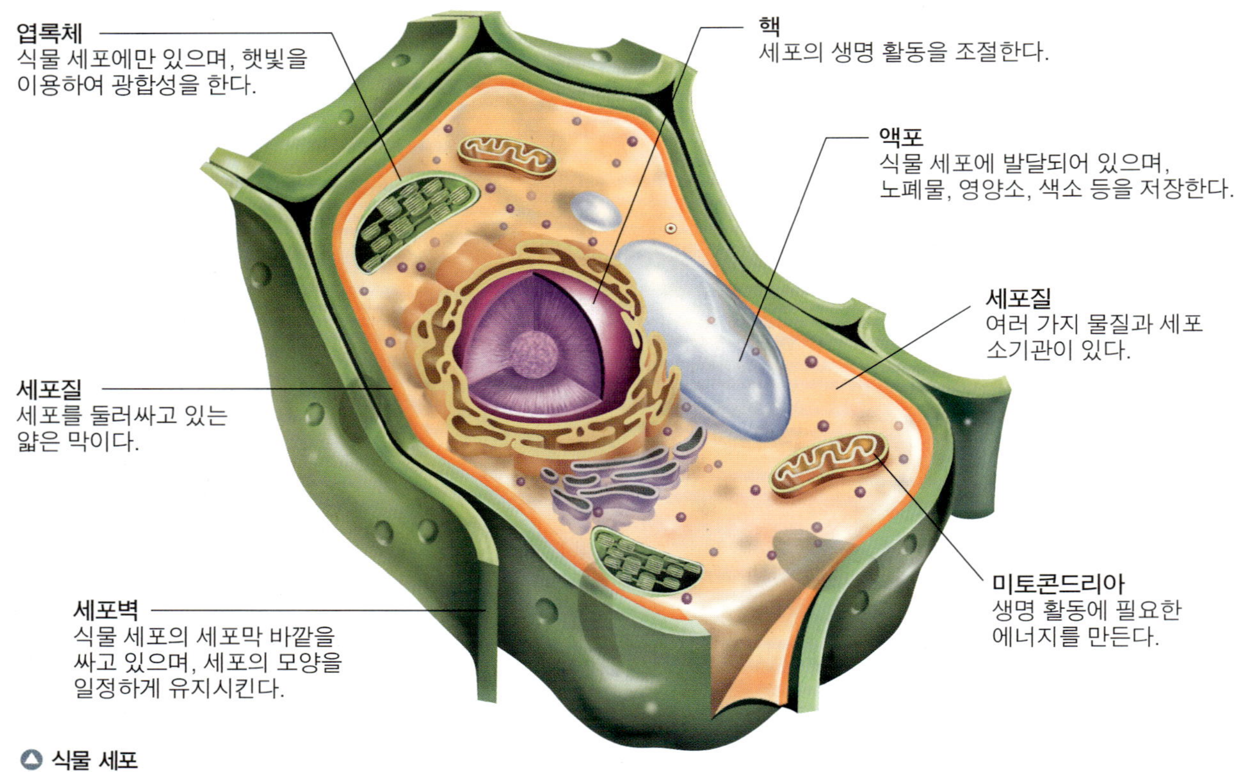

🔺 식물 세포

세포의 구조

핵	• 보통 1개의 세포에 1개가 있으며, 유전 물질이 들어 있다. • 생명 활동을 조절하는 중심이다.
세포질	• 핵과 세포막 사이에 차 있는 유동성 물질이다. • 엽록체, 미토콘드리아와 같은 세포 소기관과 여러 가지 물질이 들어 있다.
세포막	• 세포를 둘러싸고 있는 얇은 막이다. • 세포 안팎으로 물질 출입을 조절한다.
미토콘드리아	• 생명 활동에 필요한 에너지를 생성한다.
엽록체	• 주로 녹색 식물의 잎 세포에 많이 있다. • 광합성 작용이 일어난다.
세포벽	• 식물의 세포막 바깥쪽에 있는 두껍고 단단한 벽이다. • 세포의 모양을 일정하게 유지시킨다.
액포	• 생명 활동의 결과로 생긴 노폐물이나 물, 색소 등을 저장한다. • 식물 세포에서 발달하며 오래된 세포일수록 크기가 크다.

줄기세포 복제

줄기세포란 특정한 역할을 하는 세포로 분화가 진행되지 않은 채 있다가 필요할 경우 피부 세포, 신경 세포, 혈액 등 몸을 구성하는 모든 종류의 세포로 분화할 가능성을 가지고 있는 세포를 말한다. 몸에 상처가 나면 시간이 지나면서 새로운 피부가 만들어지는 것은 피부 아래쪽에 피부 세포를 만들어 내는 줄기세포가 있기 때문이다. 줄기세포는 성체 줄기세포와 배아 줄기세포로 구성되는데, 배아 줄기세포는 아직 분화되지 않은 세포로 성체 줄기세포와 달리 인체를 구성하는 모든 세포로 분화할 수 있는 특징이 있다. 배아 줄기세포 연구는 윤리적인 문제가 발생할 가능성 때문에 조심스러운 부분도 있지만, 치료가 불가능하거나 어려운 경우를 위해 줄기세포 연구가 활발하게 진행되고 있다.

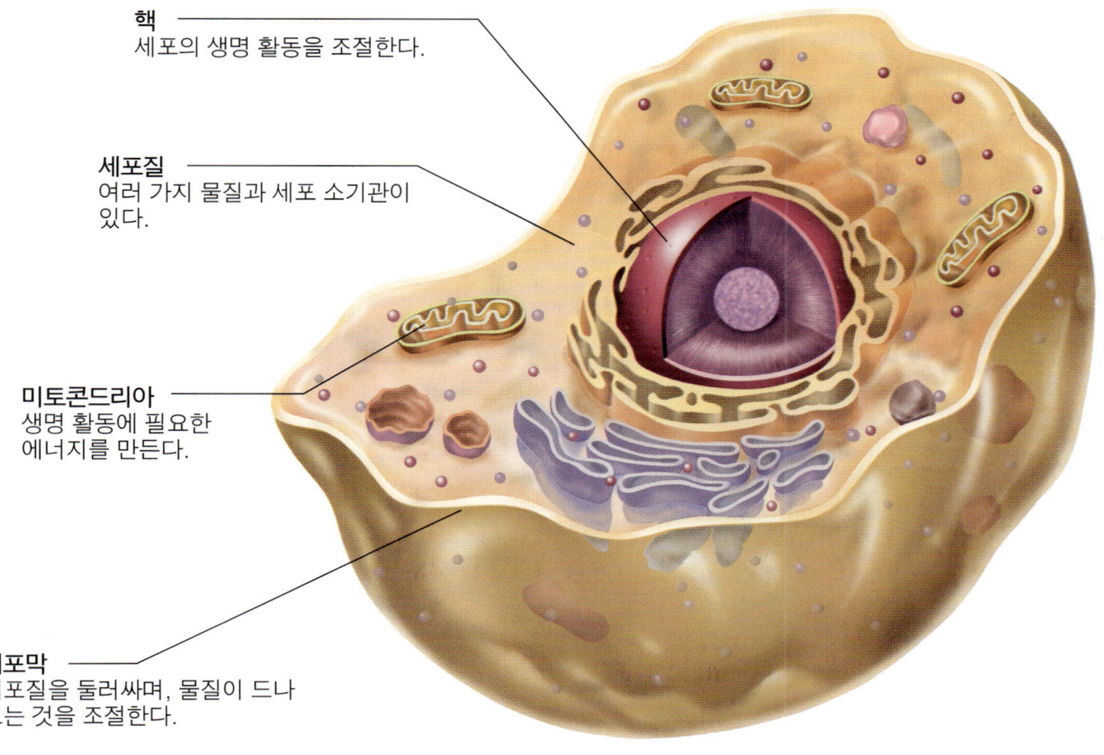

🔺 동물 세포

염색체 Chromosome /染色體

생물 세포의 핵 속에 있으며, 유전 정보인 DNA와 이와 결합한 단백질 구조로 되어 있다.

DNA와 염색체

아이가 태어났을 때 어머니, 아버지 중 누군가의 모습을 닮는 것을 유전이라고 한다. 유전이 되는 까닭은 부모로부터 자식에게 전해지는 물질이 있어서인데, 그 유전 물질이 바로 DNA 이다. 뉴스를 통해 살인 현장에서 발견된 아주 적은 양의 혈흔으로부터 범인의 DNA를 찾아 내거나, 오래 전 잃어버렸던 아이가 친부모를 찾을 때 DNA 혹은 유전자 검사를 이용한다. DNA는 핵 속에 들어 있는 물질로 그 사람의 머리끝에서 발끝까지의 모든 정보가 저장되어 있다. 세포가 분열하지 않을 때 DNA는 단백질에 감긴 상태로 핵 안에 실 모양으로 넓게 퍼져 있으며(염색사), 세포 분열을 할 때는 염색사는 꼬이고 뭉쳐 염색체를 이룬다. 염색이 잘 되기 때문에 염색체라고 부른다.

염색체 변이를 다룬 영화 X맨

염색체 이상으로 돌연변이가 탄생하는 내용을 극적 요소를 더하여 영화로 만든 작품이 'X맨 시리즈'이다. X맨의 뜻은 보통 사람들과는 다르게 돌연변이들만 갖고 있는 특별한 힘의 근원인 유전자 X에서 따온 말이다.

영화의 내용은 돌연변이로 태어나 다른 사람들로부터 괴물 취급과 놀림을 당하는 사람들이 모여 훈련을 통해 인류에 이익을 주는 영웅이 된다는 것이다.

염색체 수

핵 속의 DNA가 뭉쳐 염색체를 만들 때, 생물마다 그 수가 항상 일정하게 정해져 있다. 사람의 세포 1개의 핵 속에 들어 있는 염색체 수는 46개이다. 즉, 머리카락 세포이든, 피부 세포이든 모든 핵 속에는 46개의 염색체가 들어 있다. 이러한 염색체의 수는 생물에 따라 다른데 아래의 그림을 참고하면 감자와 침팬지의 염색체 수는 같지만 감자와 침팬지는 전혀 다른 생물이다.

염색체 수는 세포가 분열할 때 나타나는 염색체의 개수만을 의미하므로 생물의 생김새나 특징 등의 유전적인 특성은 DNA에 들어 있는 유전 정보에 의해서 나타나기 때문에 염색체 수가 같다고 같은 생물이라고 볼 수는 없다. 하지만 같은 생물이라면 같은 수의 염색체를 가지게 된다. 마찬가지로 침팬지의 염색체에서 2개를 빼서 염색체 수가 사람과 같다고 해도 유전 정보가 같지 않기 때문에 침팬지가 사람이 될 수는 없다.

더 나아가기

염색체의 특징과 종류

염색체는 유전 정보인 DNA와 이와 결합한 단백질 구조로 되어 있고 같은 종의 생물에서는 그 수와 모양이 같은 특징이 있다.

염색체의 종류에는 상동 염색체, 상염색체, 성염색체가 있다. 상동 염색체는 크기와 모양이 같은 1쌍의 염색체로, 1개는 아버지, 1개는 어머니로부터 물려받는다. 상염색체는 암수 공통으로 가지는 염색체이다. 성염색체는 암수의 성을 결정하는 염색체로 X염색체와 Y염색체가 있다.

🔺 여러 생물의 염색체 수

염색체의 복제

염색체는 두 가닥으로 이루어져 있는데, 각 가닥을 염색 분체라고 한다. 염색체가 2개의 염색 분체로 이루어진 까닭은 세포 분열에 대비하여 유전 물질인 DNA가 2배로 복제되기 때문이다.

세포가 분열할 때 염색체를 이루고 있던 2개의 염색 분체는 각각 분리되어 딸세포에 분배된다. 그 결과, 딸세포는 모세포와 동일한 수의 염색체를 가지게 되고 유전 정보도 같다고 할 수 있다. 세포가 분열을 거듭하더라도 염색체 수는 감소하지 않고 일정하게 유지된다.

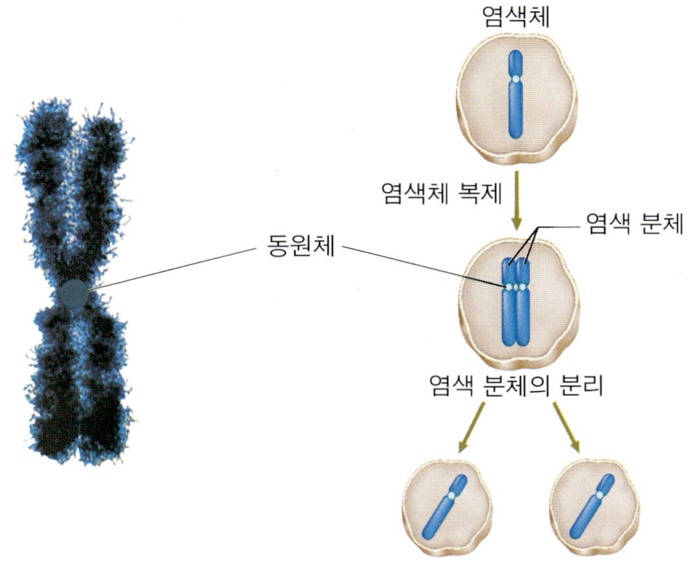

세포 분열 Cell Division / 細胞分裂

세포가 나누어지는 것을 의미한다.

체세포 분열

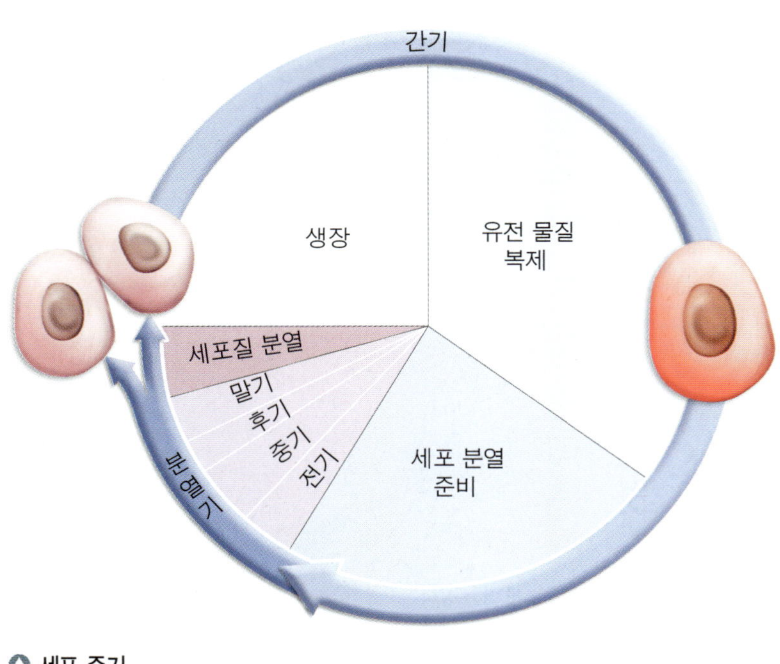

△ 세포 주기

성장기의 청소년들은 학년이 올라갈수록 키가 자란다. 키가 자라는 것은 세포가 커지는 것이 아니라 많아지기 때문이다. 이처럼 세포는 어느 정도 커지게 되면 더 이상 자라지 않고 둘로 나누어지는데 이를 세포 분열이라고 한다. 즉, 생물의 몸을 이루는 체세포가 분열하는 것을 체세포 분열이라고 하며, 생물의 생장은 체세포 분열을 통해 이루어진다.

세포가 어느 정도 크기까지 성장하고 분열을 끝낸 시점부터 세포가 어느 정도 자란 다음 다시 분열을 마칠 때까지의 과정을 세포 주기라고 한다. 세포 주기는 세포가 실제로 분열하는 시기인 분열기와 세포가 분열하여 생긴 딸세포가 다시 분열을 시작하기 전까지의 기간인 간기로 나눌 수 있다. 간기는 세포 주기의 약 90%를 차지하며 세포가 성장하고 유전 물질을 복제하는 등과 같이 다음 분열을 준비하는 기간이다.

체세포 분열 과정

세포는 간기에 유전 물질을 복제한 후 세포 분열을 통하여 2개의 딸세포에 유전 물질을 균등하게 분배한다. 분열기는 핵이 분열하는 것과 세포질이 나누어지는 것으로 구분된다. 핵분열은 염색체의 모양과 행동을 기준으로 전기, 중기, 후기, 말기로 구분된다.

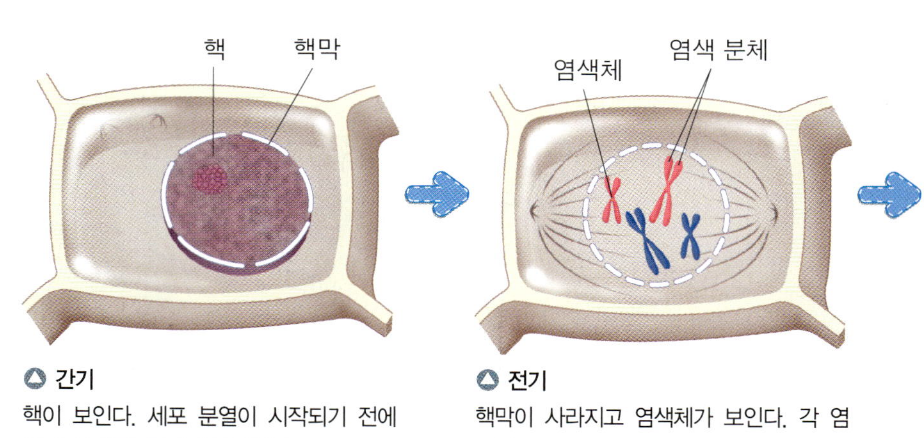

△ 간기
핵이 보인다. 세포 분열이 시작되기 전에 핵 속의 유전 물질이 복제된다.

△ 전기
핵막이 사라지고 염색체가 보인다. 각 염색체는 유전 정보를 지닌 2가닥의 염색 분체로 되어 있다.

잘못된 세포 분열, 암

우리 몸의 세포들은 끊임없이 새롭게 태어나고 기능을 다한 세포는 죽지만 죽은 세포보다 필요 이상으로 많은 불필요한 세포는 정상적으로 자리를 잡지 못하고 볼록한 혹처럼 자리 잡는다. 이것을 종양이라고 한다.

대부분의 종양은 어느 정도까지 크면 세포의 증식이 멈춰서 더는 커지지 않는 양성 혹(양성 종양)이지만, 드물게 세포가 증식 활동이 멈추지 않고 계속 자라서 결국에는 생명까지 위협하는 종양을 악성 종양이라고 한다. 이것이 흔히 말하는 암이다. 악성 종양을 이루는 세포들은 주변의 정상 세포를 파괴한다. 시간이 지나면 혈액을 타고 다른 장기로 이동하여 다른 장기에 자리잡아 증식을 계속하는 돌연변이 세포이다. 이것을 암세포라고 하고, 이런 암세포로 인해 유발되는 질환을 통칭해서 암 질환이라고 한다.

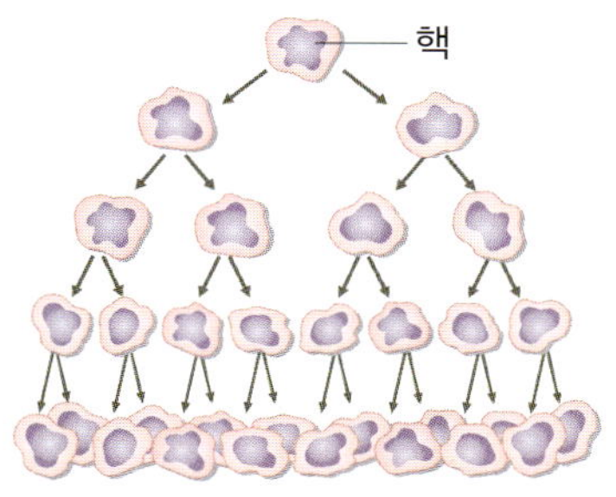

🔺 암세포 분열

체세포 분열 관찰 실험

양파의 뿌리를 이용하여 체세포 분열을 관찰할 수 있다. 양파의 뿌리 끝 세포를 관찰하는 까닭은 양파의 뿌리 끝에는 생장점이 있어 분열 중인 세포를 관찰할 수 있기 때문이다.

실험을 할 때 주의할 점으로는 양파의 뿌리 끝을 5 mm 정도 잘라 고정액에 담가 둘 때 에탄올과 아세트산을 3 : 1로 섞고, 염산이나 아세트산 카민 용액이 피부나 옷에 묻지 않도록 유의한다.

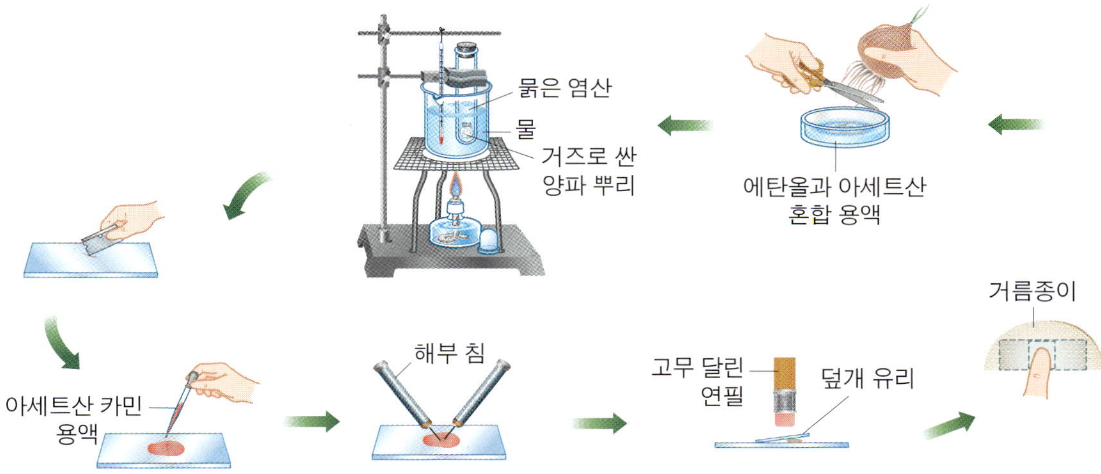

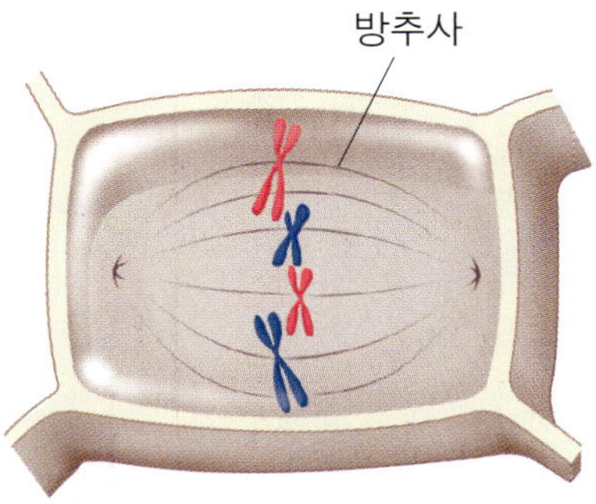

🔺 중기
염색체가 세포의 중앙에 배열되고 방추사가 염색체에 부착된다.

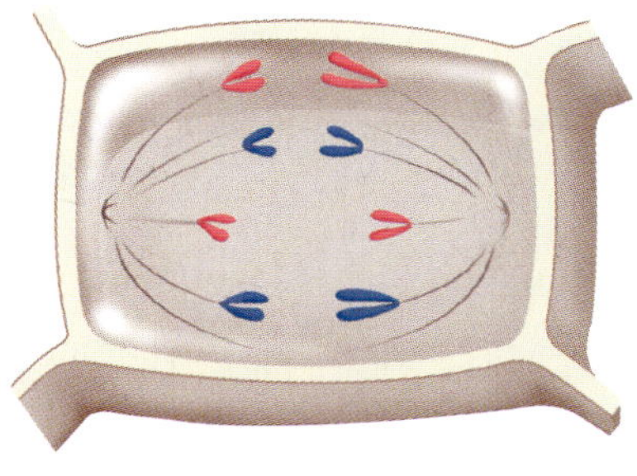

🔺 후기
방추사에 의해 2가닥의 염색 분체가 분리되어 각각 1가닥씩 양극으로 이동한다.

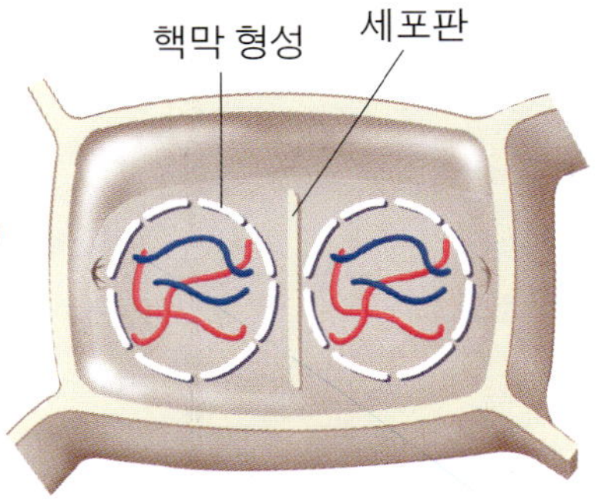

🔺 말기
염색체가 사라지고 핵막이 다시 나타나면서 2개의 핵이 생겨난다. 이후 세포질 분열이 일어나 2개의 딸세포가 생긴다.

감수 분열

체세포가 분열할 때는 복제된 염색체가 딸세포에 나뉘어 들어가기 때문에 체세포가 가지는 염색체 수가 일정하게 유지된다. 하지만 정자와 난자 같은 생식 세포는 체세포와 다른 방식으로 분열한다. 동물의 난자와 정자, 식물의 꽃가루나 난세포와 같은 생식 세포를 만드는 세포 분열을 생식 세포 분열이라고 한다. 생식 세포 분열은 체세포 분열과 달리 염색체 수가 절반으로 줄어들기 때문에 감수 분열이라고도 한다.

감수 분열은 두 번의 세포 분열이 연속하여 일어나는데, 첫 번째 일어나는 분열을 감수 1분열, 두 번째 일어나는 분열을 감수 2분열이라고 한다.

체세포 분열과 감수 분열 비교

체세포 분열은 생장을 위한 분열로 1개의 모세포가 염색체 수의 변화 없이 1회 분열하여 2개의 딸세포를 형성한다.

감수 분열은 생식 세포를 형성하는 분열로 1개의 모세포가 2회 연속 분열하여 4개의 딸세포를 형성한다.

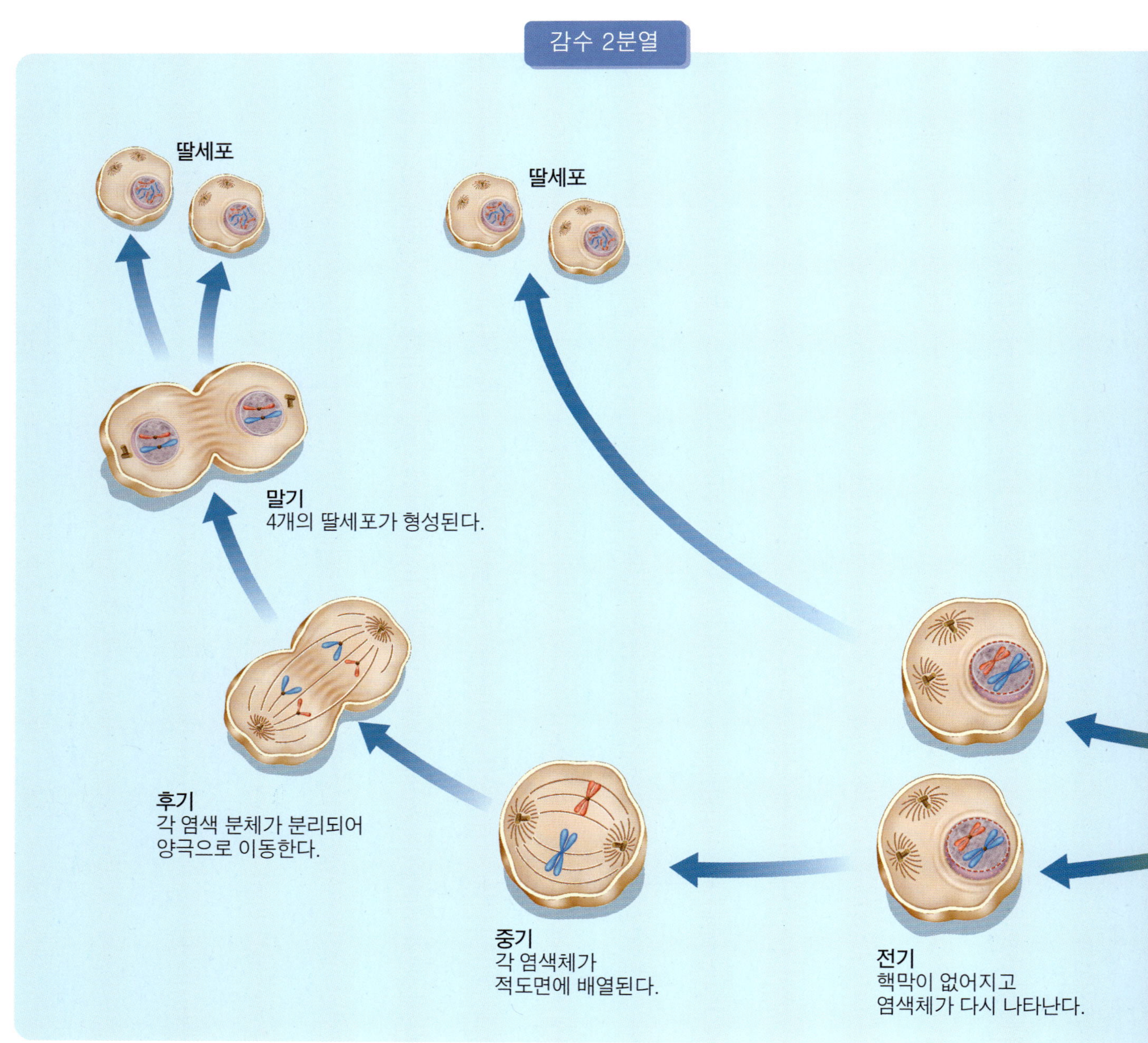

FUN

돌연변이

돌연변이는 유전자나 염색체의 구조에 변화가 생겨 나타나는 것으로, 체세포 돌연변이와 생식 세포 돌연변이로 구분한다. 체세포 돌연변이는 해당 세포에만 영향을 주기 때문에 자손에게는 유전되지 않지만, 생식 세포 돌연변이는 자손에게 유전이 된다. 다음은 대표적인 돌연변이의 예이다.

클라인펠터 증후군 성염색체 이상이 생겨 XXY를 갖게 되어 염색체 수가 총 47개이다. 외형적인 특징으로는 키가 크고, 긴 팔과 긴 다리를 가지며, 15%~30%는 여성처럼 유방을 가지고 있다. Y염색체를 가졌으므로 체형과 외부 생식기는 남성이지만 대부분의 경우는 정자를 생산하지 못하여 불임, 독서 장애, 언어 발달 장애, 가벼운 신경 운동계 이상이 있을 수 있다.

터너 증후군 성염색체에 이상이 생겨 X염색체가 1개만 있는 경우로 염색체 수가 총 45개이다. X염색체만 있으므로 외형적으로는 여자이지만 키가 작고 월경이 없으며 대부분 불임이다.

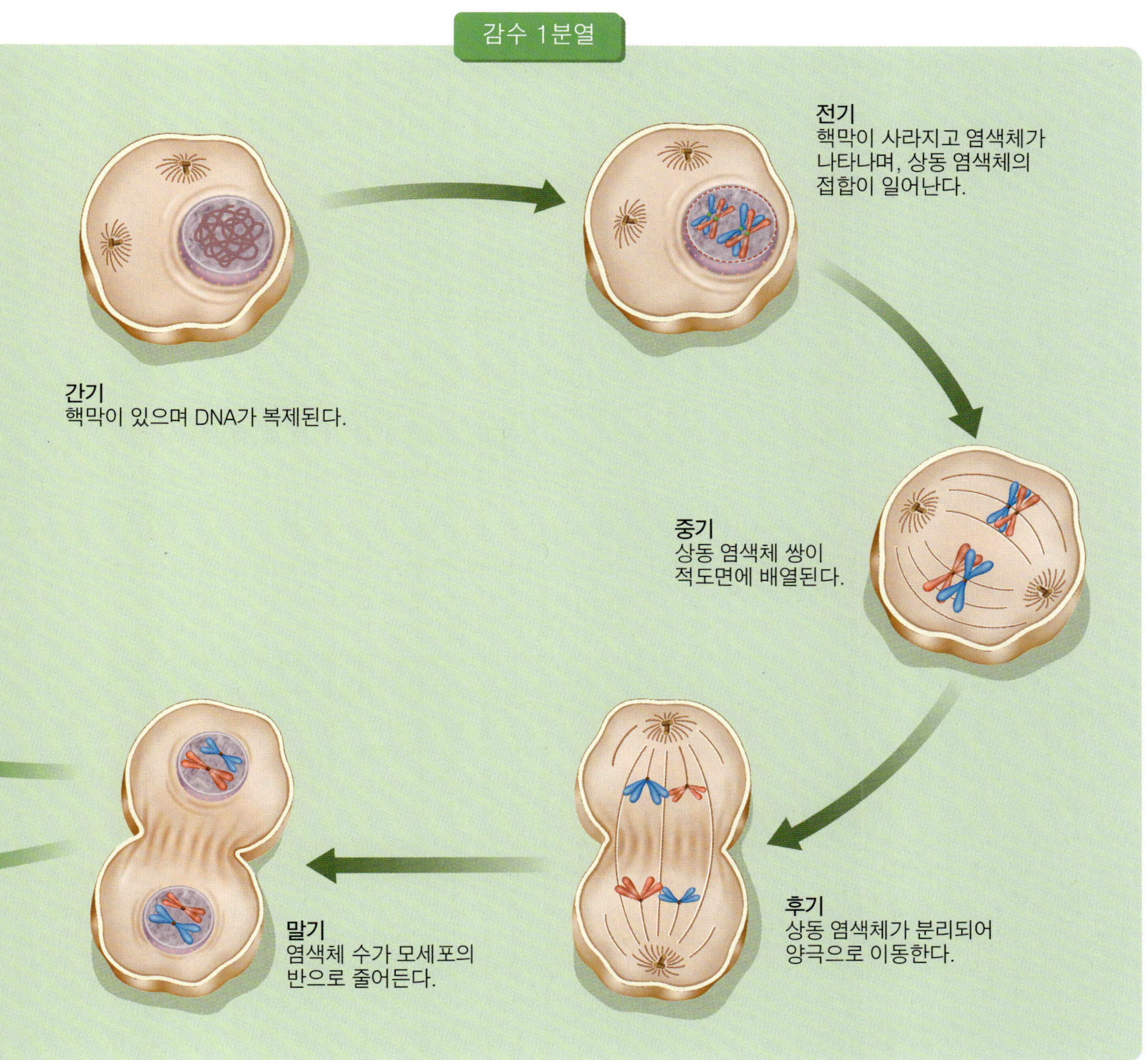

생식 Reproduction / 生殖

생물이 자손을 만드는 과정을 의미하며, 생식의 방법은 생물의 종류에 따라 다양하다.

무성 생식

암수가 구별이 되지 않는 생물은 생식 세포를 만들지 않고 새로운 개체를 만드는데, 이와 같은 생식
방법을 무성 생식이라고 한다. 무성 생식 방법에는 분열법, 출아법, 포자 생식, 영양 생식 등이 있다.

분열법

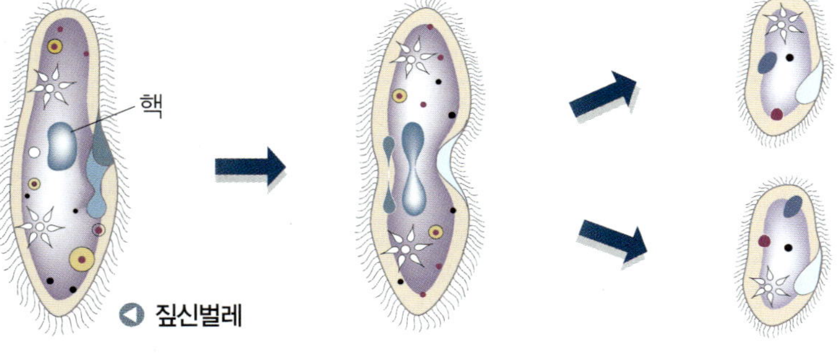

세균, 아메바, 짚신벌레, 유글레나와 같은 단세
포 생물은 세포 분열을 하여 2개의 새로운 개체
로 되는데, 이러한 번식 방법을 분열법이라고
한다.

분열법은 세포 분열 자체가 곧 생식 방법이기 때
문에 적당한 환경에서는 매우 빠르게 번식한다.

출아법

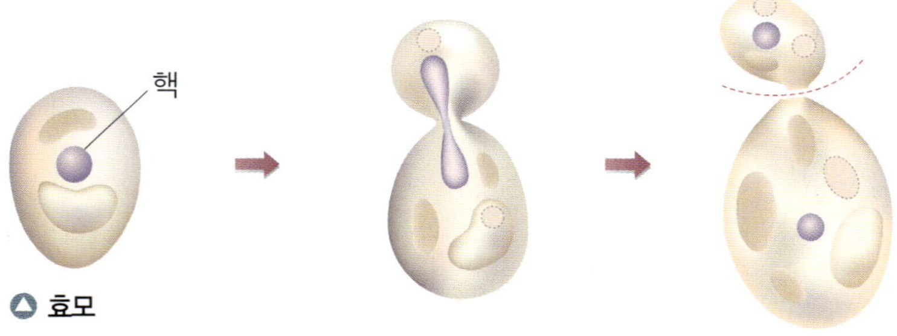

효모와 히드라, 말미잘, 산호 등은 몸의 일부가
돌출되고 돌출된 부위가 몸에서 떨어져 나와 새
로운 개체를 만드는데, 이러한 생식 방법을 출
아법이라고 한다. 새로운 개체는 대부분 모체보
다 크기가 작다.

포자 생식

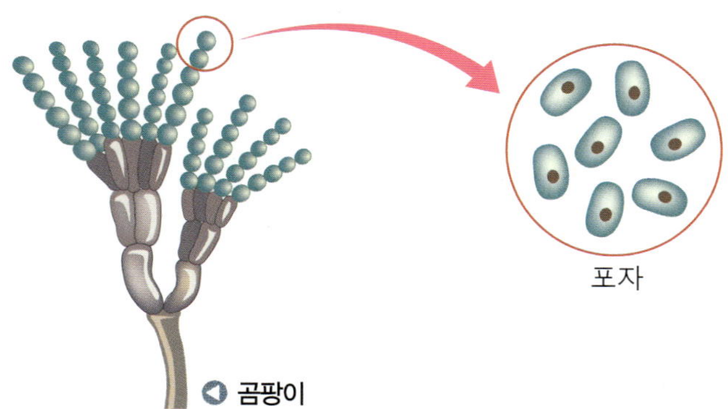

고사리와 이끼처럼 꽃이 피지 않는 식물이나 버섯, 곰팡이
등은 몸의 일부에서 포자를 만들어 번식한다. 포자는 가벼
워서 멀리 퍼져 나가고, 온도나 습도 등의 환경 조건이 적당
하면 싹이 터서 새로운 개체로 자라나게 된다. 이와 같이 포
자로 번식하는 방법을 포자 생식이라고 한다.

영양 생식

꽃이 피는 식물이 씨 외에 뿌리, 잎, 줄기 등의 영양 기관을 통해서 번식하는 방법으로
식물의 재생 능력을 이용한 이와 같은 생식 방법을 영양 생식이라고 한다. 영양 생식을
이용하면 모체가 지닌 특성을 그대로 지니는 자손을 얻을 수 있으므로 좋은 품종을 보존
하고 대량으로 번식시키는 데 유리하다.

🔺 감나무의 접붙이기   🔺 고구마의 꺾꽂이   🔺 난초의 포기나누기

유성 생식

암수의 생식 세포가 서로 결합하여 새로운 개체를 만드는 생
식 방법을 유성 생식이라고 한다.

식물의 생식 기관은 꽃으로, 꽃밥에서 꽃가루(정핵), 밑씨에
서 난세포가 만들어진 후, 꽃가루의 정핵과 밑씨의 난세포
핵이 결합하여 씨가 만들어진다.

동물의 생식 기관은 정소와 난소로, 정소에서 정자, 난소에
서 난자가 형성된 후, 정자와 난자가 결합하여 자손을 만들
어 번식한다.

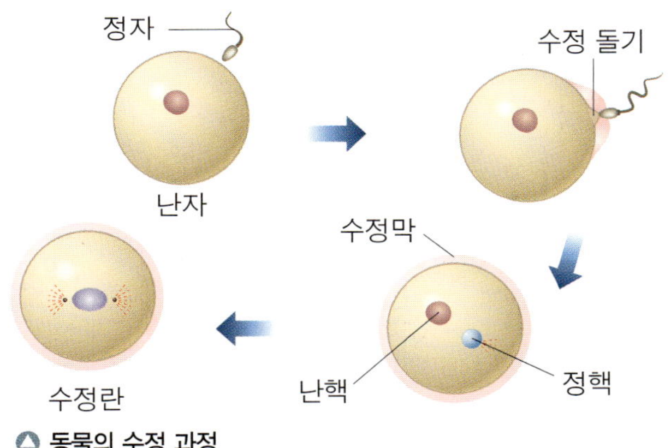

🔺 동물의 수정 과정

고사리

고사리는 햇빛이 잘 드는 곳에서 높이 1m 정도까
지 자란다. 옛날부터 고사리의 어린 순은 맛이 좋
아 봄에 잎이 피지 않은 것을 꺾어 삶은 뒤에 말렸
다가 나물로 만들어 먹었다.
중국 주나라의 백이와 숙제는 나라가 망하자 수양
산에 들어가 고사리와 고비만 먹으며 지내다가 죽
었다고 한다.

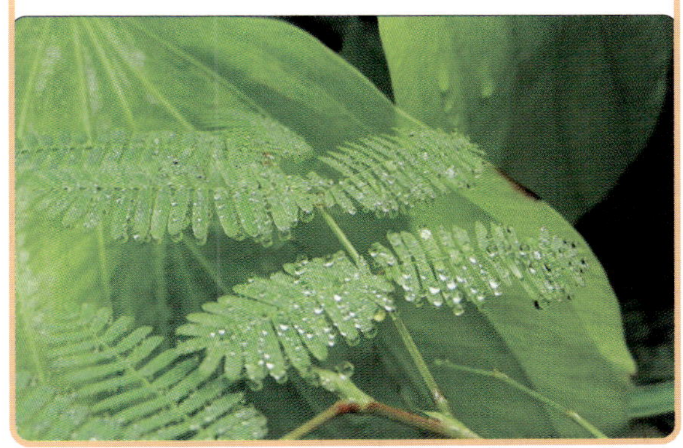

인간의 생식과 발생

생식이란 난자에 정자가 진입하여 난자의 핵과 정자의 핵이 융합하는 과정이며, 발생이란 수정란이 세포 분열을 계속하여 조직과 기관을 만들어 가는 과정이다.

남자의 생식 기관

정소는 좌우에 1개씩 있으며, 음낭에 싸여 몸 밖으로 나와 있다. 정소 내부의 세정관 안에서 정자가 만들어지며, 남성 호르몬이 생성된다. 정소에서 만들어진 정자는 부정소에 저장되었다가 수정관을 거쳐 요도를 통해 배출된다.

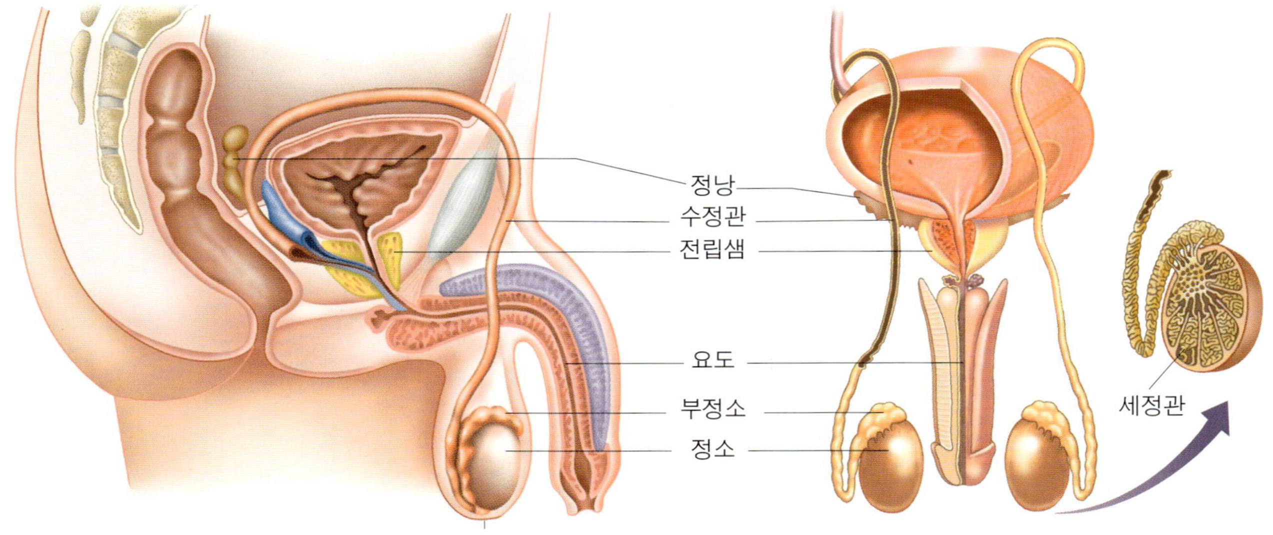

여자의 생식 기관

난소는 자궁의 좌우에 1쌍이 있으며, 난자를 만들어 배출하고, 여성 호르몬도 분비한다. 수란관은 난자와 정자가 만나 수정이 일어나는 곳이며, 수정란이 자궁으로 가는 통로가 된다. 자궁은 임신하였을 때 태아가 자라는 곳, 질은 태아가 자궁으로부터 나오는 통로이다.

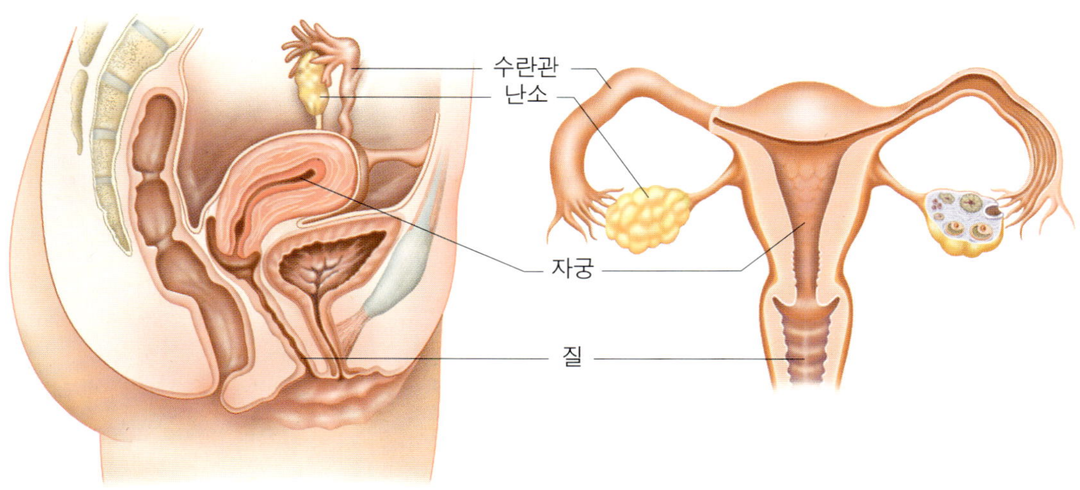

정자의 구조

머리 부분에는 유전 물질을 포함한 핵이 있으며, 첨체에는 난자의 세포막을 분해시키는 효소가 들어 있다.

중편에는 정자의 꼬리가 운동하는 데 필요한 에너지를 생성하는 미토콘드리아가 있다.

꼬리는 난자에 접근하기 위해 편모 운동을 한다.

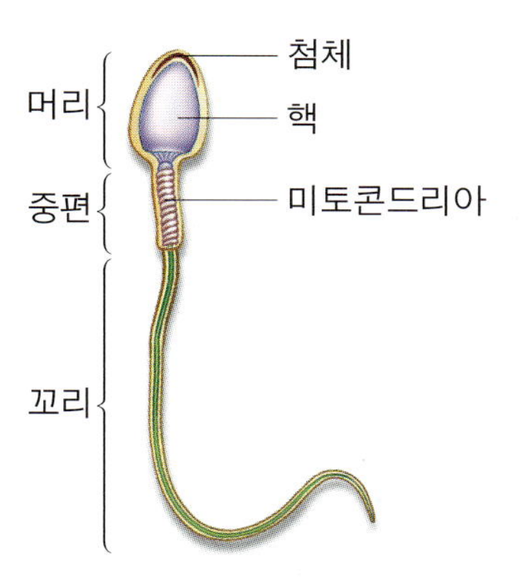

난자의 구조

정자에 비해 약 1,000배 이상 크며, 사람의 세포 중에서도 가장 큰 세포이다. 난자의 크기가 큰 까닭은 수정란의 발생에 필요한 양분을 가지고 있기 때문이다.

핵, 세포질, 외막으로 구성되어 있으며, 핵 속에는 23개의 염색체가 있다.

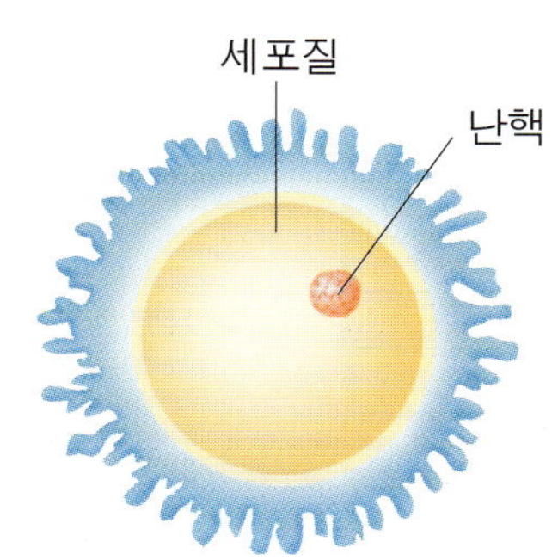

여자의 생식 주기

여자는 사춘기 이후 약 28일을 주기로 좌우 난소 중의 하나에서 1개의 난자를 성숙시켜 배출하는데, 이를 배란이라고 한다.

배란된 난자가 정자를 만나 수정이 되면 수정란은 자궁 내막에 자리를 잡고 자란다. 그러나 수정이 일어나지 않으면 두꺼워졌던 자궁 내막이 파열되어 혈액과 함께 배출되는데, 이것을 월경이라고 한다.

월경이 일어나면 난소에서 하나의 미성숙 난자가 성숙하기 시작하고, 자궁 내막은 임신에 대비하여 점점 두꺼워진다. 그리고 월경이 시작된 후 약 14일 후에 배란이 일어난다.

이러한 과정은 주기적으로 일어나므로 생식 주기라고 한다.

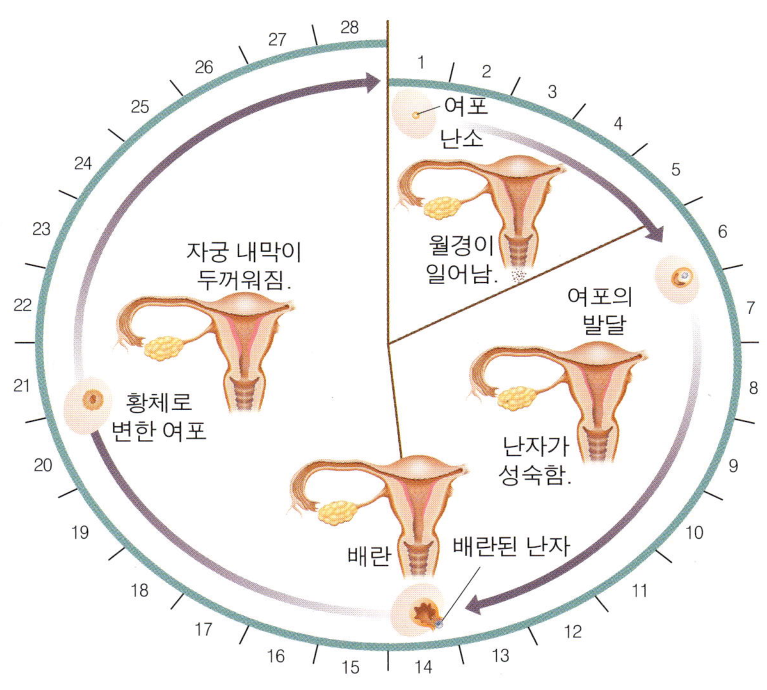

▲ 생식 주기가 28일인 여자

1차 성징과 2차 성징

1차 성징은 외부 생식기와 같이 태어날 때부터 나타나는 남성과 여성의 차이이다.

2차 성징은 사춘기 이후 나타나는 남자와 여자의 특징이다. 남자는 목소리가 굵어지고 수염이 나며 체격이 남성스럽게 변하고 정자를 생성한다. 여자는 가슴과 엉덩이가 발달하고 난자를 만들기 시작하며 월경이 일어난다.

임신

난자는 여러 개의 정자 중에서 오직 하나의 정자와 수정을 한다.

수정 후 5~7일이 지나면 배는 자궁에 도달하여 포배로 발달한 다음 자궁 내막에 자리를 잡게 되는데, 이를 착상이라고 한다. 착상이 되면 그때부터 임신이 되었다고 한다.

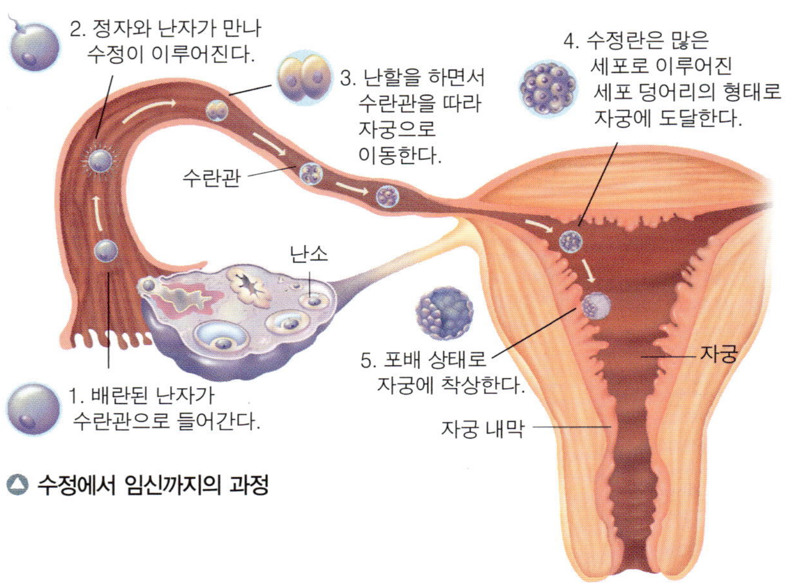

🔺 수정에서 임신까지의 과정

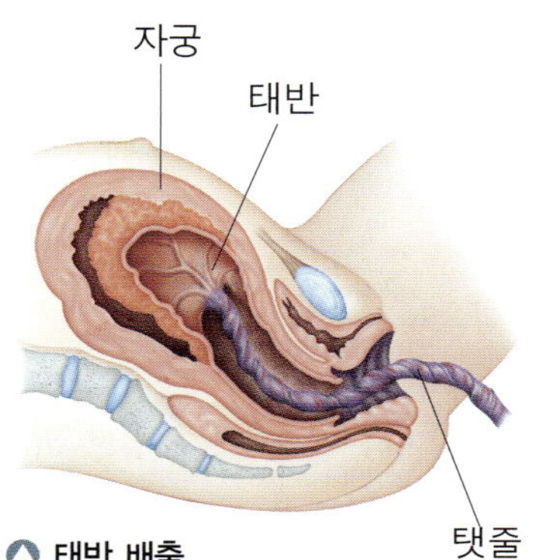

🔺 태반 배출

아기가 나온 후 탯줄과 태반이 몸 밖으로 빠져나온다.

아기의 성별

아기의 성별은 성염색체의 차이에 의해 결정된다. 난자는 X염색체를 가지고, 정자는 X 또는 Y염색체를 가지고 있다. 만약 X염색체를 가진 정자가 난자를 만나면 XX가 되어 여자아기가 되고, Y염색체를 가진 정자가 난자를 만나면 XY가 되어 남자아기가 된다. 따라서 아기의 성별은 정자와 난자가 만나 수정이 되는 바로 그 순간에 결정된다고 할 수 있다.

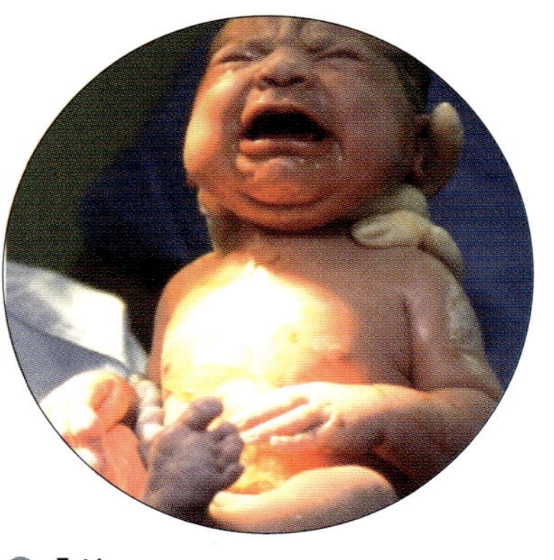

🔺 출산

수정 후 약 38주 만에 출산되며, 신생아의 키는 약 50 cm, 몸무게는 2.7~4.5 kg 정도이다.

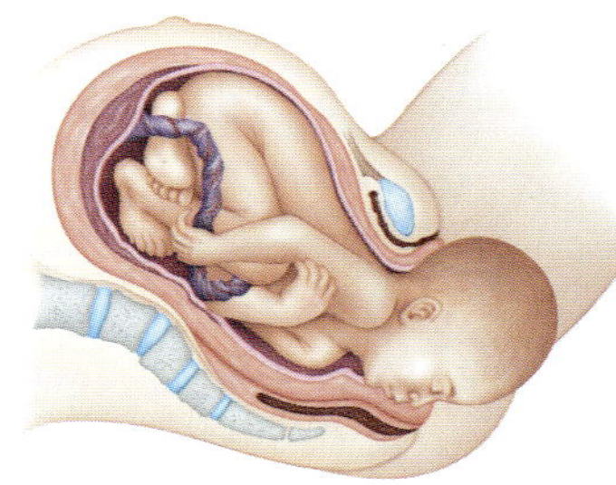

🔺 출산

태아는 머리부터 자궁 밖으로 나온다.

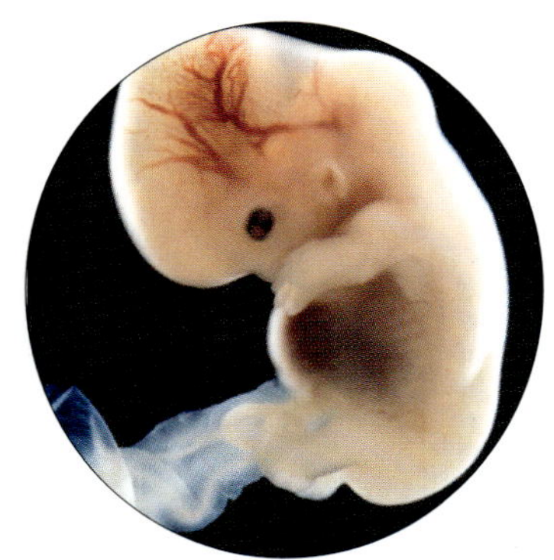

⬠ **5주**
심장, 혈관, 중추 신경 등이 모양을 갖추기 시작한다.

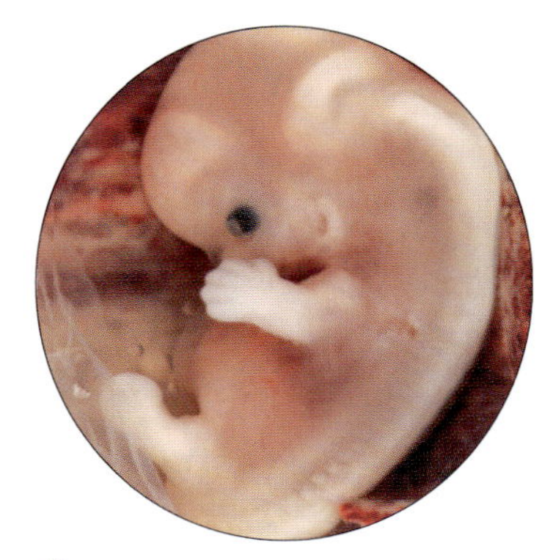

⬠ **9주**
손가락, 발가락이 생기며 팔, 다리를 움직인다.

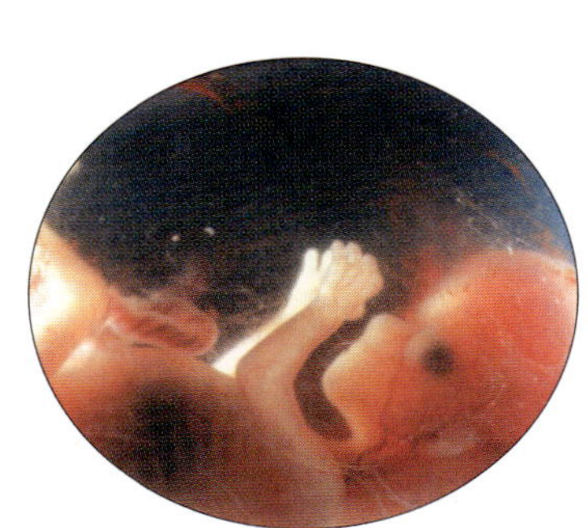

⬠ **14주**
태아는 6cm 정도 되며, 주로 몸의 크기가 커지는 시기이다. 생식기도 확인할 수 있다.

발생

임신이 되면 착상된 배는 여러 조직이나 기관으로 분화하여 하나의 개체로 완성되어 가는데, 이 과정을 발생이라고 한다. 수정 후 약 8주가 지나면 뇌, 심장, 소화 기관, 콩팥, 태반 등 여러 기관의 기본 구조가 형성되고, 수정 후 9주부터는 사람의 모습을 갖추기 때문에 이후의 시기를 태아라고 한다.

태반과 출산

수정 후 약 38주가 지나면 호르몬의 영향을 받아 자궁이 수축하면서 태아가 밖으로 나오게 되는데, 이 과정을 출산이라고 한다. 출산이 시작되면 먼저 자궁의 입구가 열리고 자궁의 수축에 의해 양막이 터져 양수가 흘러나온다. 호르몬에 의해 자궁이 계속 수축되면서 태아는 머리부터 자궁 밖으로 나오게 되는데, 아기가 나온 후 탯줄과 태반이 몸 밖으로 빠져나오면서 출산이 완료된다.

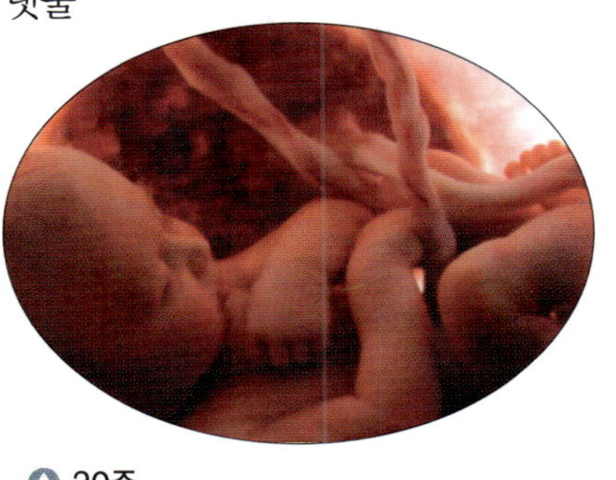

⬠ **20주**
매우 활동적으로 움직여 태동이 느껴진다.

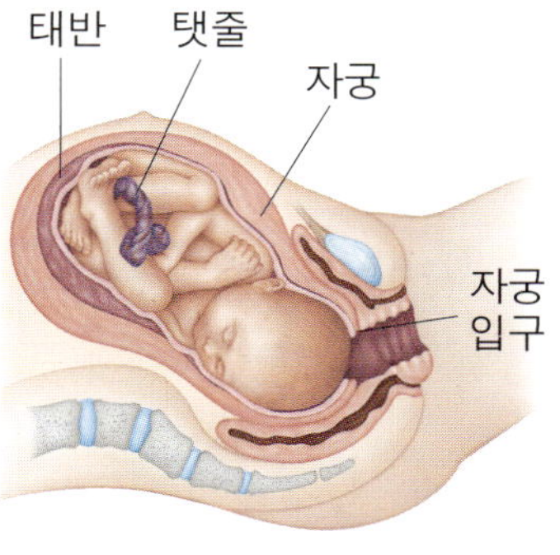

⬠ **자궁 입구의 확장**
출산이 시작되면 자궁의 입구가 열린다.

유전 Heredity / 遺傳

부모가 가지고 있는 특성이 자식에게 전해지는 현상이다.

완두가 유전 연구의 재료로 좋은 까닭

△ 완두콩의 꽃

재배가 간편한 완두는 구하기 쉽고 자유 교배가 가능하며, 대립 형질이 뚜렷하다. 또, 한 세대가 짧고 한번에 많은 수의 씨를 얻을 수 있으며, 자화 수분(한 꽃 속에 암술과 수술이 모두 있는 꽃의 경우 자기 꽃의 꽃가루가 암술머리에 붙는 현상)이 잘 되므로 순종을 얻기 쉽다.

멘델(Mendel, Gregor: 1822~1884)의 실험

완두콩의 색깔은 대부분 녹색이지만 노란색의 완두콩도 있다. 멘델은 녹색과 노란색의 완두콩을 각각 심어 나온 완두를 교배하면 녹색이나 노란색 또는 녹색과 노란색이 섞인 연두색 등 어떤 색깔의 완두콩이 나올 것인지에 대한 궁금증을 해결하기 위해 직접 실험을 하였다.

먼저, 완두콩을 같은 형질이 나타나는 것끼리 계속 교배하여 순종을 찾아냈다. 그런 다음, 하나의 형질에 대해 서로 다른 특징을 갖는 것, 즉 대립 형질끼리 교배하였다. 예를 들면, 완두콩의 모양이 둥근 것과 주름진 것, 떡잎이 노란 것과 녹색인 것, 줄기가 긴 것과 짧은 것 등 7쌍의 형질을 골라 내어 이 대립 형질을 나타내는 순종끼리 교배하였던 것이다. 멘델은 둥근 완두콩의 꽃가루를 주름진 완두콩의 암술머리에 묻혀 주는 방법(또는 둥근 완두콩의 암술머리에 주름진 완두콩의 꽃가루를 묻혀 주는 방법)으로 교배하였다. 생물체가 가지는 모양이나 성질을 형질이라고 하며, 형질 중에서 뚜렷이 대립되는 형질을 대립 형질이라고 한다. 그 결과 모두가 두 가지 형질 중에서 한 가지 형질만 나타났다.

씨의 모양	씨의 색깔	꽃의 색깔	콩깍지의 모양	콩깍지의 색깔	꽃의 위치	키
둥글다.	황색	보라색	매끈하다.	녹색	잎겨드랑이	크다.
주름지다.	녹색	흰색	잘록하다.	황색	줄기의 끝	작다.

[완두의 대립 형질]

사람의 유전 연구

사람은 완두와 다르게 한 세대가 길며, 자손의 수가 많지 않아 통계 자료를 얻기가 쉽지 않다. 또, 유전을 연구하는 과학자의 의도에 따라 결혼을 시키거나 자손을 낳게 할 수 없기 때문에 사람의 유전 현상을 연구하는 데는 여러 가지 어려움이 있다.

사람의 유전을 연구하는 방법에는 가계도를 연구하여 여러 세대를 거치는 동안 어떤 유전 형질이 자손에게 전달되는지를 알아보는 방법, 1란성 쌍둥이의 특징을 비교하여 사람의 특정 형질이 유전에 의하여 어떻게 결정되고, 환경의 영향을 얼마나 받는지 알아보는 방법, 직접 DNA를 분석하여 유전 현상을 연구하는 방법 등이 있다.

△ 가계도를 기호로 나타내기

혈액형 유전

사람의 혈액형은 A형, B형, AB형, O형의 네 가지가 있다. ABO식 혈액형의 종류가 네 가지인 까닭은 ABO식 혈액형을 결정하는 대립 유전자는 A, B, O로 세 가지이기 때문이다. 세 가지 유전자 중 한 쌍의 대립 유전자에 의하여 혈액형이 결정된다.

각 대립 유전자의 우열 관계를 살펴보면 유전자 A와 B는 각각 유전자 O에 대해 우성이지만, 유전자 A와 B 사이에는 우열 관계가 없고 유전자 A와 B의 형질이 모두 나타난다.

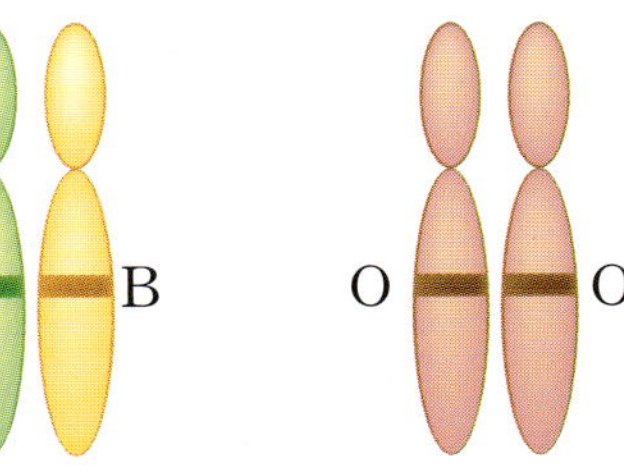

🚀 더 나아가기

RH식 혈액형

RH^+형과 RH^-형으로 구분되며, RH^+가 RH^-에 대해 우성이다. RH^-형은 동양인의 경우 약 200명 중 1명 정도이며, 특히 RH^- A형은 매우 드물다.

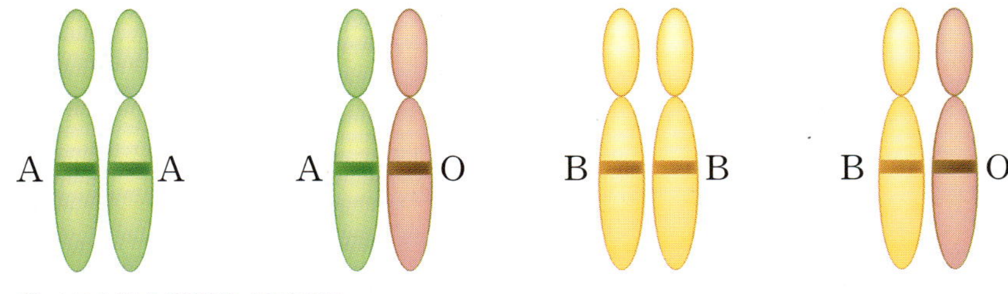

△ ABO식 혈액형의 유전자형

진화 Evolution / 進化

생물의 종과 더 상위의 각 종류가 여러 세대를 거치면서 점차 변화해 온 것을 의미한다.

화석에 의한 증거

여러 지층에서 과거에 살았던 생물의 사체가 화석으로 발견된다. 화석(지질 시대에 살았던 생물체의 유해나 흔적)을 통해 생물체가 어떤 과정을 거쳐 진화해 왔는지를 밝혀낼 수 있다.

같은 종의 생물 화석을 시대별로 살펴보면, 오래된 지층에서 발견되는 화석은 형태가 단순하고 종류도 적은 반면, 새로운 지층에서 발견되는 화석은 형태가 복잡하고 현재 생물과 유사하다.

🔺 육상 동물에서 진화한 고래

비교 해부학상의 증거

사람의 팔, 새와 박쥐의 날개, 도마뱀과 고양이의 앞다리, 고래의 앞지느러미는 모양과 기능이 서로 다르지만 해부학적인 구조는 매우 유사하다. 이와 같이 기관이나 형태는 다르지만 그 기원과 해부학적 구조가 동일한 경우 이를 상동 기관이라고 한다.

반면, 해부학적으로 다른 기관이지만 동일한 기능을 수행하도록 진화한 기관을 상사 기관이라고 한다. 예를 들어 새의 날개와 곤충의 날개는 서로 동일한 기능을 하지만, 새의 날개는 앞다리가 변한 것이고, 곤충의 날개는 피부가 변한 것이다. 식물의 상사 기관으로는 완두의 넝쿨과 포도의 넝쿨 등이 있다.

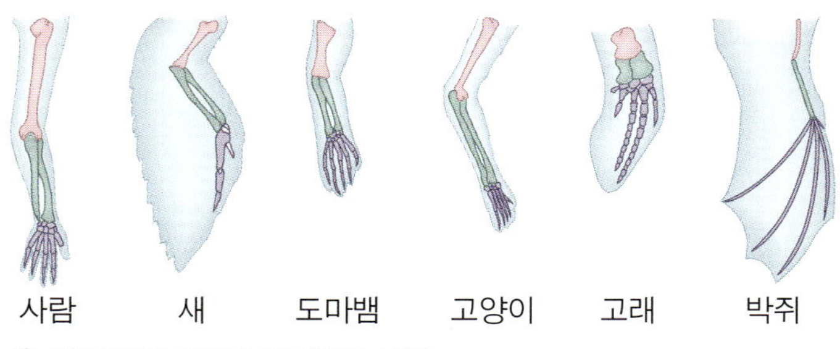

🔺 척추동물의 앞다리 비교(상동 기관)

🔺 독수리의 날개와 잠자리의 날개(상사 기관)

진화발생상의 증거

척추동물이 발생할 때 초기 배는 공통적으로 아가미주머니를 가지는데, 이것은 척추동물이 공통의 조상으로부터 진화했다는 증거가 된다.

모든 척추동물에서 아가미주머니는 아가미로 발달하지 않는다. 어류와 양서류에서 아가미주머니가 아가미로 발생하는 반면, 다른 척추동물의 경우 귀나 턱 등의 일부분으로 발생한다. 한편, 척추동물의 발생 초기에 나타나는 꼬리뼈는 조류와 포유류의 경우 퇴화하여 흔적 기관으로 남는다.

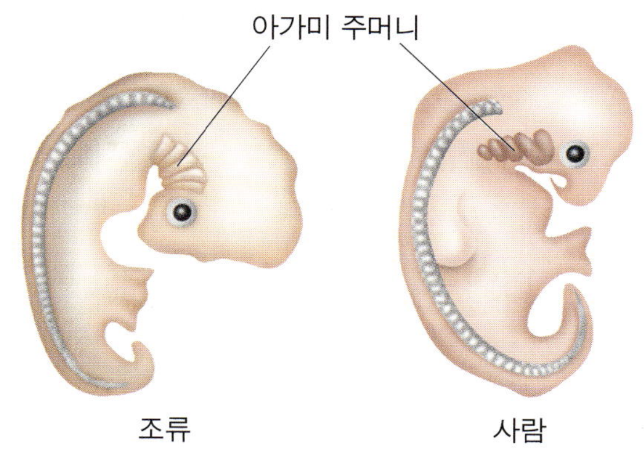

🔺 척추동물의 발생 초기 배에 나타나는 아가미주머니 비교

생물 지리학상의 증거

일반적으로 포유류는 태반(임신 중 태아와 모체의 자궁을 연결하는 기관)을 가지고 있지만, 오스트레일리아에 살고 있는 캥거루와 오리너구리는 태반이 없다.

이는 포유류가 태반을 가지기 이전 오스트레일리아가 아시아 대륙으로부터 분리되었기 때문에 캥거루와 오리너구리가 포유류와 다르게 진화했다고 추측한다.

또한 여러 섬들이 모여 있는 갈라파고스 군도에는 섬마다 서식하는 핀치새의 부리 모양이 조금씩 다르다. 이는 각 섬마다 핀치새가 먹는 먹이가 다르기 때문이다.

🔺 선인장을 파먹거나 선인장 씨를 먹는 핀치새의 부리는 선인장 가시보다 길며 단단하다.

🔺 과일이나 꽃을 따 먹는 핀치새의 부리는 앵무새의 부리와 비슷하다.

🔺 나무 구멍 속의 곤충을 꺼내 먹는 핀치새의 부리는 가늘고 뾰족하다.

🔺 식물의 씨를 먹는 핀치새의 부리는 크고 튼튼하여 씨를 부수어 먹는다.

유전학적인 증거

생물은 종마다 서로 다른 특징을 가지는데, 이는 종마다 고유한 단백질을 만들기 때문이다. 단백질을 만드는 정보는 유전자에 들어 있으며, 유전자의 암호에 따라 단백질을 구성하는 아미노산의 배열 순서는 달라진다. 칠성장어가 원숭이에 비해 공통 조상으로부터 더 오래 전에 갈라졌음을 알 수 있다. 즉, 공통 조상에서 갈라진 후 오랜 시간이 지날수록 두 종 간의 유전적 차이는 점점 커짐을 알 수 있다.

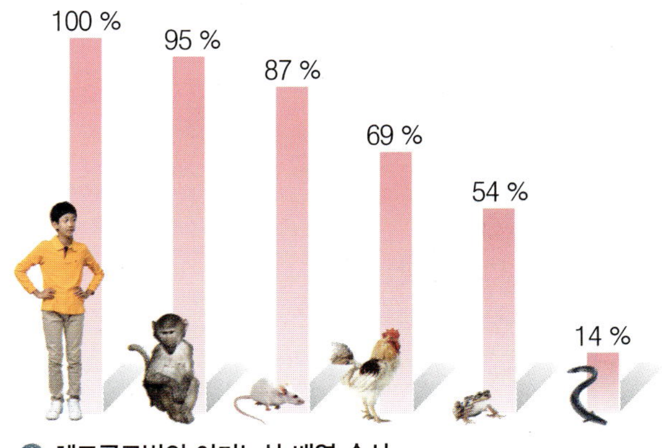

🔺 헤모글로빈의 아미노산 배열 순서

진화에 관한 이론

인류를 비롯한 각종 생물이 어떻게 진화했는지에 대한 여러 이론들이다.

다윈 이전의 진화설

고대로부터 18세기까지 대부분의 사람들은 생물종은 변하지 않는다고 생각하였지만, 과학이 발달하면서 생물이 변할 수 있다고 생각하게 되었다.

라마르크(Lamarck, Jean-Baptiste de Monet, Chevalier de: 1744~1829)는 많이 사용하는 기관은 발달하고 그렇지 않은 기관은 퇴화한다는 용불용설을 주장하였다. 예를 들어, 기린의 목은 원래 짧았는데 높은 가지의 잎을 먹기 위해 목을 많이 사용하여 길어졌고, 이 긴 목의 형질이 자손에게 전해져 기린의 목이 길게 진화했다는 것이다.

용불용설은 대부분 잘못된 것으로 판명되었지만, 진화론의 발전에 큰 영향을 주었다.

다윈의 자연선택설

다윈(Darwin, Charles: 1809~1882)은 『종의 기원』이라는 저서를 통해 자연선택에 의한 진화를 주장하였다.

생물은 유전적으로 다양하고 그에 따라 다양한 형질을 가진 많은 수의 자손을 낳는다. 제한된 서식처와 먹이로 이들 개체 사이에 경쟁이 일어나 환경에 유리한 형질을 가진 개체가 많이 살아남고, 그렇지 못한 개체는 죽게 된다는 이론으로서, 생존에 유리한 형질은 자연에 의해 선택된다는 이론이다.

그 후 경쟁에서 이긴 개체의 형질이 자손에게 전달되어 이러한 과정이 오랫동안 계속되고 쌓여서 진화가 일어난다고 하는 것이 자연선택설이다.

라마르크의 용불용설과 다윈의 자연 선택설 비교

다윈 이후의 진화설

더프리스(de Vries, Hugo: 1848~1935)는 달맞이꽃을 연구하던 중 돌연변이가 일어난 큰 달맞이꽃을 발견하였다. 이 큰달맞이꽃의 유전 형질은 그대로 자손에게 전달되어 기존의 달맞이꽃과 교배할 수 없었다. 이에 더프리스는 돌연변이에 의해 새로운 종이 형성되어 진화가 일어날 수 있다는 돌연변이설을 주장하였다.

로마네스(Romanes, George John: 1848~1984)와 바그너(Wagner, M. F.: 1813~1887)는 같은 종의 생물이 오랫동안 지리적으로 격리되면 다른 환경에 적응하면서 형질의 차이가 커져 결국 다른 종으로 분화된다는 격리설을 주장하였다.

오늘날에는 발전된 유전학 지식을 기반으로 돌연변이, 자연 선택, 격리 등을 종합하여 진화의 원리를 설명하고 있다. 이에 따르면 돌연변이가 집단의 유전적 변이를 증가시키고 이에 자연 선택이 작용하여 새로운 형질의 진화가 일어난다. 또한, 원래 한 종이었던 생물이 서로 다른 환경에 격리된 후 진화를 거치면서 다른 종으로 분화된다고 설명하기도 한다.

⬤ 달맞이꽃

⬤ 큰달맞이꽃

FUN

달맞이꽃

달 밝은 밤 사랑하는 추장의 아들을 기다리다가 죽은 한 인디언 처녀의 넋이 달맞이꽃이 되었다고 한다. 그래서 달맞이꽃은 아직도 사랑을 기다리는 것처럼 밤에만 핀다. 꽃말은 소원, 기다림, 말 없는 사랑이다.

인간의 조상

다윈은 『종의 기원』을 발표하면서 인간은 신이 창조한 것이 아니라 원숭이와 같은 조상으로부터 진화했다고 주장하였다. 발표 당시 기독교를 믿는 대다수의 사람들은 다윈을 비판하며 '진화론'은 틀렸다고 비난하였다. 하지만 시간이 지남에 따라 그의 주장은 인정받기 시작하여 사람과 원숭이도 아주 먼 과거에는 하나의 공동 조상을 가지고 있었고 시간이 지나면서 원숭이와 사람으로 각각 진화했다는 주장이 받아들여졌다. 인간의 두개골은 아래의 변천사와 같이 진화하였고, 호모 사피엔스 사피엔스는 현재 우리와 가장 비슷한 모습을 한 화석 인류이다.

300만 년 전	200만 년 전	50만 년 전	20만 년 전	4만 년 전
오스트랄로피테쿠스 (남쪽 원숭이)	호모 하빌리스 (손재주가 좋다.)	호모 에렉투스 (똑바로 선 사람)	호모 사피엔스 (슬기로운 사람)	호모 사피엔스 사피엔스 (매우 슬기로운 사람)

[두개골 변천사]

우리 몸의 구조와 기능

우리의 몸은 생체 기능을 함께 수행하는 여러 기관들로 이루어져 있다. 기관은 몇 가지 조직으로 이루어져 있어 특수한 기능을 수행하기 적합하다.

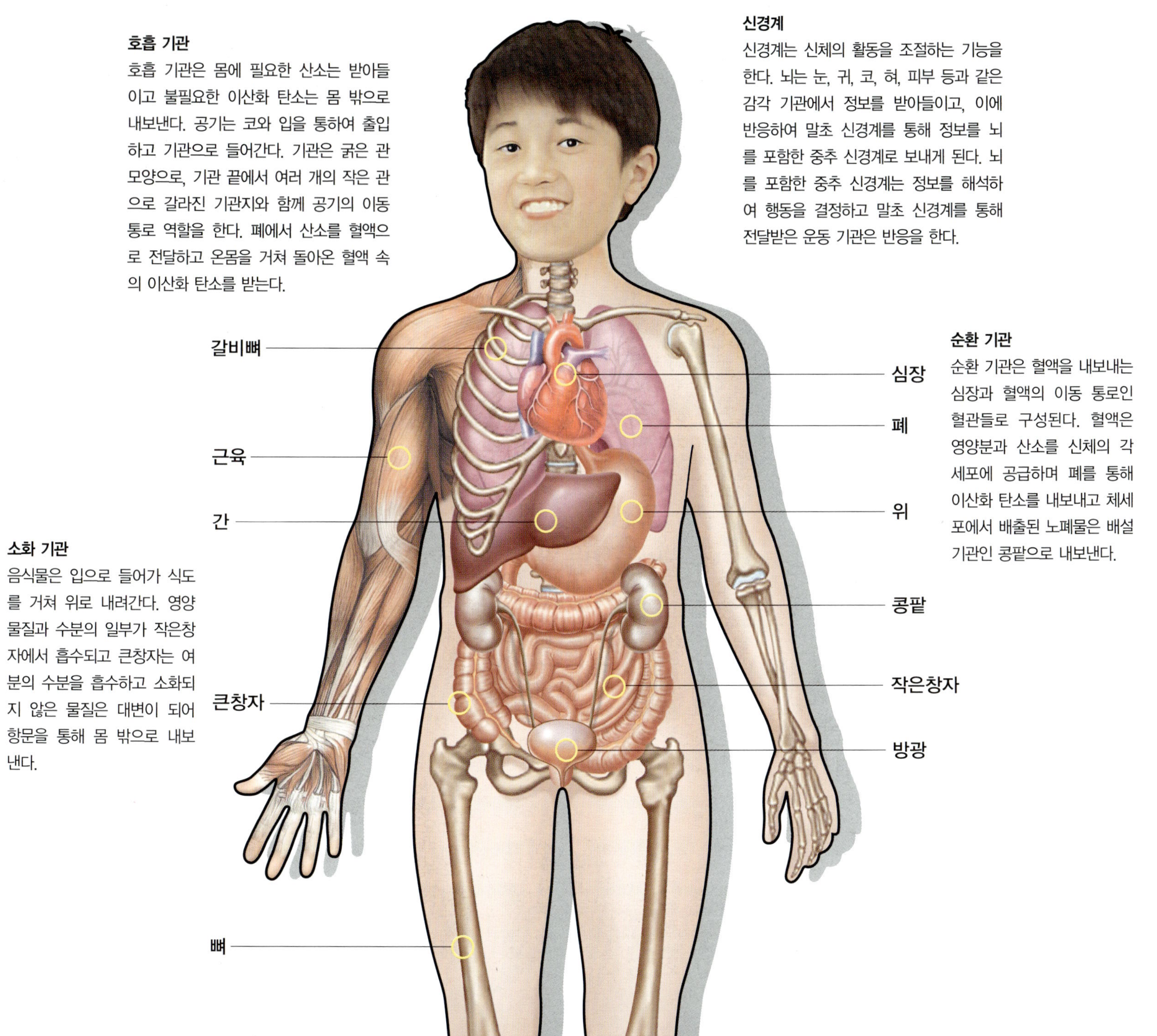

호흡 기관

호흡 기관은 몸에 필요한 산소는 받아들이고 불필요한 이산화 탄소는 몸 밖으로 내보낸다. 공기는 코와 입을 통하여 출입하고 기관으로 들어간다. 기관은 굵은 관 모양으로, 기관 끝에서 여러 개의 작은 관으로 갈라진 기관지와 함께 공기의 이동 통로 역할을 한다. 폐에서 산소를 혈액으로 전달하고 온몸을 거쳐 돌아온 혈액 속의 이산화 탄소를 받는다.

소화 기관

음식물은 입으로 들어가 식도를 거쳐 위로 내려간다. 영양 물질과 수분의 일부가 작은창자에서 흡수되고 큰창자는 여분의 수분을 흡수하고 소화되지 않은 물질은 대변이 되어 항문을 통해 몸 밖으로 내보낸다.

신경계

신경계는 신체의 활동을 조절하는 기능을 한다. 뇌는 눈, 귀, 코, 혀, 피부 등과 같은 감각 기관에서 정보를 받아들이고, 이에 반응하여 말초 신경계를 통해 정보를 뇌를 포함한 중추 신경계로 보내게 된다. 뇌를 포함한 중추 신경계는 정보를 해석하여 행동을 결정하고 말초 신경계를 통해 전달받은 운동 기관은 반응을 한다.

순환 기관

순환 기관은 혈액을 내보내는 심장과 혈액의 이동 통로인 혈관들로 구성된다. 혈액은 영양분과 산소를 신체의 각 세포에 공급하며 폐를 통해 이산화 탄소를 내보내고 체세포에서 배출된 노폐물은 배설 기관인 콩팥으로 내보낸다.

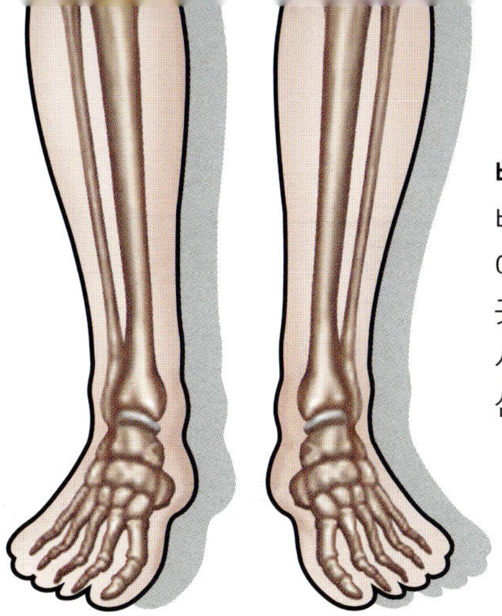

뼈와 근육

뼈는 신체를 지지해 줄 뿐만 아니라 보호 기능도 가지고 있다. 머리뼈는 뇌를 보호하고 갈비뼈는 폐와 심장을 보호한다. 뼈에 연결되어 있는 근육의 길이가 줄어들거나 늘어나면서 뼈가 움직인다.

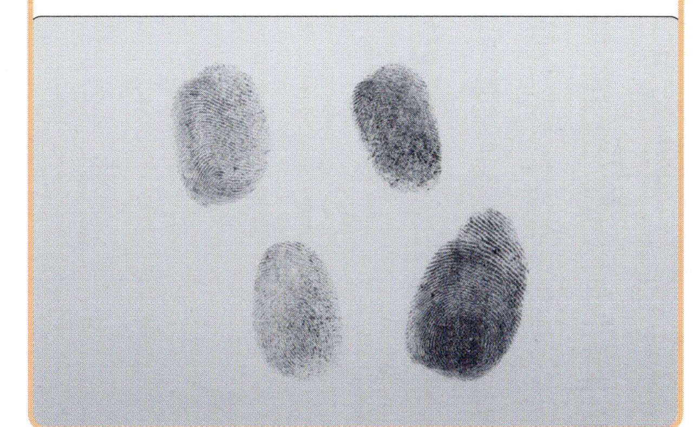

배설 기관

배설 기관은 노폐물을 처리하는 기관이다. 콩팥은 혈액에 있는 노폐물을 걸러 내어 오줌을 만들고, 혈액을 깨끗하게 한다. 오줌에 들어 있는 노폐물들은 방광에 일시 저장되었다가 몸 밖으로 배출된다. 콩팥은 혈액의 삼투압을 조절하는 중요한 작용도 한다.

위와 창자 속 관찰

위나 큰창자의 내부 모습과 건강 상태를 관찰하기 위해서는 위내시경이나 대장 내시경을 이용하지만, 내시경 기계의 접근이 어려운 작은창자의 내부 모습이나 건강 상태를 알아보기 위해서 최근에는 현미경 기능이 있는 두께 11mm, 길이 26mm, 무게 4g 정도의 작은 물체인 캡슐 내시경을 개발하여 작은창자를 관찰할 수 있다.

열 시간 정도 아무것도 먹지 않은 상태에서 물과 함께 이 캡슐 내시경을 삼키면 내시경이 소화관을 통과하는 동안 1초에 2장씩 5만여 장의 사진을 촬영한다. 그리고 이렇게 촬영된 사진은 환자의 허리에 있는 기록 장치에 저장된다.

검사가 끝나면 이 기록 장치에 저장된 정보(사진)를 컴퓨터로 전송하여 컴퓨터 사진을 보면서 작은창자의 내부 모습과 건강 상태를 확인한다.

◭ 일반 내시경 기구

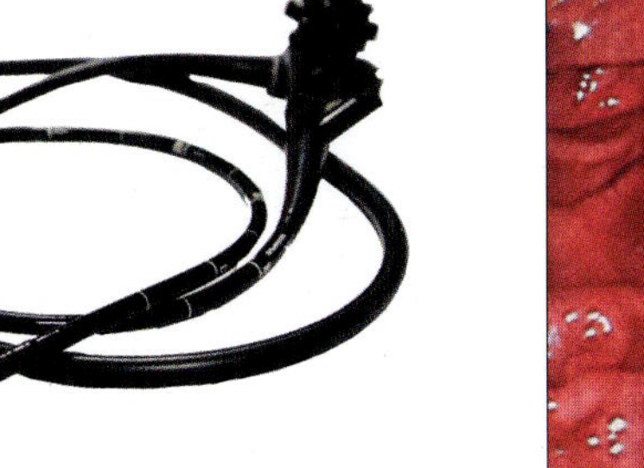

◭ 큰창자의 내부

지문

손가락 끝마디 안쪽의 피부에 있는 무늬 또는 그것이 다른 물체에 남긴 흔적을 '지문'이라고 한다.

일반적으로 과학자들은 지문이 손가락 끝의 감각을 예민하게 하고, 물건을 집을 때 손이 미끄러워 물건을 놓치는 것을 방지해 준다고 한다.

지문은 사람마다 생긴 모양이 모두 다르고, 그 모양이 변하지 않기 때문에 사람을 정확하게 구별하는 데에도 이용된다.

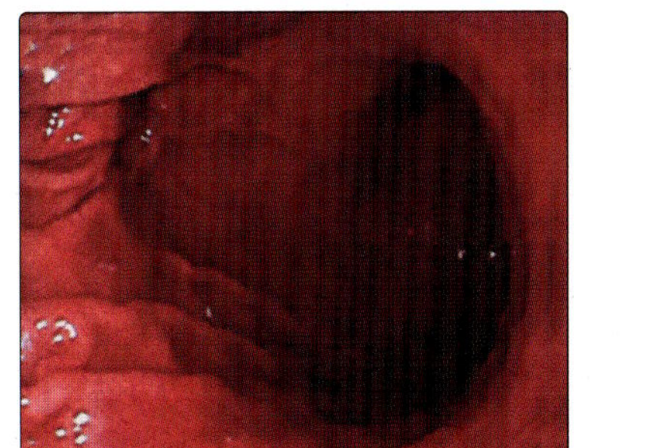

뼈와 근육

뼈(Bone)는 몸을 지탱하고 몸속의 내부 기관을 보호하며, 근육(Muscles / 筋肉)과 함께 우리 몸을 움직일 수 있게 한다.

몸속의 뼈

우리 몸은 약 200여 개의 **뼈**가 근육과 힘줄로 단단하게 연결되어 있다. **뼈**는 30%의 살아 있는 조직 유기질, 70%의 수분과 무기질로 이루어져 있다. 무기질은 칼슘과 인이다.

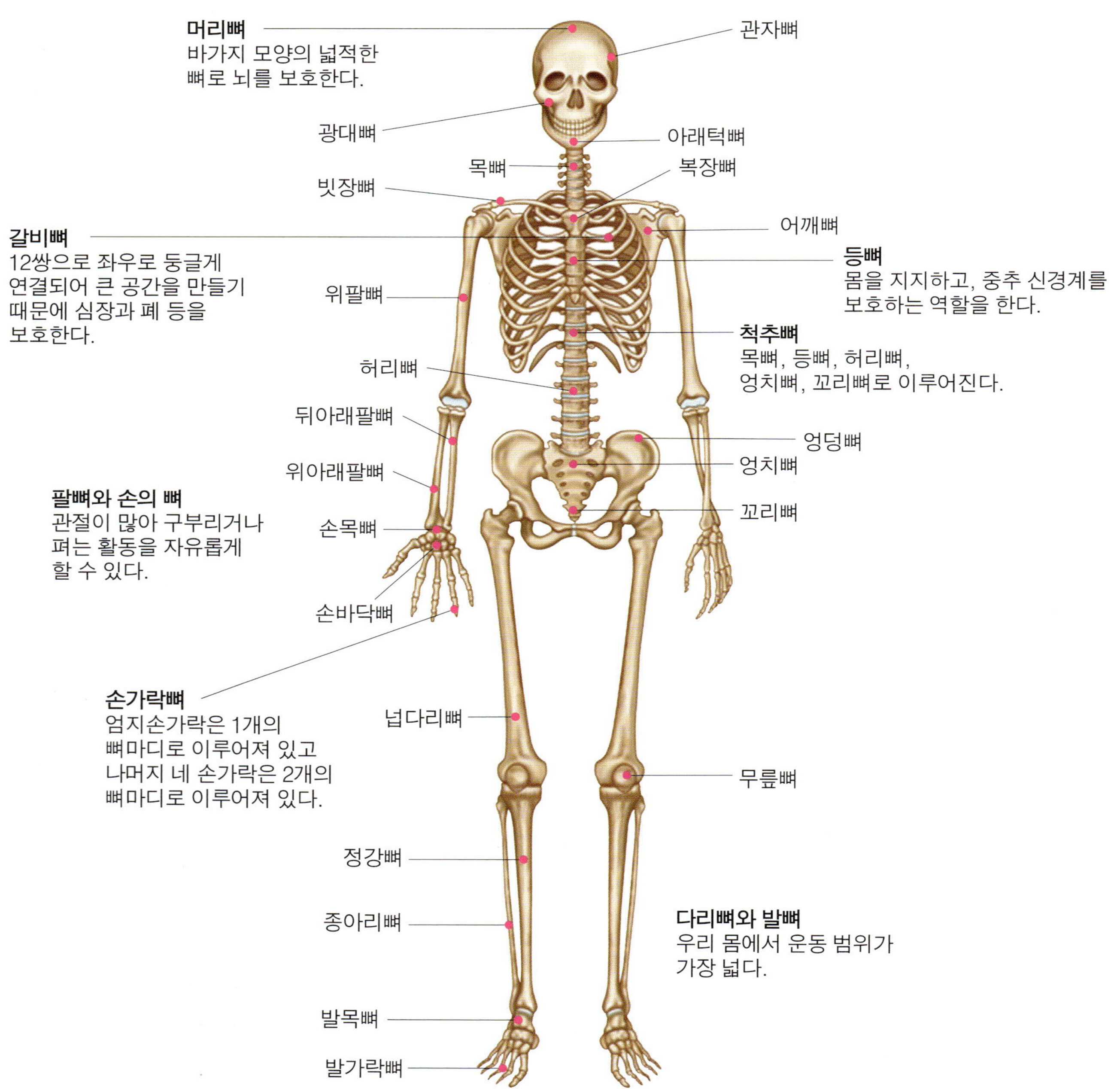

팔이 펴지고 구부러지는 원리

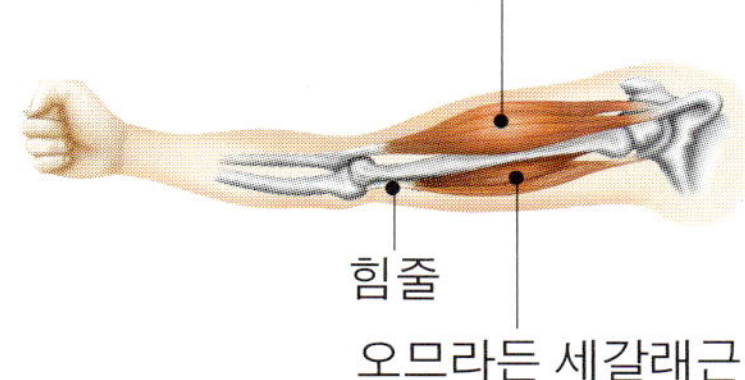

◀ **팔이 펴질 때**
팔의 바깥쪽 근육인 세갈래근이 오
므라들고, 팔의 안쪽 근육인 두갈래
근은 세갈래근의 힘으로 늘어난다.

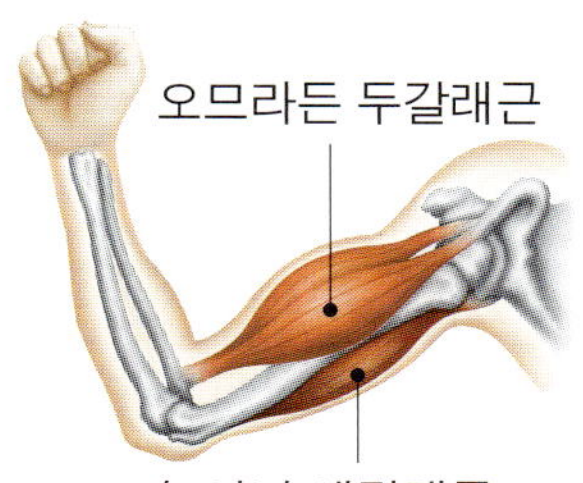

◀ **팔이 구부러질 때**
두갈래근이 오므라드는데, 이때 세갈래근은
두갈래근의 힘으로 늘어난다.

성장판

사람의 키가 자라는 까닭은 뼈가 자라기 때문이
다. 성장기 어린이의 손가락뼈, 팔뼈, 다리뼈 등
의 끝부분에는 뼈를 만드는 세포가 있는 성장판
이 있다. 성장판 세포의 활발한 활동으로 뼈가
길어지고 커진다. 이후 성장판 세포가 점차 딱
딱한 뼈로 바뀌면서 활동이 줄어든다.
성장판에 위치한 연골 세포의 활발한 세포 분열
에 가장 많은 영향을 끼치는 요인은 개인에게
이미 결정되어 있는 유전적 요인, 각종 영양분
과 호르몬 등의 공급, 기계적으로 성장판에 주
어지는 적당한 자극 등이다.

탐구 실험

뼈와 근육 모형 만들기

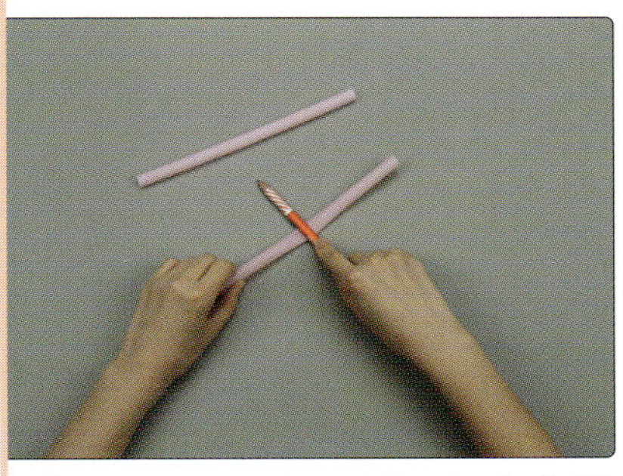

🔺 굵은 빨대 2개를 연필로 눌러 납작한
빨대(㉮, ㉯)를 만든다.

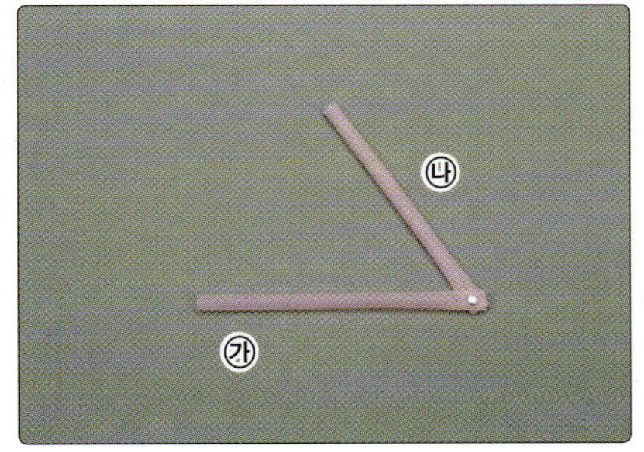

🔺 빨대 ㉮와 ㉯의 한쪽 끝에 송곳으로 각각
구멍을 내고 할핀으로 연결한다.

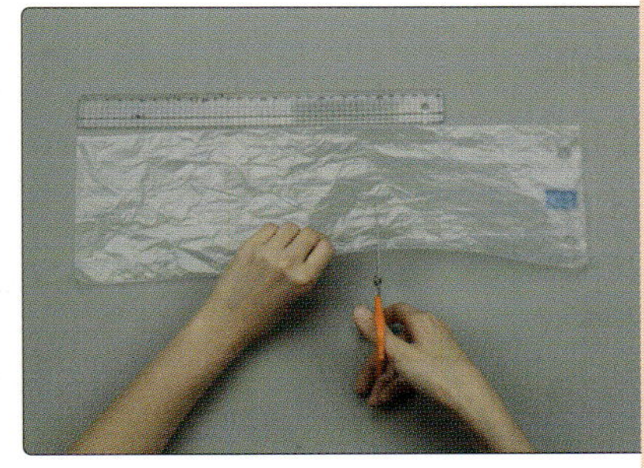

🔺 비닐봉지를 25 cm 길이로 자르고 막힌
쪽을 셀로판테이프로 감는다.

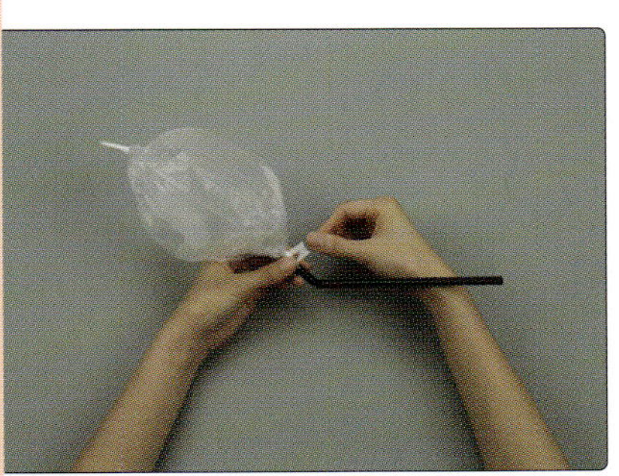

🔺 비닐봉지의 벌어진 쪽에는 주름 빨대를
넣고 셀로판테이프로 공기가 새지 않도
록 감는다.

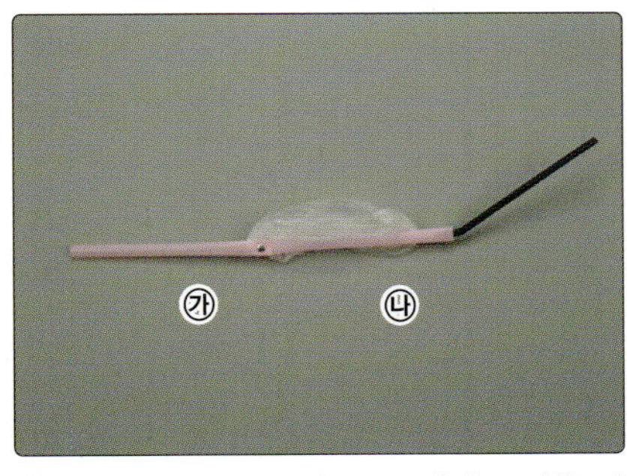

🔺 빨대 ㉯의 끝부분과 주름 빨대를 감은 비
닐 봉지의 끝부분을 맞춘 뒤에 비닐봉지
의 양쪽 끝에 셀로판테이프로 감아 빨대
에 고정한다.

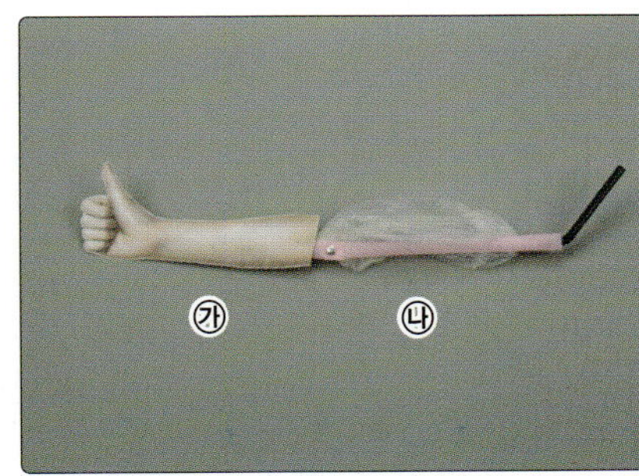

🔺 주름 빨대를 짧게 자르고 빨대 ㉮에 손
그림을 붙인다.

소화 기관 Digestive Organ / 消化器官

입, 식도, 위, 작은창자, 큰창자, 항문 등 소화에 관여하는 기관이다.

우리 몸의 소화 기관

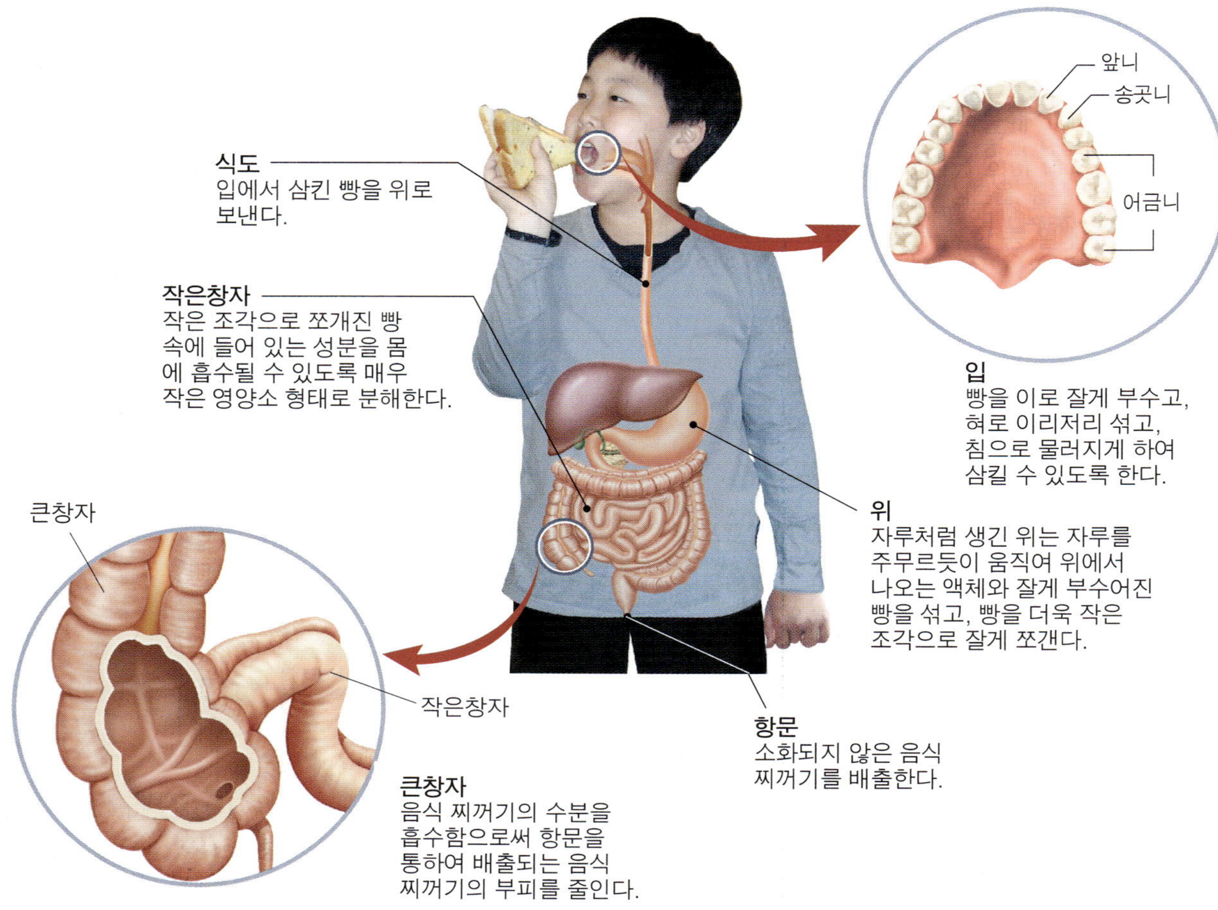

소화를 도와주는 기관

우리 몸에서 소화를 도와주는 기관에는 간, 쓸개, 이자 등이 있다. 간에서는 소화를 돕는 액체인 쓸개즙을 만든다. 쓸개즙에는 소화 효소가 없지만 지방의 소화를 돕는다.

쓸개는 간에서 만드는 쓸개즙의 저장 장소이다. 쓸개즙은 십이지장으로 분비된다.

이자는 탄수화물을 분해하는 아밀레이스, 단백질을 분해하는 트립신, 지방을 분해하는 라이페이스 등과 같은 소화 효소가 들어 있는 이자액을 분비한다.

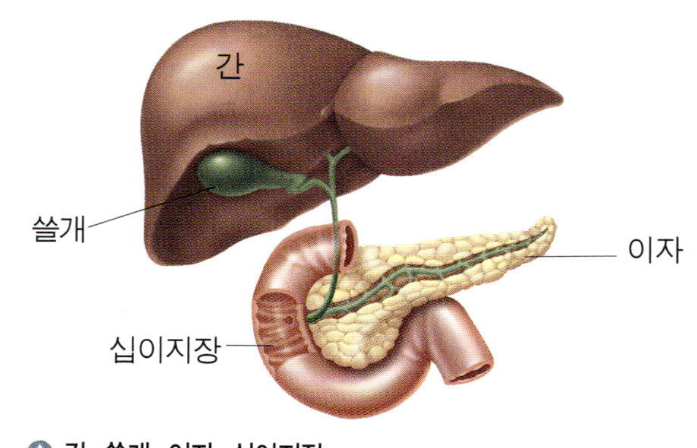

🔺 간, 쓸개, 이자, 십이지장

위에서의 소화

입에서 침과 섞인 음식물은 식도를 지나 위로 넘어간다. 위의 겉모양은 자루처럼 생겼으며 안쪽 벽에는 주름이 많이 있고 소화액을 분비하는 위샘이 있다.

음식물이 위로 들어오면 근육 운동을 통해 위액과 음식물을 잘 섞어 준다. 위액에는 소화 효소와 염산이 들어 있기 때문에 강한 산성으로 음식물에 섞여 있는 세균을 죽이는 역할도 한다.

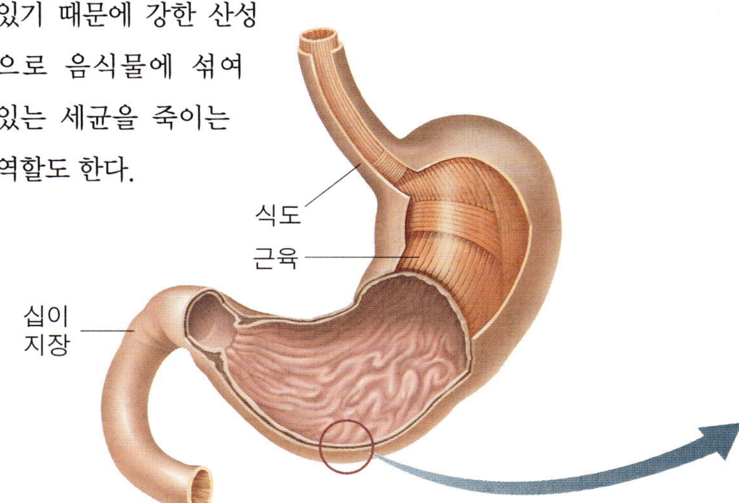

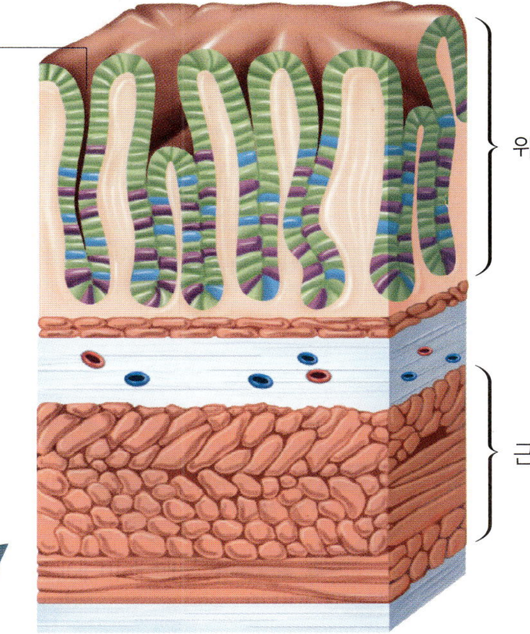

작은창자에서의 소화

작은창자는 지름 2.5cm 정도의 작은 관으로, 꼬불꼬불하게 꼬여서 배 안에 가득 차 있으며, 길이는 6~7m 정도이다.

작은창자의 안쪽 벽에는 주름이 많고, 주름에는 융털이 빽빽하게 나 있다. 융털의 안쪽에는 혈액이 흐르는 모세 혈관과 끝이 막힌 암죽관이 있다.

융털의 내부로 들어온 영양소의 일부는 모세 혈관으로, 일부는 암죽관으로 흡수된다.

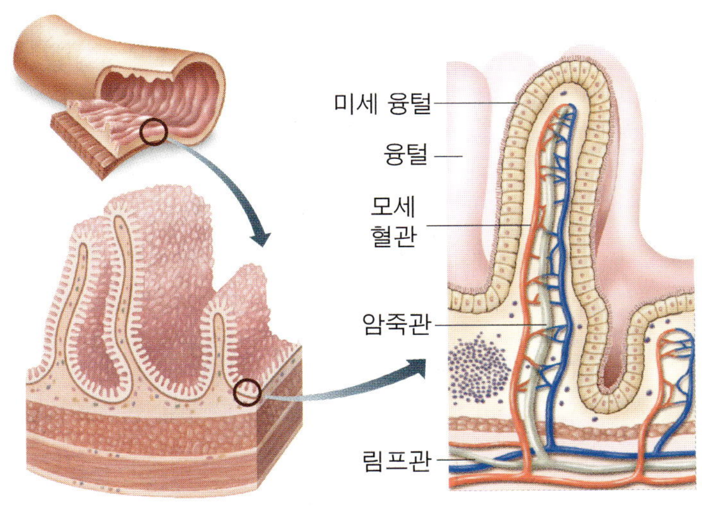

FUN

조류의 소화를 돕는 돌

조류와 같이 이빨이 없는 동물은 모래주머니를 통해 먹이를 소화한다. 모래주머니는 소화 기관의 일부로 통째로 삼킨 곡식과 같은 먹이를 분쇄하는 벽을 가지고 있다.

삼킨 먹이는 먼저 식도에 있는 주머니인 소낭에서 수분에 적셔진 후, 위선에서 분비되는 위액과 섞이게 된다. 이 과정을 거쳐 먹이가 모래주머니로 넘어가고, 모래주머니가 앞뒤로 움직이면서 먹이를 잘게 부순다.

조류는 작은 돌을 삼킴으로써 이 작업이 더 수월하도록 돕는다. 먹이를 통째로 삼키는 동물들은 대부분 모래주머니가 매우 발달하였다.

순환 기관 Circulatory organ / 循環器官

순환에 관여하는 심장과 혈관을 순환 기관이라고 한다.

온몸 순환

심장에서 나온 혈액은 산소와 영양소가 많이 포함되어 있으며 동맥을 거쳐 모세 혈관으로 이동한다. 이산화 탄소와 노폐물이 많이 포함된 혈액은 모세 혈관에서 정맥을 거쳐 다시 심장으로 돌아가는 과정을 반복한다.

모세 혈관을 통과하는 혈액은 주변의 세포가 에너지를 만들 수 있도록 영양소와 산소를 공급하고, 세포에서 생긴 이산화 탄소와 노폐물을 받는다. 즉, 물질 교환이 일어난다. 이와 같은 혈액 순환을 온몸 순환이라고 한다.

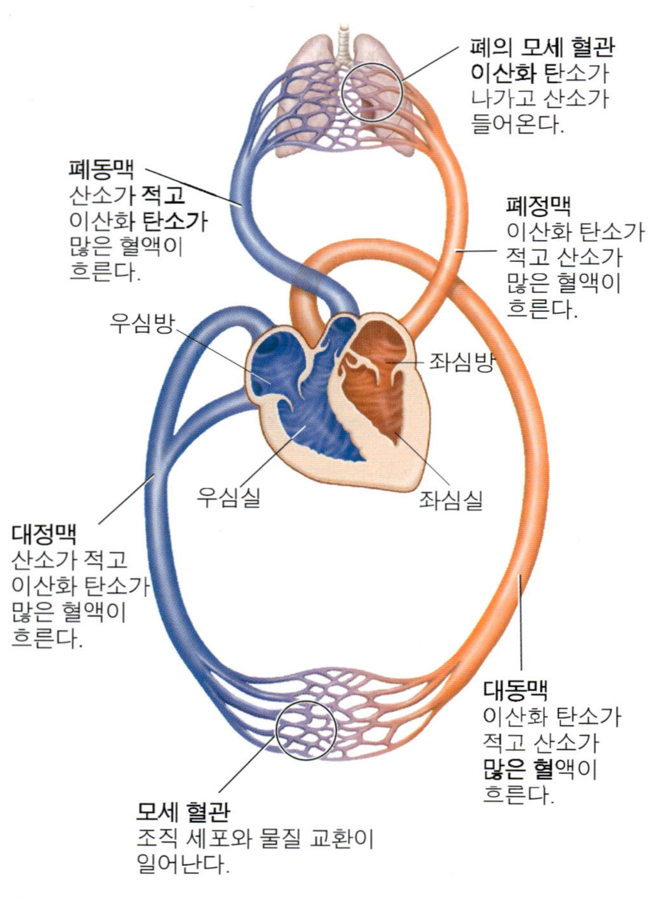

🔵 혈액의 순환

심장

심장은 순환 기관의 중심 기관으로 펌프 작용을 통해 온몸으로 혈액을 순환시키는 역할을 한다.

심장의 우심실에서 나간 혈액은 폐를 지나면서 산소가 풍부한 혈액으로 바뀌어 좌심방으로 들어온다. 이렇게 들어온 혈액은 좌심실의 펌프질로 대동맥을 통해 온몸으로 퍼져 나가게 되는데, 4개의 작은 방들로 구성된 심장의 근육들은 수축과 이완을 반복함으로써 끊임없이 혈액을 펌프질을 하는 역할을 한다.

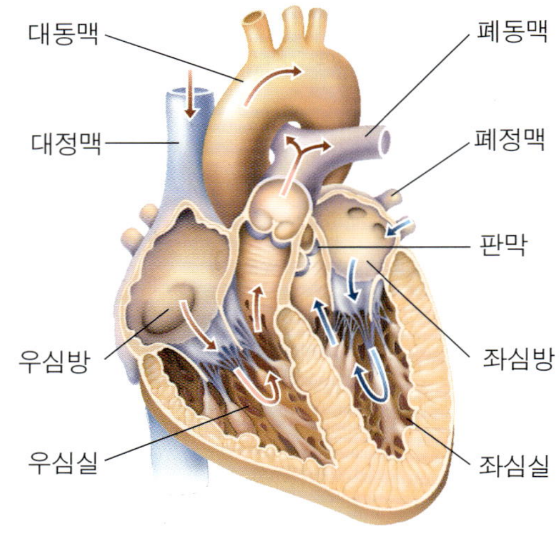

🚀 더 나아가기

인공 심장

기능이 떨어졌거나 약화된 심장 대신 심장의 역할을 할 수 있는 장치를 넣는 것을 말한다. 인공 심장은 전신의 혈액 순환이 잘 이루어지도록 돕거나 혈액 순환을 대신하도록 만들어진 것이다.

심장 판막

심방과 심실 사이, 심실과 동맥 사이에 있는 심장의 판막
은 역류를 막아 일정한 방향으로 혈액이 흐르도록 한다.
심실이 수축할 때 판막이 닫혀 심방으로 혈액이 다시 흘러
가지 못하도록 한다. 확장기에 심실이 늘어나면 동맥의 혈
액은 다시 심장 쪽으로 흘러가기 시작하는데, 다시 심실로
혈액이 흘러 들어가는 것을 막기 위해 판막이 닫힌다.

🔺 판막이 닫혔을 때

🔺 판막이 열렸을 때

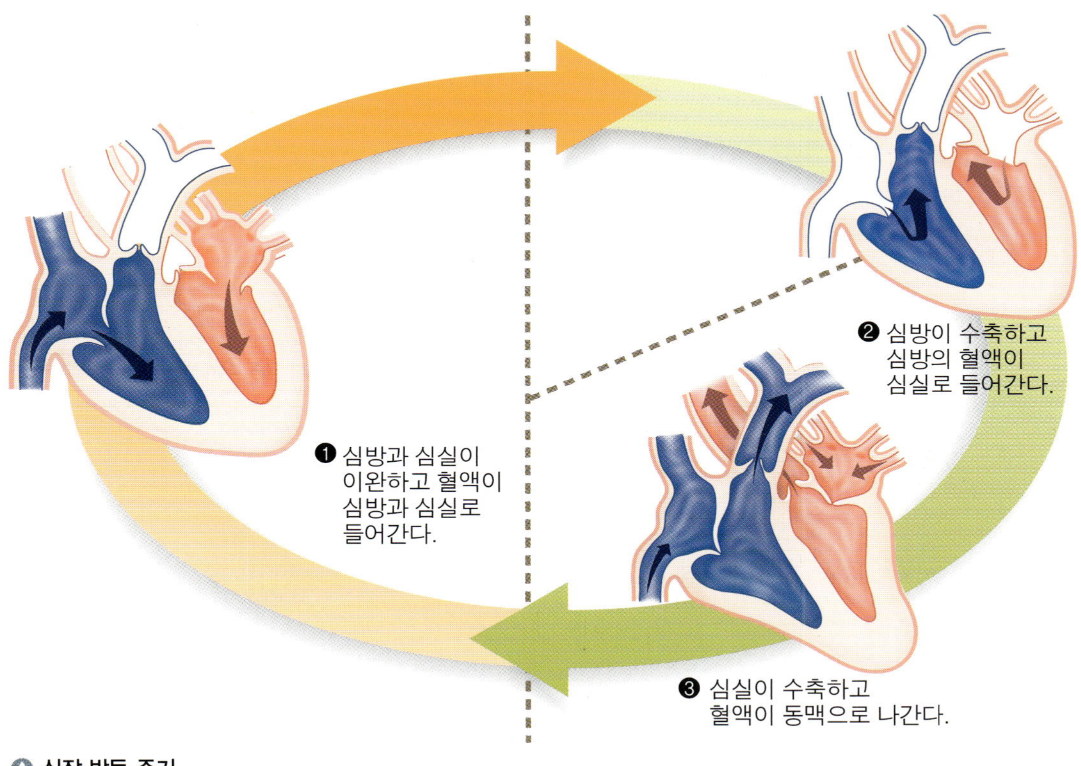

🔺 심장 박동 주기

심방과 심실은 혈액을 받아들이거나 내보내기 위해 수축과 이완을 하는데,
이를 심장 박동이라고 한다. 심장 박동은 주기적으로 반복된다.

🔔 개념에 대한 TIP

혈압과 맥박

혈액이 흐르면서 혈관 벽에 가하는 압력을 혈압이라고
한다.
혈압 때문에 심장으로부터 멀리 있는 혈관에서도 주기
적인 진동이 느껴지는데 이것이 맥박이다. 맥박은 심장
이 수축할 때마다 나타나므로 1분 동안의 맥박 수와 1분
동안의 심장 박동 수는 같다.

혈액의 산소 운반

혈액 안에는 붉은빛을 띠는 적혈구라고 하는 작은 세포
가 있다. 적혈구는 헤모글로빈이라는 물질로 구성되어
있다. 이 헤모글로빈은 산소와 결합하여 산소가 필요한
곳에 운반하는 역할을 한다.
산소 운반을 마친 헤모글로빈은 생명 활동의 찌꺼기인
이산화 탄소와 다시 결합하여 폐로 이동시키는 역할도
담당한다.

호흡 기관 Respiratory Organ / 呼吸器官

공기 중의 산소를 들이마시고 에너지 대사의 결과로 발생한 이산화 탄소를 배출하는 기능을 하는 코, 기관, 기관지, 폐 등을 호흡 기관이라고 한다.

우리 몸의 호흡

우리 몸은 살아 있는 동안 기관과 폐를 통해 끊임없이 산소를 들이마시고 이산화 탄소를 내보내는 호흡을 한다.

숨을 들이마실 때, 산소는 코를 통하여 몸속으로 들어와 기관, 기관지를 거쳐 폐를 둘러싼 혈관 속의 혈액을 통하여 온몸으로 전달된다.

숨을 내쉴 때, 온몸을 거쳐 돌아온 혈액 속의 이산화 탄소는 폐, 기관지, 기관, 코를 거쳐 몸 밖으로 내보내진다.

콧속에 털이 없다면

코 안에는 무수히 많은 잔털이 나 있다. 이 털들은 코 안에서 분비되는 점액과 함께 공기 속의 나쁜 세균이나 먼지 등이 몸 안으로 들어가지 못하도록 해 준다. 그러므로 코 털이 없다면 우리 몸 안에 세균이나 먼지들이 직접 들어가게 되어 건강을 해치게 된다.

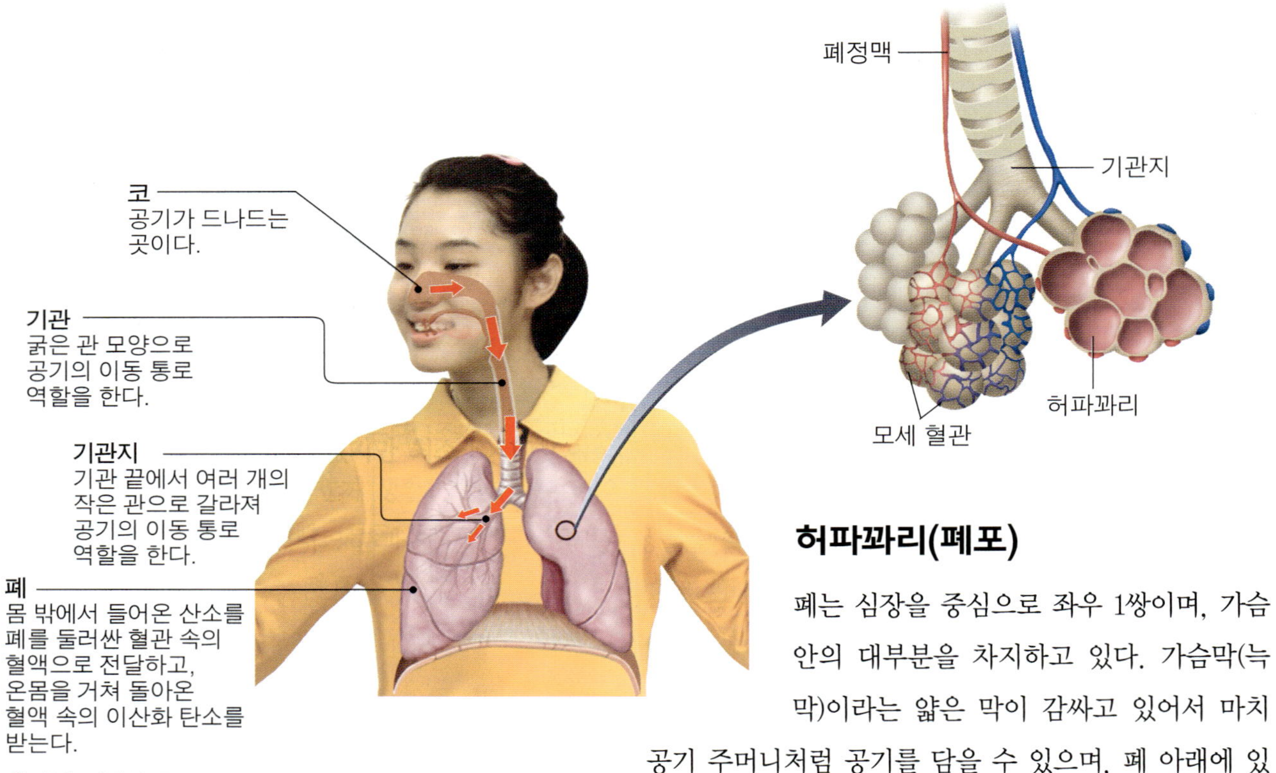

🔺 호흡 기관의 구조

허파꽈리(폐포)

폐는 심장을 중심으로 좌우 1쌍이며, 가슴 안의 대부분을 차지하고 있다. 가슴막(늑막)이라는 얇은 막이 감싸고 있어서 마치 공기 주머니처럼 공기를 담을 수 있으며, 폐 아래에 있는 횡격막이 움직이며 호흡 과정을 돕는다.

산소와 이산화 탄소가 실질적으로 가스를 교환하는 곳은 대부분 허파꽈리이다. 허파꽈리를 촘촘히 둘러싼 모세 혈관의 적혈구와 공기가 만나 산소를 받고 이산화 탄소를 내보내는 것이다. 이렇게 기체 교환이 일어나는 허파꽈리는 지름 약 0.1mm 정도로 아주 작지만, 약 7억 개에 이르는 허파꽈리를 모두 펼치면 몸 표면적의 30배에 달하는 $70 \, m^2$나 된다고 한다.

숨을 들이마실 때와 내쉴 때에 우리 몸에 나타나는 변화

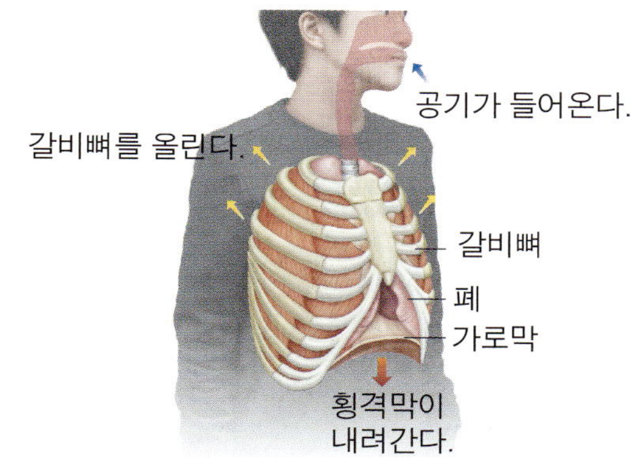

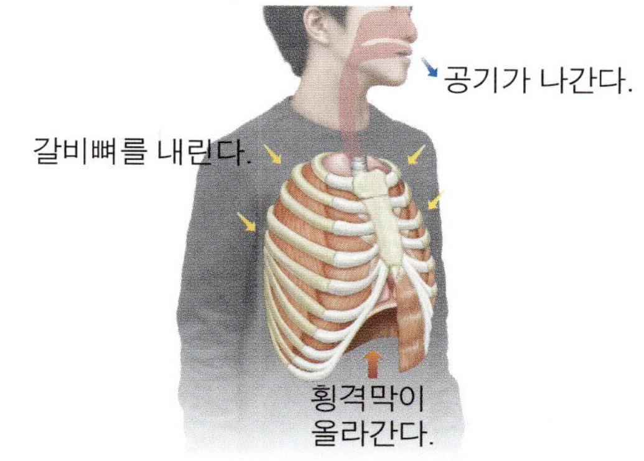

🔺 숨을 들이마실 때
갈비뼈 사이의 근육이 움직여 갈비뼈가 올라가고 횡격막은 내려간다.
어깨가 올라가고 가슴이 나온다.

🔺 숨을 내쉴 때
갈비뼈 사이의 근육이 움직여 갈비뼈가 내려가고 횡격막은 올라간다.
어깨가 내려가고 가슴도 제자리로 돌아간다.

기관의 구조와 기능

기관은 길이 약 15cm, 지름 2~3cm의 호스 모양으로 바깥에서 들어오는 공기를 허파꽈리(폐포)까지 전달하는 일을 한다. 기관의 안쪽 벽은 점액 세포와 섬모 세포로 구성되는데, 점액 세포는 세균을 녹이는 효소와 면역 항체가 포함된 점액을 내보내 먼지를 없애고 세균을 죽인다.

이렇게 죽은 세균과 먼지를 섬모 세포의 섬모가 1분에 200회 이상 움직여 후두 쪽으로 이동시키면, 끈끈한 분비물인 가래가 만들어지고 기침과 함께 몸 밖으로 나오게 된다. 하지만 흡연이나 유해 가스 등으로 섬모와 점액 세포가 상하여 점액 세포가 제대로 작동하지 못하면, 먼지와 세균으로부터 기관을 보호하기 위해 마른 기침이 잦아지게 된다.

아가미로 호흡하는 어류

어류는 머리 양쪽에 있는 호흡 기관인 아가미를 통해 산소를 받아들인다. 산소가 용해되어 있는 물은 물고기의 입 안으로 들어가 아가미를 통해 배출된다. 물이 아가미를 지나면 물속의 산소는 모세 혈관으로 들어가고 동시에 이산화 탄소는 모세 혈관에서 분해되어 물속으로 들어간다.

🔺 아가미

들이마신 공기와 내쉰 공기의 성분

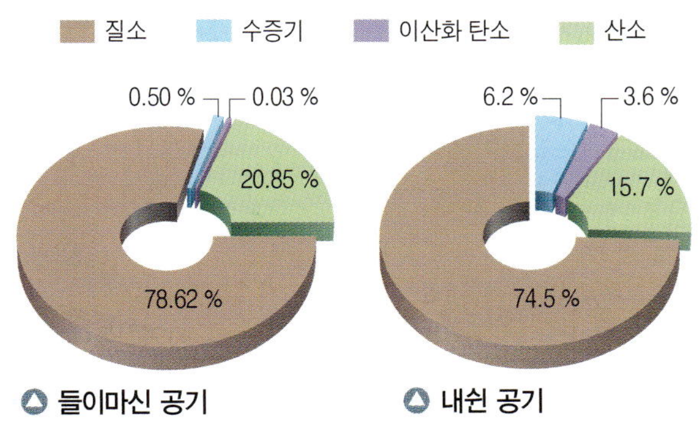

🔺 들이마신 공기   🔺 내쉰 공기

폐호흡을 하는 물고기

일반적으로 폐호흡은 어류에서 양서류로 진화한 후 양서류 이상에서 볼 수 있는 특징이다. 물속에서와는 달리 공기 중에서 산소를 얻기 위해 폐를 발달시켰는데 물고기 중에서도 폐어는 물 밖에서 숨을 쉴 수 있다. 폐어는 부레가 육상 동물의 폐와 같이 변화하여 물 밖에서도 오랜 시간 호흡하며 살 수 있다.

배설 기관 Excretion Organ / 排泄器官

혈액에 있는 노폐물을 몸 밖으로 내보내는 과정을 배설이라고 하고, 배설에 관여하는 콩팥, 방광 등을 배설 기관이라고 한다.

배설 기관의 위치와 생김새

콩팥은 강낭콩 모양으로 횡격막 아래의 등허리 쪽 좌우에 1개씩 자리잡고 있다. 대개 왼쪽 콩팥이 오른쪽 콩팥보다 약간 작다고 알려져 있다. 콩팥은 혈액을 깨끗하게 하는 거름 장치 역할을 한다. 콩팥은 혈액에 있는 노폐물을 최종 처리할 뿐만 아니라 쓸모가 있는 물질을 다시 혈액으로 되돌아가게 한다.

하루 동안에 노폐물을 싣고 오는 수분은 약 160~180 L에 달한다. 하지만 우리 몸은 날마다 많은 양의 수분을 잃을 수 없기 때문에 대부분은 되돌려 보낸다. 즉, 99 %는 혈액으로 되돌아가고 나머지 1 %만 노폐물과 함께 오줌이 된다.

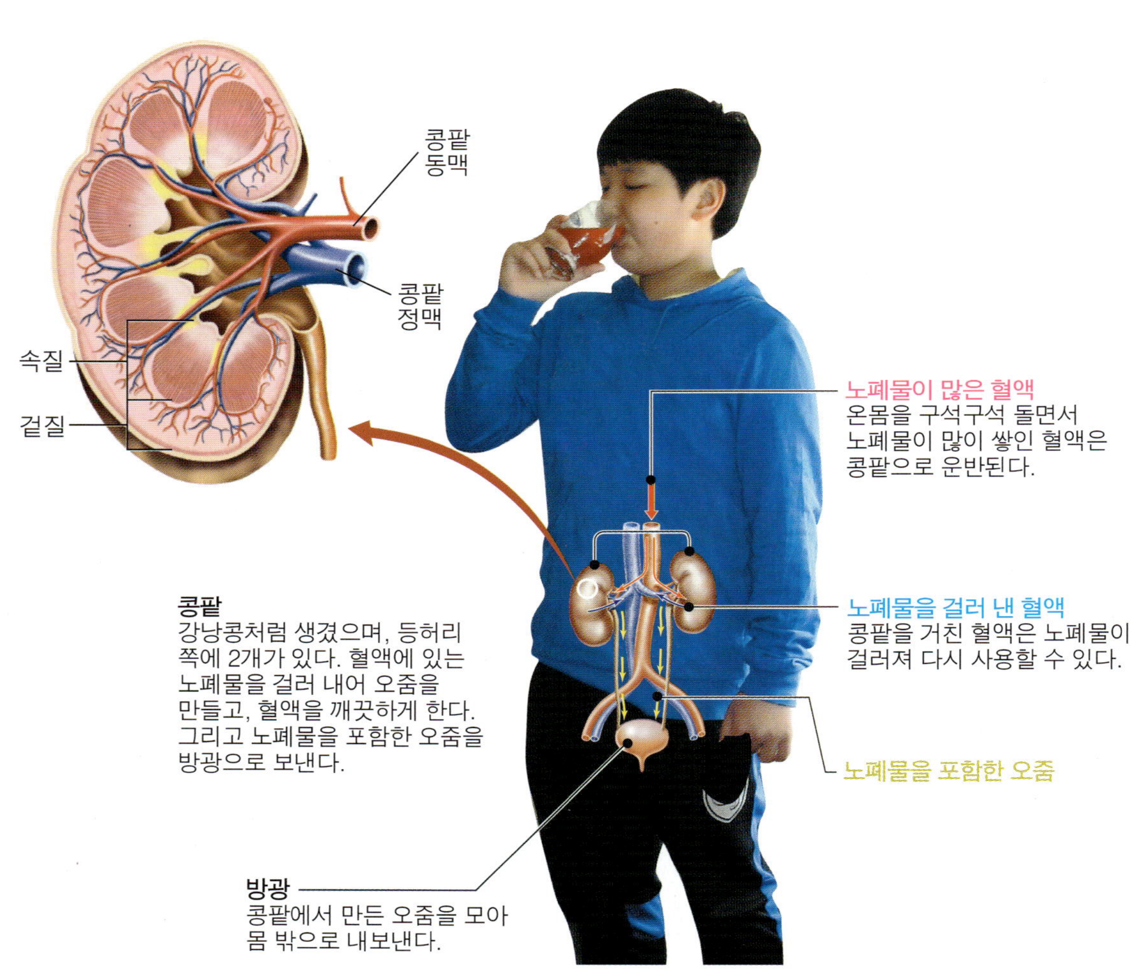

오줌 검사

건강 검진에서 오줌 검사를 하는 까닭은 소변에는 우리 몸을 돌고 나온 여러 가지 노폐물들이 모여 있기 때문에 오줌에 남아 있는 여러 물질들을 통해 사람의 건강 상태를 쉽고 간단하게 알 수 있기 때문이다.

오줌 검사지로 오줌에 들어 있는 포도당, 단백질, 백혈구, 적혈구 등을 확인할 수 있으며, 오줌의 대략적인 산성도, 비중 등을 알 수 있다.

오줌 검사지에 오줌을 묻히고 1~2분 후 색깔의 변화를 관찰한 다음, 오줌 검사용 색깔 분석표에 대고 색깔을 비교한다.

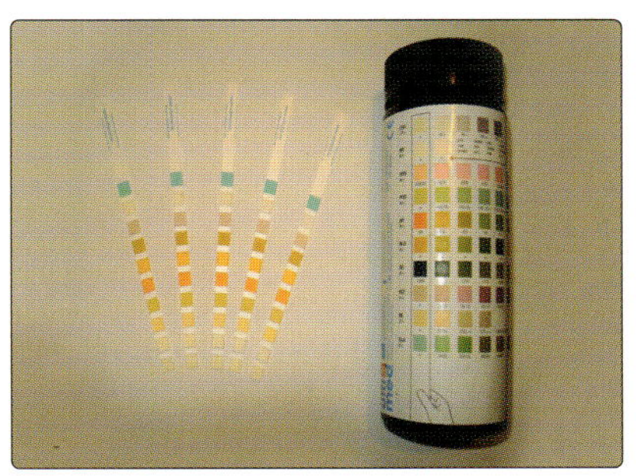

🔻 오줌 검사지

오줌의 성분

오줌에는 노란색을 띠는 빌리루빈이라는 물질이 있기 때문에 색깔이 노랗다.

빌리루빈은 적혈구가 수명을 다하고 파괴된 후 생기는 찌꺼기로, 적혈구의 파괴에 의해 매일 250mg이 만들어진다. 정상적인 상태에서는 간에서 대사 과정을 통해 물에 용해될 수 있는 형태로 변하여 오줌으로 내보내진다.

🔻 오줌 수집병에 모은 오줌

배설 과정

온몸을 구석구석 돌아온 혈액에 노폐물이 쌓이면 콩팥은 혈액에 있는 노폐물을 걸러 내어 오줌을 만들고 혈액을 깨끗하게 한다. 그리고 깨끗해진 혈액은 다시 사용된다.

콩팥에서 만들어진 오줌은 오줌관을 통하여 방광으로 들어가고, 방광에서는 일정량의 오줌이 모아지면 방광의 벽에 분포한 신경에 의하여 오줌이 마렵다고 느끼고, 뇌를 포함한 중추 신경계의 명령으로 배설한다.

육상 동물의 암모니아 배설

암모니아 배설은 수중 동물에게만 가능하다. 육상 동물은 암모니아가 공기 중으로 빠르게 확산되지 않기 때문에 독성을 피할 수 있을 만큼 빠르게 처리하지 못한다. 따라서 육상 동물은 요소나 요산을 배설한다. 이런 물질은 체내에서 안전하게 운반, 저장되었다가 배설계를 통하여 주기적으로 배설된다. 요소나 요산을 배설하는 데 있어 단점은 에너지를 많이 소비해야 한다는 점이다.

요소와 요산

포유류와 성체 양서류, 일부 어류는 유기물인 요소를 배설한다. 요소는 물에 아주 잘 녹고, 독성이 암모니아의 약 $\frac{1}{100000}$ 정도에 불과하다. 따라서 농축된 형태로 체내에 머무를 수 있으며, 비교적 많은 수분을 잃지 않고 배설할 수 있다. 요소는 농축액으로 저장될 수 있으나 배설되는 데 물이 필요하다.

이와는 반대로 조류, 곤충류와 같은 육상 동물은 요소보다 요산으로 배설할 때 더 많은 에너지를 소비하지만 요산의 형태로 배설하여 수분 손실을 줄일 수 있다. 요산은 대부분의 경우 배설물과 함께 끈기 있는 물질이나 마른 가루 형태로 배설된다.

신경계 Nervous System / 神經系

뇌를 포함한 중추 신경계와 말초 신경계가 신경계이다. 뇌는 머리에 있고 말초 신경계는 뇌를 포함한 중추 신경계와 연결되어 온몸에 퍼져 있다.

우리 몸의 신경계

우리 몸에서 자극을 전달하고 해석하여 반응이 일어나도록 하는 부분을 통틀어 신경계라고 한다.

사람의 신경계는 뇌를 포함한 중추 신경계와 말초 신경계로 나눈다.

뇌를 포함한 중추 신경계는 여러 가지 반응을 조절하여 행동을 이끌어 내는 신경계의 중심이다.

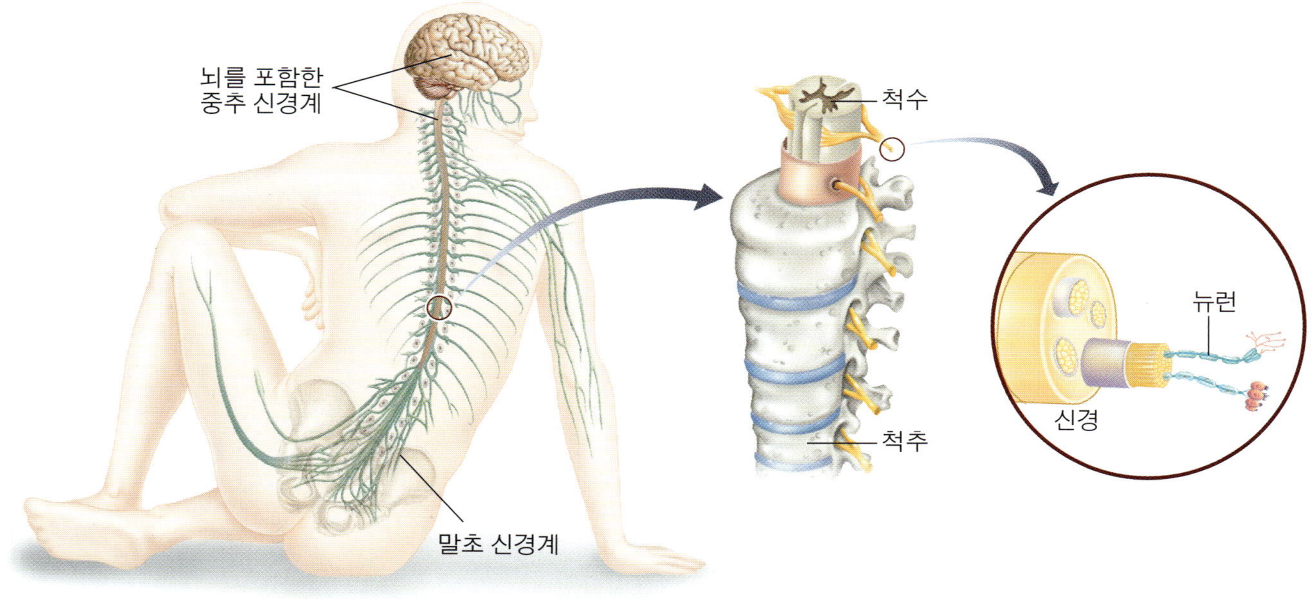

🔺 사람의 신경계와 척추의 구조

우리 몸의 감각 기관

주변으로부터 전달된 자극을 느끼고 받아들이는 기관을 감각 기관이라고 한다. 우리 몸에는 눈, 귀, 코, 혀, 피부 등의 감각 기관이 있다.

눈(시각) 망막(눈의 가장 안쪽에 있으면서 시신경이 분포되어 있는 투명하고 얇은 막)으로 들어온 가시광선은 망막에 있는 원추 세포와 간상 세포에 의하여 각각 색깔과 명암을 느낄 수 있다.

귀(청각) 공기와 물의 진동을 소리로 느끼는 감각이다.

피부(촉각) 온점, 냉점, 압점, 촉점, 통점의 감각점으로 나뉜다.

혀(미각) 혀의 맛봉오리에서 액체 물질의 화학적 자극을 통하여 단맛, 쓴맛, 신맛, 짠맛, 감칠맛 등을 느낀다.

코(후각) 후각 세포가 기체 물질을 감각하여 느낀다.

탐구 실험

자 잡기 놀이

친구와 짝을 이루어 한 사람은 숫자 0이 쓰인 부분을 잡고, 다른 사람은 엄지손가락과 집게손가락으로 자의 아래쪽을 잡을 준비를 한다.

자의 위쪽을 잡은 사람이 자를 놓으면 아래쪽에 있는 사람이 엄지손가락과 집게손가락으로 자를 잡고, 잡은 부분의 숫자를 확인한다.

이 실험에서 떨어지는 자를 보는 것은 자극이고, 떨어지는 자를 손으로 잡는 것은 반응이다.

자 잡기 놀이를 할 때에 우리 몸에서 일어나는 자극에 대한 반응 과정

감각 기관	떨어지는 자를 본다.

⬇

말초 신경계	떨어지는 자에 대한 시각 정보를 뇌를 포함한 중추 신경계로 전달한다.

⬇

뇌를 포함한 중추 신경계	떨어지는 자에 대한 정보를 해석하여 자를 잡기 위하여 어떻게 할지 행동을 결정한다.

⬇

말초 신경계	뇌가 내린 명령을 운동 기관으로 전달한다.

⬇

운동 기관	떨어지는 자를 잡으라는 뇌의 명령을 실행에 옮긴다.

투수가 던진 공을 보고 타자가 공을 치는 과정

뇌 Brain / 腦

우리 몸의 중추 신경계에 속하는 뇌는 신체 각 부분을 통솔하는 기관이다.

사람의 뇌

사람의 뇌는 매우 큰 호두처럼 생겼다. 뇌는 머리뼈 안의 뇌수에서 떠다니고 있다. 뇌는 크게 나누어 대뇌와 그것을 받쳐 주는 줄기에 해당하는 뇌줄기(중간뇌, 뇌교, 연수), 뇌줄기에서 척추 속으로 늘어진 척수, 뒤쪽으로 돌출된 소뇌로 구성되어 있다. 대뇌는 몸의 각 부위에서 들어온 정보를 기억, 판단하고 명령을 내리는 일을 담당한다. 소뇌는 대뇌의 뒤쪽 아래에 있으며, 운동을 조절하고 균형을 유지하는 데 관여한다. 간뇌는 뇌의 가운데에 있는 아주 작은 부분인데, 호르몬의 분비를 조절하여 몸을 일정한 상태로 유지시킨다. 중간뇌는 소뇌의 위쪽, 간뇌의 아래쪽에 있으며, 눈의 운동과 몸의 평형 유지를 담당한다. 뇌교는 뇌의 여러 부분과 연결되는 다리 역할을 한다. 연수는 중간뇌와 척수를 연결하는 부위로 호흡이나 혈액 순환을 조절한다.

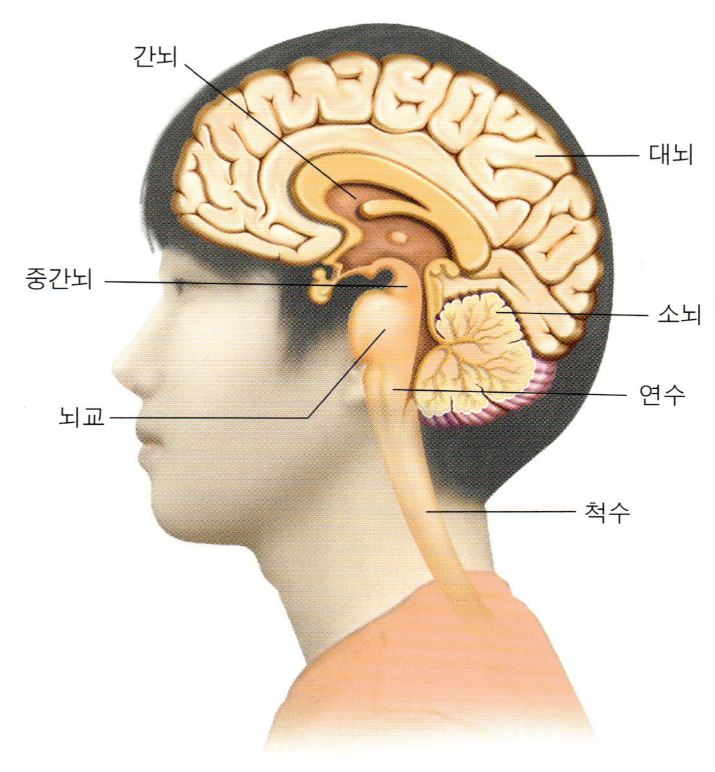

뇌와 지능

일반적인 성인의 뇌는 약 1.5kg이고, 동물 중에서 고래의 뇌는 5~8kg 정도로 가장 크지만, 인간보다는 지능이 훨씬 낮은 것으로 보아 뇌의 크기와 지능의 관계는 큰 연관성이 없어 보인다.

사람의 몸에서 뇌가 차지하는 비율은 약 $\frac{1}{50}$로 지구상의 어떤 동물보다 그 비율이 크다.

사람의 뇌 비율이 다른 동물보다 큰 것은 감각의 중추 역할을 하는 대뇌가 뇌의 대부분을 차지할 정도로 크게 발달했기 때문이다.

아인슈타인의 뇌

과학의 천재로 불리는 20세기 최대의 천재 아인슈타인(Einstein, Albert: 1879~1955)의 뇌는 평범한 사람들과 특별하게 다를 것이라고 예상했지만 실제로는 별다른 차이가 없다고 한다.

다만 입체 공간적 과학적 사고 기능을 하는 뇌의 위쪽 가운데 부분(두정엽)과 양쪽 옆부분(측두엽)을 가르는 실비안 주름이 보통 사람들에 비해 커서 하두정엽이라 불리는 영역이 상대적으로 크고 잘 발달되어 있다고 한다.

사람의 뇌는 한꺼번에 모든 부위가 같이 발달하는 것이 아니라 나이에 따라서 부위별로 발달하는 속도가 다르기 때문에 사용 방법에 따라 뇌 발달이 달라진다고 한다.

대뇌의 구조

대뇌겉질의 표면적은 본래 신문지 1장 정도의 넓이지만, 뇌머리뼈 안에 양 주먹을 합한 정도의 크기로 쭈글쭈글하게 뭉쳐져 있다. 이렇게 하여 생긴 주름에서 바깥으로 올라온 부분을 뇌이랑, 이랑 사이의 홈을 뇌고랑이라고 부른다. 대뇌겉질은 깊은 뇌고랑을 따라 전두엽, 두정엽, 측두엽, 후두엽의 네 부위로 나뉘며 저마다 다른 기능을 담당한다.

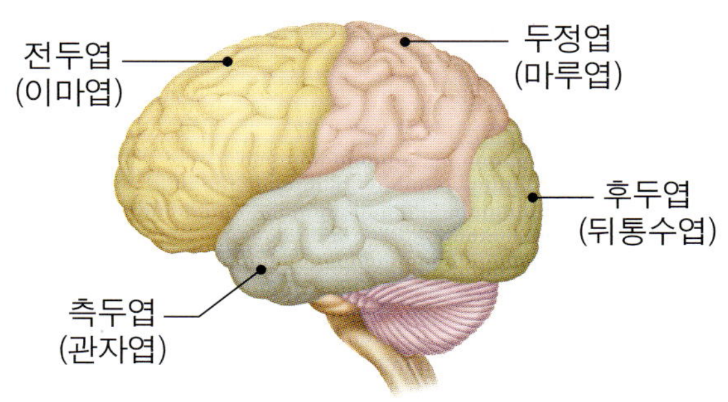

뇌줄기

우리 뇌의 가장 깊숙한 곳에 있는 뇌줄기(뇌간)는 포유류에 비해 파충류나 그보다 원시적인 동물의 뇌에서 차지하는 비중이 매우 크며, 중간뇌와 뇌교, 연수로 이루어져 있다.

중간뇌는 시각과 청각 신호의 전달, 불필요한 신호를 걸러 내는 기능을 한다. 뇌교는 중간뇌와 연수, 소뇌 사이를 이어 주기 때문에 뇌교란 이름이 붙여졌다. 연수는 호흡과 혈액 순환 등 자율 신경계의 조절을 담당하며, 대뇌와 상관없이 사레나 기침, 하품 등의 움직임을 지시하기도 한다.

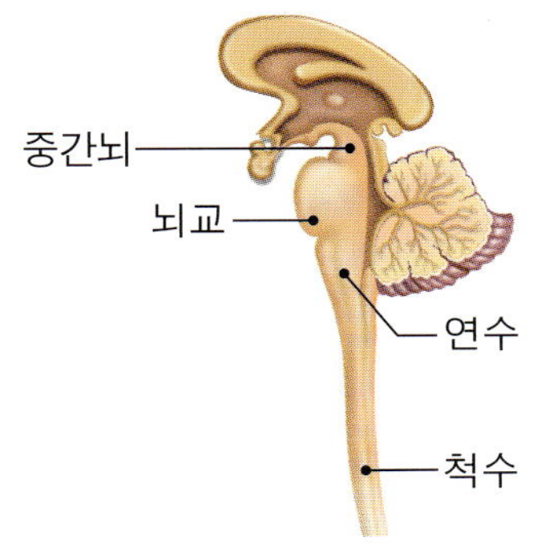

척추동물의 뇌

척추동물의 뇌는 척수의 앞쪽 끝이 부풀어 오른 곳에서 세 부위로 진화되었다. 이 세 부위를 앞뇌, 중간뇌, 뒤뇌라고 하며 모든 척추동물의 배 발생 초기에 나타난다.

조류와 포유류의 대뇌는 다른 척추동물의 대뇌보다 뇌의 다른 부분에 비해 상대적으로 더 크며, 조류와 포유류의 매우 복잡한 행동과 직접적으로 관련이 있다.

포유류 중에서 돌고래와 영장류는 다른 어떤 척추동물보다 더 크고 복잡한 대뇌피질을 가지고 있다. 돌고래는 소리를 상호 통신 수단으로 이용하며 메아리 소리를 이용하여 먹이의 위치를 알아낸다. 돌고래의 대뇌피질 대부분은 오직 소리에 대한 정보만을 처리할 수 있도록 되어 있다.

더 나아가기

뇌파 검사

뇌파란 뇌의 활동으로 발생하는 전류를 말하며, 뇌파검사는 뇌파의 주파수와 진폭을 그린 뇌파도(뇌전도)를 분석하여 뇌의 상태를 알아보는 방법이다.

정상적인 뇌파도와 비교해서 뇌에 이상이 생겼을 때 발생하는 특이한 뇌파를 찾아내 뇌종양과 뇌 손상, 간질 등 뇌신경계의 질병을 진단하는 기본적인 검사법으로 활용되고 있다.

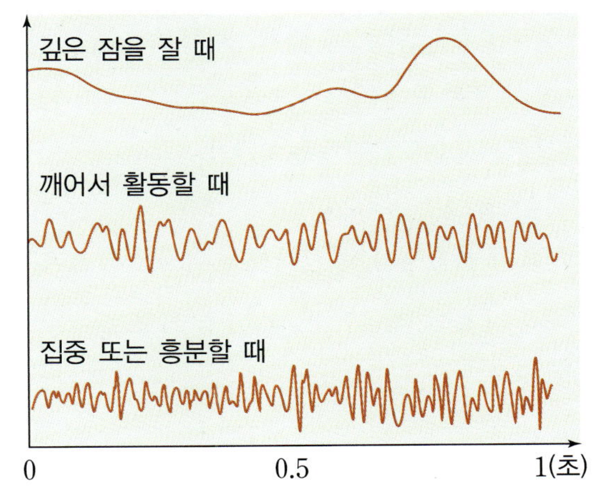

눈 Eye

시각 정보를 수집하고 이를 전기·화학 정보로 변환하여 시신경이라는 통로를 통하여 뇌로 전달하는 기관이다.

눈의 구조와 기능

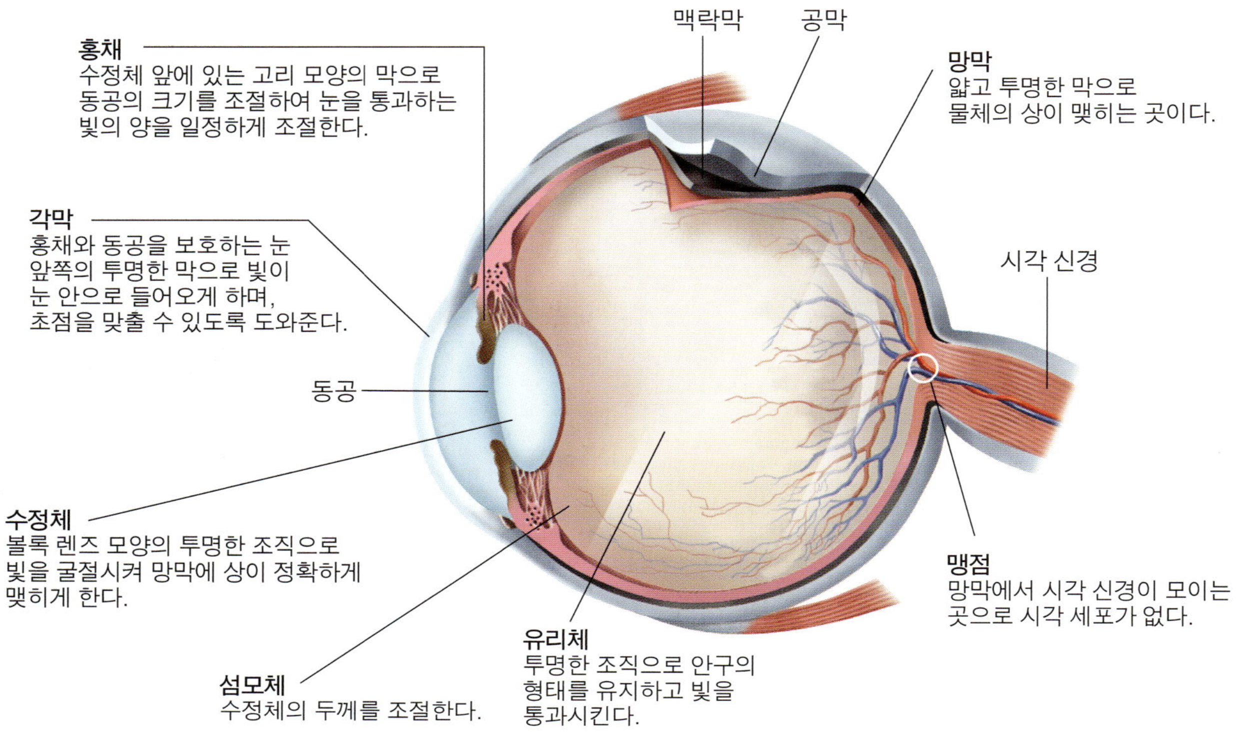

동공의 크기 변화

밝은 곳에서는 홍채가 확장되어 동공의 크기가 작아지므로 눈 안으로 들어오는 빛의 양이 줄어든다.

어두운 곳에서는 홍채가 축소되어 동공의 크기가 커지므로 눈 안으로 들어오는 빛의 양이 늘어난다.

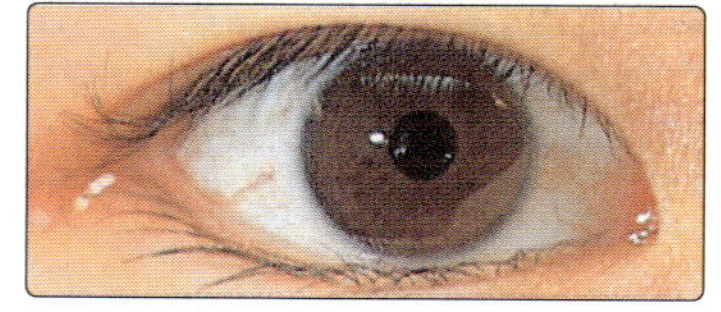

🔺 밝은 곳

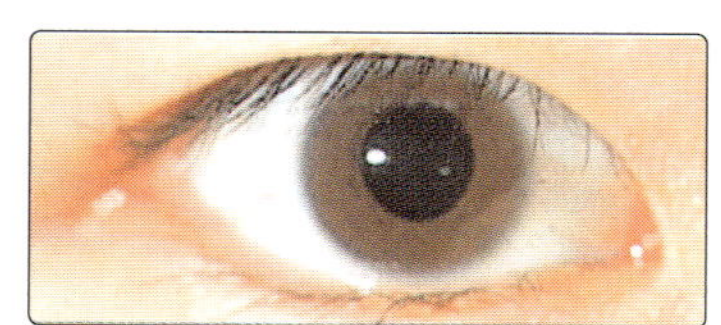

🔺 어두운 곳

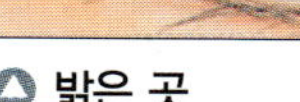

🚀 더 나아가기

색맹 테스트

우리는 빨간색, 파란색, 초록색의 빛이 눈에 들어오는 양에 따라 여러 가지 색깔을 구별한다. 눈에서 빨간색과 초록색을 구별해서 받아들이지 못하는 것을 적록 색맹이라고 한다.

적록 색맹은 유전병의 하나로 여자보다 남자에게 더 많이 나타난다.

그리고 색깔을 모두 구별하지 못하는 경우도 있는데 이를 전색맹이라고 한다. 전색맹인 사람은 마치 흑백 사진을 보는 것처럼 사물의 명암만 구분할 수 있다.

근시의 교정

근시인 사람은 수정체의 두께가 정상인보다 두꺼워서 상이 망막의 앞쪽에 맺히기 때문에 먼 거리의 물체는 잘 볼 수가 없다. 근시인 사람은 오목 렌즈로 만들어진 안경이나 콘택트 렌즈를 착용하면 교정될 수 있다. 오목 렌즈는 멀리 떨어져 있는 물체에서 나오는 빛을 약간 퍼지게 해서 눈으로 들어가도록 도와준다. 따라서 수정체를 통과한 빛은 망막에 정확하게 상으로 맺히게 된다.

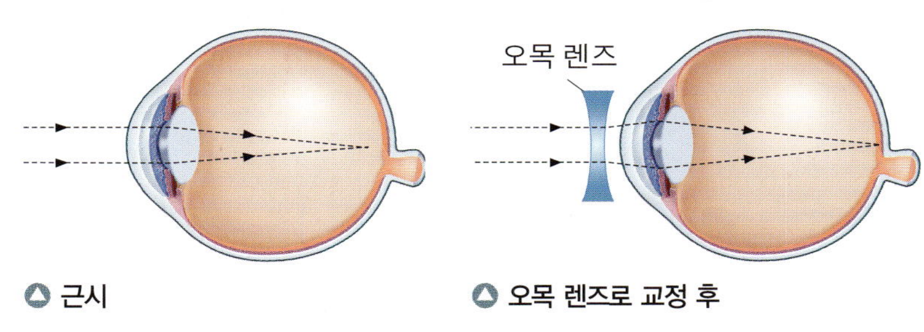

△ 근시　　　　　△ 오목 렌즈로 교정 후

원시의 교정

원시인 사람은 수정체의 두께가 정상인보다 얇아서 상이 망막의 뒤쪽에 맺히기 때문에 가까이 있는 물체가 흐릿하게 보인다. 원시인 사람의 시력을 교정하기 위해서는 볼록 렌즈를 사용한다. 물체에서 나온 빛이 볼록 렌즈를 통과하면서 렌즈의 가운데 부분 쪽으로 굴절된 후 수정체를 통과하면 망막에 상이 정확하게 맺히게 된다.

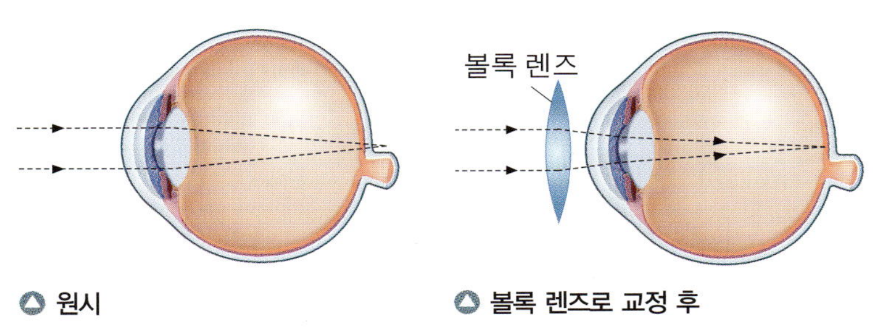

△ 원시　　　　　△ 볼록 렌즈로 교정 후

사람의 눈과 사진기의 비교

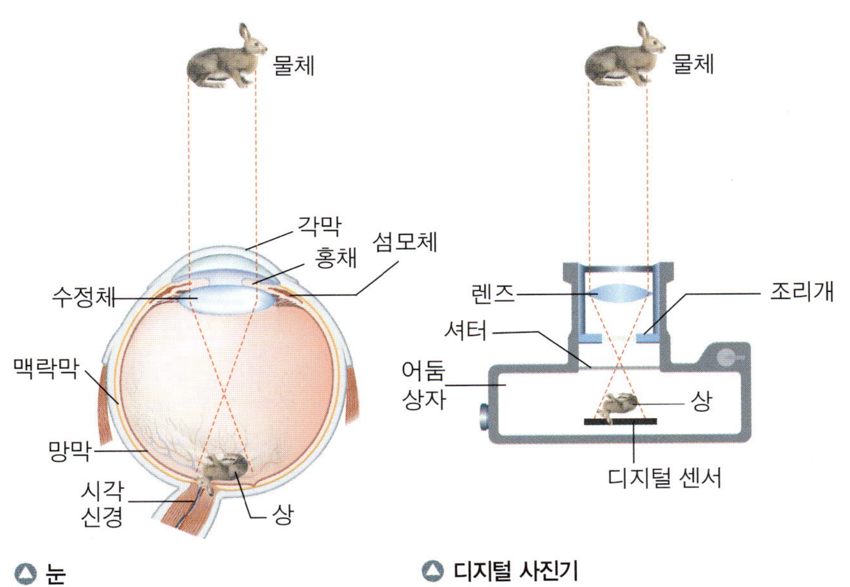

△ 눈

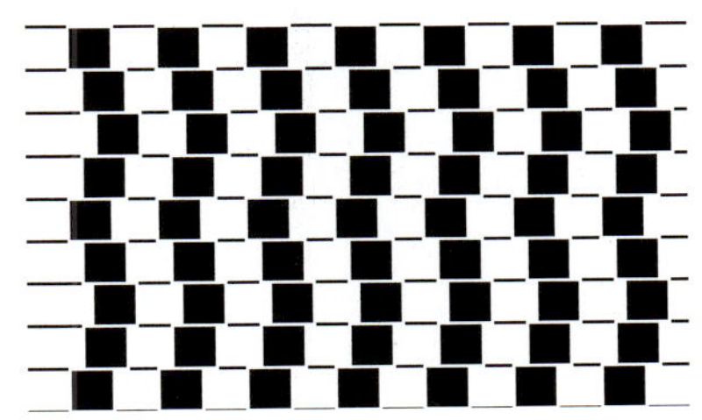

△ 디지털 사진기

FUN

착시

착시란 눈의 착각 현상이다. 사물의 크기, 형태, 빛깔 등이 왜곡되어 보이는 정도가 아주 클 때를 가리킨다. 착시는 사물을 주의 깊게 관찰하거나 그런 사실을 이미 아는 상태에서 관찰해도 일어난다. 따라서 착시는 비정상적인 현상이 아니라 정상적인 시각 현상이다.

귀 Ear

두 개의 서로 다른 기능을 하는 기관으로, 청각과 균형을 맞추는 기능을 한다.

귀의 구조와 역할

귓바퀴에 의해 모아진 소리가 좁은 관을 통해 들어오면서 소리가 커진다. 이 소리가 얇은 막인 고막을 진동시켜 청소골로 보내면 귓속뼈가 서로 부딪치면서 진동을 50배 크게 만들어 달팽이관으로 보낸다. 이 진동이 달팽이관 속의 액체를 진동시키고 청각 세포를 흥분하게 하여 그 자극이 청각 신경을 통해 뇌로 전달된다.

귀는 소리를 전달하는 것 외에 운동 감각이나 균형을 조절하는 역할도 한다.

FUN

귀가 2개인 까닭

소리가 나는 곳으로부터의 거리가 다르기 때문에 소리는 어느 한쪽 귀에 먼저 도달하고 더 크게 들릴 것이다. 그러므로 누군가가 나를 부르면 소리가 나는 방향으로 고개를 돌릴 수 있는 것이다.

우리는 두 귀로 들을 수 있기 때문에 소리가 발생한 위치를 훨씬 정확하게 구분할 수 있다. 사람의 뇌는 두 귀에 도달하는 소리 사이의 아주 작은 차이를 감지할 수 있다. 이러한 차이를 느끼기 때문에 뇌는 소리가 나는 방향을 알 수 있는 것이다. 따라서 한쪽 귀가 들리지 않는 사람은 들리는 소리를 서로 비교할 수 없기 때문에 소리가 나는 위치를 정확히 찾는 데 어려움을 겪는다.

소리의 세기

소리의 세기는 음파의 진폭(진동하는 물체가 최대 범위까지 이동한 거리)을 의미한다. 이는 공기가 얼마나 크게 흔들렸는지를 나타낸다. 크게 진동하는 물체는 주변의 공기를 크게 진동시키기 때문에 진폭이 큰 음파를 만든다.

기타 줄을 퉁겨 소리를 낼 때에도 세게 퉁기면 진폭이 큰 음파가 생겨 큰 소리가 나고, 약하게 퉁기면 진폭이 작은 음파가 생겨 작은 소리가 난다.

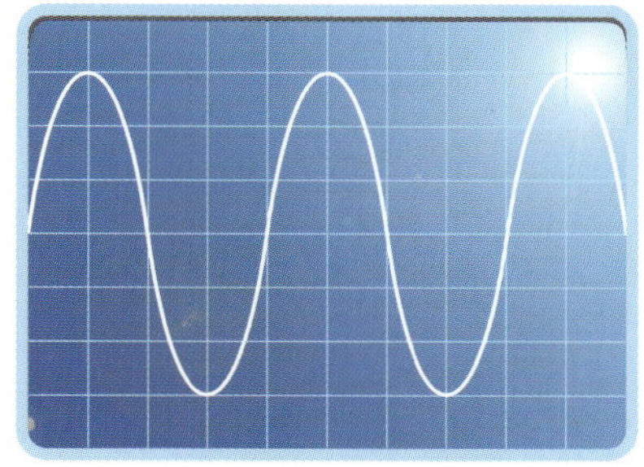

△ 큰 소리는 진폭이 크다.

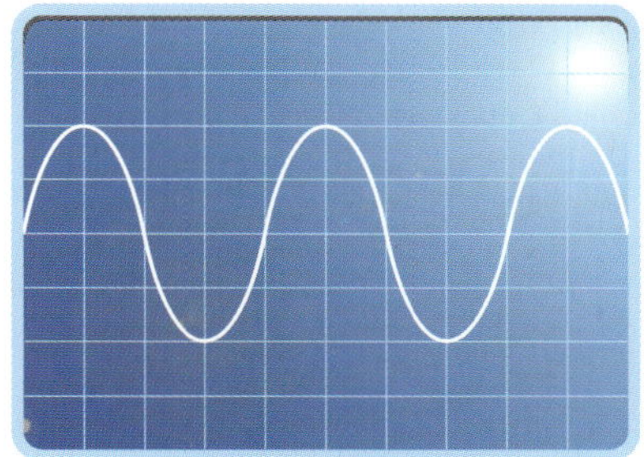

△ 작은 소리는 진폭이 작다.

멀미의 원인

사람들이 배, 비행기, 차를 탔을 때 어지러움을 느낄 수 있는데 이를 멀미라고 한다. 멀미는 속귀의 평형 수용기에서 오는 신호와 눈의 수용기에서 오는 신호의 차이로 인해 발생한다. 예를 들면 민감한 사람이 배를 타고 있을 때 평형 수용기의 신호는 몸이 움직이고 있다는 것을 정확히 나타내는데, 이러한 신호와는 달리 눈은 뇌에게 정지되어 있는 환경에 있다고 신호를 보낼 수도 있다. 결국 신호의 차이는 사람으로 하여금 멀미를 느끼게 한다.

멀미는 눈을 감고 있거나 머리가 흔들리지 않도록 하고 정면을 바라보는 것만으로 증상이 가라앉기도 한다. 멀미가 심할 때에는 진정제를 먹거나 피부에 붙이는 진정제를 이용하기도 한다. 약물 성분을 포함하는 몸에 붙이는 멀미 방지약은 평형 감각기에서 신호가 들어오는 것을 방해하여 멀미를 억제한다.

달팽이관

달팽이 모양으로 전정계와 고실계의 두 큰 관이 있고 내부는 림프액으로 채워져 있다.

귓속뼈의 진동이 전정계와 고실계를 지나면서 기저막에 진동이 생기고 기저막이 진동되면서 기저막의 털세포에 전기적 신호가 생긴다. 이 신호가 청각 신경을 통해 대뇌에 전달되면 소리를 감지하게 된다.

실전화기 만들기

| 준비물 |

종이컵, 실, 클립, 가위 등

| 실험 결과 |

실전화기의 실이 두꺼울수록, 실이 팽팽할수록 소리가 잘 들리며, 실 대신 용수철, 구리선, 낚싯줄, 막대풍선 등을 이용할 수 있다.

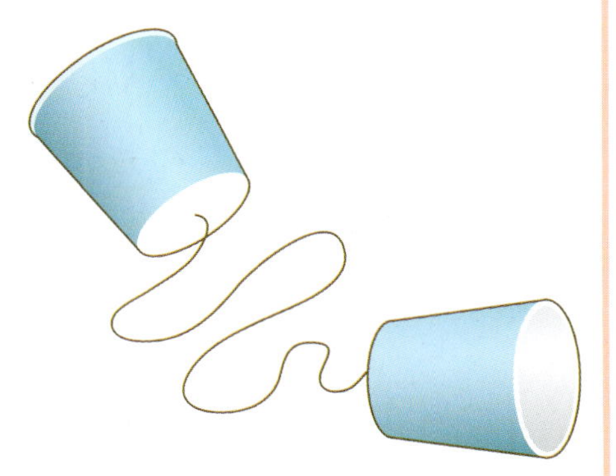

코, 혀, 피부

코(Nose)는 냄새를 맡는 후각 기관이면서 공기가 드나드는 곳이다. 혀(Tongue)는 음식의 맛을 느끼고 입 안의 음식을 목구멍으로 넘기는 역할을 한다. 피부(Skin/皮膚)를 통하여 물체와의 접촉, 뜨거움, 차가움, 압력, 아픔 등을 느낀다.

코의 구조와 기능

사람은 콧속 위 천장에 점액으로 덮인 후각 세포가 분포한다. 후각 세포가 기체 상태인 화학 물질의 자극을 받아들이며, 이 자극이 후각 신경을 통해 대뇌로 전달되어 냄새를 맡게 된다.

코에 있는 세포는 50개 이상의 냄새를 맡을 수 있는데, 그 까닭은 특정 냄새가 세포의 특정 자극을 이끌어 내기 때문이다.

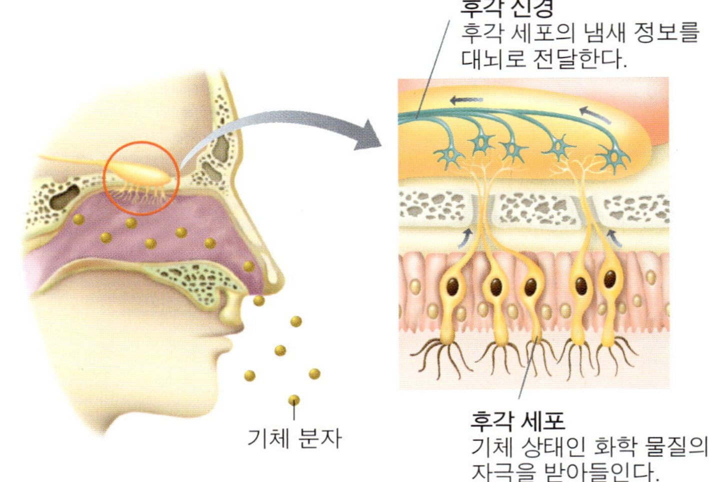

혀의 구조와 기능

미각은 사람과 척추동물의 경우 감각 세포가 몰려 있는 맛봉오리에 의해 감지되는데, 사람을 포함하여 육상 동물의 맛봉오리는 혀 표면뿐만 아니라 구강 내 전체에 분포하고 있어 오로지 혀만 맛을 느끼는 게 아니라 입천장 등 입안 어디든 느낄 수 있다. 맛봉오리는 혀의 표면에 돋아 있는 유두라는 돌기 옆쪽에 있고, 맛봉오리에 맛을 감지하는 맛세포가 있다.

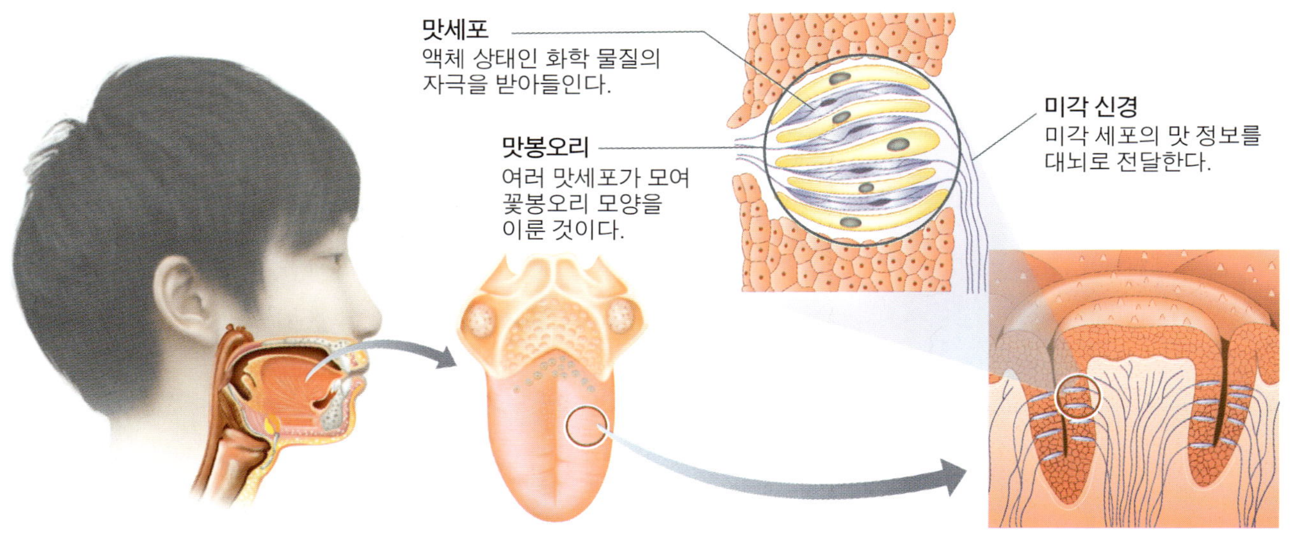

개의 후각

개의 후각은 사람보다 훨씬 더 예민하다. 개는 1초에 최대 다섯 차례까지 냄새를 들이마시며 끊임없이 주위를 살피고 심지어 어느 쪽 콧구멍으로 냄새를 감지했는지도 알 수 있다.

혀의 미각 분포

혀의 부위에 따라 다른 맛보다 더 잘 느껴지는 맛이 있다. 혀의 양 옆쪽에서는 신맛이, 혀의 안쪽에서는 쓴맛이, 혀끝에서는 단맛이 더 잘 느껴진다. 짠맛은 혀 전체에서 고르게 느껴진다.

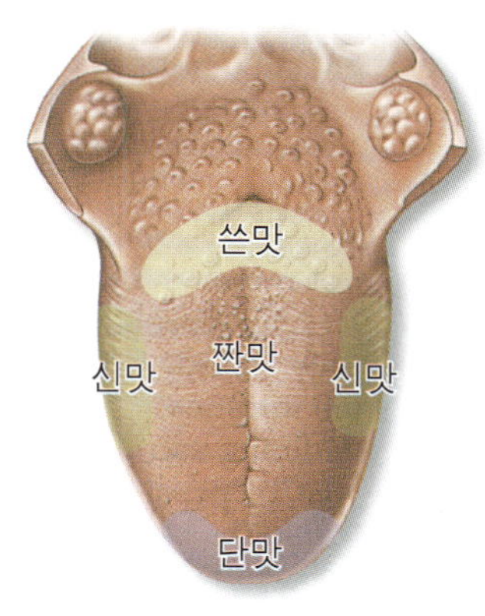

피부로 느끼는 감각

피부를 통하여 느끼는 물체와의 접촉(촉각), 뜨거움(온각), 차가움(냉각), 압력(압각), 아픔(통각) 등을 통틀어 피부 감각이라고 한다. 피부 감각을 느끼는 감각점은 각각의 감각별로 존재하고, 각 감각점이 받은 자극은 신경을 따라 대뇌로 전달된다.

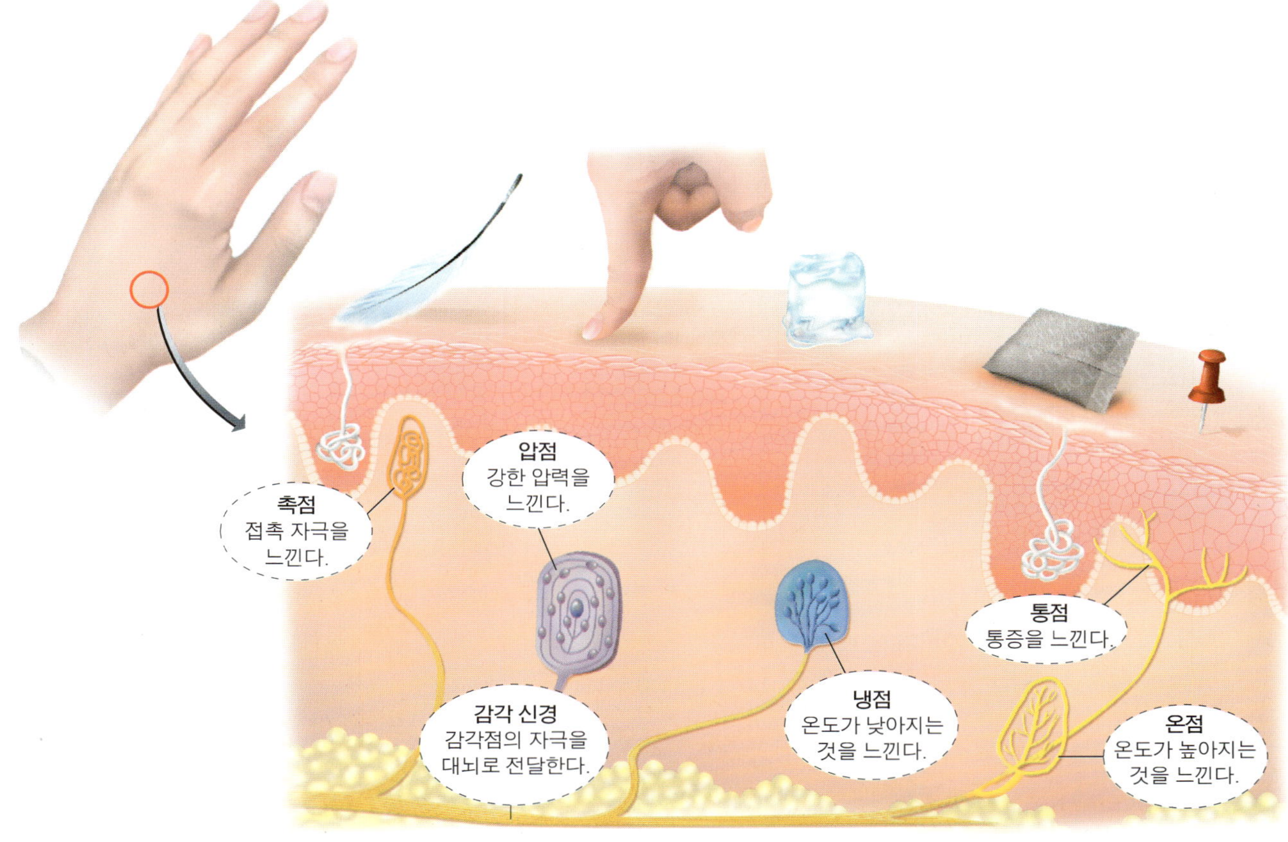

면역 Immunity / 免疫

병원체에 대항하여 이들로부터 우리 몸을 보호하는 방어 기능을 의미한다.

우리 몸의 면역 체계

우리 몸의 면역 체계는 선천성 면역과 후천성 면역으로 나눌 수 있다. 선천성 면역 반응은 이전에 병원체가 침입한 적이 있었는지 여부에 관계없이 감염 즉시 작동한다. 후천성 면역은 병원체에 노출된 후에 체내의 방어 체계가 활성화되어 침입한 병원체에 대한 방어 작용이 이루어지는 것을 말한다. 후천성 면역의 경우 이전에 노출된 적이 있는 병원체일 경우 그 반응이 더 강해진다.

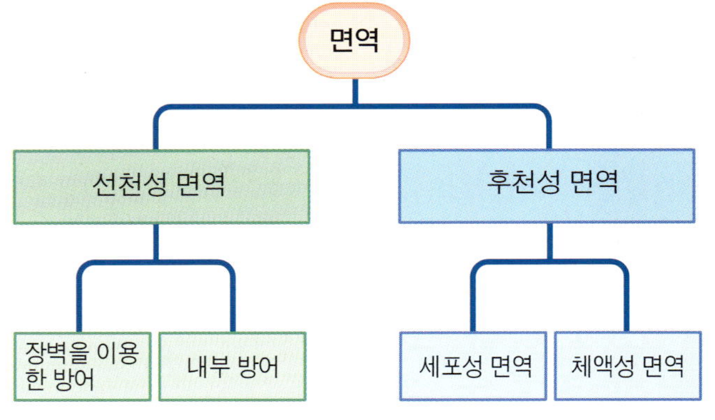

점막과 피부

점막에서 분비되는 점액 물질은 미생물을 잡아 가두는 역할을 하며 호흡관 등의 점막 주변에 분포하는 섬모는 점액에 잡혀 있는 미생물을 바깥으로 내보낸다. 또 눈물, 콧물, 침 등은 외부에 노출된 상피 세포를 적셔 주고 미생물을 씻어 내어 병원체의 침입을 막는다.

특히 사람은 하루에 1L나 되는 침을 만들어 삼키는데, 침에는 음식물의 소화를 도와주는 효소뿐만 아니라 병원균을 죽일 수 있는 살균과 소독 물질이 들어 있기 때문에 입 안의 웬만한 상처들은 스스로 금방 치료가 된다.

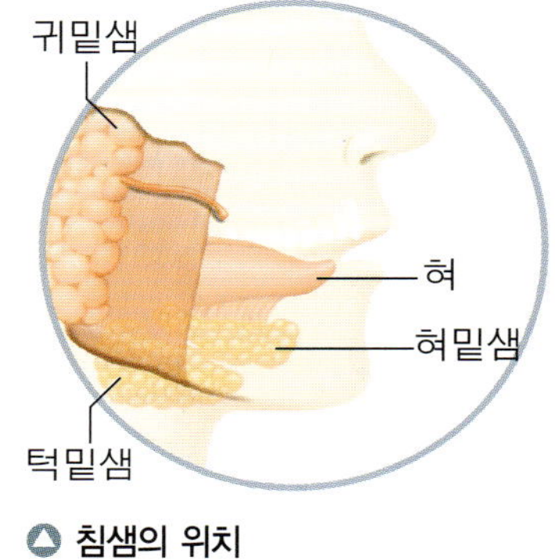

🔺 침샘의 위치

백혈구

백혈구는 면역 기능을 담당하는 세포이다. 백혈구는 외부에서 침입해 들어오는 각종 병원균과 독소들로부터 우리 몸을 보호한다.

백혈구는 아메바처럼 모양을 바꿀 수 있기 때문에 모세 혈관과 조직 사이를 자유롭게 넘나들 수 있다. 백혈구는 혈관을 따라 순환하다가 미생물이나 독소가 침입한 곳으로 집결하여 신체를 방어하는 역할을 한다.

백혈구 중에는 면역 반응에 직접 작용하는 T세포와 B세포가 있다. T세포는 혈관 벽을 따라 기어 다니면서 발견한 병원체를 잡아먹어 버리고, B세포는 우리 몸을 공격하는 항원에 대항하는 항체를 만들어 병원체를 파괴한다.

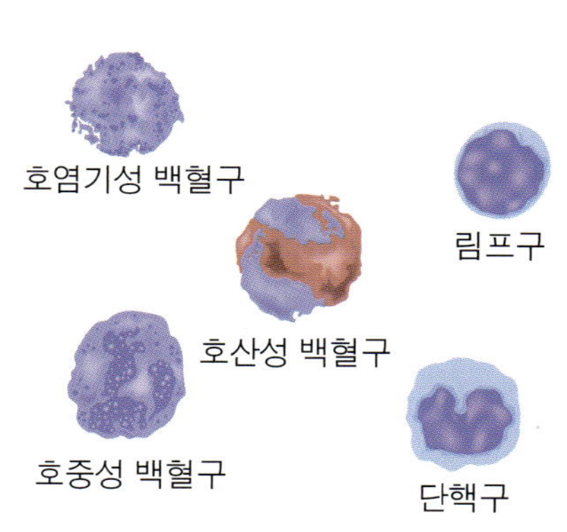

🔺 여러 가지 백혈구

백신을 개발한 파스퇴르

(Pasteur, Louis: 1822~1895)

우리의 면역 체계는 한번 맞서 싸운 바이러스는 기억하여, 다음에 같은 바이러스가 들어오면 재빨리 더 잘 싸울 수 있는 항체를 만들어 낸다.

그래서 병에 걸리기 전에 미리 연습용 바이러스를 넣으면, 진짜 바이러스가 들어왔을 때 그에 대응할 항체를 만들기가 유리해진다. 이렇게 연습용으로 우리 몸에 투입하는 약한 바이러스가 바로 백신이다.

초기에는 죽은 바이러스로 백신을 만들어 사용하였다. 오늘날은 과학 기술의 발달로 살아 있는 바이러스도 인위적인 방법으로 독성을 없애거나 힘을 미약하게 만들 수 있게 되었는데, 이렇게 백신을 우리 몸에 넣어 병을 예방하는 것을 예방 접종이라고 한다.

점액

기관지는 공기의 통로로 그 안쪽에는 점액을 분비하는 세포와 섬모가 무수히 돋아 있다. 기관지 속으로 침투한 대부분의 병원체들은 이 기도에 붙어 있는 끈적끈적한 점액과 섬모의 물결 운동에 의해 위로 올려지고, 재채기나 기침을 통해 입 밖으로 나간다.

위에 음식물이 들어오면 위에서는 위액을 분비한다. 이 속에 들어 있는 위산은 소화와 살균 작용을 하는데, 음식물을 통해 병원체가 들어오면, 위산은 음식물과 함께 병원체들도 분해해 버린다. 또 해로운 물질이 들어오면, 위 점막의 면역 세포는 구토를 일으켜 우리 몸을 보호한다.

창자 안은 끈적끈적한 점액으로 가득 차 있어서 병원체들이 혈액 안으로 들어오는 것을 막아 준다. 또 큰창자에는 우리 몸에 유익한 수백만 개의 박테리아(세균)가 있어서 다른 해로운 병원체의 증식을 방해하여 질병을 막아 준다.

면역력을 키우기 위한 방법

노벨 생리학 · 의학상

생리학과 의학 분야에서 뛰어난 업적을 보인 사람에게 수여하는 노벨상이다.

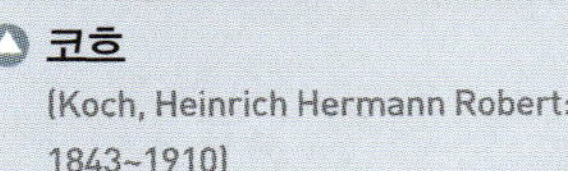

코흐
(Koch, Heinrich Hermann Robert: 1843~1910)

독일의 의사
1882년에 결핵균을, 1885년에 콜레라균을 발견하였으며, 1890년에는 결핵 진단용 시약 투베르쿨린을 만들었다. 소와 인간의 결핵 등에 대한 연구를 통하여 인간 사이에서 일어나는 전염이 결핵 발병의 가장 중요한 원인임을 밝혀내는 등 결핵에 관한 근본적이고 선구적인 발견을 하였다.

플레밍
(Fleming, Alexander: 1881~1955)

영국의 세균학자
페니실린을 발견하여 공동 수상자들의 연구에 영향을 주었다.

체인
(Chain, Ernst Boris: 1906~1979)

독일 태생 영국의 생화학자
1935년에 옥스퍼드 대학교에서 공동 수상자인 플로리와 함께 페니실린을 연구하였다.

플로리
(Florey, Howard Walter: 1898~1968)

오스트레일리아의 병리학자
공동 수상자인 체인과 함께 페니실린을 연구하였다.

연대	1900년대	1910년대	1920년대	1930년대	1940년대

리셰
(Richet, Charles: 1850~1935)

프랑스 생리학자
건초열과 천식, 기타 이물질에 대한 알레르기 반응의 문제를 해결하였으며, 호흡과 소화의 생리학을 연구하였다.

아인트호벤
(Einthoven, Willem: 1860~1927)

네덜란드의 생리학자
1903년에 가동 코일형 검류계를 기초로 하여 단선 검류계를 만들어 심장 근육의 수축으로 인하여 발생하는 전위차를 측정하고 분석함으로써 심전도 곡선의 세부 사항을 설명하고, 심전도 메커니즘을 규명하였다.

모건
(Morgan, Thomas Hunt: 1866~1945)

미국의 동물학자이자 유전학자
초파리를 이용하여 멘델의 통계적 연구 방법과 현미경적 방법을 결합하여 연구함으로써 유전자로서의 염색체의 기능을 발견하였다.

노벨의 사망 5주기인 1901년 12월 10일부터 시상하기 시작하여 100여 년의 역사를 기록하고 있는 상으로, 노벨의 유언장에 명시된 대로 '지난해 인류에 가장 큰 공헌을 한 사람들'에게 해마다 상을 주고 있다. 물리학, 화학, 생리학·의학, 문학, 평화, 경제학 부문 중 특히 생리학·의학 부문의 수상자들을 살펴보았다.

심장도관술과 순환계의 병리학적 변화에 대한 연구

⬥ **포르스만**
(Forssmann, Werner: 1904~1979)
독일 외과의사
심장 카테터 법이 개발됨에 따라 심장 내 혈압과 혈류의 정밀한 측정, 약물과 X선 사진으로 식별이 가능한 불투과성 물질의 심장 내 투여, 심장 박동의 조절을 위한 전극의 삽입 등이 가능하게 되었다.

신경 전달 물질에 관한 연구

⬥ **액설로드**
(Axelrod, Julius: 1912~2004)
미국의 약리학자
1970년 오일러, 카츠와 함께 신경 말초부의 정보 전달 물질의 발견 및 그 물질의 성질 해명에 관한 연구를 하였다.

콜레스테롤 대사 조절에 대한 연구

⬥ **골드스타인**
(Goldstein, Joseph: 1940~)
미국의 분자유전학자
심장 발작이 자주 나타나는 사람들의 혈중 콜레스테롤 양과 유전 요인의 상관 관계를 연구했다.

| 1950년대 | 1960년대 | 1970년대 | 1980년대 | 1990년대 |

DNA 연구

⬥ **크릭**
(Crick, Francis Harry Compton: 1916~2004)
영국의 생물 물리학자
공동 수상자인 제임스 왓슨과 함께 DNA의 이중 구조에 관하여 연구하였다.

⬥ **왓슨**
(Watson, James Dewey: 1928~)
미국의 유전학자이자 생물 물리학자
공동 수상자인 프랜시스 크릭과 함께 DNA의 이중 구조에 관하여 연구하였다.

⬥ **윌킨스**
(Wilkins, Maurice Hugh Frederick: 1916~)
뉴질랜드 태생 영국의 생물 물리학자
X선 결정학 기술을 이용하여 다양한 생물의 DNA를 연구함으로써 DNA의 분자 사슬이 이중 나선 형태임을 밝힘으로써 공동 수상자들의 연구에 영향을 주었다.

전달 유전자의 발견

⬥ **로버츠**
(Roberts, Richard J.: 1943~)
영국의 분자 생물학자
분단 유전자를 발견한 공로로 1993년 샤프와 함께 노벨 생리의학상을 공동 수상했다.

화학

물질의 성질, 조성, 구조와 그 변화를 다루는 학문으로 각각의 물질에 대한 특성을 연구하고, 화학 반응에 있어서도 각 반응별 현상에 대한 사실을 탐구한다. 인류는 불을 사용하면서 화학적 현상에 대해 많은 관심을 갖게 되었다. 화학은 금을 만드는 연금술과 불로장생의 약을 만드는 연단술에 의해 많은 발전을 이루게 되었고, 돌턴의 원자설, 멘델레예프의 원소 주기율표가 만들어지며 물질에 대한 체계적인 연구가 이루어졌다. 현재는 유기 및 무기 화학, 물리 화학, 분석 화학, 생화학 등 다양한 분야로 나뉘어 발전되고 있다.

물질의 특성 Propery of Materials

그 물질만이 가지고 있는 고유한 성질을 의미한다. 물질의 특성에는 밀도, 끓는점, 녹는점, 굳기(경도), 반응성 등이 있다.

질량, 무게

질량은 물체에 포함되어 있는 물질의 양을 의미한다. 따라서 질량은 장소에 관계없이 항상 일정하여 물질의 고유한 양이라고 할 수 있다. 질량의 단위는 kg, g을 주로 사용한다.

무게는 물체의 무거운 정도를 나타낼 때 사용하는 개념으로, 물체에 작용하는 중력의 크기이다. 무게의 단위는 킬로그램힘(kgf), 그램힘(gf), 뉴턴(N)을 사용한다. 무게는 중력의 크기와 관계가 있으므로 장소에 따라서 달라진다. 달에 있는 물체는 달의 중력, 화성에 있는 물체는 화성의 중력을 받는다.

예를 들어 지구에서의 질량이 36 kg인 물체와 몸무게가 36 kgf인 학생이 달에 가서 질량과 몸무게를 재면 물체의 질량은 변함없이 36 kg인 반면, 달의 중력은 지구 중력의 약 $\frac{1}{6}$이므로 몸무게는 6 kgf이 된다.

🔺 지구와 달에서 측정한 질량　　　🔺 지구와 달에서 측정한 무게

밀도

크기가 같은 나무토막과 납을 물에 떨어뜨리면 나무토막은 물에 뜨고 납은 물에 가라앉는다. 이는 물질마다 밀도가 다르기 때문이다.

밀도는 일정한 부피 안에 들어 있는 물질의 질량 크기를 값으로 나타낸 것이다. 밀도의 단위로는 g/cm³, kg/cm³을 주로 사용한다. 물의 밀도는 1g/cm³으로 부피가 1cm³인 정육면체 속에 물을 가득 넣고 물의 질량을 측정하면 1g이라는 의미이다.

밀도는 물질의 종류가 같으면 모양이나 크기, 양에 관계없이 그 값이 일정하므로 물질을 구별하는 특성이 된다.

$$밀도 = \frac{질량}{부피}$$

여러 가지 물질의 밀도

물질이 물에 뜨고 가라앉는 것은 밀도와 관련이 있다. 물의 밀도보다 작은 물질은 물에 뜨고, 물의 밀도보다 큰 물질은 가라앉는다.

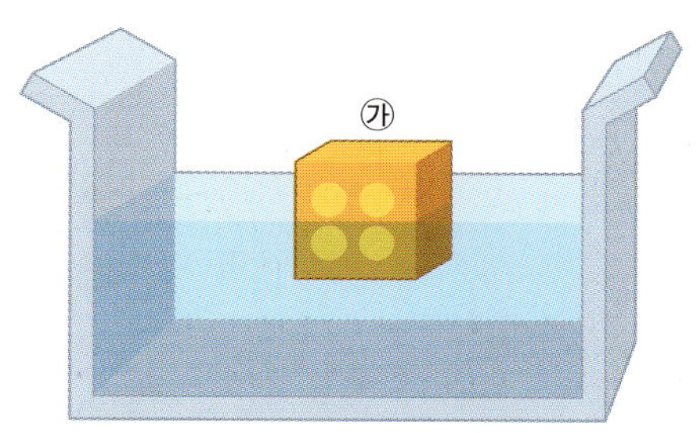

🔺 밀도가 물보다 작은 물체 ㉮
물보다 밀도가 작기 때문에 물에 뜬다.

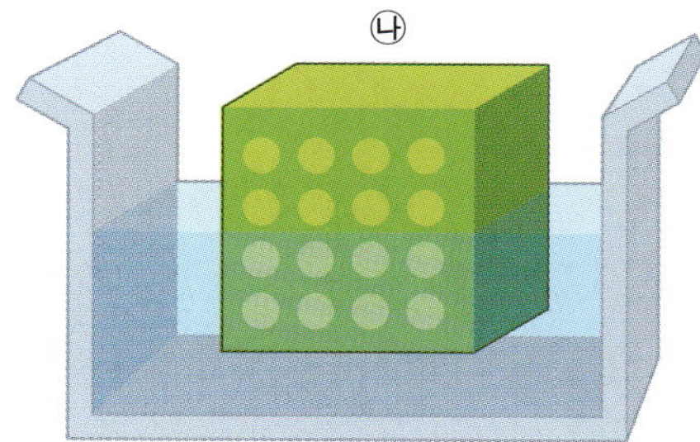

🔺 ㉮와 같은 물체이지만 크기가 더 큰 물체 ㉯
㉮보다 부피가 4배 커졌고 질량도 똑같이 4배 커졌지만 ㉮와 밀도가 같다.

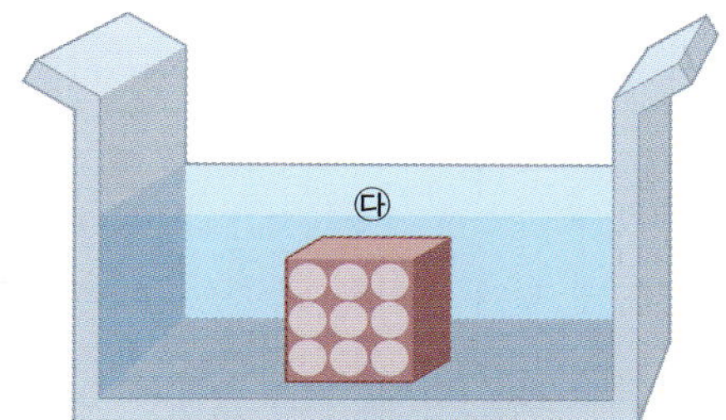

🔺 밀도가 물보다 큰 물체 ㉰
㉮와 크기는 같지만 물보다 밀도가 크기 때문에 물에 가라앉는다.

물질	밀도(g/cm³)	물질	밀도(g/cm³)
금	19.3	설탕	1.6
수은	13.5	물	1.0
납	11.3	산소	0.0014
구리	8.9	질소	0.0012
철	7.9	공기	0.0013
알루미늄	2.7	수소	0.00008

[여러 가지 물질의 밀도]　　　　※ 기체는 1기압, 15℃에서 측정한 결과

끓는점과 녹는점

끓는점은 액체가 기체로 상태 변화를 할 때의 온도이다. 즉, 액체를 가열할 때 끓기 시작하면 끓는 동안에는 온도가 일정하게 유지되는데, 이때의 온도가 끓는점이다.

물질마다 끓는점이 다른데 그 까닭은 물질을 구성하고 있는 분자 사이의 인력(분자끼리 서로 끌어당기는 힘)이 다르기 때문이다. 분자 사이의 인력이 강할수록 끓는점이 높다.

녹는점은 물질이 고체에서 액체로 녹는 동안에 온도가 일정하게 유지될 때의 온도이다. 즉, 고체에 열을 가하게 되면 고체 분자들의 진동이 빨라지고 결국 규칙적으로 배열된 위치에서 벗어나게 되면서 액체로 변하게 된다.

물질마다 녹는점이 다르기 때문에 끓는점과 마찬가지로 물질을 구별하는 특성으로 사용된다.

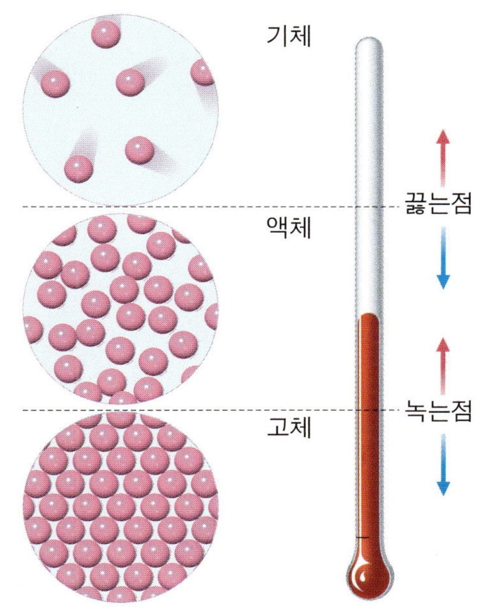

🔺 온도에 따른 물질의 상태

굳기(경도)

굳기	광물	
1	활석	
2	석고	
3	방해석	
4	형석	
5	인회석	
6	정장석	
7	석영	
8	황옥	
9	강옥	
10	금강석 (다이아몬드)	

[모스 굳기계]

▲ 모스

독일의 광물학자 모스(Mohs, Fridrich: 1773~1839)는 광물의 단단한 정도를 10가지 광물을 선정하여 1에서 10까지 순서를 정하였는데, 이것이 모스 굳기계이다.

광물의 굳기는 긁힘에 강한 정도를 말한다. 굳기 1인 활석이 10개의 광물 중에서 가장 무르고, 굳기 10인 금강석이 가장 단단하다.

모스 굳기계는 광물들의 상대적인 굳기를 비교하는 것으로 각 광물들의 굳기는 비례하지 않는다. 즉, 굳기 1인 활석이 굳기 10인 금강석보다 10배 더 무르다고 할 수 없다.

🚀 더 나아가기

일반적으로 모스 굳기계에서 손톱은 약 2.5, 동전은 약 3~3.5, 못은 약 4~4.5, 칼날은 약 6 정도의 굳기에 해당한다. 이를 활용해서 물질 사이의 상대적인 굳기를 생활 속에서 간단하게 확인할 수 있다.

즉, 어떤 물질을 칼날로 긁었을 때 긁히지 않았다면 그 물질은 석영 이상의 단단함을 보이는 물질이고, 만약 칼날에는 긁히고 동전에는 긁히지 않는 물질이라면 형석과 인회석 정도의 단단함을 보이는 물질이라고 추측할 수 있다.

금속의 반응성

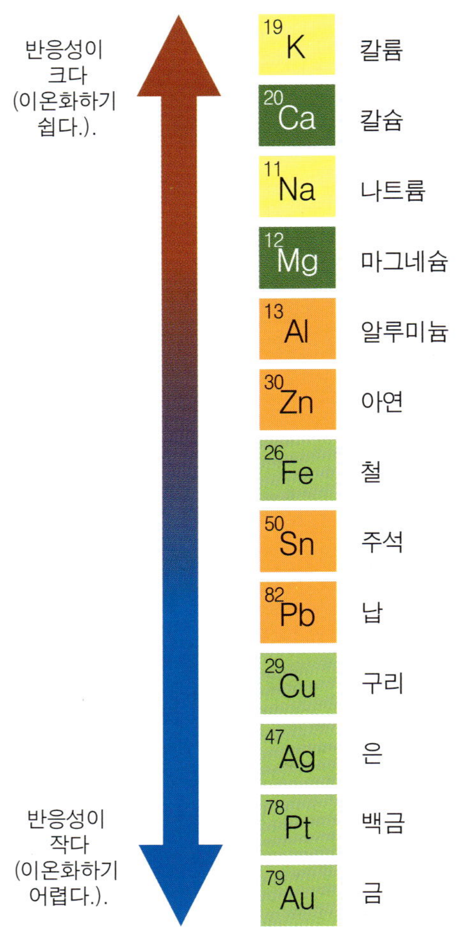

▲ 금속의 반응성

금속은 종류가 다양하며, 금속마다 산소, 물, 산과 반응하는 속도와 정도가 다르다. 칼륨(K), 칼슘(Ca), 나트륨(Na) 등은 공기 중의 산소와 매우 빠르게 반응하고, 특히 이 금속들은 찬물과도 반응을 해서 수소를 발생시키며, 산과는 폭발적으로 반응을 한다.

은(Ag), 백금(Pt), 금(Au) 등은 공기 중의 산소와 반응을 잘 하지 않으며 물과 산에도 반응을 하지 않는다. 특히 금은 반응성이 매우 낮은 안정한 물질이라고 할 수 있다. 납(Pb)부터 칼륨(K)까지는 산을 만나게 되면 수소를 잘 발생시키는 금속이고, 구리(Cu)부터 금(Au)까지는 산과 반응하지 않는 금속이다.

물리적 변화

물질의 변화는 크게 물리적 변화와 화학적 변화 두 가지로 분류할 수 있다. 물리적 변화는 물질의 모습은 바뀌었지만, 그 고유의 성질은 변하지 않는 것을 말한다. 물의 상태 변화, 용해 현상 등이 대표적인 예이다.

액체 상태인 물의 경우 온도가 점점 내려가면 물이 얼어 얼음이 된다. 이때 물의 외형적 모습은 액체에서 고체로 바뀌어 변화를 보이지만 물이 가지고 있는 고유의 성질은 변하지 않는다. 따라서 얼음에 다시 열을 가하면 온도가 점점 올라가 다시 물이 된다. 물에 열을 가하면 수증기로 되는데, 이 수증기도 열을 잃게 되면 액화되어 다시 물이 된다.

용해 현상에서도 물리적 변화를 확인할 수 있다. 설탕을 물에 넣으면 아지랑이가 피어오르는 듯한 모습을 보이며 물속에서 녹아 시간이 흐른 뒤에는 설탕의 흔적을 찾을 수 없게 된다. 설탕이 눈에 보이지 않아 사라진 것처럼 보이지만 설탕물은 단맛이 난다. 설탕이 물에 녹게 되면 설탕이 사라지거나 설탕 고유의 성질인 단맛이 다른 맛으로 변하는 것이 아님을 알 수 있다.

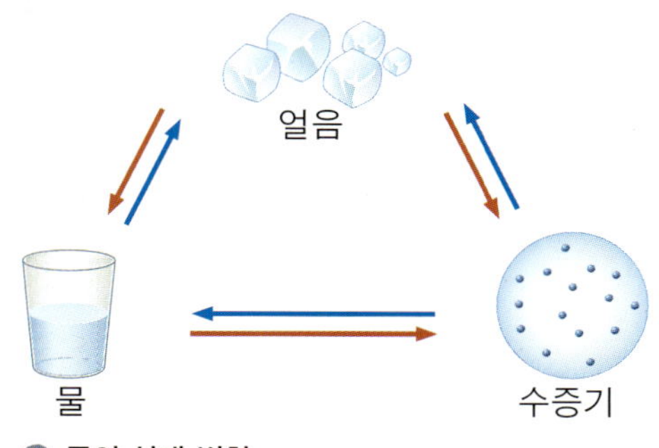

△ 물의 상태 변화

△ 설탕의 용해

화학적 변화

화학적 변화는 물질의 성질이 변하여 새로운 물질이 생성되는 것을 말한다. 예를 들어 설탕을 물에 용해시키는 것은 그 성질이 변하지 않으므로 물리적 변화이다. 설탕물을 가열하면 물은 증발하고 설탕이 생기며, 계속해서 열을 가하게 되면 설탕이 노란색에서 갈색, 그리고 검은색으로 변하여 그 맛도 단맛에서 점차 쓴맛으로 변하게 된다. 검게 변한 물질은 이전의 설탕과는 전혀 다른 성질의 새로운 물질이다. 이런 변화를 화학적 변화라고 한다. 대표적인 화학적 변화에는 연소 현상, 산과 염기가 만나는 중화 반응, 금속과 산의 반응 등이 있다.

나무가 산소와 만나서 빛과 열을 내면서 타게 되면 숯, 이산화 탄소, 물 등이 생긴다. 숯, 이산화 탄소, 물 등은 나무, 산소와는 다른 성질의 새로운 물질이다. 금속과 산의 반응도 화학적 변화이다. 금속에 산을 가하면 반응성이 큰 금속일수록 활발하게 반응하는데, 이때 수소가 발생한다. 이 수소는 반응 전의 금속, 산과는 전혀 다른 성질의 새로운 물질이다.

🧪 탐구 실험

초의 연소 (화학적 변화)

푸른색 염화 코발트 종이를 붙인 아크릴 통으로 촛불을 덮으면 촛불은 꺼지고 푸른색 염화 코발트 종이는 붉은색으로 변한다.

집기병에 석회수를 담고 연소 숟가락에 초를 세워 넣은 다음 유리판으로 덮으면 촛불은 꺼진다. 촛불을 꺼내고 집기병을 흔들면 석회수가 뿌옇게 흐려진다.

초가 연소하면 초와는 성질이 전혀 다른 물과 이산화 탄소라는 새로운 물질이 생기는 것을 알 수 있다. 초의 연소는 화학적 변화이다.

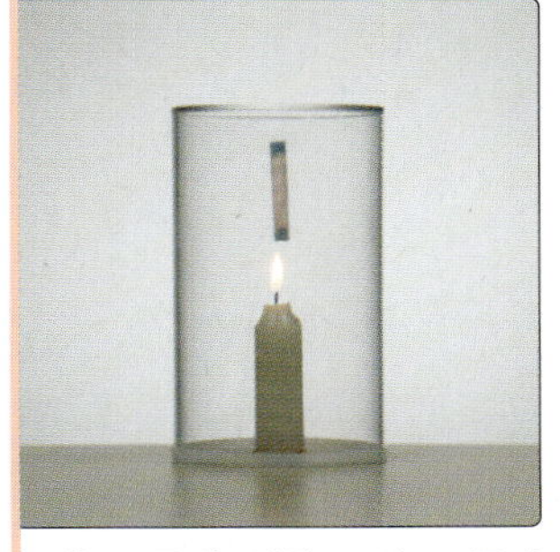

△ 푸른색 염화 코발트 종이가 붉은색으로 변한다.

△ 석회수가 뿌옇게 흐려진다.

물질의 상태 States of Matter

물질은 물질을 이루는 분자 사이의 힘의 세기와 결합 형태에 따라 고체, 액체, 기체의 세 가지 상태를 가진다.

고체

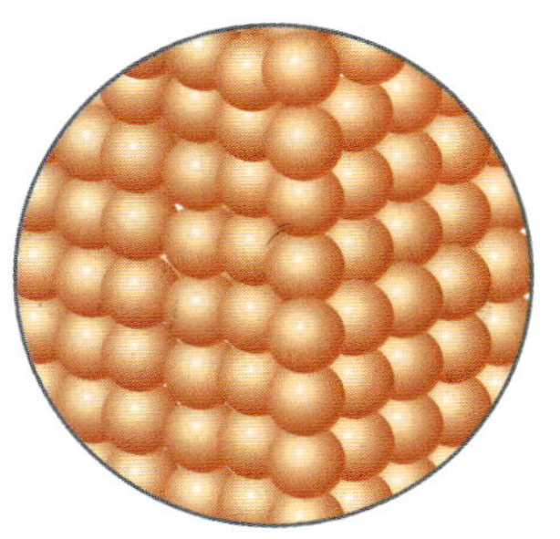

◔ 고체의 분자 배열

고체는 분자들이 거의 달라붙어 있는 상태이다. 따라서 고체 상태의 물질은 모양과 부피가 일정하며 흐르는 성질이 없다.

또한 분자들이 서로 거의 달라붙어 있기 때문에 압축이 되지도 않으며, 일정한 모양과 부피가 있다.

고체의 분자들은 제자리에서 진동 운동을 하고, 분자 사이의 잡아당기는 힘이 강하여 분자 사이의 거리가 매우 가깝다.

고체의 종류

고체 분자들의 배열 형태에 따라 고체를 '결정성 고체'와 '비결정성 고체'로 분류한다.

결정성 고체는 물체를 이루고 있는 물질의 구성 입자가 매우 규칙적으로 배열되어 있다. 결정성 고체의 예로는 원자 결정(다이아몬드, 흑연), 분자 결정(드라이아이스, 얼음), 이온 결정(소금), 금속 결정(구리, 철) 등이 있다.

비결정성 고체는 물체를 이루고 있는 물질의 구성 입자가 불규칙적으로 배열되어 있다. 비결정성 고체의 예로는 플라스틱, 유리, 고무 등이 있다. 오래된 유리창을 자세히 보면 한쪽이 일그러진 것을 관찰할 수 있다. 이것은 유리를 구성하는 입자들이 규칙적인 배열을 이루지 못해 입자 사이의 결합력이 약하기 때문이다.

액체

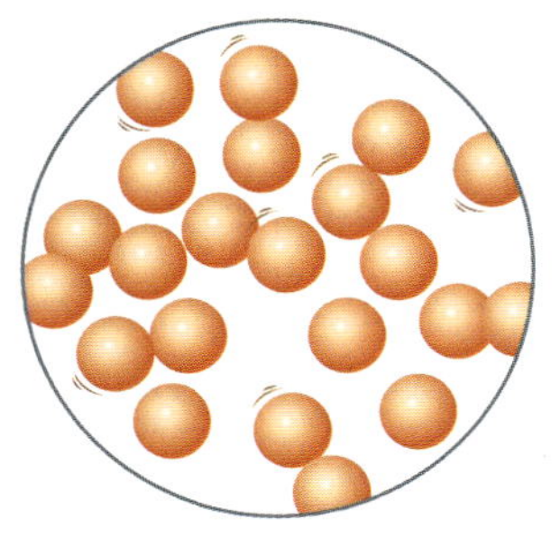

◔ 액체의 분자 배열

액체는 고체에 비해 결합이 약하지만 기체에 비해 강한 힘으로 결합하고 있다. 분자가 거의 달라붙어 있지만 분자의 위치가 달라질 수 있어서 담는 그릇에 따라 모양은 달라지지만 부피는 일정하다.

입자 사이에 빈 공간이 있기 때문에 압력에 따라 압축이 되기도 하지만 기체에 비해 매우 안정적이다. 액체는 점성(끈적끈적한 정도), 표면 장력(표면을 팽팽하고 탄력 있는 막처럼 만드는 힘) 등과 같은 성질을 갖고 있다.

실생활

밀가루는 고체일까, 액체일까

밀가루를 그릇에 담았을 때 액체와 같이 밀가루의 모양이 변하는 것처럼 보인다. 그러나 밀가루는 작은 고체 가루 알갱이로 이루어져 있기 때문에 가루 알갱이 하나하나의 모양은 담는 그릇이 바뀌어도 변하지 않는다. 따라서 밀가루는 고체이다.

가장 중요한 액체, 물

지구는 80% 이상이 물로 이루어져 있고, 대부분은 사람이 마실 수 없는 바닷물이다. 물은 바닷물 외에 빙하, 강, 호수, 지하수, 수증기 등으로도 존재한다. 우리의 몸은 약 70% 정도가 물로 되어 있다. 동물이나 식물 중에도 몸에서 물이 차지하는 비율이 사람보다 더 높은 것도 많다.

기체

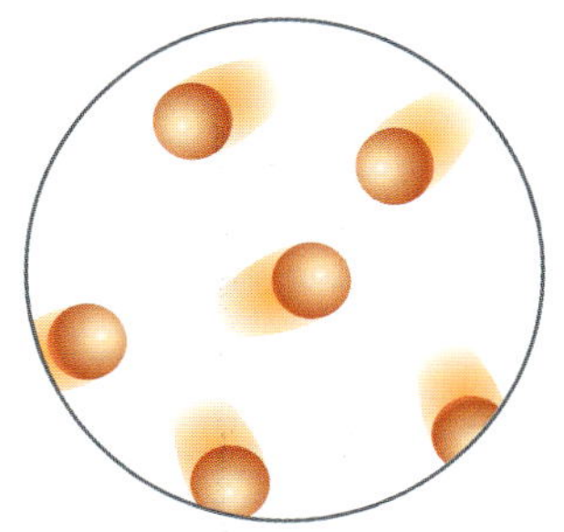

△ 기체의 분자 배열

분자 사이의 잡아당기는 힘이 매우 약하여 자유롭게 움직이는 상태를 기체 상태라고 한다. 기체 상태의 분자는 배열이 매우 불규칙하고 분자 사이의 거리가 서로 멀리 떨어져 있기 때문에 모양이나 부피가 담는 그릇에 따라 달라진다. 또한 입자가 매우 작기 때문에 눈으로 보기 힘들고, 입자 사이의 간격이 넓어서 압력을 가하면 빈 공간이 줄어들어 쉽게 압축된다.

더 나아가기

플라스마

고체, 액체, 기체 외에 물질이 또 다른 형태로 존재할 수 있을까?

기체를 계속 가열하면 기체가 이온화하면서 전기를 띤 입자로 나누어져 기체와는 전혀 다른 성질을 갖게 된다. 이 상태를 플라스마라고 한다. 플라스마는 고체, 액체, 기체에 이은 제 4의 상태이다.

네온사인, 오로라 등이 플라스마 현상을 이용한 것인데, 우주의 물질은 거의 플라스마 상태로 존재한다.

고체, 액체, 기체의 비교

특성 \ 상태	고체	액체	기체
모양	일정하다.	담는 그릇에 따라 달라진다.	담는 공간을 모두 채운다.
유동성	유동적이지 않다.	유동적이다.	유동적이다.
입자의 운동	거의 움직이지 않는다. (제자리에서 진동 운동)	회전 운동, 진동 운동, 병진 운동 (상하좌우로 일정하게 움직인다.)	빠르게 움직인다.
부피	일정하다.	일정하며 고체에 비해 조금 크다.	쉽게 변하고 고체, 액체에 비해 매우 크다.
압축성	거의 압축되지 않는다.	압축이 어렵다.	압축이 쉽다.

물질의 상태 변화 Changing States

물질이 어떠한 상태에서 온도나 압력 변화로 인해 다른 상태로 변하는 것을 물질의 상태 변화라고 한다. 물질의 상태는 조건에 따라 다양하게 변화할 수 있다.

물질의 상태 변화 모형

융해

고체가 액체로 되는 현상이다.
고체 분자의 운동 에너지가
결합하고 있는 힘보다 커지면
고체 분자 사이의 거리가
멀어지고 액체로 변하게 된다.
이때의 온도를 녹는점이라고
한다.

응고

액체가 고체로 되는 현상
이다. 대부분의 물질은
고체가 되면 분자 사이의
거리가 좁아지기 때문에
부피가 작아지고 분자의
결합 에너지가 운동 에너
지보다 커지게 된다.

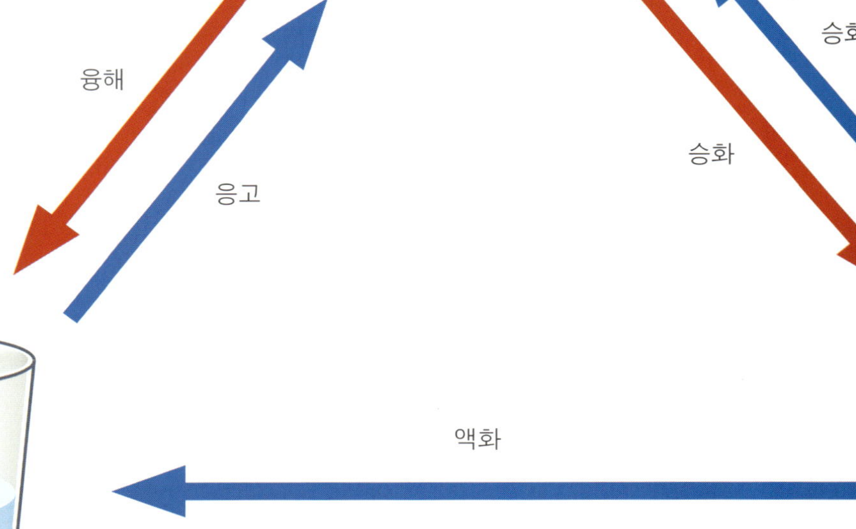

액화

기체 분자들이 에너지를
방출하여 분자 사이의 거
리가 가까워져 액체로 변
하는 현상이다. 온도와
압력에 따라 일어나지만,
일정 온도에서는 아무리
큰 압력을 주어도 액체로
변하지 않는다.

기화

액체가 열에너지를 흡수하여
기체로 변하는 현상이다.
이때 흡수하는 에너지를 증발열
또는 기화열이라고 한다.
에너지를 흡수함으로써 운동
에너지가 결합 에너지보다
커지게 된다.

물질의 상태 변화와 열에너지

물질의 상태는 열에너지의 변화에 민감하다. 물질이 열에너지를 흡수하느냐 방출하느냐에 따라 다양한 변화가 가능하다. 물질이 열에너지를 흡수하면 분자의 운동이 활발해지는데, 분자의 운동 에너지가 커질수록 분자 사이의 결합이 약해지고 분자 사이의 거리도 멀어지게 된다. 이때, 고체가 액체나 기체로 변하거나 액체가 기체로 변하는 상태 변화가 일어난다. 반대로 물질이 열에너지를 방출하게 되면 분자가 활발하게 움직이지 못하고 서로 결합하게 된다. 이때는 기체가 액체나 고체로 변하고 액체가 고체로 변하는 상태 변화가 일어난다. 이처럼 열에너지의 흡수와 방출에 따라서 물질의 상태가 다양하게 변한다.

승화
고체가 액체를 거치지 않고 기체로 바로 변하거나, 기체가 액체를 거치지 않고 고체로 바로 변하는 현상이다. 고체가 기체로 변할 때는 에너지를 흡수하고, 기체가 고체로 변할 때는 에너지를 방출한다. 물질에 따라 특정 온도와 압력에서만 승화가 일어난다.

흡열 반응과 발열 반응

흡열 반응은 물질이 열에너지를 흡수하는 반응을 말한다. 열에너지를 흡수함으로써 분자의 운동이 활발해지고, 주변의 온도는 내려간다. 고체가 액체가 되는 융해, 고체가 기체가 되는 승화, 액체가 기체가 되는 기화는 흡열 반응이 일어나는 상태 변화이다.

발열 반응은 물질이 가지고 있던 에너지를 열에너지로 방출하는 반응이다. 발열 반응이 일어나면 물질은 에너지가 낮아져 더 안정화되고 주변의 온도는 올라간다. 기체가 고체로 변하는 승화, 기체가 액체로 변하는 액화, 액체가 고체로 변하는 응고는 발열 반응이 일어나는 상태 변화이다.

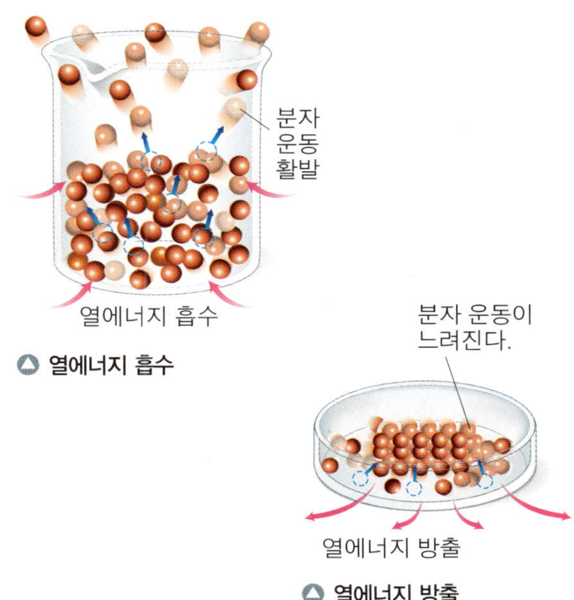

상태 변화 그래프

물질의 상태 변화 그래프를 보면 물질이 상태 변화할 때의 온도 변화를 확인할 수 있다. 고체 물질에 열을 가하면 고체의 온도가 서서히 올라간다. 이때, 고체에 열을 가해도 온도가 변하지 않는 구간이 나오는데, 이 구간에서 고체의 상태 변화가 일어나게 된다. 즉, 고체의 녹는점이 되면 고체에 가한 열에너지는 고체 분자 사이의 결합을 끊고 액체 상태로 변하는 데 사용되기 때문에 고체의 온도가 상승하지 않는다. 열에너지는 상태 변화에 이용되어 물질은 고체와 액체 상태가 모두 존재한다.

이는 액체의 경우에도 마찬가지이다. 액체의 끓는점에 도달하면 열은 액체 분자의 결합을 끊고 기체로 변하는 데 이용되어 온도가 상승하지 않는다. 이때, 물질은 액체와 기체 상태가 모두 존재한다.

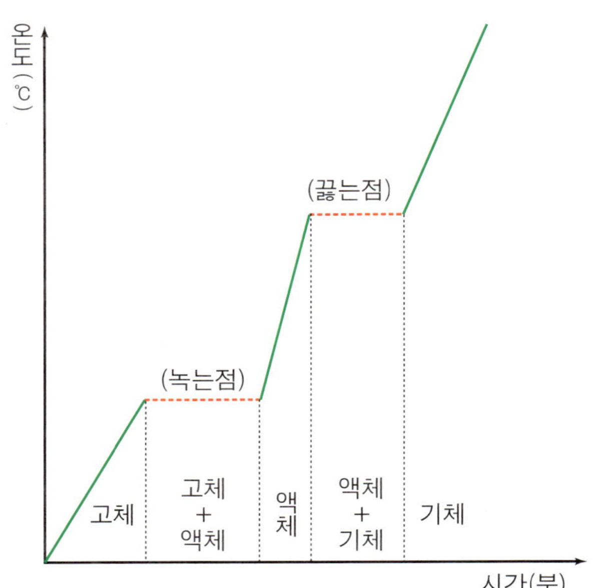

[얼음을 가열할 때의 온도 변화]

물질의 상태 변화와 압력

물질의 상태는 열뿐만 아니라 압력에 의해서도 변화할 수 있다. 고체는 압력이 낮아지면 분자 사이의 거리가 멀어져 액체나 기체로 변할 수 있고, 기체는 압력이 높아지면 분자 사이의 거리가 가까워져 고체나 액체가 될 수 있다. 또, 액체는 압력이 높아지면 고체로 되고, 압력이 낮아지면 기체로 된다. 기체를 특별한 목적으로 사용하는 경우에는 운반과 저장을 편하게 하기 위해 액화를 시키기도 한다. 액화 질소는 다른 물질의 온도를 낮추기 위해서 사용되는데, 주로 액체로 만들어 편하게 저장한다. 휴대용 부탄가스를 흔들어 보면 액체가 들어 있는 것과 같은 소리가 나는 까닭은 부탄가스가 액화되어 있기 때문이다.

▲ 휴대용 부탄가스

냉동 인간, 가능할까

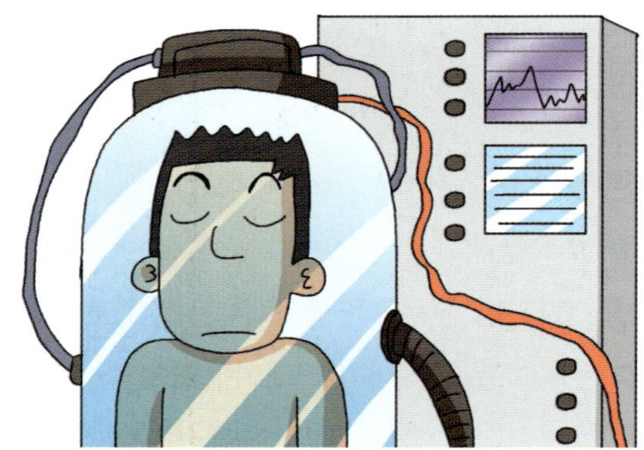

사람도 얼렸다가 녹이면 다시 살아날 수 있을까?

냉동 인간에 대한 인간의 갈망은 이미 오래전부터 있었다. 실제로 냉동 인간은 1967년에 처음으로 시도되었으며, 그 후로도 많은 사람들이 냉동 인간으로 보존되고 있다.

냉동 인간 기술은 미래 세대의 의학 기술 발달을 기대하며 건강하지 않은 사람들이 신체를 그대로 얼려 보존하는 기술을 말한다. 이를 위해 몸의 혈액을 빼내고 부동액을 넣은 뒤 인체를 액체 질소에 보존한다. 이렇게 인체를 냉동하여 보존하는 일은 먼 미래에 해동하는 기술이 생겨나게 되면 해동하여 살릴 수 있다는 믿음에서 진행되고 있다. 하지만 냉동 인간을 가능하게 하는 과학 기술에 앞서 사회적 문제 등에 대한 고민이 선행되어야 할 것이다.

혼합물의 상태 변화

혼합물은 마치 하나의 물질처럼 보이지만, 두 가지 이상의 물질이 고유의 성질을 잃지 않고 섞여 있는 물질이다. 따라서 각 물질의 녹는점, 끓는점 등은 변하지 않고 단순히 섞여 있을 뿐이다.

초콜릿 칩이 박혀 있는 아이스크림의 경우, 아이스크림이 녹기 전에 초콜릿 칩과 아이스크림은 하나의 물질처럼 섞여 있지만, 특정 온도에서 시간이 지나면 아이스크림 부분은 초콜릿 칩 부분보다 먼저 녹게 된다. 아이스크림의 녹는점이 초콜릿 칩보다 낮기 때문이다.

바닷물을 증발시키면 소금을 얻을 수 있는 것도 바닷물은 쉽게 기체가 되어 날아가지만 소금은 상온에서 기체가 되지 않기 때문이다.

저융점 금속

일반적으로 금속의 녹는점은 매우 높기 때문에 액체의 모습을 관찰하기가 쉽지 않다. 하지만 보통의 금속과는 다르게 비교적 낮은 온도에서 액체가 되는 금속들이 있는데, 이를 저융점 금속이라고 한다.

저융점 금속은 대부분 여러 금속을 합쳐서 만든 합금이다. 순수하게 하나의 물질만으로 이루어진 저융점 금속에는 수은이 있다. 수은은 녹는점이 $-38.83℃$로 상온에서 액체로 존재한다. 따라서 수은 온도계, 형광등, 전지 등 다양한 분야에 사용하고 있다.

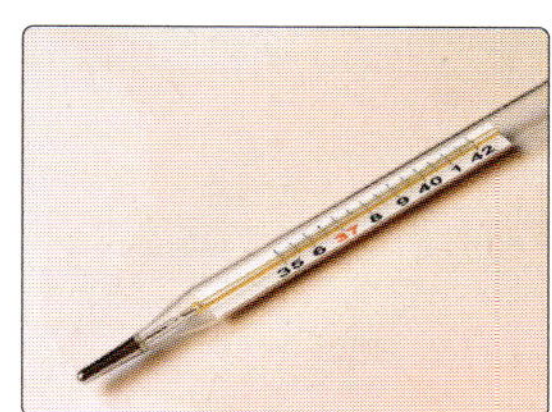
🔺 수은 온도계

수차를 돌려서 바닷물을 끌어올린다.

염전의 바닷물이 증발하면서 소금이 생긴다.

소금을 창고에 넣어 보관한다.

소금을 한 곳에 모아 놓는다.

🔺 바닷물에서 소금을 얻는 과정

팝콘은 왜 터질까?

팝콘은 옥수수에 간을 하여 튀긴 음식이다. 옥수수 알갱이를 가열하면 부피가 커지면서 소리를 내며 터지는 까닭은 무엇일까?

옥수수 알갱이에는 보통 수분이 14 % 함유되어 있다. 옥수수 알갱이를 가열하면 옥수수 알갱이의 내부에 있는 수분이 기체가 되는데, 수분의 부피가 366,000배 커져서 옥수수 알갱이가 터지게 된다. 우리가 맛있는 팝콘을 먹을 수 있는 것은 물질이 상태 변화하는 성질 덕분이다.

원자 Atom

지구상에 존재하는 물질은 눈에 보이지 않는 작은 원자로 이루어져 있다.

원자와 돌턴의 원자설

원자라는 용어는 고대 그리스의 철학자 데모크리토스가 처음 사용한 것으로 '더 이상 나눌 수 없다.'라는 의미를 가진 그리스어 아토모스(atomos)에서 나온 말이다. 원자설에서는 원자가 더 이상 쪼개질 수 없는 작은 입자이지만 원자는 전자, 양성자, 중성자로 구성되어 있다고 설명하고 있다. 같은 원소의 원자들 중 동위 원소와 같은 경우 질량이 다르며 핵분열과 핵융합으로 새로운 원자가 생성되거나 소멸된다는 사실도 밝혀졌다.

돌턴이 원자설을 발표할 때만 하여도 원자의 크기나 질량을 측정하지 못하여 인정받지 못했지만, 원자설로 많은 현상이나 법칙이 설명되면서 과학자들은 원자설을 받아들이게 되었다.

근대 물리 과학의 창시자 돌턴

영국의 물리학자 돌턴(Dalton, John: 1766~1844)은 1766년 컴벌랜드 주의 작은 마을에서 직물공의 아들로 태어났다. 그는 물질을 구성하고 있는 입자에 대한 자신의 생각을 정리해서 19세기 초에 원자설을 발표했다. 모든 물질은 더 이상 쪼갤 수 없는 가장 작은 입자가 나타나는데 그 입자를 원자라고 이름 붙였다.

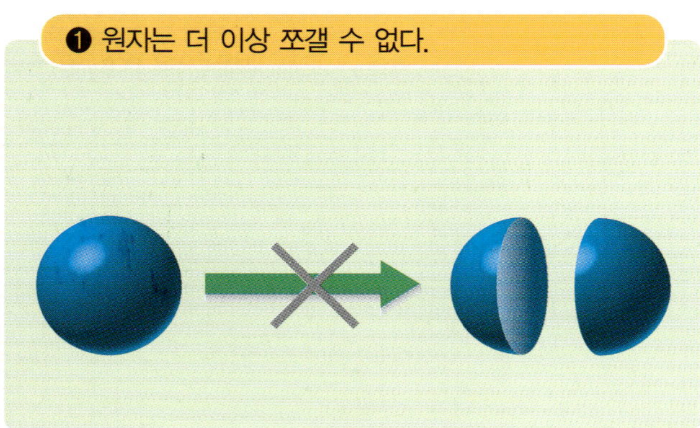

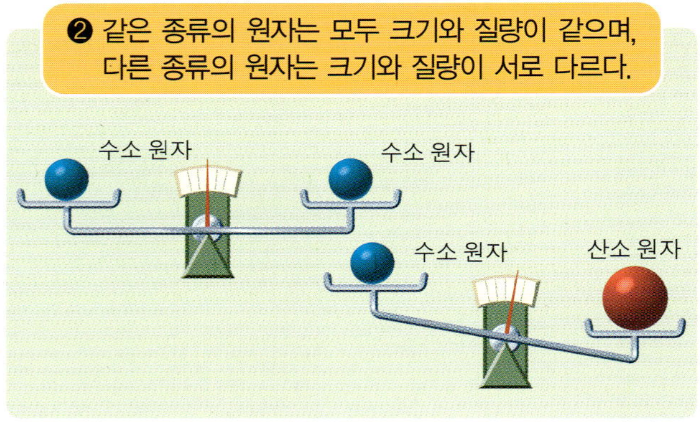

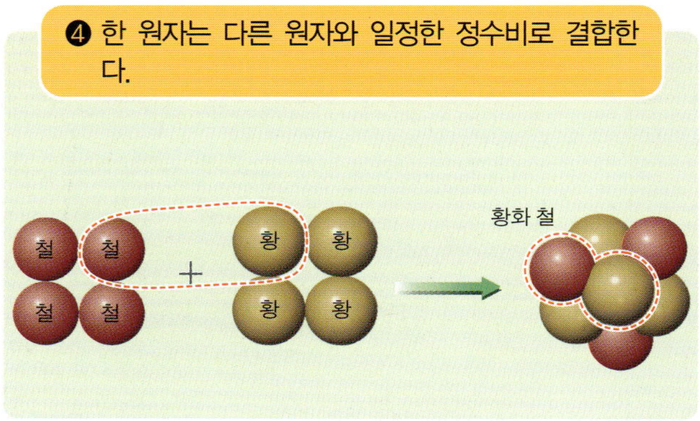

원자 모형의 변천 과정

톰슨 모형

1897년, 영국의 물리학자 톰슨은 음극선의 정체를 밝히는 실험을 하던 중 음극선이 음전하를 띤 입자의 흐름이라는 것을 밝혀냈고, 이 입자를 전자라고 하였다. 톰슨은 전자가 원자에 박혀 있다고 주장하였고, 그 모양이 건포도가 박힌 플럼 푸딩 모습과 유사하다고 해서 푸딩 모형이라고도 불린다. 즉, 양전하를 띤 덩어리에 음전하를 띤 전자가 박혀 있을 것이라는 새로운 원자 모형을 제시하였다.

돌턴 모형

원소의 가장 작은 단위라는 원자에 대한 현대적 개념은 돌턴이 1803년에 제시하였다. 돌턴은 원자는 더 이상 쪼갤 수 없는 작은 공 모양 입자라고 생각하였다.

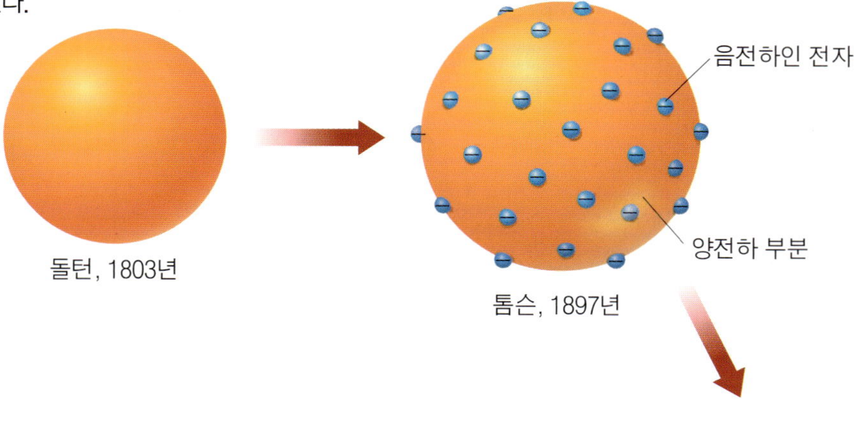

러더퍼드 모형

러더퍼드는 1911년에 양전하를 띠는 원자핵이 중심에 있고, 전자는 핵 주위를 운동한다고 설명하였다.

보어 모형

1913년, 보어는 원자핵 주위에 전자가 무질서하게 존재하는 것이 아니라 일정한 궤도인 전자껍질을 따라 움직인다고 설명하였다. 이 원자 모형의 모습이 마치 태양을 중심으로 행성이 움직이는 모습과 유사하다고 해서 태양계 모형이라고도 부른다.

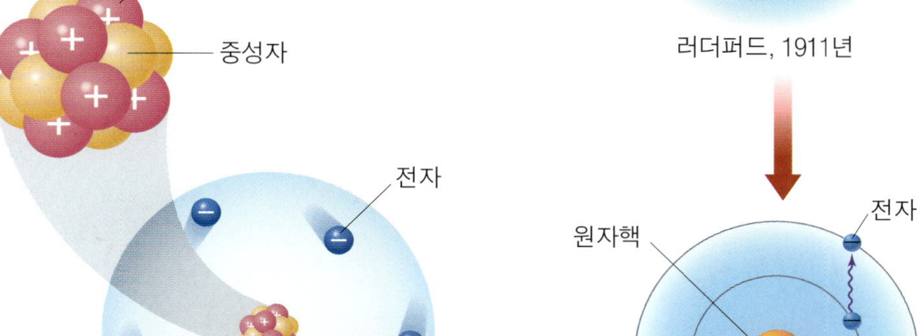

전자구름 모형

1926년, 슈뢰딩거는 원자 내에서 전자의 운동을 수학으로 해석하여 전자구름 모형을 제시하였다. 그후 1932년 채드윅은 양성자와 중성자로 이루어진 원자핵을 가지는 새로운 원자 모형을 제시하였다.

원자의 구조

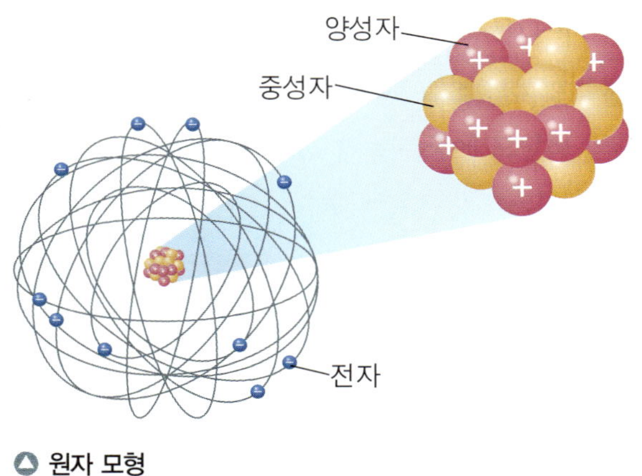

◎ 원자 모형

원자의 크기는 매우 작아 눈으로 직접 볼 수 없기 때문에 눈으로 쉽게 볼 수 있고 다루기 쉬운 원자 모형을 만들어 사용한다.

모든 원자들은 중심에 양전하를 띤 원자핵이 있고, 그 주위에는 음전하를 띤 전자가 움직이는 모형으로 나타난다. 원자는 원자핵이 띠는 양전하량과 전자가 띠는 음전하량이 같으므로 전기적으로 중성이다. 수소를 제외한 다른 원자들은 전하를 띠지 않는 중성자를 포함하고 있다.

실제 원자의 크기는 매우 작으며, 원자의 종류에 따라 크기가 다르다.

수소 원자와 질소 원자의 구조

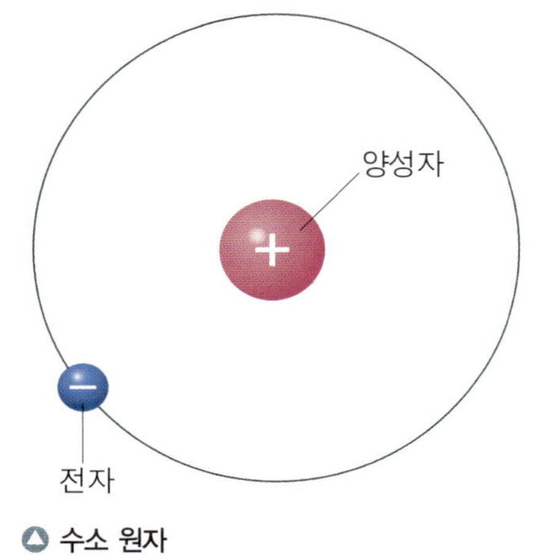

◎ 수소 원자

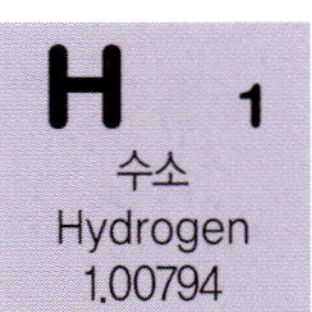

수소 원자

양성자 수와 원자 번호는 같으므로 수소 원자는 원자 번호가 1이다.

원자 중에서 가장 가볍고, 그 구조가 단순한 원자로 원자핵에 중성자가 없는 것이 특징이다.

원자핵에 양성자가 한 개 있고 그 주변에 전자가 한 개 있다. 전자는 원자핵 주변에서 일정한 궤도를 따라 움직이는데, 이 궤도가 전자껍질이다.

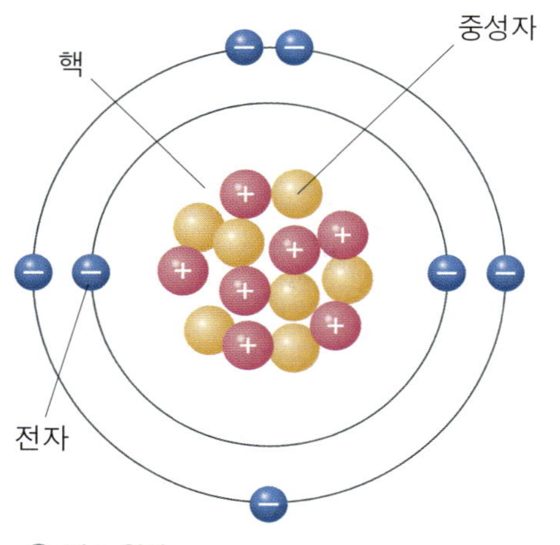

◎ 질소 원자

질소 원자

질소 원자는 원자 번호가 7이고 원자핵에는 양성자와 중성자가 있다. 중성자는 7개가 있고 양전하를 띠는 양성자도 7개가 있다.

수소는 전자껍질이 1개이지만 질소는 전자껍질이 2개이다. 첫 번째 전자껍질에는 전자가 2개 존재하고, 두 번째 전자껍질에는 전자가 5개 존재하여 전자가 모두 7개임을 확인할 수 있다.

전자 배치

원자를 구성하는 전자는 일정한 궤도를 따라 움직이는데, 이 궤도에도 이름이 있고 각 궤도마다 들어갈 수 있는 전자 수도 다르다. 원자핵에서 가장 가까운 전자껍질은 K 전자껍질, 두 번째 껍질은 L 전자껍질, 세 번째 껍질은 M 전자껍질, 그 다음은 N, O, P 순으로 이름 붙여진다. 전자는 K 전자껍질에는 2개, L 전자껍질에는 8개, M 전자껍질에는 18개, N 전자껍질에는 32개가 채워질 수 있다. 각 껍질에 채워질 수 있는 전자 수는 $2n^2$개이다.

헬륨

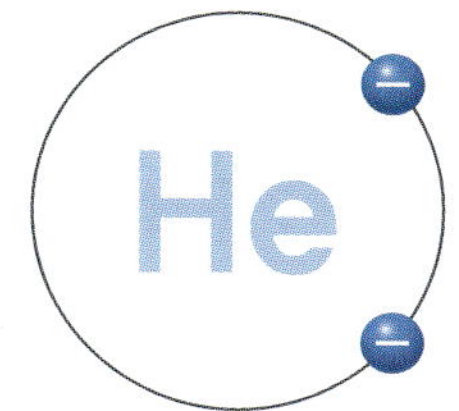

He는 헬륨의 원소 기호로 원자 번호는 2이다. 원자 번호 2에서 알 수 있듯이 원자핵의 양성자는 2개이고 전자도 2개이다. 전자가 2개이므로 필요한 전자껍질은 K 전자껍질 하나이다. 따라서 헬륨은 전자껍질 하나에 전자 2개가 모두 들어간 전자 배치를 보인다.

칼슘

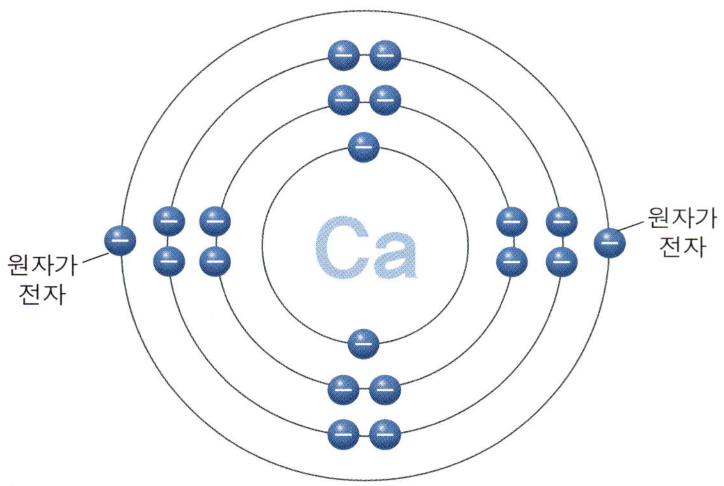

Ca는 칼슘의 원소 기호이다. 칼슘의 원자 번호는 20으로 양성자와 전자의 수도 20개이다. 전자의 수가 20개이므로 K 전자껍질에 2개, L 전자껍질에 8개, M 전자껍질에 8개, N 전자껍질에 2개가 들어갈 수 있다. 특히, 마지막 N 전자껍질에 있는 전자수 2개는 원자가 전자로 칼슘의 화학적 성질을 결정하는 중요한 전자이다.

리튬

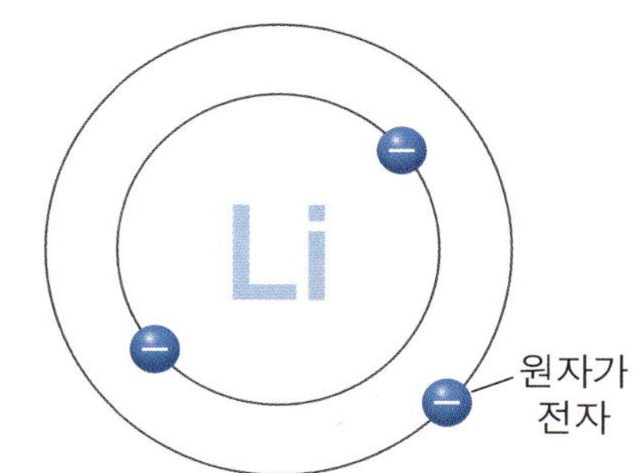

Li는 리튬의 원소 기호로 원자 번호 3이다. 원자 번호가 3이므로 전자도 3개이다. 전자가 궤도에서 운동을 하기 위해서는 전자껍질이 2개 필요하다. 첫 번째 껍질인 K 전자껍질에는 전자가 2개 들어가고 나머지 하나는 L 전자껍질에 들어간다. 이렇게 가장 바깥쪽 전자껍질에 채워져 있는 전자를 원자가 전자라고 한다. 리튬에서는 원자가 전자 수가 1개이다. 원자가 전자는 원소의 화학적 성질을 결정하는 중요한 역할을 한다.

> #### 🚀 더 나아가기
>
> **옥텟 규칙**
>
> "가장 바깥쪽에 위치한 전자껍질에 전자가 8개 배치되어 있을 때 가장 안정적이다."라는 규칙이다. 예를 들어 가장 바깥 전자껍질에 전자가 1~3개가 있으면 전자가 쉽게 떨어져 나가려고 하고, 전자가 6~7개가 있으면 전자가 떨어져 나가지 않고 다른 곳에서 전자를 받아들여 8개를 만들려고 한다. 이렇게 원자가 비활성 기체의 전자 배치를 가져 안정화되려는 경향을 옥텟 규칙이라고 한다.

원소 Element

원소는 더 이상 분해되지 않는 물질이다.

원소의 혁명

고대 그리스 초기에는 물질의 근원을 다양한 원소들로 생각하지 못했다. 그리스 초기 철학자 엠페도클레스는 만물이 물, 공기, 불, 흙, 이렇게 4개의 원소로 구성되어 있다고 생각하였다. 이러한 4원소설을 아리스토텔레스(Aristoteles: B.C. 384~B.C. 322)를 거쳐 라부아지에(Lavoisier, Antoine: 1743~1794) 이전까지 서양 과학계의 중심을 차지하고 있었다.

공기가 단일 원소로 된 물질이라는 생각은 쉽게 바뀌지 않았는데, 프랑스의 과학자 라부아지에가 공기가 산소와 질소 등으로 이루어져 있음을 밝힘으로써 4원소설에 대한 생각은 더 이상 지지받지 못하게 되었다. 이후 돌턴의 원자설 출현과 더불어 물질은 원소와 원자로 구성되어 있음을 인식하게 되었다.

▲ 4원소설

원소와 동위 원소

원소는 화학적으로 더 이상 나눌 수 없는 가장 기본적인 물질이다. 모든 원소는 원자들로 구성되어 있다. 즉, 같은 종류의 원자들을 묶어 원소라고 한다. 지구 상에 존재하는 원소는 약 110여 종으로 그중에서 90여 종의 원소는 자연에 존재하고, 그 이외의 원소들은 인공적으로 합성된 것들이다.

원소의 번호는 원자의 양성자 수와 관계가 깊다. 원자는 원자핵과 전자로 구성되고 원자핵은 양성자와 중성자로 구성되어 있다. 원자는 중성이므로 양성자 수와 전자 수는 같다. 자연계에 존재하는 원소 90여 종을 양성자 수를 일렬로 배열하면 하나도 빠짐없이 배열되기 때문에 원자가 가지고 있는 양성자 수가 바로 그 원소의 원자 번호가 된다.

동일한 원소의 경우 양성자 수는 같지만 중성자 수가 달라 질량수가 다른 원소를 동위 원소라고 한다. 이 원소들은 양성자 수, 전자 배치 등은 같지만 원자핵 속에 들어 있는 중성자 수만 다르다. 예를 들어 탄소 12($^{12}_{6}C$), 탄소 13($^{13}_{6}C$), 탄소 14($^{14}_{6}C$) 원소의 원자핵과 전자 배치를 살펴보면 중성자 수만 다르고, 양성자 수와 전자 배치는 같다. 따라서 탄소 12($^{12}_{6}C$), 탄소 13($^{13}_{6}C$), 탄소 14($^{14}_{6}C$)는 동위 원소이다.

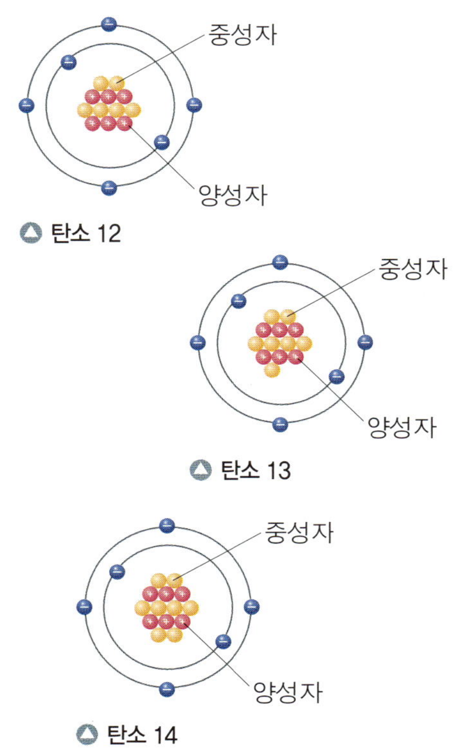

동위 원소의 표기법

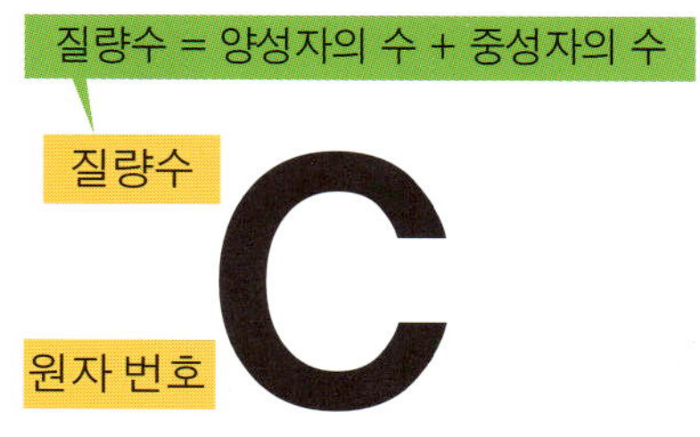

'C'의 왼쪽 윗부분에는 질량수를 적는다. 질량수는 양성자 수와 중성자 수를 합한 값이다. 그리고 'C'의 왼쪽 아랫부분에는 원자 번호를 쓰게 되는데 원자 번호가 같은 경우 동위 원소가 모두 같으므로 종종 생략한다.

예를 들어 탄소 12의 경우 $^{12}_{6}C$로 표기하는데 여기에서 12라는 질량수는 양성자 수 6과 중성자 수 6을 합하여 나온 수이다. 그리고 원자 번호는 6이므로 탄소의 경우 왼쪽 아랫부분에 원자 번호 6을 쓰면 된다. 원자 번호가 같은 경우에는 종종 생략하기도 해서 ^{12}C로 표기를 많이 한다. 탄소 13의 경우도 13은 양성자 수 6과 중성자 수 7을 합한 것으로 탄소 12($^{12}_{6}C$)보다 탄소 13($^{13}_{6}C$)의 질량이 더 크다.

원소 기호

중세의 연금술사들은 화학의 발전에 많은 기여를 한 부분이 있다. 연금술사들은 자신들이 발견한 원소에 기호를 붙였는데, 같은 종류의 원소라 하더라도 그 기호가 다른 경우가 많다. 연금술사들이 제각각 만들어 놓은 원소 기호를 근대에 들어 돌턴이 원소나 분자를 간단한 기호로 나타내었다. 지금 사용하고 있는 원소 기호와는 좀 다른 모습이지만 연금술사들이 사용했던 원소 기호보다는 훨씬 간결해지고 쉽게 알아볼 수 있는 형태였다.

오늘날 사용하는 원소 기호의 형태를 처음 고안한 사람은 스웨덴의 과학자 베르셀리우스(Berzelius, Jons Jacob: 1779~1848)이다. 베르셀리우스는 영어의 알파벳을 사용해서 원소 기호를 나타내었다. 원소 기호는 원소의 라틴명 또는 통용명의 첫 글자, 첫 글자와 다음 글자 또는 첫 글자와 중간 글자를 사용해서 만들었다. 그리고 첫 글자는 대문자로 두 번째 글자는 소문자를 사용해서 원소 기호를 만들었다.

△ 돌턴의 원소 기호

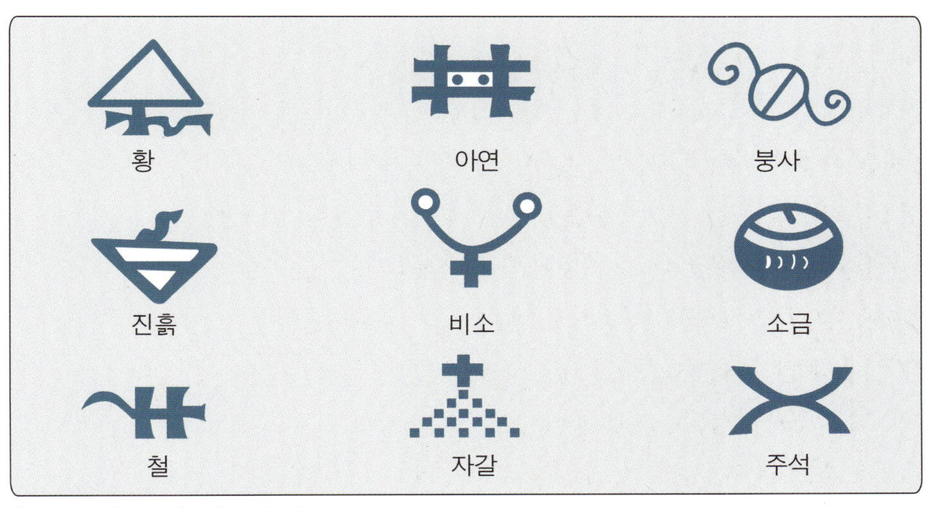

△ 연금술사들이 나타낸 물질 기호

주기율표 Periodic Table

원소들을 원자 번호순으로 나열하면서 물리적·화학적 성질이 비슷한 원소들을 묶어서 제시한 표이다.

주기율표의 이해

주기율표는 화학적 성질이 비슷한 원소들을 같은 세로줄에 배열한 표이다. 주기율표에서 세로줄을 족이라고 하고 왼쪽에서 오른쪽으로 1족에서 18족까지 구분한다. 가로줄은 주기라고 하고 위에서 아래로 1주기에서 7주기까지 구분한다.

수소를 제외한 1족 원소들을 알칼리 금속이라고 한다. 알칼리 금속은 물에 넣으면 활발하게 반응하며 수소 기체를 발생시키는 성질이 있다.

마그네슘(Mg)과 같은 2족 원소들을 알칼리 토금속이라고 한다. 베릴륨(Be), 마그네슘(Mg)을 제외한 알칼리 토금속들도 물과 반응하면 수소가 발생한다. 칼슘(Ca), 스트론튬(Sr), 바륨(Ba) 등은 산소와 반응성이 크기 때문에 석유에 보관한다. 마그네슘 화합물은 녹색 식물이 엽록소를 만들 때 반드시 필요한 물질이다.

주기율표에 제시된 원소의 정보

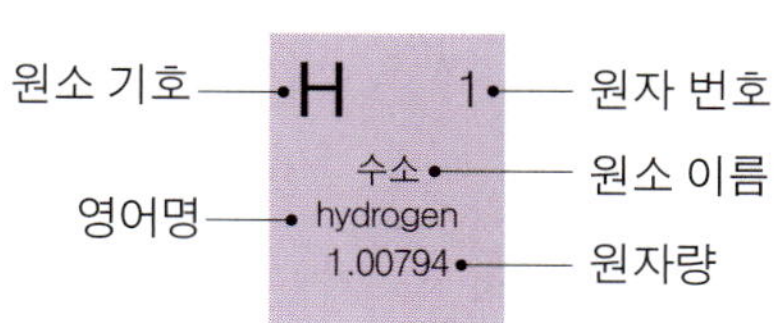

원자 번호는 양성자 수로 결정된다. 수소(H)는 양성자 수가 1개이므로 원자 번호가 1이 된다. 리튬(Li)은 양성자 수가 3개이므로 원자 번호가 3이 되고, 염소(Cl)는 양성자 수가 17개이므로 원자 번호가 17이 된다.

원자는 크기가 매우 작아 질량도 작기 때문에 어떤 원자의 질량을 기준으로 하여 다른 원자들의 원자량을 상대적 질량으로 나타낸다.

원소 기호는 원소의 이름을 간단히 줄여서 기호로 나타낸 것이다.

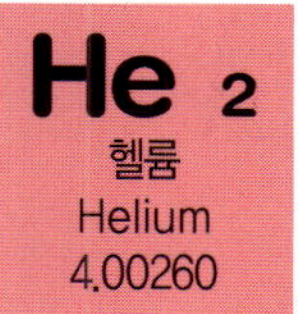

18족 원소인 헬륨(He), 네온(Ne), 아르곤(Ar) 등을 비활성 기체라고 한다. 비활성 기체는 화학 반응이 거의 일어나지 않는 안정한 기체이다. 비활성 기체가 안정한 까닭은 원자가 전자 수가 8개로 전자를 버리거나 받을 필요가 없기 때문이다.

헬륨(He) 같은 경우 애드벌룬에 넣어 사용하기도 하고, 아르곤(Ar) 같은 경우에는 백열전구, 형광등, 진공관 등에 넣어 사용한다.

아스타틴(At)을 제외한 17족 원소들과 플루오린(F)을 비금속이라고 한다.

비금속은 반응성이 매우 크고 몸에 해로운 독성 물질이다. 특히 플루오린(F)은 비금속 중에서 가장 반응성이 커서 대부분의 금속과 반응을 하는 물질이다.

비금속 원소는 실온에서 기체, 액체, 고체 상태로 존재하며 전기 전도성이 좋지 않다. 또한 전자를 얻어 음이온이 되기 쉽다.

결정성 고체 Crystalline Solid

입자들의 결합이 규칙적이고 배열이 대칭적인 고체를 의미한다. 결정성 고체는 이온 결정, 원자 결정, 금속 결정, 분자 결정으로 나눌 수 있다.

이온 결정

이온 결정에서 입자들은 규칙적으로 배열된다. 양이온과 음이온 사이의 정전기적 인력에 의해 이루어진 결정이다. 양이온과 음이온이 규칙적으로 반복되는 구조이며 결합의 세기는 전하량에 영향을 받는다. 이온 결정은 분자 사이의 결합이 강하기 때문에 녹는점과 끓는점이 높다. 고체에서는 이온이 움직일 수 없어 전기가 흐르지 않지만, 액체 상태에서는 이온화되어 전기가 흐른다.

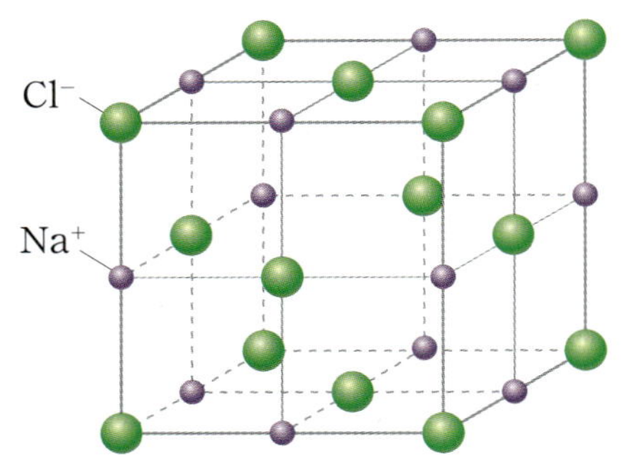

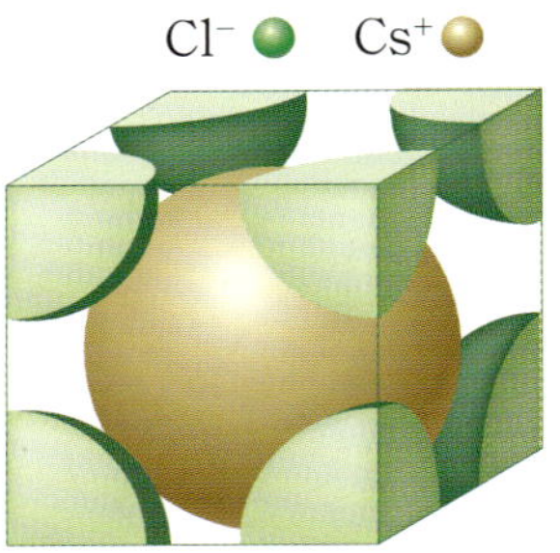

◔ 염화 나트륨(NaCl) 결정

◔ 염화 세슘(CsCl) 결정

원자 결정

원자들이 전자를 공유하면서 생기는 결합력 등에 의해 이루어진 결합으로서 그물 형태의 구조를 형성하고 있다. 원자 결합은 많은 원자로 이루어져 있고 입자들 사이의 힘이 매우 강하다. 또한 열에 의해 쉽게 파괴되지 않아 단단하고 녹는점이 높으며 전기 전도성도 거의 없다.
탄소 원자만으로 이루어진 흑연과 다이아몬드 등이 원자 결정으로 이루어진 고체이다. 흑연은 탄소 하나에 3개의 탄소가 결합되는 반면에 다이아몬드는 탄소 하나에 4개의 탄소가 결합되어 있다. 따라서 다이아몬드는 탄소에 비해 안정적이고 강한 결합력을 가지고 있다.

◔ 흑연

◔ 다이아몬드

금속 결정

금속 원자 사이를 전자들이 자유롭게 떠돌며 금속 결합이 이루어진다. 금속 양이온은 규칙적으로 배열되어 있고, 그 사이를 전자들이 전자 바다를 형성하며 자유롭게 떠돈다. 금속 결정의 특징은 열전도성과 전기 전도성이 크고, 전자가 많기 때문에 전기가 잘 흐르고 열이 잘 전달된다. 또한 결합이 강하여 녹는점과 끓는점이 높고, 연성(가늘고 길게 뽑아지는 성질)과 전성(얇게 펴지는 성질)을 가지고 있다.

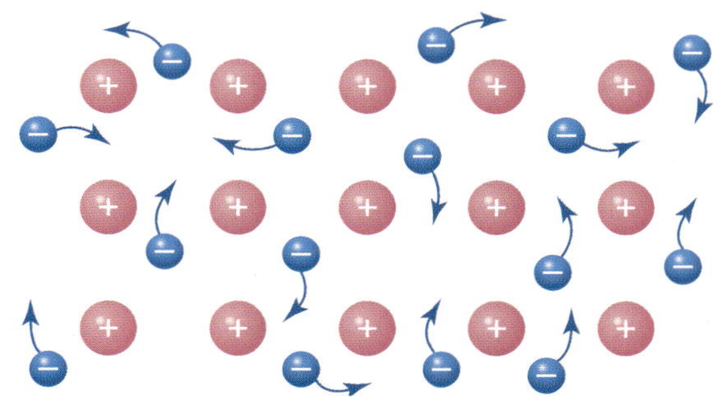

△ 금속 결정의 자유 전자 이동으로 전도성을 나타내는 모형

분자 결정

원자 사이의 결합이 아닌 분자 사이의 결합으로, 분자들 사이의 인력으로 인해 서로 결합하고 있다. 분자 사이의 힘은 이온 결합이나 원자 결합에 비해 매우 약하기 때문에 녹는점이 낮고 쉽게 변형된다. 즉, 전기 전도성이 없다.

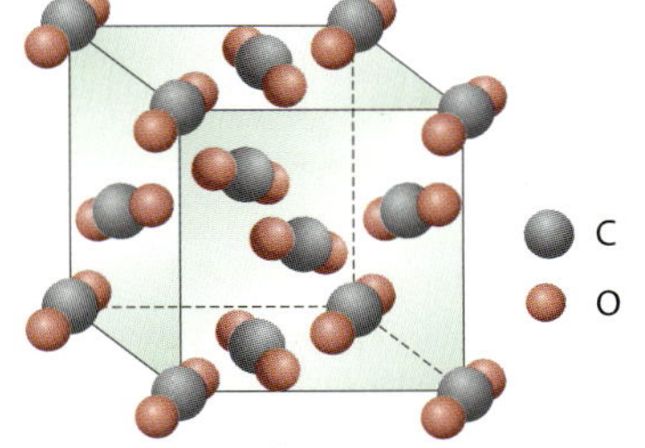

△ 드라이아이스와 분자 결정 구조

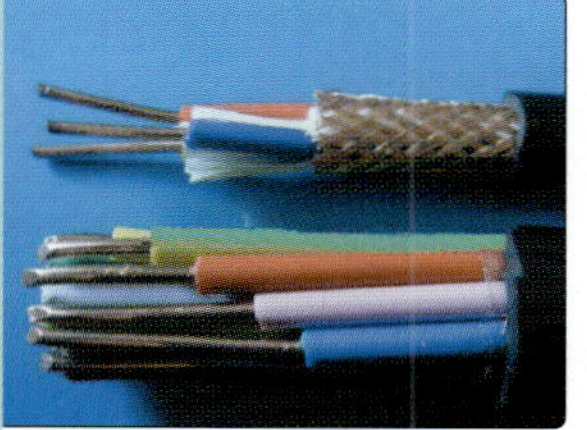

△ 구리선(연성)

△ 알루미늄박(전성)

연성: 금속을 가는 형태로 뽑아 늘일 수 있는 성질을 말한다.

전성: 두드려서 얇게 펴지는 성질을 말한다.

세계 최대의 다이아몬드, 컬리난(Cullinan)

1905년 1월, 남아프리카에서 3,106캐럿의 다이아몬드가 발견되었다. 당시 다이아몬드 광산 회장이었던 '도너스 컬리난'의 이름을 따 '컬리난(Cullinan)'이라는 이름이 붙은 이 다이아몬드를 남아프리카의 군인이 사들여 영국 국왕의 탄생 축하연에 바치기를 원하였다. 그러나 남아프리카로부터 런던까지 이 비싼 다이아몬드가 이동한다는 소식에 수많은 도둑들이 몰려들 것으로 예상되었다. 이에 컬리난을 무사히 운반하기 위해서 보험 회사는 실제 컬리난은 보통의 소포처럼 평범하게 배송을 시키고 쓸모없는 돌멩이 1개를 마치 보석처럼 철저한 경비 속에 이동시켰다. 이에 도둑들은 쓸모없는 돌멩이를 컬리난으로 착각하고 강탈하였다. 한편, 이 컬리난 원석은 영국 왕실에서 지목한 보석 가공사 앗샤의 신중한 제련을 거쳐 컬리난 Ⅰ과 컬리난 Ⅱ로 나누어 제작되었다고 한다.

비결정성 고체 Noncrystalline Solid

구성 입자들이 불규칙적으로 배열되어 있는 고체로 입자 사이의 결합력이 약하기 때문에 녹는점, 끓는점이 일정하지 않다.

유리의 제련

비결정성 고체의 대표적 예인 유리는 단단하지만 깨지기 쉽고 투명도가 높은 특징을 가지고 있다. 구성하는 입자들이 규칙적인 배열을 이루지 못해 다양한 형태로도 변형이 가능하다.

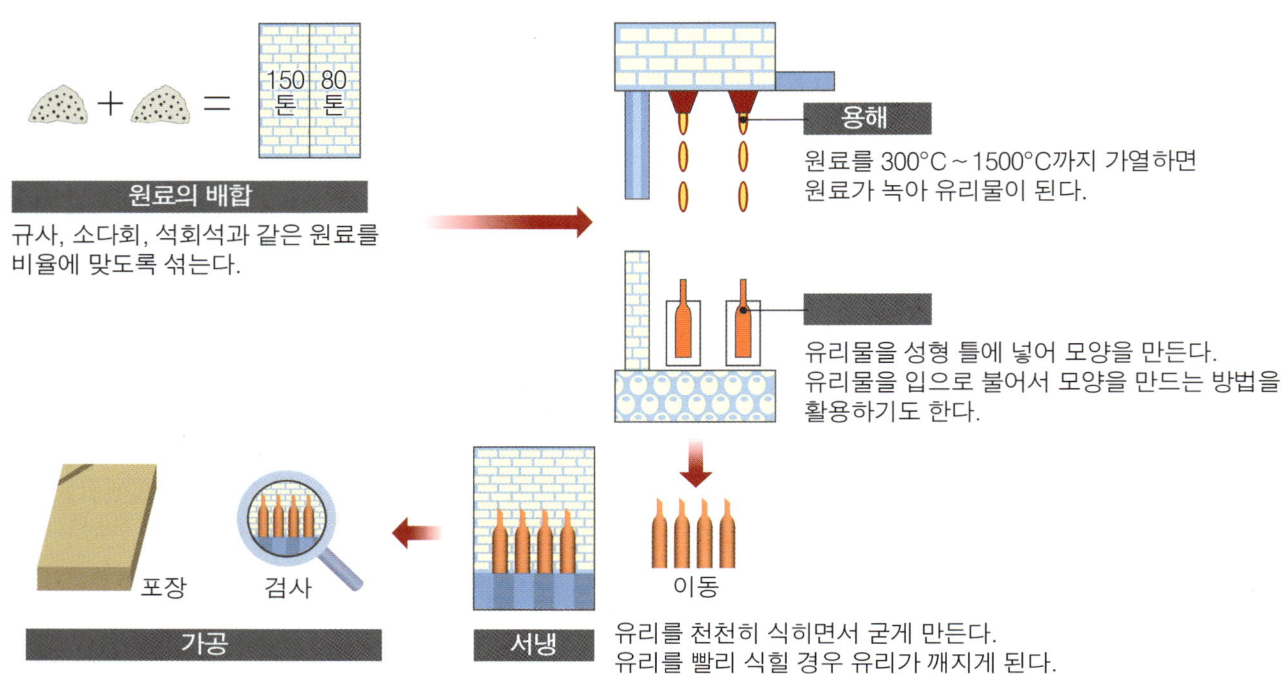

🚀 더 나아가기

유리는 액체일까, 고체일까

유리의 제련 과정을 보면 마치 액체처럼 흘러내리고 넣는 용기에 따라 모양과 부피가 달라진다. 하지만 제련 후 굳게 되면 모양과 부피가 일정한 상태가 된다. 유리는 높은 열로 가열하면 액체와 같은 성질을 나타내기도 하고, 굳어 있을 때는 고체의 성질을 나타내는 까닭은 결정의 배열이 규칙적이지 않기 때문이다. 분자의 배열이나 유동성을 볼 때 유리를 과냉각 상태의 액체라고 보는 시각도 있고 불규칙한 결합을 가진 고체라고 보는 시각도 있다.

이렇게 액체와 고체를 어떻게 정의하느냐에 따라 유리의 분류가 달라질 수 있지만, 중요한 것은 그만큼 유리가 독특하고 중요한 물질이라는 것이다.

고무는 우연히 탄생했다

때때로 세상을 바꾸는 획기적인 발명과 발견들은 우연한 기회에 생겨난다. 고무의 경우도 마찬가지였다.

발명가였던 굿이어(Goodyear, Charles: 1800~1860)는 어려서부터 고무 연구를 하였다. 계속되는 실패에도 끊임없이 다양한 방법을 시도했지만 고무의 탄성을 늘리고 열과 차가움에 강하게 만드는 일은 쉽게 해결되지 않았다. 결국 경제적인 어려움에 빠진 그는 빚에 시달리며 감옥에 다녀오기도 하는 등 힘겨운 삶을 살았다. 그러던 어느 날, 그는 고무와 황을 섞은 물질을 우연히 난로 위에 떨어뜨렸는데 물질이 식은 후 살펴보자 탄성이 증가하고 열과 차가움에도 강한 성질을 가지게 된 것을 발견하였다. 이 우연한 기회로 가황법(생고무에 황을 가해서 탄성에 변화를 주는 것)이 탄생하게 되었고, 고무는 우리 생활에서 매우 유용한 물질이 되었다.

천연고무

고무나무의 액체를 받아 응고시켜 만드는 천연고무는 합성 고무에 비해 탄성이 강하고 탄성 고무에 비해 제작이 간단하다. 콜럼버스(Columbus, Christopher: 1451~1506)가 1500년경 아이티섬에서 고무의 쓰임을 발견하였고, 차츰 고무에 대한 관심이 높아졌다. 그러던 중 굿이어(Goodyear, Charles: 1800~1860)가 고무에 황을 섞는 가황법을 발견하게 되어 고무의 탄력을 높일 수 있게 되었고, 고무의 쓰임이 다양해지기 시작하였다.

합성 고무

합성 고무는 고무나무를 이용하지 않고 원료를 화학적으로 섞어서 만든다.

제1차 세계 대전 중 독일은 고무의 수입이 차단되어 고무를 만들기 위한 연구를 진행하였다. 이에 1914년 고무를 인공적으로 만드는 데 성공하였지만 성능이 좋지 않아 쓰임에 한계가 있었다. 제2차 세계 대전 중 석유 화학 공업의 발달로 미국에서 고무에 대한 다양한 연구가 진행되었고, 이를 바탕으로 다양한 종류의 합성 고무가 개발되었다. 천연고무의 한계를 극복한 합성 고무는 다양한 분야에서 우리에게 편리함을 주고 있다.

고무가 없다면

우리 주변의 많은 물건들은 고무로 이루어져 있다. 지우개, 바퀴, 풍선, 고무줄, 공, 각종 물건의 이음새, 신발의 밑창, 자동차의 와이퍼 등 고무는 여러 분야에 다양하게 사용된다. 그런데 고무가 발견되지 않았다면 우리 생활은 어떻게 달라졌을까?

아마도 자동차의 바퀴에는 나무, 쇠 등이 고무 대신 쓰였을 것이다. 나무는 물에 약하고 큰 무게를 버티기 힘들었을 것이고, 쇠는 승차감이 좋지 않고 소음도 컸을 것이다. 이로 인해 자동차 산업이 지금처럼 발달하지 못했을 것이다.

신발은 무겁거나 미끄러지기 쉬워 불편했을 것이고, 연필로 쓴 글씨를 지우는 일도 쉽지 않았을 것이다. 많은 사람들이 보고 즐기는 스포츠 경기는 재미가 떨어지거나 위험성이 높아지고 아예 존재하지도 않았을 종목도 있었을 것이다.

실제로 1986년 미국의 챌린저호는 발사 75초 만에 폭발하였는데, 원인을 분석해 보니 이음새 부분의 고무가 불량이었던 것으로 드러났다. 이처럼 고무는 우리의 생활과 깊숙이 관련되어 있으며 우리에게 많은 도움을 주고 있다.

금 Gold, 철 Iron

금속 물질은 광택이 있고 전기 전도성과 열전도성이 높으며 연성, 전성의 특징을 가지고 있다.

금의 성질

금(Au)은 원자 번호가 79, 원자량은 196.967이며, 녹는점은 섭씨 1064 ℃이고 끓는점은 섭씨 2808℃이다. 연성과 전성이 풍부하여 매우 얇게 펴거나 길게 뽑아낼 수 있어서 다양한 제품으로 만들기 쉽다. 또한 전기 전도성과 열전도율이 높으며 내구성이 뛰어나서 부식과 산화가 거의 일어나지 않는다. 한편 금은 매우 무르기 때문에 강도를 높이기 위해서 다른 금속과 섞어서 합금으로 가공하기도 한다.

금의 순도는 캐럿으로 나타내는데 1캐럿은 순금의 $\frac{1}{24}$ 만큼이 들어 있음을 뜻하며 24캐럿은 순금으로 통용된다.

금의 생산

△ 괴금

△ 산금

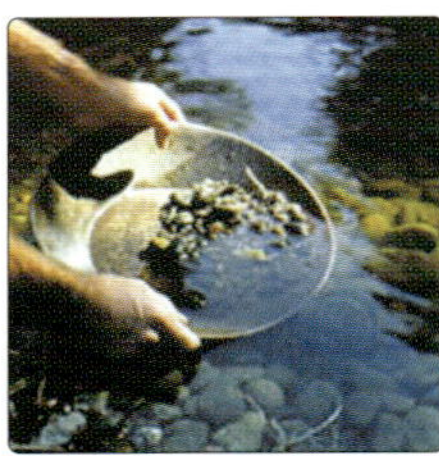

△ 사금

금의 생산은 금을 얻는 것에서부터 시작된다. 자연에서 얻는 금은 큰 덩어리 형태의 괴금, 은과의 합금 형태의 산금, 강이나 모래 등에 가루 형태로 들어 있는 사금의 세 가지 형태로 얻을 수 있다.

이렇게 얻어진 금은 사이안화법과 수은 아말감법을 이용해 금만을 분류해 내게 된다. 사이안화법은 금에 산소, 청산 나트륨, 청산가리 등을 넣어 녹인 후 아연을 넣어 금만을 가라앉히는 방법이다.

아말감법은 금과 수은의 합금을 가열하면 끓는점이 낮은 수은만 날아가는 성질을 이용해서 순수한 금을 얻는 방법이다.

골드러시

1848년 마셜(Marshall, James William: 1810~1885)은 우연히 미국 캘리포니아주의 아메리칸 강에서 사금을 발견하였다. 이후, 금을 얻기 위해 세계에서 많은 사람들이 캘리포니아주로 몰려들었고, 4년 동안 캘리포니아주에서 당시 가치로 2억 달러가 넘는 양의 금이 채집되었다.

이러한 골드러시의 결과로 서부 이주 정책을 펴려던 미국 정부의 고민은 자연스럽게 해결되었다.

철의 성질

철(Fe)은 원자 번호가 26이고 원자량은 55.847로 녹는점은 1538℃, 끓는점은 2862℃이다. 은회색 광택이 나고 공기에 의해 쉽게 산화되어 녹이 슨다. 지구 전체 무게의 35%를 차지한다고 할 수 있을 정도로 많은 양이 있다.

일반적으로 철은 탄소 함량이 1.7% 이상인 물질로 매우 단단하고 전기 전도성이 높지만, 순수한 철은 연한 성질을 갖고 있다.

철은 공기 중의 산소와 수분에 의해 쉽게 녹이 스는 현상이 나타난다. 철로 만든 군함의 경우 철의 부식을 방지하기 위해서 특수한 페인트칠을 하며, 문구용으로 사용하는 칼의 경우는 기름종이에 싸서 판매하는 방법으로 녹을 방지한다.

철의 생산

철은 반응성이 매우 크기 때문에 자연 상태에서 순수한 형태로 얻기는 힘들다. 일반적으로 철은 산소와 결합한 형태로 이루어져 있다. 그러므로 철을 생산하기 위해서는 철을 순수한 형태로 만들고 탄소를 섞어서 연철, 강철 등을 만들어야 한다.

철과 산소를 분리하기 위해서는 탄소를 넣고 용광로에서 2,000℃가 넘는 매우 높은 온도에서 가열해야 한다. 이 과정에서 탄소는 산소와 반응하여 이산화 탄소로 방출된다. 순수한 쇳물이 얻어지면 용광로 바닥에서 식힌다.

순수한 철은 강도가 약하기 때문에 거의 생산되지 않고 탄소를 포함한 단단한 철로 제조한다. 이렇게 생산된 철은 산업의 다양한 곳에 쓰이는데 각종 건축 재료, 선박, 생활 도구, 자동차, 기계 부품 등과 같이 우리 생활과 밀접하게 관련되어 있다.

🚀 더 나아가기

내 몸속에 철이 있다고

"철분이 부족하면 빈혈이 온다."라는 말에서도 알 수 있듯이 음식에서는 철분의 흡수를 중요하게 생각한다. 실제로 철은 모든 생명체에게 꼭 필요한 원소이다. 사람에게도 작은 못 1개 정도의 철이 있는데 철은 단백질의 구성 성분으로 특히 헤모글로빈에 절대적으로 필요한 원소이다. 헤모글로빈은 산소를 운반하는 역할을 하기 때문에 헤모글로빈이 부족하면 생명에 치명적일 수 있다.

그러나 철분을 흡수해야 한다고 해서 철을 그대로 먹어야 한다는 의미는 아니다. 우리 몸속의 철은 이온 상태로 존재하기 때문에 자연 식품 속에 함유된 형태로 섭취해야 한다. 철은 주로 동물의 간, 생선, 채소, 육류, 과일 등에 다양하게 포함되어 있다. 단, 철은 독성도 있기 때문에 권장량 이상으로 지나치게 많은 양을 섭취하지 않도록 주의해야 한다.

액체의 성질

특정 형태는 없지만 일정한 부피를 가진다. 음식을 만들어 먹기 위해 물을 끓이고, 더운 여름에 땀을 흘려 체온을 낮추는 것 모두 액체의 성질과 관련이 있다.

액체의 표면 장력

표면 장력은 액체가 표면적을 작게 하려는 힘을 말한다. 즉, 표면 장력이 크면 액체의 표면적을 크게하는 데 큰 에너지가 필요하다는 뜻이고, 표면 장력이 작으면 액체의 표면적을 크게하는 데 적은 에너지가 필요하다는 것을 의미한다. 따라서 표면 장력이 클수록 표면적이 적은 동그란 형태를 띠게 된다.

식물의 잎 표면에 물방울이 유리구슬같이 맺혀 있고, 소금쟁이가 물 위로 떠다닐 수 있는 것이 표면 장력 때문이다.

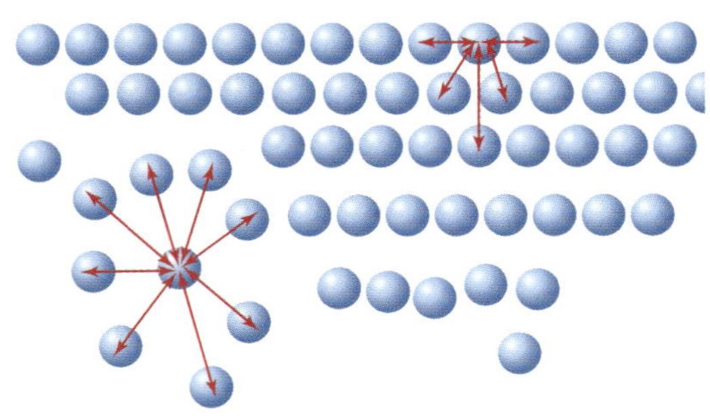

△ 물의 표면 장력이 생기는 까닭

위의 그림을 보면 물 표면의 분자들은 아래쪽으로는 물 분자 사이의 당기는 힘을 받고 위쪽으로는 공기와 접하고 있다. 이때, 물 분자가 당기는 힘이 커지면 액체가 표면적을 작게 하려는 힘인 표면 장력이 커진다.

또한 모든 물질은 에너지를 낮추려는(안정화되려는) 성질을 갖고 있는데, 액체 표면의 분자들은 결합하지 않는 부분이 있어서 에너지가 높은 불안한 상태이다. 따라서 에너지를 낮추어 안정화하기 위해 결합을 하려 하기 때문에 표면을 최소화하려는 성질인 표면 장력을 가지게 된다.

표면 장력에 영향을 주는 요인

△ 수은의 표면 장력

액체의 표면 장력은 액체 분자 사이의 당기는 힘의 영향을 받는다. 물의 경우 보통의 액체보다 분자들이 당기는 힘이 크기 때문에 큰 표면 장력을 가진다. 또한 수은은 물보다 분자들이 당기는 힘이 더 크기 때문에 물보다 더 큰 표면 장력을 가진다. 따라서 물보다 더 동그란 형태를 보인다. 비눗물과 같이 물에 불순물이 생기면 분자 사이의 결합을 방해하기 때문에 물의 표면 장력이 작아진다. 또한 액체는 온도가 높아지면 표면 장력이 작아진다. 이것은 온도가 높아지면 분자 사이의 결합이 약해지고 서로 멀어지기 때문이다.

소금쟁이가 물 위로 떠다니는 까닭

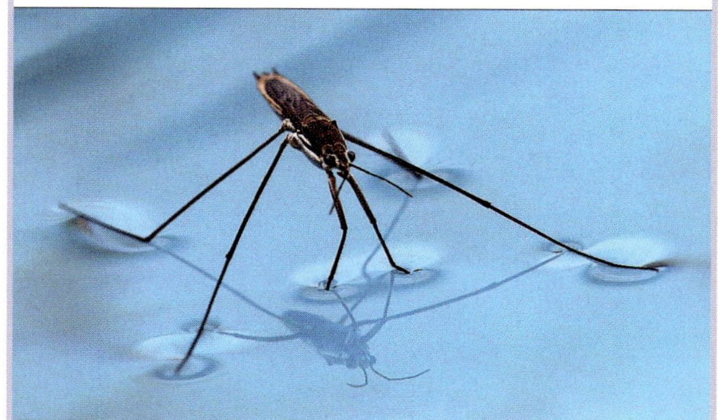

⬆ 물 위로 떠다니는 소금쟁이

소금쟁이가 물 위로 떠다닐 수 있는 까닭은 물의 표면 장력 때문이다.

소금쟁이 다리의 작은 털들이 물을 누르면 물은 표면적을 줄이는 힘인 표면 장력이 생기고 소금쟁이의 무게와 표면 장력이 평형을 이루어 소금쟁이가 물 위에 뜨게 된다.

또한 소금쟁이의 털 주변에서 물과 섞이지 않는 물질이 나오는 것도 소금쟁이가 물 위로 떠다니는 데 중요한 역할을 한다.

점성

액체는 점성을 갖고 있는데 점성은 액체가 흐를 때 서로 결합하여 떨어지지 않으려는 성질을 말한다. 즉, 점성이 큰 액체일수록 잘 흘러내리고 점성이 작은 액체일수록 잘 흘러내리지 않는다. 예를 들면 꿀은 물보다 점성이 훨씬 크다고 할 수 있다.

점성은 액체 분자 사이의 결합력에 영향을 많이 받는데 액체의 표면 장력과 마찬가지로 온도가 높은 경우에는 분자들 사이의 당기는 힘이 작아지므로 대부분 점성이 작아지게 된다. 따라서 액체에 열을 가하면 흘러내리는 속도가 대부분 빨라진다.

점성을 정확하게 측정하기는 어렵지만, 같은 양의 액체가 굵기가 같은 가는 관을 타고 내리는 시간을 비교하면 점성이 작은 액체일수록 시간이 적게 걸린다.

모세관 현상

물이 들어 있는 컵 속에 가늘고 긴 관을 넣으면 관 속의 수면이 컵의 수면보다 높아지는 것을 볼 수 있다. 이와 같이 액체의 액면이 중력을 이겨 내고 가는 관을 통해 높아지는 현상을 모세관 현상이라고 한다.

모세관 현상은 액체의 표면 장력, 모세관의 두께에 의해 결정되는데, 표면 장력이 클수록, 모세관의 반지름이 작을수록 높게 올라간다. 모세관 속의 액체 분자는 분자 사이의 당기는 힘과 액체 분자와 모세관 사이의 당기는 힘이 작용한다. 이때, 물과 수은 모양이 다르다. 물의 경우 물과 관의 벽 사이의 당기는 힘이 물 분자끼리 당기는 힘보다 커서 벽과 접촉하고 있는 면이 위로 상승하게 되고, 이때 물의 표면적을 줄이기 위해서 물 분자가 위로 상승하려는 힘을 갖게 된다.

수은의 경우 수은 분자 사이의 당기는 힘이 수은과 벽 사이에 작용하는 힘보다 커서 벽과 접촉하고 있는 부분이 최소화한다. 이때, 수은은 표면적을 줄이기 위해서 아랫방향으로 응집하여 아래로 줄어드는 성질을 갖게 된다.

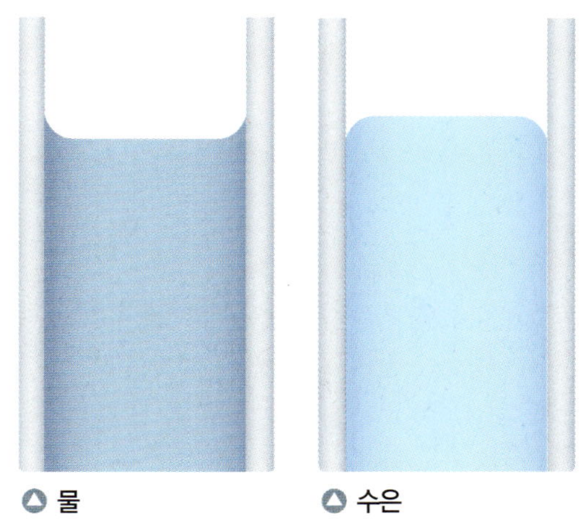

⬆ 물   ⬆ 수은

모세관 현상은 액체의 표면 장력과 액체와 모세관 사이에 작용하는 힘, 액체 분자 사이에 당기는 힘이 종합적으로 작용하여 나타난 결과라고 볼 수 있다.

식물의 뿌리에서 잎으로 물이 운반되는 것도 물 분자의 수소 결합에 따른 응집력과 모세관 현상을 통해 물이 계속 올라가기 때문에 가능하다.

액체의 증발

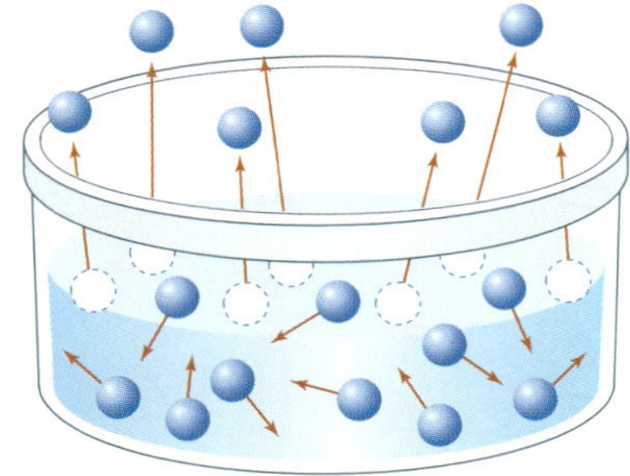

액체 표면의 분자들은 액체 안쪽의 분자들에 비해 상대적으로 인력이 작게 작용한다. 따라서 표면에서 떨어져 나와 기체가 되기도 하는데 이를 증발이라고 한다. 증발은 온도가 높을수록(에너지를 많이 가지고 있으므로), 표면적이 넓을수록(물 분자가 빠져나갈 수 있는 범위가 넓으므로) 잘 일어난다. 땀이 마르는 것, 수족관의 물이 줄어드는 것, 젖은 빨래가 마르는 것 등이 증발의 예이다. 증발 현상은 눈으로 볼 수 없는 액체 표면의 분자 운동을 확인하는 좋은 예이다.

증발된 기체 분자는 다시 액체로 돌아가기도 하는데, 이를 응결이라고 한다. 얼음물이 든 컵 표면에 물방울이 생기는 것, 목욕탕의 벽에 물방울이 맺히는 것, 추운 겨울철 유리창에 물방울이 맺히는 것 등이 응결의 예이다. 밀폐된 공간에서는 액체가 기체로 변하는 증발과 기체가 액체로 변하는 응결이 반복해서 일어난다. 점차적으로 증발하는 속도와 응결하는 속도가 같아져 액체의 양에 변화가 없는 상태가 생기는데 이를 동적 평형 상태라고 한다.

액체의 증기 압력

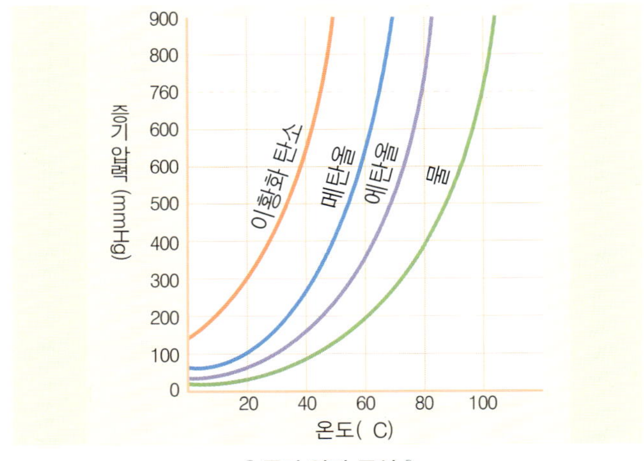

[증기 압력 곡선]

동적 평형 상태에서의 압력을 그 온도에서의 증기 압력이라고 한다. 증기 압력이 크다는 것은 증발이 잘 된다는 것을 의미하고, 증기 압력이 작다는 것은 증발이 잘 일어나지 않는다는 것을 의미한다.

증기 압력이 큰 물질은 일반적으로 분자 사이의 끌어당기는 힘이 작고 분자의 무게도 가벼우며, 휘발성이 높다. 또한, 분자 사이의 인력이 작기 때문에 끓는점도 낮다.

같은 물질의 증기 압력은 온도에 의해서만 달라지는데, 온도가 높을수록 증발이 잘 되기 때문에 증기 압력은 커진다. 증기 압력이 작은 물질일수록 분자 사이의 끌어당기는 힘이 커서 끓는점이 높다. 위 그래프를 보고 네 가지 액체의 1기압에서의 끓는점을 비교해 보면 이황화 탄소(46.3 ℃) < 메탄올(64.7 ℃) < 에탄올(78 ℃) < 물(100 ℃)의 순서이다.

증발이 일어나지 않는다면?

액체가 있는 곳이면 어디든 증발이 일어난다고 볼 수 있는데 증발이 일어나지 않는다면 어떻게 될까?

증발이 일어나지 않는다면 바다로부터 소금을 얻을 수 없어서 음식의 간을 맞추기 위해서 바닷물을 그대로 넣어야 할지도 모른다. 또, 체온을 조절하기 위해 땀을 흘리고 이를 증발시키는데 땀이 증발되지 않으면 체온 조절도 힘들 것이다. 빨래가 마르지 않아 불편할 것이고, 물의 순환이 이루어지지 않아 지구 상에 너무 많은 물이 남고 비는 내리지 않을 것이다.

증기 압력의 측정

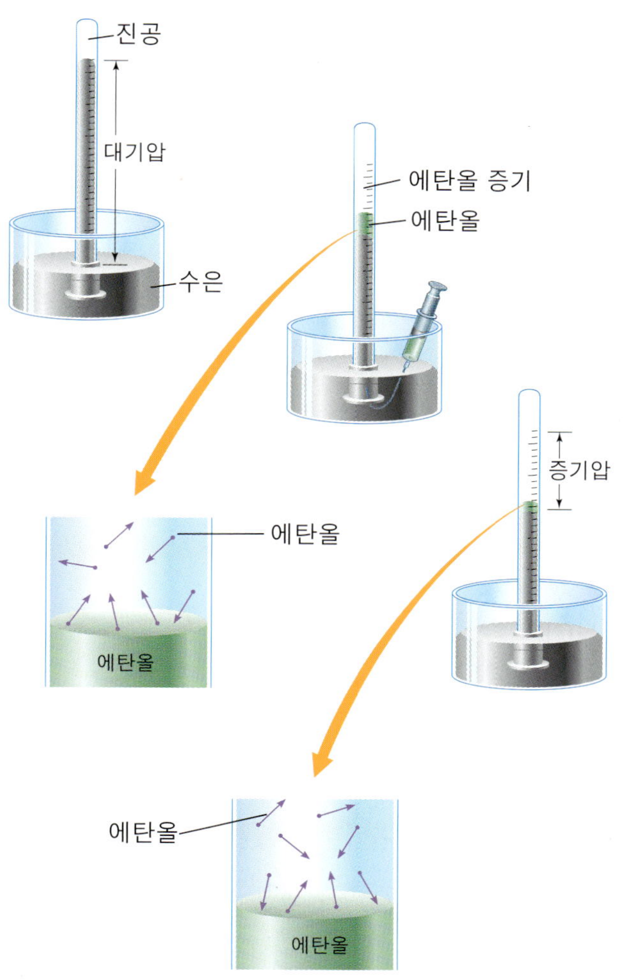

🔵 일정한 온도에서 에탄올 동적 평형과 증기 압력

수은 기압계에 주사기로 에탄올을 넣어 주면, 에탄올이 유리관 속에서 증발하면서 에탄올의 부피는 약간 감소하며 더 이상 증발이 일어나지 않는 것처럼 보인다.

이러한 상태에서는 에탄올이 기체로 증발되는 속도와 에탄올이 액체로 응결되는 속도가 같다. 이러한 상태가 동적 평형이며, 동적 평형 상태에서의 압력을 그 온도에서의 증기 압력이라고 한다.

액체의 온도를 높여 주면 기체로 되는 분자 수가 많아져 증기 압력이 커진다.

$$\text{액체 에탄올} \underset{\text{응결}}{\overset{\text{증발}}{\rightleftarrows}} \text{기체 에탄올}$$

액체 에탄올 증발 속도 = 기체 에탄올 응결 속도

높은 산에서 밥을 지으면 설익는 까닭

높은 산에서 밥을 지으면 밥이 제대로 익지 않고 설익는다. 이는 기압, 끓는점과 관련이 깊다. 끓는점은 외부의 기압에 의해 결정되는데, 액체를 누르는 압력이 높으면 끓는점도 높아지고 압력이 낮아지면 끓는점도 낮아진다. 그런데 높은 산은 평지보다 기압이 낮기 때문에 액체를 누르는 힘이 1기압일 때보다 낮고, 물이 100℃보다 낮은 온도에서 끓게 되는 것이다.

낮은 온도에서 물이 끓으면 쌀이 제대로 익지 않기 때문에 물은 다 끓었지만 밥이 제대로 되지 않는 것이다. 이러한 현상을 방지하기 위해서 냄비의 뚜껑에 무거운 돌을 올려 외부의 압력을 높여 주면 밥이 덜 익는 것을 방지할 수 있다.

액체의 끓음

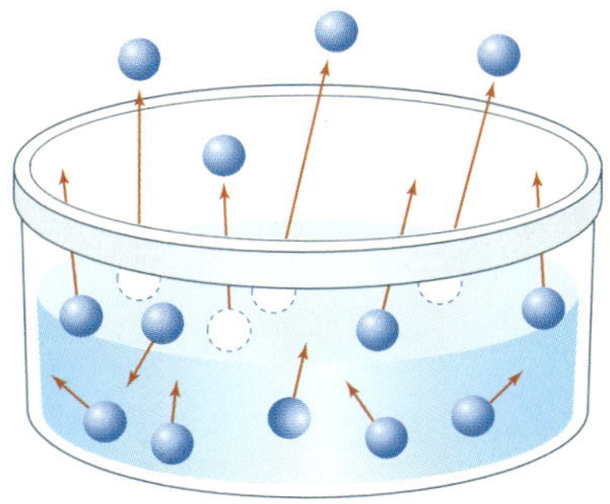

물은 일정한 압력(1기압)일 때에 특정 온도인 끓는점(100℃)에서 물 표면의 증발 외에 물속에서도 공기 방울이 생기면서 기체로 변한다. 이때 물속에서 활발하게 기체로 상태가 변하는 현상을 끓음이라고 한다.

증발은 액체의 표면에서 액체가 기체로 되는 현상이고, 끓음은 액체의 내부에서 액체가 기체로 변하여 날아가는 현상이다.

공기 Air

공기는 질소, 산소, 아르곤, 이산화 탄소 등으로 구성된 혼합물이다.

공기의 구성 성분

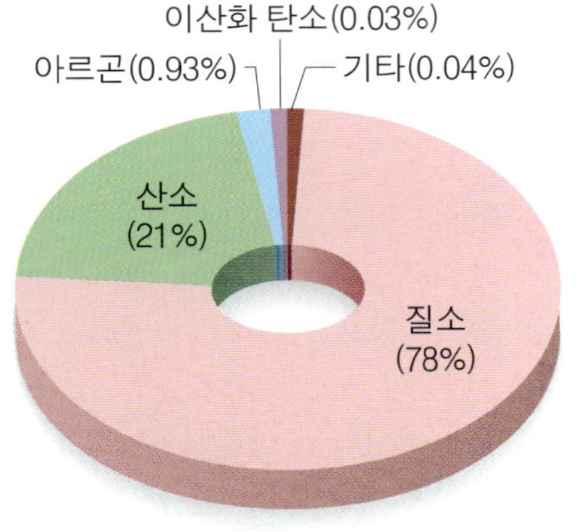

▲ 공기의 조성

공기는 라부아지에(Lavoisier, Antoine Laurent: 1743~1794) 이전까지만 해도 하나의 원소이지 혼합물이라는 생각은 하지 못하였다. 그러나 산소와 질소가 발견되면서 공기는 하나의 원소가 아니라 혼합물이라는 사실을 인식하게 되었다.

현재는 공기를 구성하고 있는 여러 가지 기체의 종류와 그 구성 성분 비까지 밝혀졌으며, 공기의 대부분은 질소와 산소가 차지하고 있다. 이때 공기는 건조 공기이다. 공기 중에 포함된 수증기의 양을 고려할 경우 지역마다 날씨마다 그 조성비가 달라지기 때문이다. 건조 공기의 경우 지역과 날씨에 관계없이 대부분 일정하다. 질소는 공기 중의 약 78%를 차지하고 있어 공기의 대부분을 차지하고 있다.

산소는 약 21%로 질소 다음으로 많은 비율을 차지하고 있다. 산소는 질소보다는 그 비율이 적지만 생명 유지에 매우 중요한 역할을 한다. 아르곤은 약 0.93%, 이산화 탄소는 약 0.03%를 차지한다.

그리고 나머지 기체가 약 0.04%를 차지하고 있다. 기타의 기체에는 네온(Ne), 헬륨(He), 크립톤(Kr), 크세논(Xe) 등이 포함된다.

공기의 성질

공기는 눈에 보이지 않고 만질 수 없기 때문에 물질이 아니고 무게가 없다고 생각할 수 있지만 공기는 물질이다. 과학적으로 물질은 자연계에서 부피와 질량을 갖는 소재를 의미한다. 눈에 보이지 않는 원자도 물질이고 원자를 이루고 있는 전자도 물질이다. 원자와 전자도 각각 작지만 부피를 가지고 있다.

공기도 마찬가지로 부피를 가지고 있는데, 이는 간단한 실험을 통해서도 확인할 수 있다. 투명한 플라스틱 컵 안쪽 바닥에 압축 물휴지를 붙이고 수조에 플라스틱 컵을 뒤집어 수조의 바닥까지 누르면 압축 물휴지가 젖지 않는다. 플라스틱 컵 안의 공간을 공기가 차지하고 있어 물이 컵 안으로 들어오지 못하기 때문이다.

하지만 플라스틱 컵의 바닥에 구멍을 뚫고 같은 실험을 하면 컵 안으로 물이 들어가 압축 물휴지가 물에 젖어 길어진다. 컵 안의 공기가 구멍을 통하여 빠져나오고 대신 물이 채워지기 때문이다.

▲ 플라스틱 컵의 바닥에 구멍을 뚫은 경우

▲ 플라스틱 컵의 바닥에 구멍을 뚫지 않은 경우

공기의 무게

가로 1m, 세로 1m, 높이 1m인 공간에 들어 있는 공기(20℃, 1기압)의 무게는 약 1.2kg 정도 된다.

30평 아파트의 면적을 약 100m²라고 하고 집 안의 높이를 약 3m라고 한다면, 집 안에 있는 공기의 무게는 약 360kg 정도 된다.

아파트 공간: 100 m²×3 m=300 m³
아파트에 있는 공기의 부피: 300 m³
20 ℃, 1기압에서 1m³ 당 공기의 무게:
　약 1.2 kg
아파트 안의 공기의 무게:
　300 m³×1.2 kg/m³=360 kg

여러 가지 기체의 끓는점

끓는점이 낮다는 것은 낮은 온도에서도 기체로 존재한다는 의미이다.

기체	기호	끓는점(℃)
아르곤	Ar	−185.86
질소	N	−195.79
네온	Ne	−246.08
헬륨	He	−268.90
이산화 탄소	CO_2	−56.55
크세논	Xe	−108.10
크립톤	Kr	−153.35
산소	O_2	−182.96

공기의 분별 증류

여러 가지 기체의 끓는점을 이용해서 공기에 있는 기체를 종류별로 분리해서 얻을 수 있다. 먼저 공기를 거름 장치에 통과시켜 각종 불순물을 거른다. 그런 후 냉각기에 넣게 되면 수증기의 어는점이 0℃이므로 바로 얼음으로 분리된다. 그런 후 이산화 탄소의 어는점이 약 −78.45℃이므로 이산화 탄소가 드라이아이스로 분리된다. 수증기와 이산화 탄소가 분리된 공기는 작은 통로를 따라 공기 압축기로 이동한다.

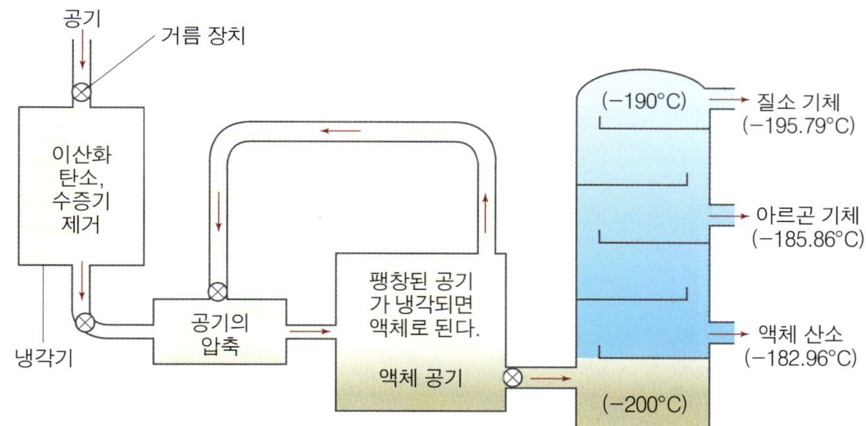

공기 압축기에서 압축된 공기를 작은 구멍을 통해서 갑자기 팽창시키면 온도가 급격히 내려가게 된다. 공기의 압축과 팽창 과정을 수차례 거치게 되면 공기가 액화되어 액체 공기를 얻을 수 있게 된다. 액체 공기는 바로 옆에 있는 공기 분별 증류탑으로 이동한 후 여러 가지 기체로 분리되게 된다. 이때 끓는점이 가장 낮은 기체가 분별 증류탑의 가장 높은 곳에서 끓는점이 가장 높은 기체는 가장 낮은 곳에서 액화되어 분리된다.

산소 Oxygen와 오존 Ozone

산소는 원자 번호가 8인 기체로 무색, 무미, 무취의 기체이다. 또 공기 중에 약 21% 정도 포함되어 있으며 생명 유지에 필수적인 기체이다.

산소와 과학사

산소의 발견과 Oxygen이라고 이름 붙인 사람은 서로 다르다. 산소를 처음 발견한 사람은 셸레(Scheele, K.: 1742~1786)이다. 1772년에 셸레는 산화수은(HgO) 실험에서 산소를 발견하고 그 결과를 1775년에 출판사에 보냈으나 불행히도 1777년까지 출판되지 못했다.

셸레보다 2년 뒤인 1774년에 프리스틀리(Priestley, Joseph: 1733~1804)는 산화수은에 빛을 쪼여서 산소를 얻고 그 성질까지 조사하게 되었다. 1775년에 프리스틀리는 그 결과를 세상에 발표하게 되어 산소 발견의 공로는 프리스틀리 것이 되었다.

산소에 Oxygen이라는 이름을 붙인 사람은 라부아지에(Lavoisier, Antoine Laurent: 1743~1794)이다. 라부아지에는 그 당시 탄산, 질산 등 산이 모두 신맛을 내는 까닭이 탄산이나 질산에 산소 원자가 들어가기 때문이라고 생각하였다. 그래서 산소를 산을 만드는 기체라고 생각하였다. 그리스어로 '신맛' 이라는 뜻의 Oxys와 '만들어 내다' 의 뜻인 Genes를 합하여 '산을 만들어 내는 것' 이라는 뜻의 Oxygen이 산소의 이름이 된 것이다.

◀ 라부아지에

산소의 성질

산소는 금속이나 비금속과 반응을 하며, 각종 탈 물질이 연소하는 데 도움을 주는 기체이다. 생물이 호흡 과정을 통해서 에너지를 얻는 데 매우 중요한 역할을 하는 기체이다.

산화 산소는 금속, 비금속과 매우 잘 반응한다. 이렇게 산소와 결합하는 반응을 산화라고 하고, 그 생성물을 산화물이라고 한다. 산화물에는 금속 산화물과 비금속 산화물, 양쪽성 산화물 등이 있다. 금속 산화물은 물에 녹았을 때 염기성, 비금속 산화물은 물에 녹았을 때 산성을 띠며, 양쪽성 산화물은 두 성질을 모두 가지고 있다.

부식 금속이 습기가 있을 때 산소와 결합을 하여 금속 화합물로 변하는 현상을 부식이라고 한다. 부식은 산소와 결합을 하기 때문에 산화의 일종이고, 시간이 많이 걸리기 때문에 느린 산화의 일종이다.

연소 물질이 산소와 반응하여 빛과 열을 내는 현상을 연소라고 한다. 연소에는 3가지 조건이 필요한데, 탈 물질, 발화점 이상의 온도, 공기의 공급(산소)이다. 이때 산소는 물질이 연소하는 것을 돕는 역할을 한다. 황과 산소가 만나서 연소를 하면 이산화 황이 생성되고, 탄소와 산소가 만나서 반응을 하면 이산화 탄소가 생성된다.

호흡 생물이 운동을 하거나 호흡을 할 때에 에너지가 필요하다. 이때 필요한 에너지는 포도당과 산소 반응을 한 후에 생성된다. 산소는 생물이 살아가는 데 꼭 필요한 기체이다.

기체 발생 장치 만들기

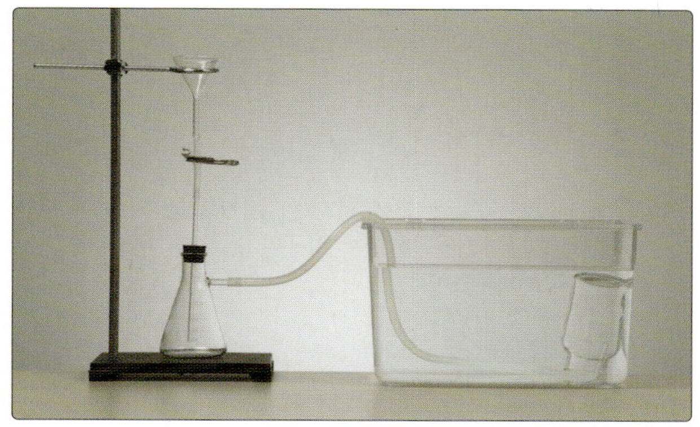

❶ 깔때기에 짧은 고무관을 끼우고 스탠드의 링에 깔때기를 설치한다. 고무관 안쪽에 물을 묻히면 고무관을 쉽게 끼울 수 있다.

❷ 고무관에 핀치 집게를 끼운다.

❸ 고무마개에 유리관을 끼우고 고무마개로 가지 달린 삼각 플라스크의 입구를 막는다.

❹ 깔때기에 연결한 고무관을 가지 달린 삼각 플라스크의 유리관과 연결한다.

❺ 가지 달린 삼각 플라스크의 가지 부분에 긴 고무관을 끼우고 고무관 끝에 ㄱ자 유리관을 연결한다.

❻ 수조에 물을 $\frac{2}{3}$ 정도 담고 물을 가득 채운 집기병을 수조에 거꾸로 세운다.

❼ ㄱ자 유리관을 집기병에 넣는다.

과산화 수소수와 이산화 망가니즈

산소를 얻기 위해서는 과산화 수소수에 이산화 망가니즈를 넣어 얻을 수 있다. 과산화 수소수는 투명한 용액으로 산소와 수소의 화합물이다. 과산화 수소수는 공기 중에서도 자연적으로 분해되어 산소를 얻는다. 과산화 수소수는 물과 산소로 분해가 된다. 하지만 분해되는 속도가 매우 느려서 실제 과산화 수소수로 공기 중에서 산소를 얻고자 할 경우에는 촉매를 사용해야 한다. 산소 발생에 사용할 수 있는 촉매에는 이산화 망가니즈 또는 아이오딘화 칼륨 등이 있다.

산소의 발생

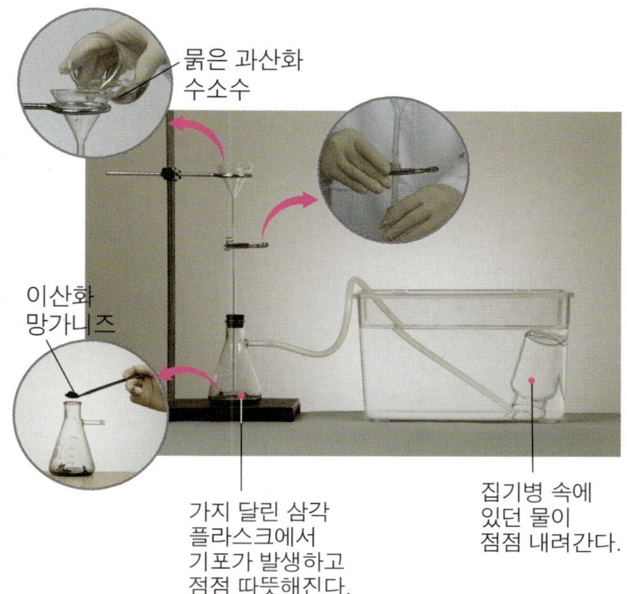

가지 달린 삼각 플라스크에 물을 조금 넣고 이산화 망가니즈를 한 숟가락 넣은 다음 ㄱ자 유리관을 수조에 담긴 집기병에 넣는다. 깔때기에 묽은 과산화 수소수를 붓고 핀치 집게를 조절하면서 묽은 과산화 수소수를 조금씩 흘려 보내면 산소가 집기병에 모아진다.

산소를 물속(수상 치환)에서 얻는 까닭은 집기병에 모인 산소의 양을 확인할 수 있고, 산소와 불순물이 동시에 집기병에 모일 때 물이 불순물을 제거해 주는 역할을 하기 때문이다.

촉매

촉매는 화학 반응에는 참여하지만 자신은 변하지 않고 반응 속도만 변화시키는 물질이다. 촉매에는 정촉매와 부촉매가 있다. 정촉매는 반응 속도를 빠르게 하는 촉매로 산소 발생에서 사용된 이산화 망가니즈와 아이오딘화 칼륨 등이 있다.

부촉매는 반응 속도를 느리게 하는 촉매로 역촉매라고도 한다.

감자로 산소 발생시키기

🔺 표백제와 감자를 준비한다.

🔺 비닐봉지에 표백제를 넣는다.

🔺 강판에 감자를 간다.

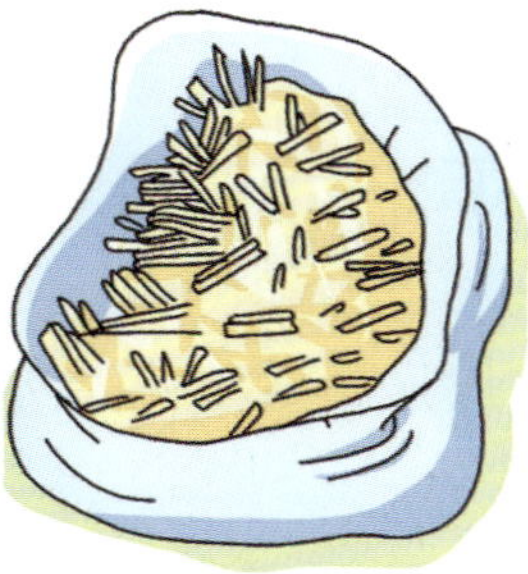

🔺 강판에 간 감자를 비닐 봉지에 넣는다.

🔺 비닐봉지를 넣은 후 2~3시간 기다린다.

🔺 2~3시간 후에 비닐봉지가 부풀었는 데, 비닐봉지에 모인 기체가 산소이다.

표백제와 감자의 성분

표백제와 감자를 섞으면 산소가 발생하는 까닭은 표백제의 성분과 감자의 성분 때문이다. 표백제는 그 주성분이 과탄산 나트륨이다. 과탄산 나트륨은 과산화 수소의 부가 화합물이다. 즉, 과탄산 나트 륨은 탄산 나트륨에 과산화 수소 분자가 붙어 있는 물질이다.

따라서 과탄산 나트륨 속에 있는 과산화 수소가 산 소를 발생시키는 역할을 한다. 이때 감자 속에 들 어 있는 카탈레이스라는 효소가 촉매 역할을 하여 과산화 수소를 산소와 물로 나누어지도록 돕는다.

오존

오존(O_3)은 약간 푸른색을 띠고 특이한 냄새가 나며, 강한 산화력이 있어 공기를 정화하고 살균 작용에도 사용된다. 독성이 있어 장시간 흡입할 경우 호흡기를 해칠 수 있으므로 주의해야 한다. Ozone의 이름도 특이한 냄새 때문에 그리스어 ozein '냄새가 나다.' 에서 유래하였다.

오존은 지상에 일부 존재하고 있고, 성층권에 전체 오존의 약 90% 정도가 존재한다. 이 부분을 오존층이라고 한다. 성층권에 있는 오존은 인체에 해로운 자외선을 흡수하는 역할을 하지만, 지표면에 형성된 오존은 스모그 현상과 연계되어 사람의 건강에 해로운 대기 오염 물질이다.

오존의 생성과 소멸을 살펴보면 자외선과 관련이 있음을 알 수 있다.

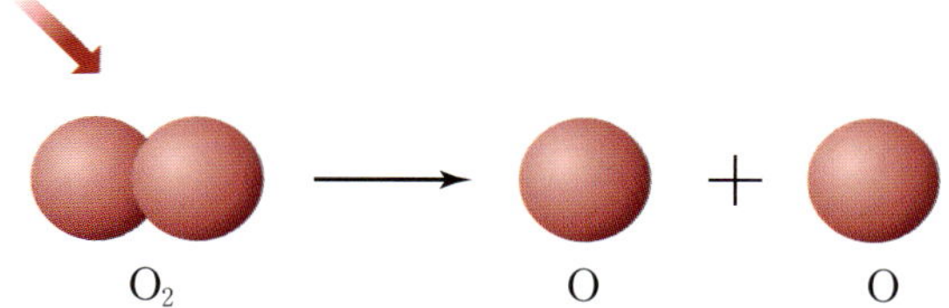

🔺 성층권에 있는 산소 분자(O_2)가 자외선의 영향을 받아 산소 원자(O) 두 개로 분해된다.

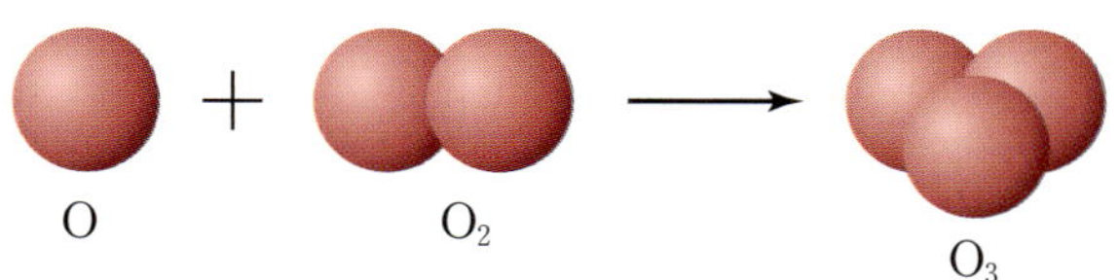

🔺 분리된 산소 원자(O)는 주변에 있는 산소 분자(O_2)와 결합을 하여 오존(O_3)을 생성하게 된다.

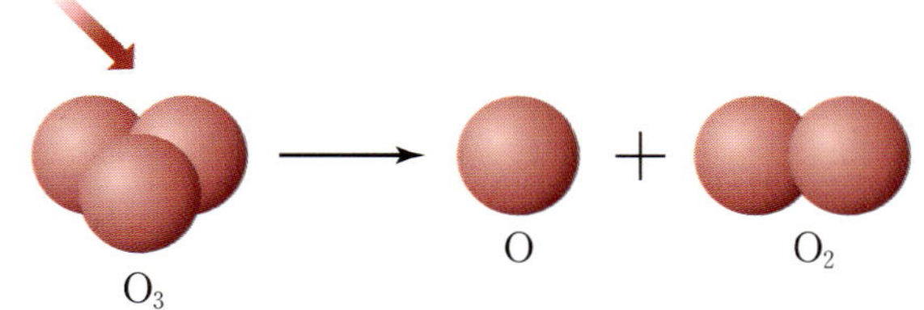

🔺 오존(O_3)은 자외선의 영향을 받아 다시 산소 원자(O)와 산소 분자(O_2)로 나뉘게 된다. 이렇게 오존은 자외선의 영향을 받아 자연적으로 생성되고 소멸된다.

오존 구멍

1980년대 이후로는 남극 상공의 오존 농도가 매년 감소하고 있고, 오존 농도가 감소한 부분이 마치 구멍이 난 것 같다고 하여 오존 구멍이라고 부를 정도로 오존층이 매우 심각하게 파괴되고 있다. 2011년 봄에 북극 상공의 성층권 오존층이 약 40% 정도 사라지면서 폭 1,000 km, 길이 3,000 km 규모의 오존 구멍이 생겼다고 한다. 특히 지상 18~20 km 상공에서는 오존의 양이 80% 정도 사라졌다고 한다.

위성사진에서 노란색이나 녹색은 오존 농도가 높은 곳을 나타내고, 파란색은 오존 농도가 낮은 곳을 나타낸다.

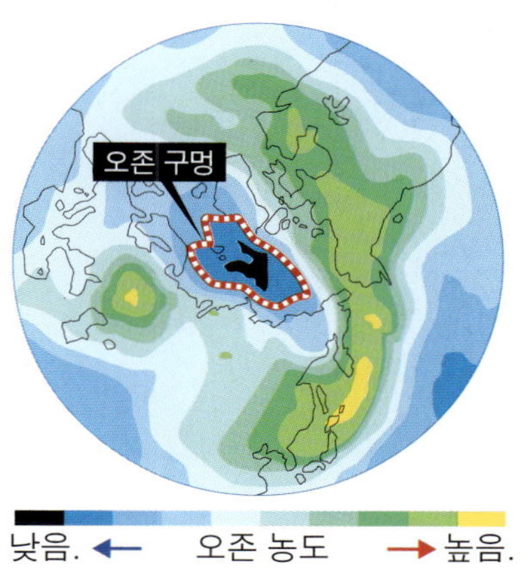

🚀 더 나아가기

오존층이 파괴되는 까닭

프레온 가스는 약 50년 전부터 냉매제 등으로 사용하여 왔다. 처음 프레온 가스가 등장했을 때에는 인간에게 전혀 영향을 미치지 않고 환경에도 안전한 물질이라고 할 정도로 큰 인기를 끌었다.

그러나 프레온 가스에서 분리되어 나온 염소는 화학 반응을 통해 오존을 파괴한다. 오존을 파괴한 염소는 재생되어 반복적인 방법을 통해 염소 분자 하나가 수십만 개의 오존을 파괴한다.

오존층이 파괴되면 생물체에 해로운 자외선이 지표면까지 도달하여 사람뿐만 아니라 모든 생물체에 큰 손상을 입힐 수 있다.

이산화 탄소^{Carbon dioxide}와 그 밖의 기체

이산화 탄소는 일상 생활 속에서 많이 이용되는 기체이기도 하지만 지구 온난화의 주범이기도 하다. 그 밖의 기체에는 질소, 수소, 비활성 기체 등이 있다.

이산화 탄소의 성질

이산화 탄소는 색깔, 냄새, 특별한 맛이 없고 공기보다 무거운 기체이다. 공기의 약 0.03%를 차지하고, 사람이나 동물이 내쉬는 숨에도 들어 있다. 이산화 탄소는 화학적으로 안정한 물질이기 때문에 다른 물질이 연소하는 것을 차단하는 성질이 있다. 이산화 탄소를 석회수와 반응을 시키면 뿌옇게 흐려지게 되는데, 이는 물에 녹지 않는 탄산칼슘이 생성되었기 때문이다. 또한, 이산화 탄소는 농도가 낮을 때에는 독성이 없기 때문에 생활 속에서 다양하게 활용되고 있다.

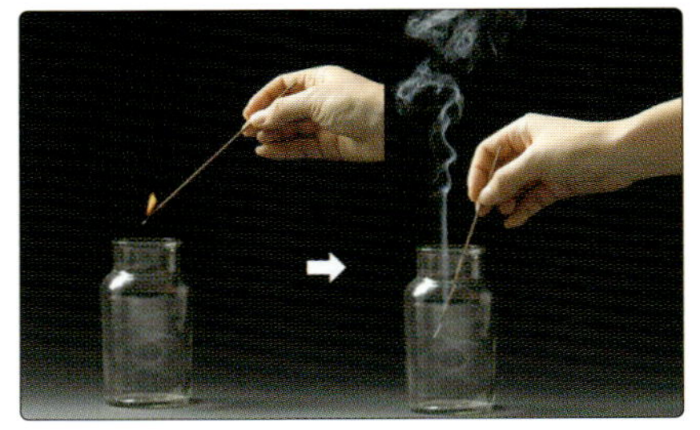

◎ 이산화 탄소가 들어 있는 집기병에 향불을 넣으면 꺼진다.

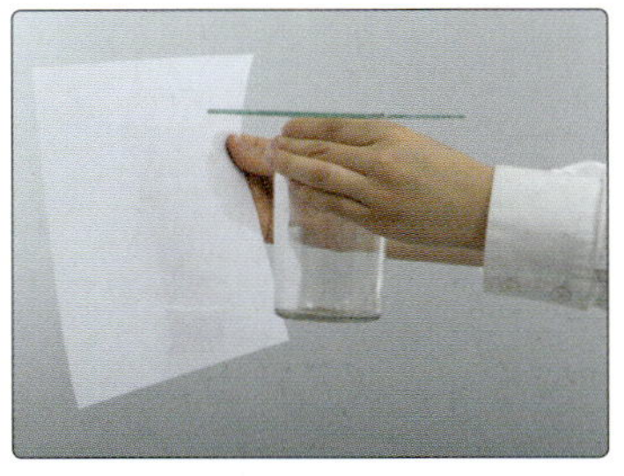

◎ 이산화 탄소가 들어 있는 집기병 뒤에 흰 종이를 대고 관찰하면 색깔이 없다.

◎ 이산화 탄소가 들어 있는 집기병의 유리판을 열고 냄새를 맡으면 냄새가 없다.

◎ 이산화 탄소가 들어 있는 집기병에 석회수를 넣고 흔들면 뿌옇게 흐려진다.

이산화 탄소의 발생

기체 발생 장치를 만들어 탄산칼슘에 묽은 염산을 떨어뜨리면 이산화 탄소가 발생한다. 이때 발생한 이산화 탄소는 공기보다 무겁기 때문에 하방 치환 방법을 사용해서 얻는다. 하지만 수상 치환 방법을 사용하기도 하는데, 그 까닭은 기체가 모이는 양을 눈으로 확인하기 쉽기 때문이다.

또, 탄산수소 나트륨을 가열하면 탄산 나트륨과 물, 그리고 이산화 탄소가 생성된다. 이때 생성된 이산화 탄소를 석회수가 들어 있는 집기병에 넣으면 석회수가 뿌옇게 흐려진다. 석회수가 뿌옇게 흐려지는 까닭은 탄산칼슘이 생성되었기 때문이다.

빵이 부풀어 오르는 원리

빵이나 과자를 만들 때 반죽이 부풀어 오르는 현상이 발생한다. 이렇게 빵이 부풀어 오르는 까닭은 이산화 탄소 때문이다.

빵이나 과자를 만들 때 사용하는 베이킹파우더는 탄산수소 나트륨과 타르타르산이라는 산성을 띠는 물질이 혼합되어 있는 물질이다. 이 베이킹파우더에 물을 가하면 탄산수소 나트륨과 산이 조금씩 반응하여 이산화 탄소가 발생하는데, 이때 발생하는 이산화 탄소가 빵을 부풀게 하고, 열을 가해 구우면 빵을 팽창시켜 부드럽게 해 주는 것이다.

이산화 탄소와 지구 온난화

지구 온난화는 지구의 평균 기온이 점차 상승하는 현상을 말한다. 지구 온난화로 인하여 각 지역에 기후 변화가 일어나 해수면이 상승하고 사막 지대가 더욱 넓어지는 등 지구 전체가 많은 피해를 보고 있다. 온실가스는 지구 온난화의 원인이다. 온실가스에는 이산화 탄소, 메테인, 일산화 이질소, 프레온 가스 등이 있는데, 이중에서 지구 온난화의 가장 큰 원인으로 지목받는 기체는 이산화 탄소이다.

그 까닭은 첫째, 지구 온난화 지수는 낮지만 온실가스 배출량이 가장 많기 때문이다.

둘째, 다른 기체들은 배출 정도를 통제할 수 있고 다른 물질로 전환이 가능하지만, 이산화 탄소는 다른 물질로 쉽게 전환이 되지 않고 전환할 경우 더 많은 에너지가 필요하게 된다. 즉, 이산화 탄소를 없애기 위해 다시 이산화 탄소를 배출해야 하는 상황이 발생하기 때문에 이산화 탄소 배출을 줄이기 위해서 전 세계가 노력해야 할 것이다.

온실가스	지구 온난화 지수	주요 발생원	배출량
이산화 탄소(CO_2)	1	에너지 사용, 산림 벌채	77
메테인(CH_4)	21	화석 연료, 폐기물, 농업, 축산	14
일산화 이질소(N_2O)	310	산업 공정, 비료 사용, 소각	8
수소플루오린화 탄소 (HFCs)	140~11700	에어컨 냉매, 스프레이 분사제	1
과플루오린화 탄소(PFCs)	6500~9200	반도체 세정용	
육플루오린화 황(SF_6)	23900	전기 전열용	

[온실가스별 지구 온난화 지수와 주요 발생원] 「제4차 기후 변화 평가 보고서」(IPCC)

순위	국명	배출량(t)
1	중국	83억 3,668만
2	미국	59억 1,165만
3	인도	21억 8,737만
4	러시아	16억 7,641만
5	일본	11억 4,140만
6	독일	7억 1,624만
7	대한민국	5억 8,870만
8	이란	5억 8,582만

[각국의 연간 이산화 탄소 배출량(2014년)]
「Global Energy Statistical Yearbook 2015」

1인당 이산화 탄소 배출량(2015년)

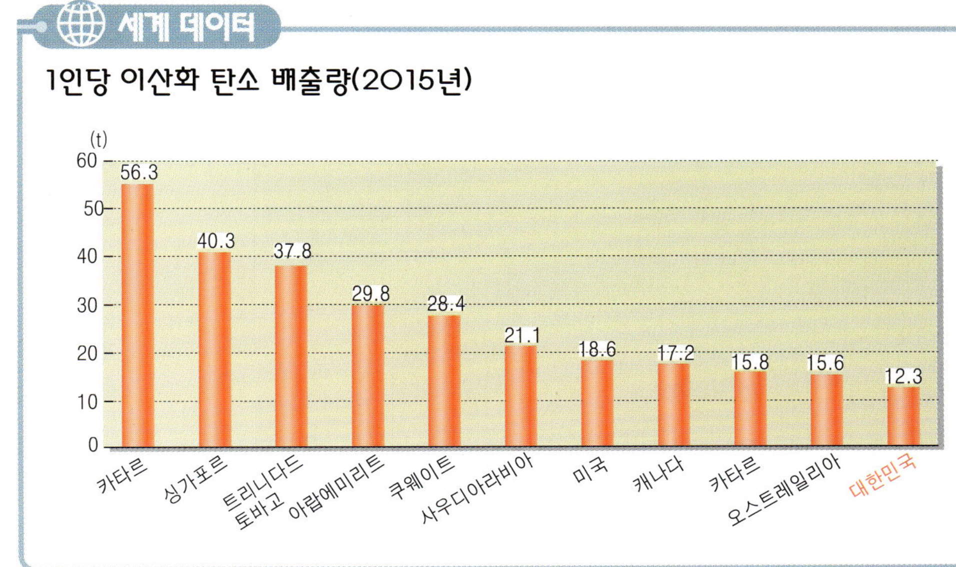

세계 각국에서 배출되는 CO_2의 양은 계속 증가하여, 2014년에는 2013년보다 2.1 % 증가한 약 350억 9,440만 톤을 기록했다. 2013년 9월에 승인된 IPCC(기후 변동에 관한 정부간 패널) 제5차 평가보고서에 의하면, 대기 중의 CO_2 농도는 과거 80만 년간 전례가 없는 수준까지 증가하여 오존층을 파괴하고 지구 온난화의 원인이 되고 있다고 한다.

우리 생활에서 이산화 탄소의 이용

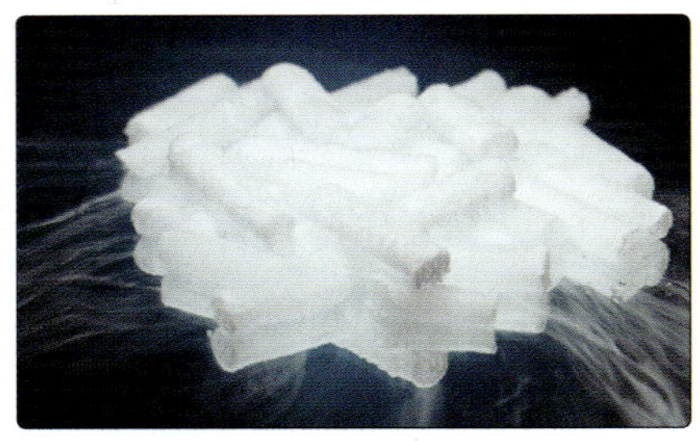

△ 드라이아이스

이산화 탄소를 냉각시켜 고체로 만든 것으로 −78℃에서 승화하는 성질이 있다. 주로 아이스크림 등을 보존하는 냉각제, 무대에서 사용하는 안개 등을 만들 때에 사용된다.

△ 탄산 음료

이산화 탄소를 물에 녹이면 약한 산이 되고 톡 쏘는 맛이 있어 탄산 음료를 만들 때에 많이 사용된다.

△ 소화기

이산화 탄소 소화기에는 액체 이산화 탄소를 넣어 사용하는데, 호스를 따라 분사되면 기체로 변하여 주위의 온도를 낮추고 산소의 공급을 막아 불을 끈다.

질소

질소는 원자 번호 7로, K 전자껍질에 전자 2개와 L 전자껍질에 전자 5개가 배치되어 있다. 원자가 전자가 5개이므로 3개의 전자가 채워지면 안정한 상태가 되기 때문에 질소는 가지고 있는 전자 3개를 각각 내놓고 공유하게 된다. 그러면 L 전자껍질에 전자가 자신이 원래 가지고 있는 전자 5개와 공유한 전자 3개를 합하여 전자 8개를 가지고 있는 안정한 상태가 된다. 질소는 공유하고 있는 전자쌍이 3개이므로 삼중 결합을 하고 있는 매우 안정한 물질이다.

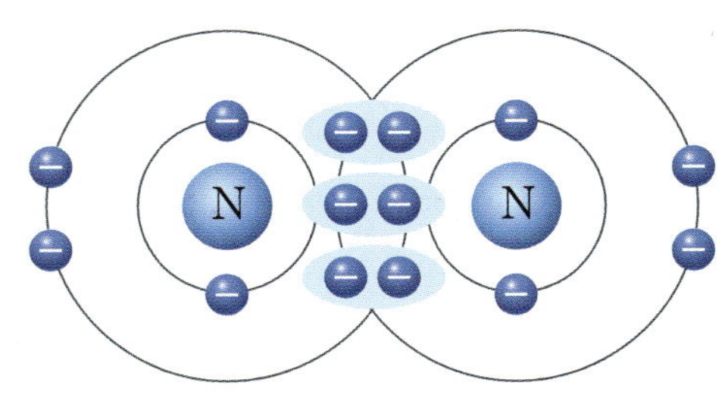

△ 질소의 전자 배치

질소는 공기 중에 약 78%가 포함될 정도로 그 양이 많다. 또 생물체 내에서 단백질의 구성 성분으로 각종 생물체에 없어서는 안 될 중요한 원소이다. 이렇게 공기 중에 양도 많고 중요한 기체이지만 질소는 생명체가 직접 흡수할 수 없어서 다른 원소들과 화합물 형태로 흡수하게 된다. 질소는 생물체나 토양 등을 통해 자연계를 순환하고 있다. 질소는 화학적으로 매우 안정적인 물질로 상온에서는 다른 물질과 거의 반응을 하지 않아 우리 생활에서는 각종 식료품 용기의 충전제로 활용된다.

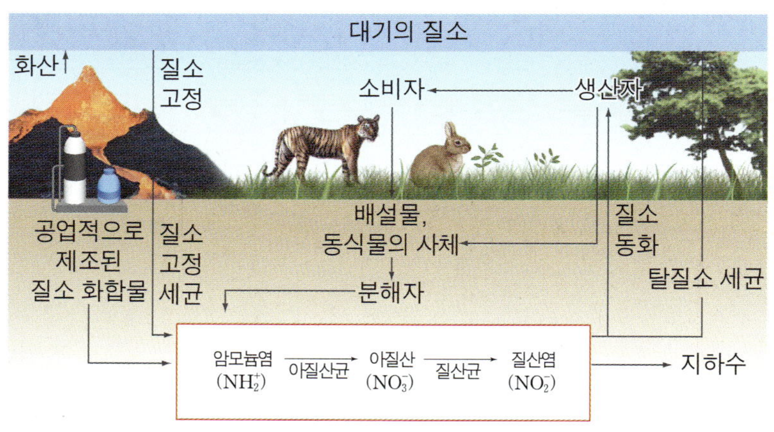

△ 질소의 순환

비활성 기체

비활성 기체는 원소 주기율표에서 18족 원소들로 헬륨 (He), 네온(Ne), 아르곤(Ar), 크립톤(Kr), 제논(Xe), 라돈(Rn) 등이다. 비활성 기체는 맨 바깥쪽 전자껍질에 전자 8개가 채워져 있어서 화학적으로 안정하며 다른 물질과 거의 반응하지 않는다.

헬륨(He) 원자 번호 2로 수소 다음으로 가벼운 기체이다. 뿐만 아니라 반응성도 낮아 불을 붙여도 연소되지 않는 장점이 있다. 그래서 하늘에 띄우는 비행선에 헬륨을 넣어 사용하기도 한다. 하지만 헬륨은 가격이 비싸서 사용 빈도가 많이 떨어진다. 그 밖에 헬륨은 끓는점이 낮아 초전도체 냉각제로 사용하고 초전도 의료용 단층 촬영 장치에도 사용한다.

네온(Ne) 원자 번호 10인 원소로 반응성이 낮은 기체이다. 네온은 높은 전압에서 방전을 시키면 화려하게 빛을 내는 기체이다. 거리에 보이는 광고용 조명 장치에 들어 있는 기체가 바로 네온이다. 물론 이 광고용 조명 장치에 네온만 있는 것은 아니다. 아르곤 등을 소량 섞어 다양하게 활용하고 있다.

아르곤(Ar) 원자 번호 18인 기체로 매우 안정적인 기체이다. 다른 물질과 잘 반응하지 않아 전구 내부의 충전제로 많이 사용한다. 특히, 백열전구 같은 경우 필라멘트가 텅스텐으로 만들어져 있는데, 텅스텐이 산소와 만나게 되면 연소가 되기 때문에 전구의 내부를 진공으로 만들어 준다. 이 진공 상태인 전구 내부에는 반응성이 매우 낮은 아르곤 또는 아르곤과 질소의 화합물을 넣어 필라멘트가 연소하거나 증발하는 것을 방지해 전구의 수명을 늘려 준다.

△ 주기율표에서 비활성 기체의 위치

△ 헬륨을 넣은 풍선

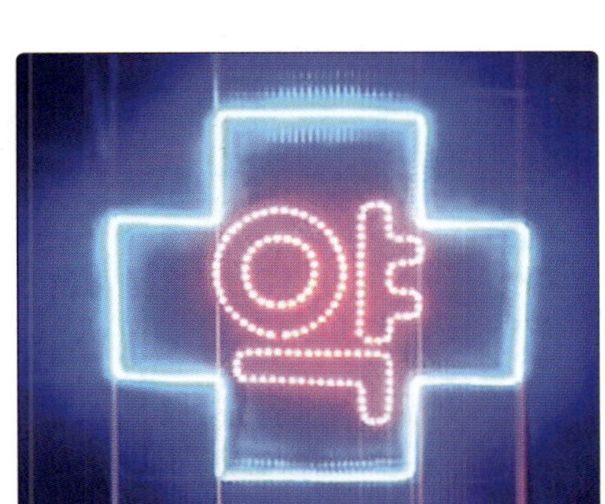

△ 네온 색깔의 방출 빛

△ 백열전구

실생활

심해 잠수 작업용 압축 공기통 속의 헬륨

잠수부들이 잠수를 하다가 잠수병에 걸리곤 한다. 이는 압축 공기통에 들어 있는 질소 때문이다. 잠수부가 잠수를 하다가 급격하게 수면으로 상승을 하면 잠수부의 혈액 속에 녹아 있던 질소가 기체로 변하여 혈류의 흐름을 방해한다. 따라서 압축 공기통에 질소보다 용해도가 낮은 헬륨을 넣으면 잠수부의 산소 중독을 막을 수 있고, 혈액 속에 적게 녹기 때문에 혈류의 흐름도 방해 받지않아 호흡 장애를 줄일 수 있다.

의료 기구로 사용되는 아르곤

아르곤은 각종 의료 목적으로도 많이 사용한다. 아르곤 기체 레이저로 진한 하늘색의 빛을 얻을 수 있으며, 이 빛을 지혈과 응혈, 피부 치료 등에 사용한다.

기체 분자 운동 Kinetic Theory of Gases

기체 분자 운동은 온도와 질량의 영향을 받는다.

기체의 특성

같은 물질일 경우에도 고체, 액체, 기체는 그 물질을 구성하고 있는 분자의 배열이 다르다. 고체의 경우 분자 사이의 거리가 매우 가깝고 빈 공간이 적으며 일정한 배열 형태를 보이고 있다. 액체는 분자 사이의 거리가 고체보다 조금 떨어져 있고 빈 공간도 고체보다 적다. 하지만 기체는 분자 사이의 거리가 매우 멀리 떨어져 있고, 분자 사이의 빈 공간이 많다. 기체는 고체와 액체에 비해 같은 공간 속에 들어 있는 분자 수가 적다. 같은 부피에 그 개수가 상대적으로 적으므로 기체는 그 밀도가 작다고 할 수 있다. 기체는 분자 사이의 거리가 멀고 빈 공간이 많으므로 압력을 가하면 쉽게 그 부피를 줄일 수 있다. 부탄가스나 LPG 가스 등을 대량으로 이동할 때 큰 철제 통에 압축하여 액화한 후 이동하는 것도 이 때문이다. 기체는 서로 멀리 떨어져 빠른 속도로 끊임없이 운동하기 때문에 기체를 담고 있는 용기를 짧은 시간에 채운다. 더 큰 용기를 사용하더라도 기체는 쉽게 그 용기를 가득 채운다. 즉, 기체의 부피는 그 기체를 담고 있는 용기의 부피와 같다.

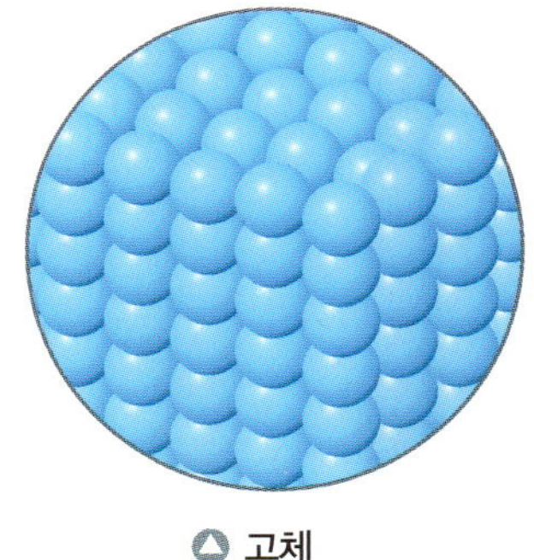

△ 고체

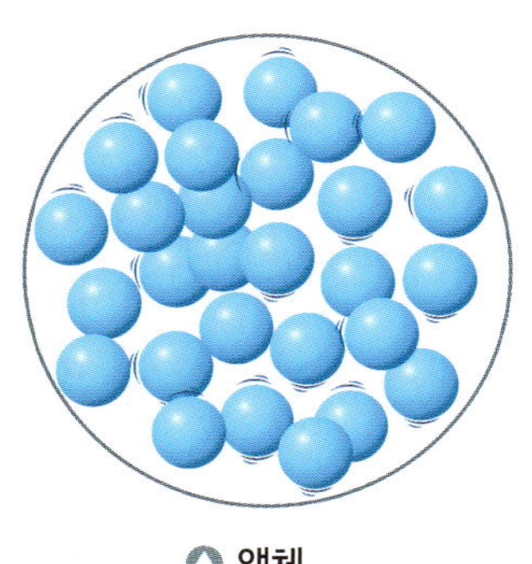

△ 액체

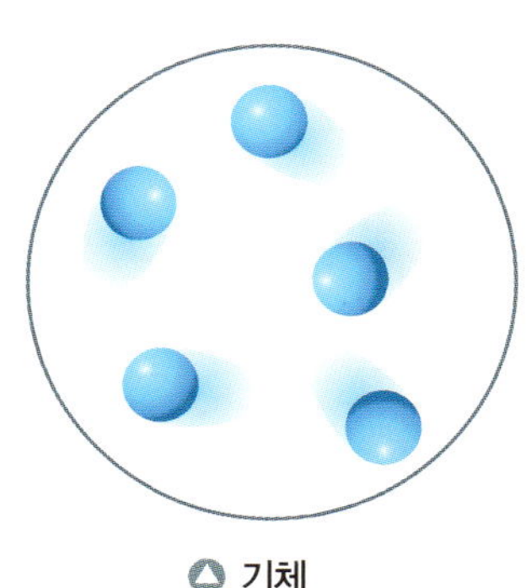

△ 기체

기체 분자 운동과 온도와의 관계

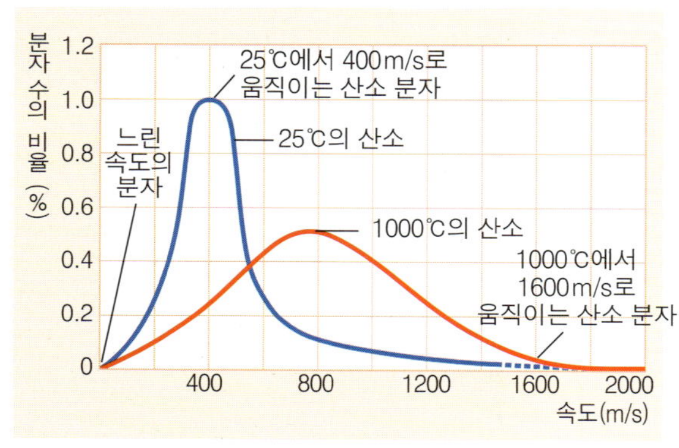

[온도에 따른 산소 분자의 운동 속도]

기체 분자들은 크기가 작고 운동 속도가 빠르다. 그러나 기체 분자의 운동 속도는 온도의 영향을 많이 받는다. 같은 기체일지라도 온도에 따라 기체 분자의 평균 운동 속력이 다르고, 같은 온도에서 여러 가지 기체 분자의 운동 속력은 다르다.

예를 들어 산소 분자의 경우 25℃에서 산소 분자의 평균 운동 속도는 400m/s이고, 그 주변에 다양한 속력을 가진 산소 분자들이 분포하고 있다. 반면 온도가 1000℃ 정도 되었을 경우에는 산소 분자의 평균 운동 속도가 800m/s로 약 2배 정도 증가하였다. 그리고 평균 운동 속도를 중심으로 다양한 속도의 산소 분자들이 25℃에서 움직이는 산소 분자들보다 더 넓고 다양하게 분포하고 있다. 1800m/s 이상의 속력을 가지고 있는 산소 분자도 존재한다.

그래프를 통해 온도가 25℃에서 1,000℃로 상승하자 산소 분자의 평균 운동 속도가 급격하게 증가하였음을 확인할 수 있다. 같은 온도에서 산소 분자는 서로 다른 속도로 분포되어 있으며, 온도가 높을수록 속도가 빠른 분자들의 비율이 증가하는 것을 알 수 있다.

실제로 기체들은 온도가 높아지면 평균 운동 에너지가 커지게 되고, 그 결과 평균 운동 속도가 크게 증가하게 된다. 즉, 온도는 평균 운동 에너지와 비례한다.

기체 분자 운동과 분자량의 관계

온도가 같을 경우에는 기체 분자 운동은 분자량의 영향을 받게 된다. 즉, 기체들의 분자량에 따라 분자 운동 속력이 달라진다.

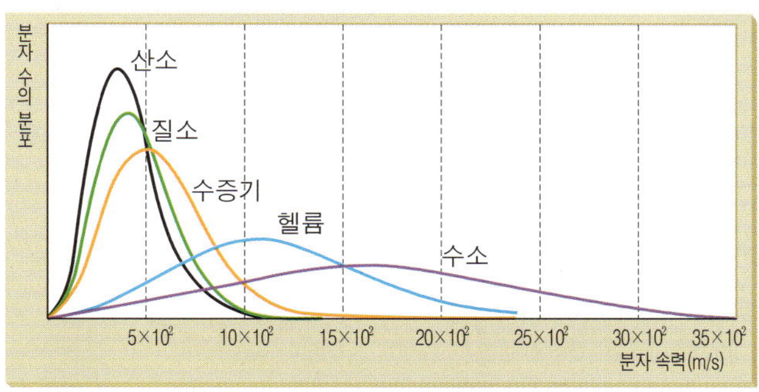

[여러 가지 기체의 분자 속력에 따른 분자 수]

산소(O_2), 질소(N_2), 수증기(H_2O), 헬륨(He), 수소(H_2)의 분자 운동 속력을 같은 온도에서 비교한 그래프이다. 이 기체들의 분자량은 산소(O_2)＞질소(N_2)＞수증기(H_2O)＞헬륨(He)＞수소(H_2) 순이다. 그래프에서 알 수 있듯이 분자량이 가장 큰 산소는 평균 속력이 가장 느리고 분자량이 가장 작은 수소(H_2)의 평균 속력은 가장 빠른 것을 알 수 있다. 기체들의 평균 속력은 수소(H_2)＞헬륨(He)＞수증기(H_2O)＞질소(N_2)＞산소(O_2)의 순으로 분자량과는 반대이다. 즉, 분자량이 작을수록 기체들의 평균 속력은 빨라지고, 분자량이 클수록 기체들의 평균 속력은 느려진다. 예를 들어 염화 수소(HCl) 수용액과 암모니아(NH_3) 수용액을 유리관 양끝에 넣고 막아 두면 암모니아 기체가 같은 시간 동안에 더 멀리 확산된 것을 볼 수 있다. 이를 통해 암모니아 분자량이 염화 수소의 분자량보다 작다는 것을 알 수 있다.

기체 분자 운동론

기체 분자 운동론은 기체 분자들의 행동을 설명하기 위하여 만들어진 이론적인 모형이다.

✓ 기체 분자들은 용기의 모양이나 부피에 상관없이 용기를 가득 채우고, 용기의 벽이나 다른 분자와 충돌할 때까지 무질서한 직선 운동을 하며 기체 분자가 용기의 벽면에 충돌하여 압력을 나타낸다.

✓ 기체 분자 사이에는 빈 공간이 많고, 분자들 사이에 인력이나 반발력이 없다.

✓ 기체 분자들 사이에 충돌이 일어나면 운동 에너지가 손실되지 않고, 한 분자에서 다른 분자로 전해져 전체 운동 에너지는 일정하게 유지된다.

✓ 온도가 같으면 기체의 종류에 관계없이 기체 분자의 평균 운동 에너지는 같다.

[기체 분자 운동론의 가정]

✓ 기체 분자들은 빠른 속도로 끊임없이 무질서한 직선 운동을 하기 때문에 기체는 일정한 모양을 가지지 않는다.

✓ 기체 분자의 부피는 전체 부피에 대해 매우 작고 멀리 떨어져 있어서 기체에 압력을 가하면 가까워져 기체는 압축성을 가진다.

✓ 물체에 많은 기체 분자들이 계속적으로 충돌하면 압력이 생긴다.

✓ 기체는 끊임없이 움직이기 때문에 기체 분자들은 일부러 섞지 않아도 스스로 서로 섞인다.

[기체 분자 운동론에 근거를 둔 여러 가지 기체의 성질]

보일 법칙 Boyle's Law

영국의 과학자 보일이 기체의 부피(Volume)와 압력(Pressure)의 관계를 설명한 법칙이다.

기체의 압력

스펀지 위에 삼각 플라스크를 올려놓았을 때 삼각 플라스크와 스펀지가 접촉하는 면적이 좁을수록 더 깊게 들어간다. 이런 현상은 단위 면적당 힘을 받는 크기가 다르기 때문이다. 이렇게 단위 넓이에 수직으로 작용하는 힘의 크기를 압력이라고 한다.

압력의 단위는 N/m^2, Pa, atm을 많이 사용한다.

△ 압력이 작은 경우

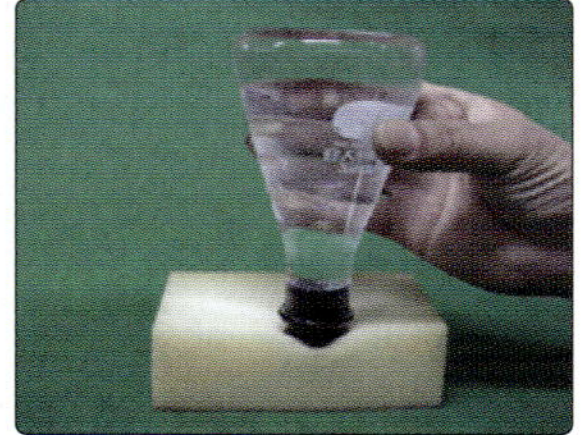
△ 압력이 큰 경우

압력은 기체에서도 동일하게 설명될 수 있다. 분자로 이루어진 기체는 자유롭게 끊임없이 운동하고 특별하게 막지 않으면 여러 방향으로 퍼지게 된다. 이때 기체 분자를 밀폐된 고무풍선에 넣게 되면 부피는 일정하게 유지되고 기체 분자들은 끊임없이 고무풍선 안쪽 면에 충돌하게 된다. 기체 분자들이 고무풍선 안쪽 면에 충돌할 때 고무풍선은 힘을 받게 되는 데, 이때 단위 면적당 고무풍선이 받는 힘의 크기를 기체의 압력이라고 한다. 기체 분자 1개가 충돌하는 힘은 작지만 많은 분자들의 계속적인 충돌로 압력이 생긴다.

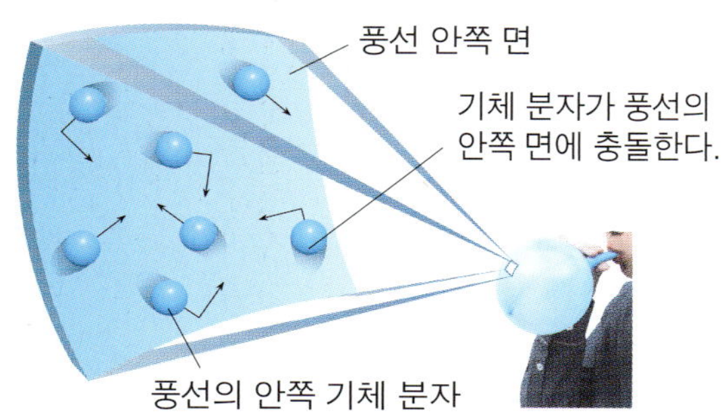

△ 고무풍선 속 기체 분자의 운동

보일(Boyle, Robert: 1627~1691)

보일은 영국을 대표하는 과학자이다. 보일은 화학에 실험 철학과 입자 철학을 도입하였고, 이러한 그의 노력은 화학의 기반을 구축하는 데 크게 공헌하였다. 온도가 일정한 때 압력이 1기압에서 2기압으로 2배 커지면 기체의 부피는 2 L에서 1 L로 감소한다. 이와 같이 기체는 가하는 압력에 반비례한다.

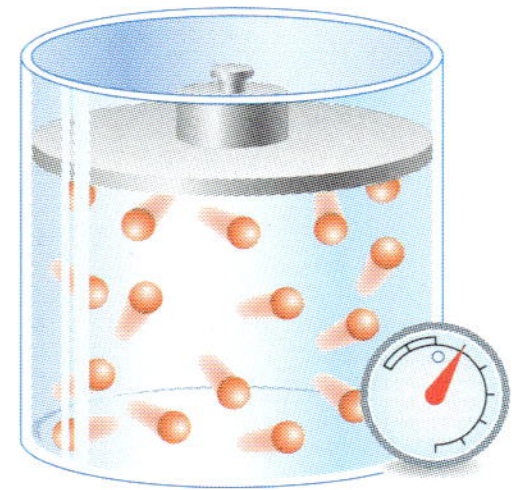

△ 기체의 부피와 압력 사이의 관계

보일은 기체와 관련된 여러 가지 실험을 하였으며, 대표적인 실험은 '기체의 부피와 압력 관계'에 대한 실험이다.

수은을 한쪽 끝이 막힌 유리관에 채우면서 공기에 압력을 가하면 공기의 부피가 점차 줄어든다는 것을 알게 되었다. 이 실험을 통해 일정한 온도에서 기체의 부피는 가하는 압력에 반비례한다는 사실을 발견하게 되었다.

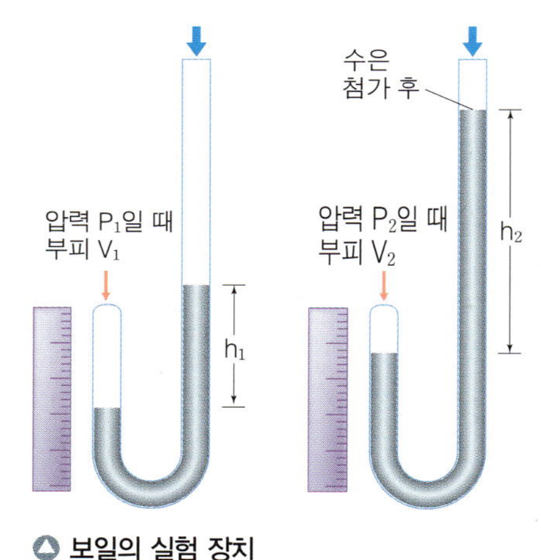

△ 보일의 실험 장치

우리 생활 속에서 압력의 크기를 이용하는 예

생활 속 물건 중에는 압력을 크게 하거나 압력을 작게 하여 유용하게 이용하는 경우가 많다.

못이나 바늘은 끝을 뾰족하게 하여 힘을 받는 면적이 작으므로 큰 압력을 받게 된다.

반면 압력을 작게 하여 이용하는 경우에는 민속박물관에서 볼 수 있는 설피와 대형 트럭의 바퀴(일반 승용차보다 바퀴의 개수가 더 많은 대형 트럭의 바퀴) 등이 있다. 이 경우들은 힘을 받는 면적을 넓게 하여 단위 면적당 받는 힘의 크기를 작게 한 경우이다.

△ 못

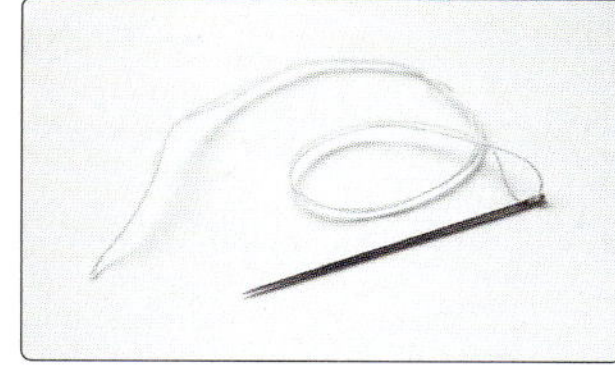
△ 바늘

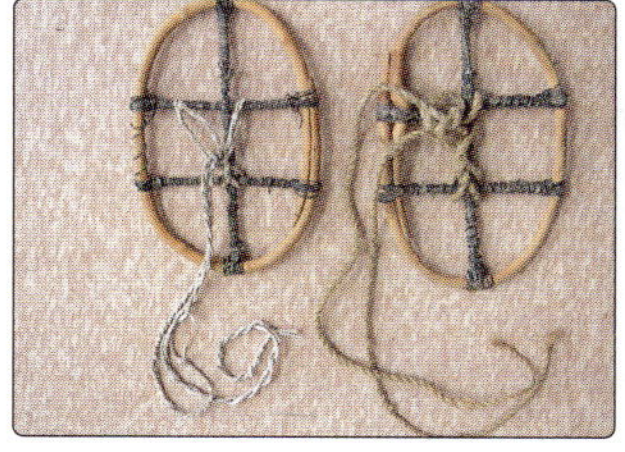
△ 설피

△ 대형 트럭 바퀴

기체의 부피

기체 분자들은 끊임없이 빠르게 움직이면서 공간을 차지하려는 성질이 있다. 고무풍선에 헬륨을 넣으면 헬륨 분자들이 고무풍선의 안쪽 면에 부딪히면서 점점 부푼다. 이때 부푼 공간의 부피만큼이 헬륨의 부피에 해당한다. 즉, 기체의 부피는 기체 분자 그 자체의 부피가 아니라 기체 분자들이 차지하고 운동하고 있는 공간의 부피이다.

지퍼백에 드라이아이스를 넣은 후 잠시 기다리면 지퍼백이 부푸는 모습을 볼 수 있는데, 이때 부푼 지퍼백의 크기는 기체로 변한 드라이아이스의 부피라고 할 수 있다. 고체 드라이아이스는 입자 사이의 거리가 매우 가깝고 입자가 서로 뭉쳐 있기 때문에 고체 드라이아이스가 들어 있는 지퍼백은 부풀지 않는다. 드라이아이스가 기체로 변하면 입자 사이의 거리가 멀어지면서 퍼지기 때문에 지퍼백이 부풀어 공간을 가득 채우게 된다.

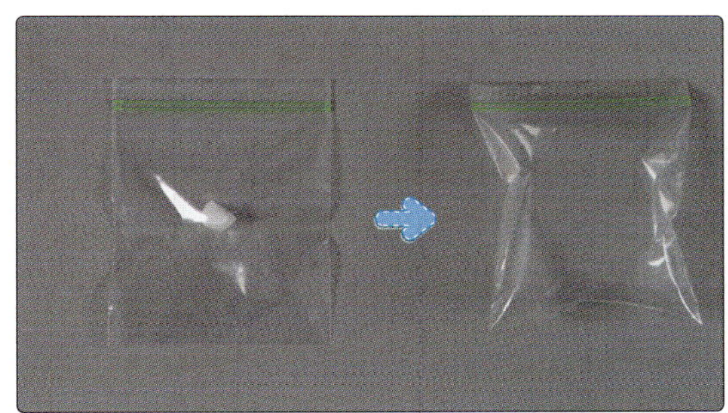
△ 드라이아이스 분자의 상태 변화에 따른 부피 변화

보일 법칙

기체의 부피와 압력의 관계를 설명한 것이 보일 법칙이다. 보일 법칙에 의하면 기체의 온도(T)가 일정할 때, 압력(P)이 2배, 3배, 4배, 5배로 증가할수록 밀폐된 공기 속의 부피(V)는 $\frac{1}{2}$배, $\frac{1}{3}$배, $\frac{1}{4}$배, $\frac{1}{5}$배로 감소한다. ㉠에서 압력과 부피의 곱($1\,N/m^2 \times 10\,L$)의 값과 ㉡에서 압력과 부피의 곱($2\,N/m^2 \times 5\,L$)의 값, ㉢에서 압력과 부피의 곱($4\,N/m^2 \times 2.5\,L$)의 값 모두 10으로 일정하다. 즉, 압력(P)과 부피(V)는 서로 반비례 관계에 있다.

기체의 부피가 작아지면 분자의 운동 속도는 변하지 않지만 분자 사이의 거리는 가까워진다. 따라서 분자들이 용기의 벽면에 충돌하는 횟수가 많아지므로 단위 면적당 가해지는 힘이 커져서 압력이 커진다.

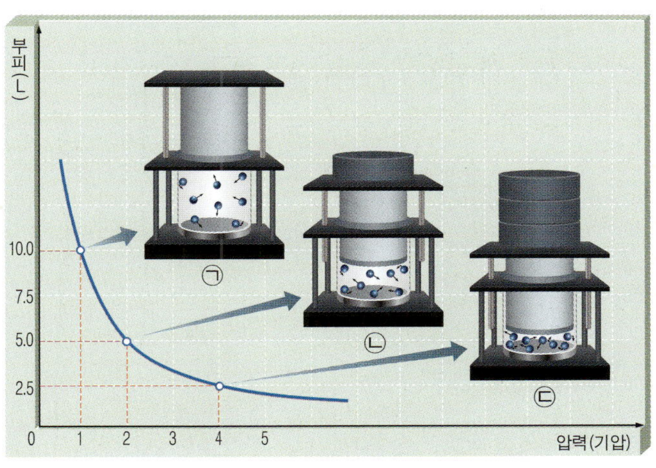

[기체의 압력과 부피의 관계]

압력과 부피의 관계 그래프

압력과 부피의 관계를 다양한 그래프로 표현할 수도 있다. 가로축을 압력(P) 또는 부피(V)로 나타내고 세로축을 압력(P)×부피(V)의 값으로 나타내게 되면 가로축의 압력 또는 부피가 변하더라도 세로축의 값인 압력×부피는 항상 일정한 그래프로 표현할 수 있다. 또, 가로축을 압력(P)으로 하고 세로축을 부피(V)의 역수 값으로 나타내면 정비례 그래프로 표현할 수 있다. 왜냐하면 압력(P)이 증가할 때 부피(V)는 감소하지만 부피의 역수($\frac{1}{V}$)는 증가하기 때문이다.

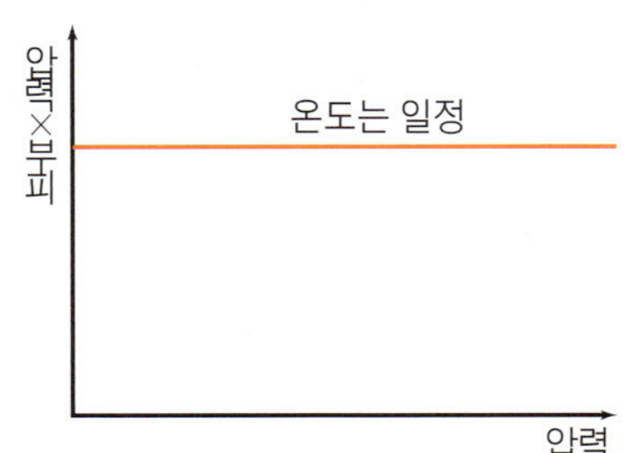

[압력(P)(또는 부피(V))과 압력(P)×부피(V) 그래프]

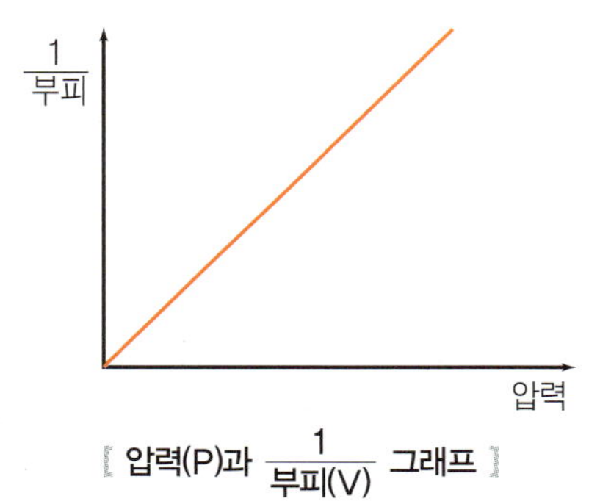

[압력(P)과 $\frac{1}{부피(V)}$ 그래프]

보일 법칙과 분자 운동

주사기 속의 공기 부피는 피스톤에 압력을 가했을 때(㉮와 ㉯) 줄어들게 된다. 그 까닭은 공기 분자들 사이의 거리와 관계가 깊다. 즉, 공기에 압력을 가함에 따라 공기를 구성하는 공기 분자들 사이의 거리가 가까워져 부피가 줄어들기 때문이다.

공기의 부피가 줄어들면 공기 분자들의 운동 속도는 변하지 않고 분자끼리의 거리만 가까워지므로 공기 분자들은 피스톤과 주사기 속의 벽면에 충돌하는 횟수가 많아진다. 또한 단위 넓이에 가해지는 힘이 커져서 내부 압력이 증가하게 된다. 이 때문에 ㉯와 같은 상태를 유지하고자 할 때에는 ㉮와 ㉰보다 더 힘이 들게 된다.

마찬가지로 피스톤에 가한 압력을 없애면(㉰) 주사기 속의 공기 부피가 늘어나게 되는데, 그 까닭도 공기 분자들 사이의 거리와 관계가 깊다. 압력을 없애면 공기 분자들 사이의 거리가 점차 멀어지게 되고 빈 공간이 많이 생기면서 부피가 늘어나게 된다. 따라서 보일 법칙에서 압력과 부피가 반비례 관계인 까닭은 기체를 구성하는 입자들 사이의 거리와 관련이 있다.

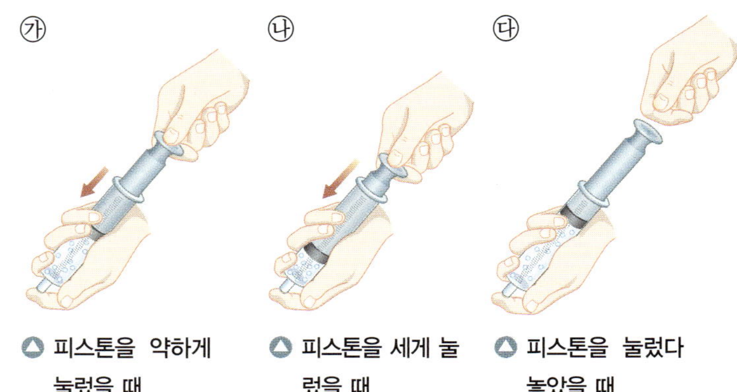

🔺 피스톤을 약하게 눌렀을 때

🔺 피스톤을 세게 눌렀을 때

🔺 피스톤을 눌렀다 놓았을 때

진공 장치를 활용한 보일 법칙 체험하기

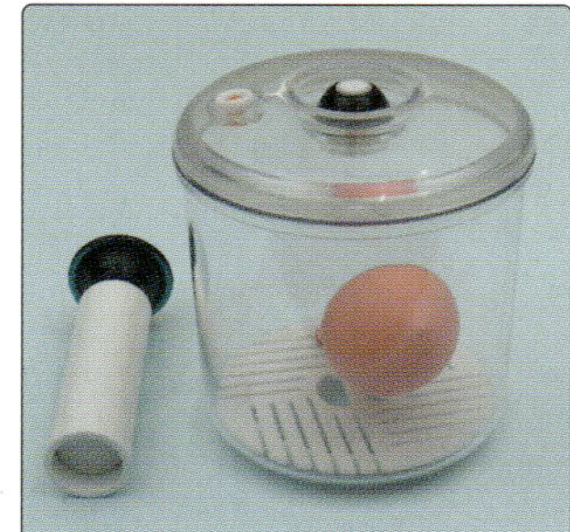

🔺 진공 장치 속에 고무 풍선을 넣는다.

🔺 진공 장치에서 공기를 빼내었을 때: 고무풍선이 커진다.

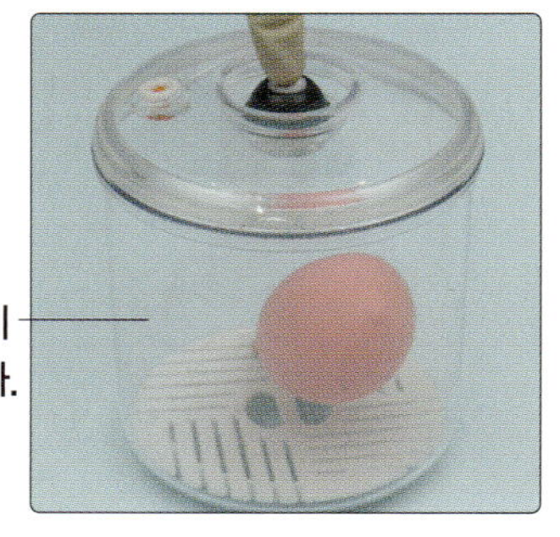

🔺 진공 장치에 다시 공기를 넣었을 때: 고무풍선이 작아진다.

생활 속 보일 법칙

기압과 고도와의 관계

산에 오르기 전보다 높은 산 정상에 올랐을 때 과자 봉지가 부푸는 경우를 종종 볼 수 있다. 또 비행기가 이륙하기 전보다도 비행기가 이륙해서 하늘 높이 올라갔을 때 과자 봉지가 더 부푸는 것을 확인할 수 있다. 이와 같은 현상들은 보일 법칙과 관련이 깊다. 산에 오르기 전 지표면 근처의 공기 압력, 즉 기압보다 산 정상의 기압이 낮기 때문에 과자 봉지는 산 정상에서 더 부풀게 된다. 비행기의 경우도 이륙하기 전보다 이륙한 후에 기압이 더 낮아지기 때문에 과자 봉지가 더 부풀게 된다. 또한 헬륨이 들어 있는 풍선을 놓치면 풍선이 하늘 위로 올라간다. 헬륨 풍선이 하늘 위로 올라가면 주위의 기압이 낮아져 풍선이 점점 부풀어 오르다가 터져버리게 된다.

기압과 고도와의 관계를 나타내는 그래프를 보면 대기압은 지표면으로부터 높이 올라갈수록 낮아짐을 알 수 있다. 지구의 대기는 50 km 이내에 약 99.9 % 가 존재하고 있으며, 약 30 km 미만에 99 %가 존재한다. 고도 5.5 km 이내에 지구 대기의 50 %가 존재하고 있다. 즉, 지구의 대기는 대부분 지표면 근처에 모여 있고 고도가 높아질수록 지구 중력이 약해지기 때문에 점차 대기가 희박해진다. 따라서 지표면 근처에서는 대기압이 높고 상공으로 올라갈수록 대기압이 낮아지기 때문에 과자 봉지가 산 정상이나 비행기가 이륙했을 때 부풀게 되는 것이다.

수압

이와 같은 현상은 바닷속에서도 나타난다. 바다에서는 해수면을 기준으로 수심이 깊어짐에 따라 수압이 점차 세진다. 해수면(1기압)을 기준으로 수심이 10 m 깊어짐에 따라 기압도 1기압씩 높아진다. 즉, 수심이 10 m일 때는 해수면이 1기압, 수심이 20 m일 때는 해수면이 2기압으로 수심이 깊어짐에 따라 수압이 높아진다. 바닷속에서 잠수부가 내뿜는 공기 방울이 해수면에 가까워질수록 점차 커지는 현상도 보일 법칙으로 설명할 수 있다. 즉, 해수면에 가까울수록 수압이 낮아지므로 공기 방울의 부피가 커지게 된다.

운동화와 에어백

공기 주머니가 있는 운동화는 걷거나 뛸 때 발에 미치는 충격을 줄여 준다. 또 자동차의 에어백에는 충격을 받으면 순식간에 기체를 발생시키는 물질이 들어 있어 갑작스런 충돌 사고가 나면 에어백이 부풀어져 인체에 미치는 충격을 줄여 준다. 이것은 우리 생활에서 압력에 따른 부피 변화를 이용한 예이다.

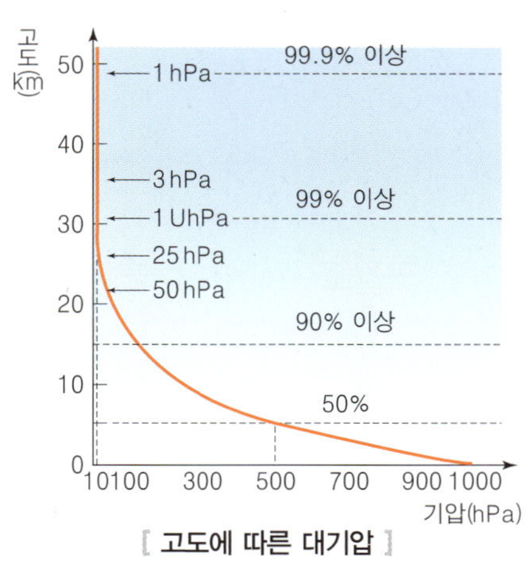

[고도에 따른 대기압]

△ 잠수부

△ 공기 주머니가 있는 운동화

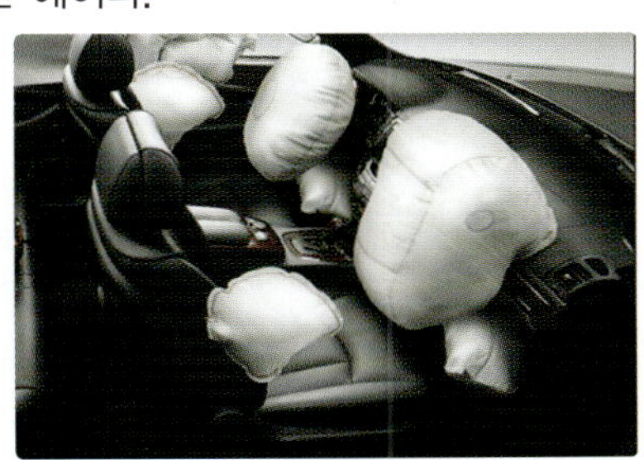

△ 부풀어진 에어백

샤를 법칙 Charle's Law

샤를 법칙은 일정한 압력에서 기체의 온도와 부피 관계에 관한 법칙이다.

샤를(Charles, Jacques Alexandre Céasar: 1746~1823)

프랑스의 과학자인 샤를은 1787년에 온도에 따른 기체의 부피 변화를 측정하는 실험을 하였다. 그래서 일정한 압력에서 공기, 수소, 산소, 질소 등 기체는 온도에 따라 일정한 비율로 부피가 팽창한다는 사실을 발견하였다. 하지만 이 위대한 발견을 논문으로 발표하지는 않았다. 이후 기체 반응의 법칙을 발견한 게이뤼삭(Gay-Lussac, Joseph Louis: 1778~1850)이 온도에 따른 기체의 부피 변화를 측정하는 실험에 성공하게 되었고, 그 결과를 1802년에 발표하였다. 하지만 게이뤼삭은 그 공을 샤를에게 돌렸다.

🔺 샤를

샤를 법칙

샤를 법칙은 일정한 압력에서 기체의 온도가 높아지면 일정한 비율로 부피가 커진다는 법칙이다. 즉, 압력이 일정할 때 기체의 부피는 그 종류에 관계없이 온도가 1℃ 올라갈 때마다 0℃일 때 부피의 $\frac{1}{273}$씩 커진다는 것이다.

0℃일 때의 부피를 ⓛ이라고 하고, 온도가 t℃일 때의 부피를 ⓐ이라고 하면 t℃일 때의 기체의 부피를 간단하게 구할 수 있다. 샤를 법칙에 의하면 온도가 1℃ 올라갈 때마다 기체의 부피는 0℃일 때 부피의 $\frac{1}{273}$씩 커진다.

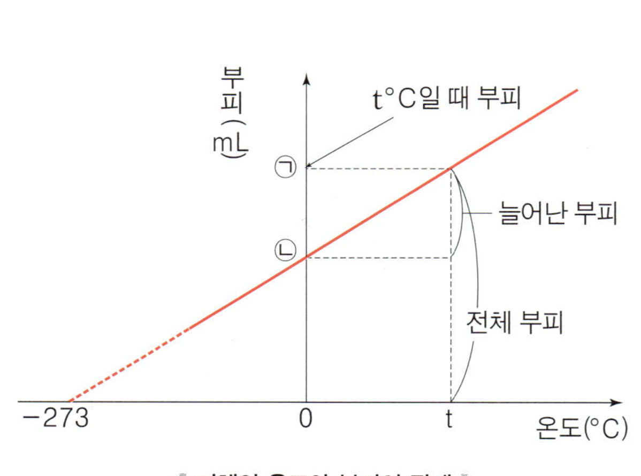

[기체의 온도와 부피의 관계]

구분	0℃일 때의 부피	늘어난 부피	전체 부피
1℃일 때	V_0	$V_0 \times \frac{1}{273}$	$V_0 + V_0 \times \frac{1}{273}$
2℃일 때	V_0	$V_0 \times \frac{2}{273}$	$V_0 + V_0 \times \frac{2}{273}$
3℃일 때	V_0	$V_0 \times \frac{3}{273}$	$V_0 + V_0 \times \frac{3}{273}$
273℃일 때	V_0	$V_0 \times \frac{273}{273}$	$V_0 + V_0 \times \frac{273}{273}$
t℃일 때	V_0	$V_0 \times \frac{t}{273}$	$V_0 + V_0 \times \frac{t}{273}$

[온도의 변화에 따른 기체의 부피 변화]

섭씨(℃), 화씨(℉), 켈빈(K)

섭씨(℃)는 1기압에서 물의 어는점을 0℃, 물의 끓는점을 100℃로 정하고 그 구간을 100등분 한 온도 체계이다. 스웨덴의 천문학자 셀시우스(Celsius, Anders: 1701~1744)가 처음으로 제안하였다. 화씨(℉)는 독일의 물리학자 파렌하이트(Fahrenheit, Daniel Gabriel: 1686~1736)가 만든 단위로 물의 어는점을 32℉, 물의 끓는점을 212℉로 정한 후 그 구간을 180등분 한 온도 체계이다. 켈빈(K)은 이론상 기체가 존재할 수 있는 가장 낮은 온도를 0K로 정하고 이 온도를 절대 영도라고 한다. 섭씨로는 −273℃가 여기에 해당한다.

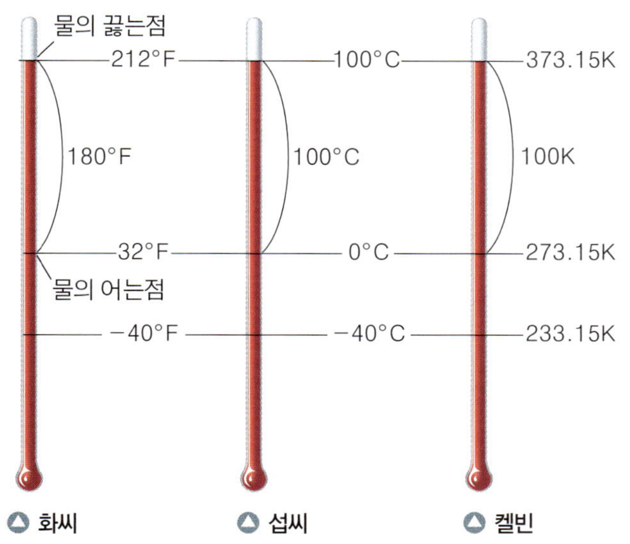

기체의 온도와 부피의 관계

1기압에서 일정한 양의 기체가 들어 있는 고무 풍선을 얼음물과 뜨거운 물에 담갔을 때 뜨거운 물속에 넣은 풍선 속의 기체의 부피가 더 커진다.

일정한 압력에서 기체의 온도가 높아지면 기체의 부피는 커진다. 온도가 낮을 때에는 기체 분자가 느리게 운동하기 때문에 용기의 벽에 충돌하는 분자 수가 적다. 그러나 온도가 높을 때에는 분자 운동이 빨라져 용기의 벽에 충돌하는 힘이 커지고 충돌하는 분자 수도 많아진다. 이때 기체 분자가 피스톤을 위로 밀어내어 기체의 부피는 커진다.

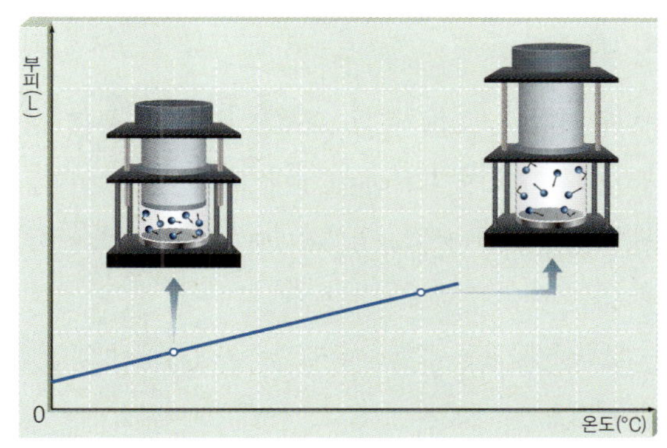

🔺 기체의 온도와 부피의 관계

✓ 찌그러진 탁구공을 따뜻한 물속에 넣어 주면 원래의 모양으로 되돌아온다.

✓ 열기구 속에 들어 있는 공기를 가열하면 공기의 부피가 커지고, 기체 분자의 운동이 빨라져 열기구는 주변의 공기보다 가벼워져 공중으로 뜨게 된다.

✓ 더운 여름에는 바퀴 속 공기 분자들의 운동이 매우 활발해져 바퀴가 터질 위험이 있으니 바퀴에 넣는 공기의 양을 줄여준다.

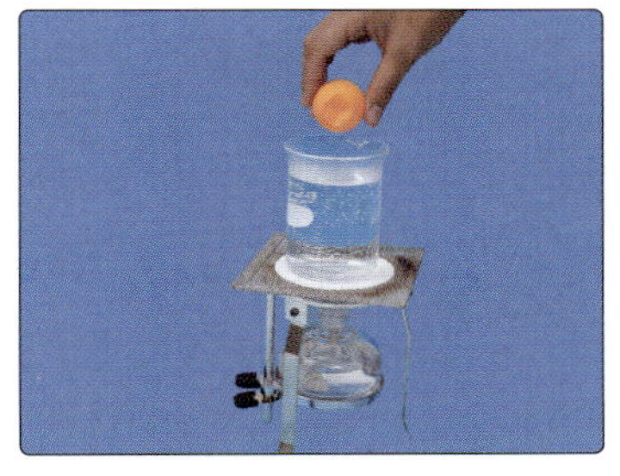

🔺 찌그러진 탁구공을 따뜻한 물속에 넣기

🔺 열기구

🔺 바퀴의 공기 양 조절

혼합물 Mixture

두 가지 이상의 물질이 각 물질의 성질은 유지한 채 단순히 섞여 있는 것이다.

물질의 종류

물질은 크게 순물질과 혼합물로 나눌 수 있다. 순물질은 한 가지 물질로 이루어진 것으로 물질의 고유한 특징을 지닌다. 또한, 순물질은 물리적으로는 더 이상 분리할 수 없고, 원소와 화합물로 나눌 수 있다. 원소는 한 가지 성분으로 이루어진 물질로 산소, 수소, 철, 구리 등이 있다. 화합물은 두 가지 이상의 성분 원소로 이루어진 순물질이다. 즉, 이산화 탄소, 물, 소금 등과 같이 다양한 원소가 화학적으로 결합하여 한 가지 새로운 원소를 만들어 낸 것이다. 화합물의 원소는 일정한 질량비로 결합하고 있어 물질의 성질이 사라지는 화학적 방법으로 분해해야 한다.

혼합물은 여러 가지 성질을 나타내는 물질이 각자의 성질은 유지한 채 섞여 있는 물질을 말한다. 혼합물은 섞여 있는 물질의 질량비가 일정하지 않고 물질의 성질을 그대로 유지하고 있기 때문에 물리적으로 분리해 낼 수 있다. 또 혼합물은 균일 혼합물과 불균일 혼합물로 나눌 수 있다.

균일 혼합물은 소금물, 청동, 공기 등과 같이 물질들이 고르게 섞여 있는 혼합물이고, 불균일 혼합물은 우유, 흙탕물, 암석 등과 같이 물질들이 고르지 않게 섞여 있는 혼합물이다. 따라서 균일 혼합물은 어느 부분을 떼어 내도 동일한 성질을 나타내며, 액체일 경우 가라앉는 것이 없이 투명하다. 반면에 불균일 혼합물은 부분에 따라서 성질이 다르고 액체의 경우 가라앉는 불순물이 보인다.

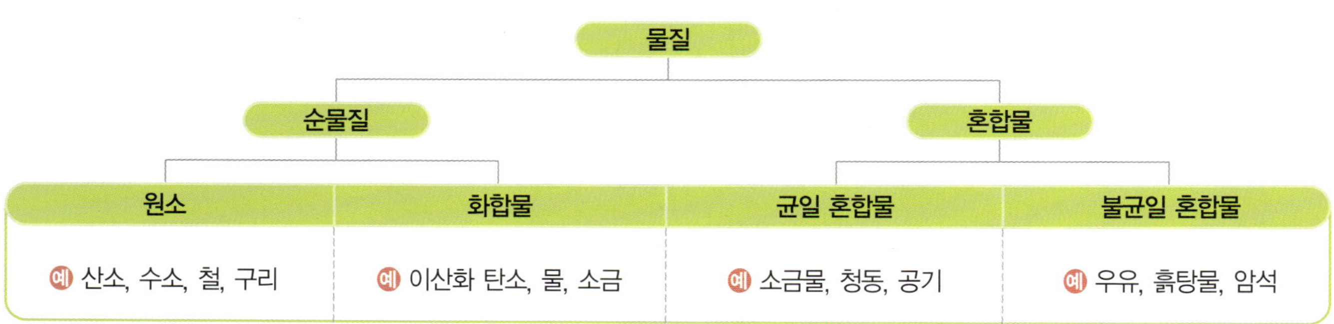

혼합물의 가열 곡선

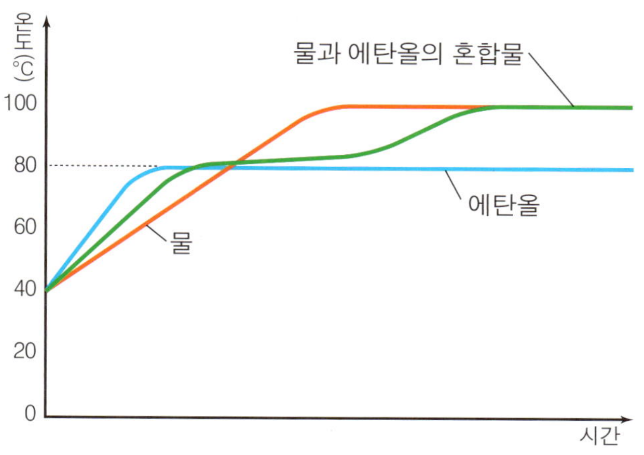

[물과 에탄올의 가열 곡선]

위 그래프는 물, 에탄올, 물과 에탄올 혼합물의 끓는점을 나타낸 그래프이다. 물과 에탄올은 열을 가하면 끓는점까지 일정하게 온도가 상승하지만, 끓는점에 다다르게 되면 열에너지가 물질의 상태 변화에 쓰이기 때문에 온도가 상승하지 않고 액체는 기체로 변하면서 액체와 기체가 공존하는 구간이 나온다.

그러나 물과 에탄올 혼합물의 경우 온도 변화에 차이가 있다. 물과 에탄올을 섞으면 에탄올의 끓는점이 물의 끓는점보다 낮기 때문에 에탄올이 먼저 기체로 변하게 되는데, 이때 에탄올은 본래 에탄올의 끓는점보다 높은 온도에서 끓는다. 그 까닭은 단순히 에탄올만 있는 것이 아니고 물과 섞여 있어 물 분자는 에탄올 분자가 기체가 되어 날아가는 것을 방해하기 때문이다. 따라서 물과 에탄올의 혼합물에서 에탄올은 조금 더 높은 온도에서 끓게 되고, 끓는 동안에는 온도가 일정하지 않고 서서히 상승한다. 에탄올 순물질은 상태 변화에서 온도가 일정하지만 혼합물은 에탄올이 상태 변화 하는 동안에도 물은 열에너지를 흡수하기 때문에 온도가 조금씩 상승하는 것이다. 서서히 에탄올이 증발하다가 물만 남으면 물의 끓는점에 도달할 때까지 물의 온도가 상승하고 물의 상태 변화 때는 물만 남아 있기 때문에 온도가 변화하지 않고 상태 변화에 열에너지가 이용된다.

소금물의 끓는점도 물의 끓는점인 100℃보다 높고, 소금물이 끓고 있는 동안에도 온도는 계속 올라간다. 이와 같이 혼합물의 끓는점은 일정하지 않으므로 끓는점을 측정하여 순물질과 혼합물을 구별할 수 있다.

혼합물의 냉각 곡선

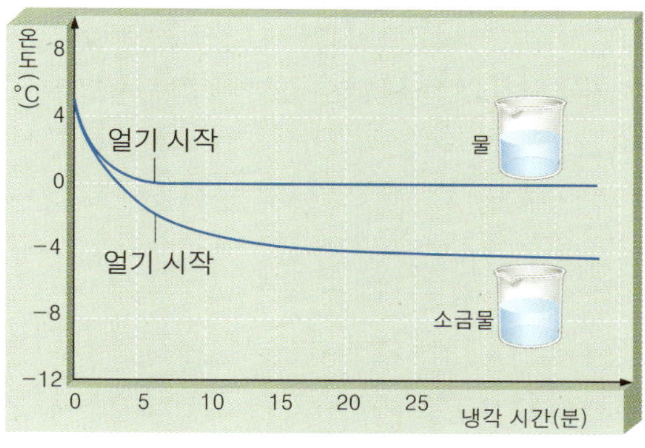

[물과 소금물의 냉각 곡선]

물은 어는 동안 온도가 0℃로 일정하다. 그러나 소금물은 0℃보다 낮은 온도에서 얼기 시작하고 어는 동안 온도가 계속 내려간다. 어는점으로도 순물질과 혼합물을 구별할 수 있다.

또, 순물질인 고체 나프탈렌의 녹는점은 80℃로 일정하지만, 나프탈렌에 다른 고체 물질이 섞인 나프탈렌 혼합물은 나프탈렌의 녹는점보다 낮은 온도에서 녹고, 녹는점도 일정하지 않다.

IF

공기가 불균일하다면

공기는 질소, 산소, 아르곤, 이산화 탄소 등이 균일하게 섞여 있는 균일 혼합물이다. 그런데 만약 공기가 불균일하게 섞여 있다면 어떤 일이 생길까? 인간에게 가장 중요한 물질인 산소가 공기 중에 불균일하게 섞여 있다면 사람들은 걸어 다니다가 갑자기 산소가 부족해서 숨을 쉬지 못하는 일이 생길 수도 있다. 그리고 어떤 곳에서는 불이 연소하지 못하거나 산소가 많은 곳에서는 불이 지나치게 커져 화재가 일어날 수도 있고 수소가 많은 곳에서는 폭발이 일어나기도 하는 등 큰 혼란에 빠질 것이다. 또한 식물은 특정 지역에서만 자라는 등 식물의 생장이 정상적이지 못할 것이다. 공기 중에 다양한 원소가 균일하게 존재한다는 것은 동물, 식물들이 안정적인 삶을 유지할 수 있게 하는 데 중요한 요인이 될 수 있다.

혼합물의 분리 Seperating Mixture

혼합물은 크기, 자성, 밀도 차이, 용해도, 끓는점, 크로마토그래피 등의 방법을 이용해 분리할 수 있다.

크기를 이용한 혼합물의 분리

혼합물을 분리하는 가장 간단한 방법은 물질의 알갱이 크기를 이용하는 것이다. 섞여 있는 물질의 크기가 다른 경우에 체나 거름종이와 같은 도구를 이용하여 혼합물을 분리해 낼 수 있다. 체를 사용하는 경우 체의 눈 크기보다 알갱이가 작으면 체를 통과할 수 있지만 체의 눈보다 알갱이가 크면 체를 통과하지 못하고 걸러져 혼합물을 분리할 수 있다. 단, 알갱이의 크기를 이용한 분리 방법인 만큼 분리하는 체의 눈 크기 설정이 매우 중요하다. 만약 두 물질 모두 통과할 만큼 체의 눈 크기가 크다면 분리되지 않고 모두 체를 통과할 것이고, 두 물질 모두 통과하지 못할 만큼 체의 눈 크기가 작다면 아무것도 통과하지 못해 혼합물을 분리하지 못할 것이다.

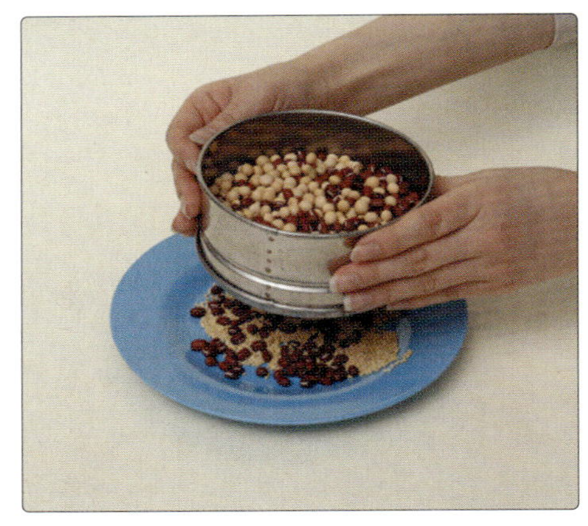

🔵 콩, 팥, 좁쌀의 혼합물 분리

거름

🔵 소금과 흙의 혼합물 분리

거름은 두 고체 물질의 혼합물 중에서 한 가지 성분만을 녹이는 용매를 이용하여 녹지 않는 물질을 거름종이를 통해 분리하는 방법을 말한다.

예를 들어 소금과 흙 혼합물을 분리해야 하는 경우에 혼합물을 물에 녹이면 소금은 물에 녹고 흙은 물에 녹지 않게 된다. 이때 소금이 녹은 물을 거름종이에 통과시키면, 소금은 거름종이를 통과하고 흙은 거름종이 위에 걸러진다. 소금과 나프탈렌이 섞여 있는 혼합물도 물을 넣으면 소금만 물에 녹고 나프탈렌은 녹지 않기 때문에 거름종이를 이용하여 분리할 수 있다.

추출

추출은 여러 가지 혼합물 중에서 한 가지 성분만 녹이는 용매를 이용해서 분리하는 방법으로 용해도 차이를 이용한 혼합물 분리 방법의 하나이다.

예를 들어 옷의 기름때를 아세톤 같은 물질을 이용하여 얼룩을 제거하거나 에테르 용매로 식초 속에 들어 있는 아세트산을 분리하는 방법 등이 있다.

🚀 더 나아가기

거름과 추출의 차이

거름과 추출은 모두 용매에 따른 용해도의 차이를 이용한다는 공통점이 있다. 하지만 거름은 두 가지 물질 중 한 가지 물질을 거름종이를 이용하여 걸러서 분리하고, 추출은 여러 가지 성분 중에서 특정 물질만을 용매에 녹여 분리한다.

이때, 녹은 용매를 입자의 크기를 이용하여 거름종이로 분리하기도 하지만, 밀도 차이를 이용하여 분별 깔때기 등으로 분리한다.

우리 주변에서 용해도 차이를 이용하여 혼합물을 분리하는 예

🔺 커피를 여과지에 넣고 물을 부으면 물에 녹는 커피 성분만 내려온다.

🔺 도토리로 음식을 만들기 전에 떫은 맛을 제거하기 위해 찬물에 담가 둔다.

🔺 옷의 기름때를 제거할 때 기름 성분을 녹이는 용매를 사용하여 세탁한다.

공기와 암모니아 혼합물의 분리

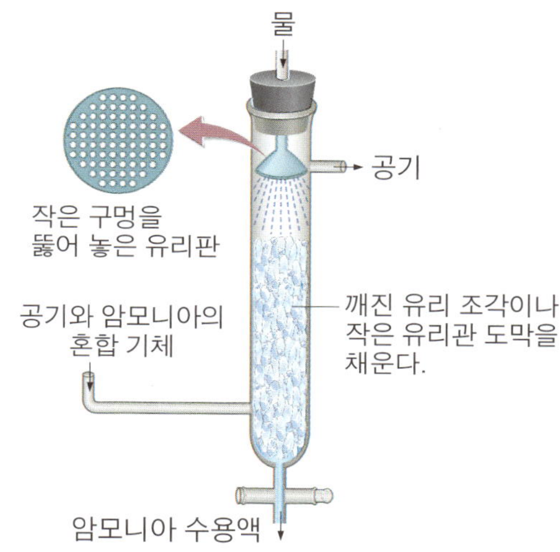

🔺 기체 혼합물의 분리

공기는 여러 종류의 기체들이 섞여 있는 혼합물이다. 용매에 녹는 정도가 다른 성질을 이용해 기체를 분리할 수 있다. 예를 들어 위 그림과 같은 장치를 이용하면 공기에 암모니아가 섞여 있는 경우에 암모니아를 분리해 낼 수 있다. 암모니아가 섞인 공기를 아래쪽에서 투입시키고, 물을 위쪽에서 내려 보내면 물은 아래로 내려가고 공기는 위로 올라가면서 서로 만나게 된다. 이때, 암모니아는 물에 잘 녹기 때문에 물과 만나 암모니아수가 되어 흐르고, 물에 녹지 않는 다른 기체들은 그대로 상승하여 위쪽 구멍으로 빠져나가게 된다.

이 장치에서 깨진 유리 조각이나 작은 유리관 도막을 채우는 까닭은 물과 암모니아가 만나 천천히 이동하게 하여 서로 섞이는 시간을 충분히 주어 만나는 표면적을 넓히기 위해서이다.

커피맛을 결정짓는 혼합물 분리

커피는 단맛, 신만, 쓴맛, 짠맛 등 다양한 맛이 조화를 이룬다. 이러한 커피의 맛은 원두의 종류, 신선도, 볶는 정도, 원두를 섞는 비율, 보관 방법 등 다양한 요인의 영향을 받는데, 커피를 내리는 방법도 커피의 맛을 결정짓는 데 중요한 요인이 된다. 커피의 다양한 추출 방법 중에서 여과지를 이용하여 뜨거운 물을 부어 커피를 추출해 내는 방법을 핸드 드립이라고 한다. 핸드 드립 방식은 커피를 거름종이 위에 놓고 뜨거운 물을 부으면 굵은 커피는 위에 남고 물에 자연스럽게 녹은 커피만 거름종이를 통과하도록 하여 커피를 얻는 방식이다.

커피를 내릴 때의 속도도 커피의 맛에 영향을 준다. 지나치게 빠른 속도로 내리면 물이 커피를 녹이는 시간이 충분하지 않아 커피 향을 충분히 느낄 수 없다고 한다. 한편, 커피의 숙성된 향을 느끼기 위해 커피를 느리게 내리는 커피를 더치커피라고 한다. 더치커피는 찬물을 이용하여 커피를 내리는데 커피가 찬물에는 잘 녹지 않기 때문에 아주 적은 양씩 오랜 시간 동안 내려야 한다. 또, 거름종이의 구멍이 촘촘하지 않거나 일정하지 않으면 커피가 잘 걸러지지 않기 때문에 제대로 된 커피의 맛을 느낄 수 없다. 이처럼 커피의 여과 장치는 커피의 맛을 결정하는 데 매우 중요한 역할을 한다. 세계적으로 가장 널리 보급되어 있는 차의 하나인 커피, 만약 크기를 이용한 혼합물의 분리를 이해하지 못했다면 맛있는 커피를 맛보지 못했을 것이다.

분별 결정

온도에 따른 용해도 차이를 이용하여 고체 혼합물에서 순수한 물질을 분리하는 방법을 분별 결정이라고 한다. 분별 결정은 온도에 따른 용해도 차이가 큰 물질과 작은 물질이 섞여 있을 때, 높은 온도에서 혼합물을 모두 녹인 후 냉각하면 용해도 차이가 큰 물질이 결정으로 생기는 방법이다.

질산 칼륨과 염화 나트륨 혼합물의 분리

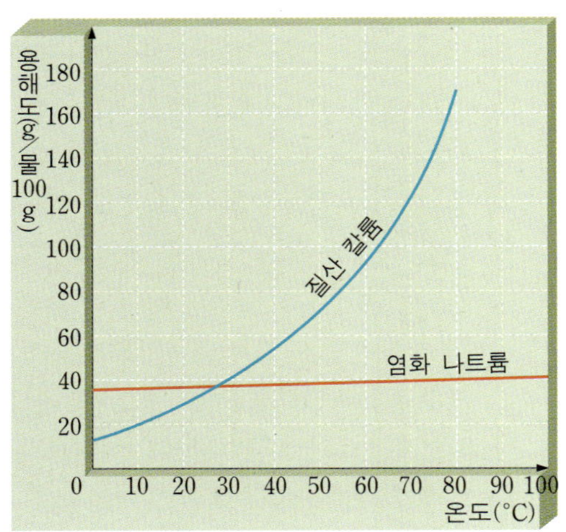

[염화 나트륨과 질산 칼륨의 용해도]

염화 나트륨과 질산 칼륨은 모두 물에 잘 녹는 물질이지만, 염화 나트륨은 온도에 따른 용해도 차이가 작고, 질산 칼륨은 온도에 따른 용해도 차이가 크다. 높은 온도에서 염화 나트륨과 질산 칼륨을 모두 녹인 후에 냉각하면 용해도 차이가 큰 질산 칼륨이 결정으로 생긴다.

염화 나트륨과 붕산 혼합물의 분리

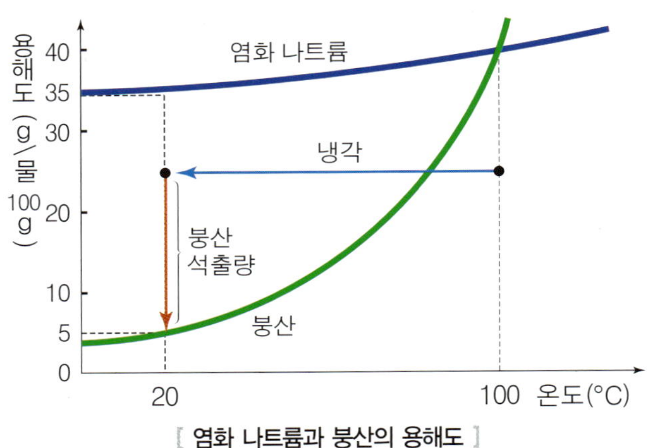

[염화 나트륨과 붕산의 용해도]

염화 나트륨과 붕산 혼합물은 두 물질 모두 물에 녹지만 온도 변화에 따라 녹는 양이 다르다. 염화 나트륨은 온도 변화에 큰 영향이 없이 0 ℃ 이상에서 물 100 g에 35 g 이상이 녹는다. 하지만 붕산은 물 100 ℃에서는 물 100 g에 40 g이 녹지만 온도가 20 ℃가 되면 100 g에 5 g 밖에 녹지 않는다. 따라서 이 두 물질이 모두 25 g씩 섞여 있다고 할 때 100 ℃의 물 100 g에 녹인 후 온도를 20 ℃까지 낮추면 염화 나트륨은 35 g 이상 녹을 수 있기 때문에 계속 녹아 있다. 반면 붕산은 5 g 밖에 녹을 수 없기 때문에 나머지 20 g은 녹지 않고 고체로 남게 되어 결정으로 생긴다.

고체 물질 A와 B가 섞여 있는 혼합물을 분리하는 과정

🔷 분별 결정을 이용한 혼합물의 분리 과정

온도에 따른 용해도 차이가 큰 물질 ㉡이 결정으로 생긴다. 물질 ㉠은 온도에 따른 용해도 차이가 크지 않기 때문에 용액을 냉각시켜도 결정이 생기지 않아 물질 ㉡만 거름종이에 걸러진다.

밀도 차이를 이용한 고체 혼합물의 분리

액체에 녹지 않으면서 밀도 차이가 나는 고체 물질이 섞여 있는 경우 두 고체의 중간 밀도에 해당하는 액체를 이용하면 혼합물을 분리할 수 있다. 즉, 한 가지 물질은 물보다 가볍고 한 가지 물질은 물보다 무겁다면 혼합물을 물에 넣어 물에 가라앉는 물질과 가라앉지 않는 물질로 나누어 분리할 수 있다.

사금의 채취도 이와 같은 원리를 이용한 것이다. 사금은 금광상(땅속에 금이 많이 묻혀 있는 부분)이 풍화·침식되어 자연금이 모래, 자갈, 흙과 함께 퇴적되어 흐르는 물과 함께 강바닥이나 선상지 등에 모이기 쉽다. 사금을 채취하기 위해서는 사금이 많은 물가에서 모래와 흙 등을 함께 그릇에 담은 후 천천히 흔들면 모래와 흙과 같은 가벼운 물질은 빠져나가고 무거운 사금은 가라앉아 남아 있게 된다. 만약 두 물질 모두 물보다 무겁다면 물에 소금을 넣는 등 물의 밀도를 높게 하여 두 물질의 중간 정도의 밀도를 맞추어 혼합물을 분리할 수도 있다. 쌀에 섞여 있는 돌을 조리질로 골라내는 것도 고체 물질의 밀도 차이를 이용한 것이다.

🔺 사금 광산에서 모래에 섞인 금 채취

🔺 조리를 이용하여 쌀과 돌 분리하기

밀도 차이를 이용한 액체 혼합물의 분리

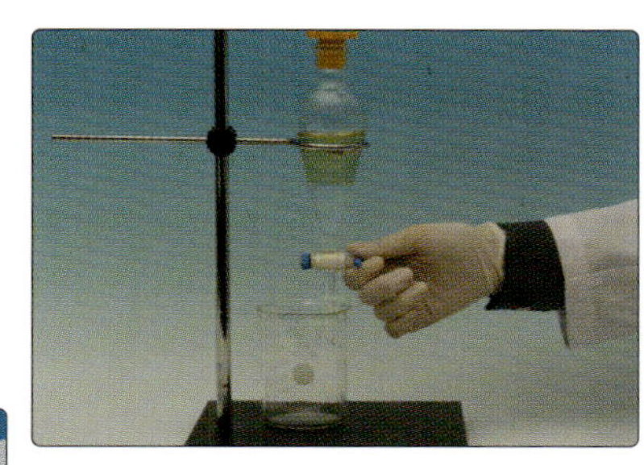

🔺 분별 깔때기를 이용한 물과 식용유 혼합물의 분리

밀도 차이가 있는 액체 혼합물을 분리하는 경우에는 스포이트나 분별 깔때기를 이용할 수 있다. 밀도 차이가 크면 두 물질이 섞이지 않고 무거운 물질은 아래로, 가벼운 물질은 위로 뜨게 된다. 이때 스포이트를 이용하여 위에 떠 있는 물질을 빨아들이면 혼합물을 분리할 수 있다.

왼쪽은 물과 기름의 혼합물을 분리하는 모습이다. 분별 깔때기의 꼭지를 막고 마개를 열어 혼합물을 넣은 후 마개를 닫는다. 혼합물이 두 층으로 분리되면 먼저 마개를 연 후에 꼭지를 열어 아래층의 액체만 비커에 받아 내고, 꼭지를 닫는다. 남아 있는 위층의 액체는 분별 깔때기의 위쪽으로 따라 낸다.

우리 생활에서 혈액을 원심 분리기에 넣고 회전시켜 분리하고, 바다 밑에서 석유를 뽑아내는 해저 유전도 밀도 차이를 이용하여 혼합물을 분리하는 예이다.

분별 증류

혼합물을 가열하여 끓어 나오는 기체를 냉각시켜 순수한 액체 물질을 얻는 방법을 증류라고 한다. 소금물과 같이 고체와 액체의 혼합물인 경우에는 두 물질의 끓는점 차이가 크기 때문에 한 번의 증류로 성분 물질을 쉽게 분리할 수 있다. 그러나 물과 에탄올처럼 끓는점 차이가 크지 않은 액체 혼합물은 한 번의 증류로는 성분 물질을 순수한 상태로 분리하기 어렵기 때문에 여러 번의 증류 과정을 거쳐야 한다. 이와 같이 여러 번의 증류 과정으로 액체 혼합물을 분리하는 과정을 분별 증류라고 한다.

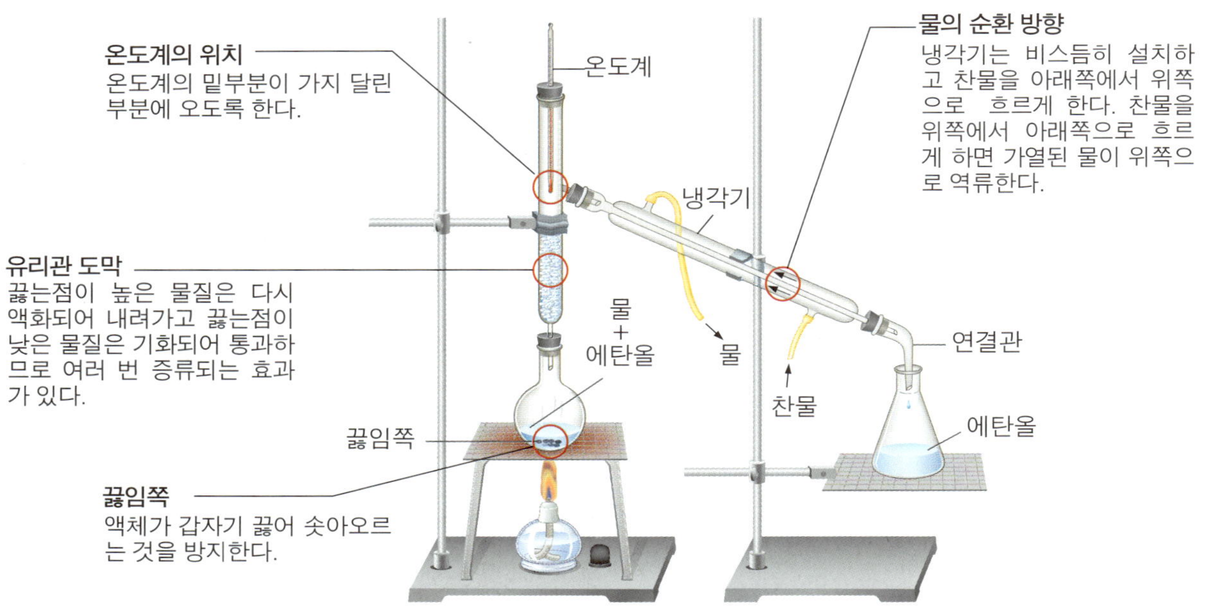

🔺 분별 증류 장치

물과 에탄올이 섞인 혼합물을 위의 분별 증류 장치의 둥근 바닥 플라스크에 넣은 후 가열하면 끓는점이 낮은 에탄올이 먼저 끓어 나오게 된다. 이때 끓는점이 높은 물이 함께 증발하여 나올 수도 있는데, 유리관 도막이 물의 온도를 다시 낮추어 액화되어 내려가게 된다. 유리관 도막은 끓는점이 높은 물질이 증발로 인해 걸러져 나오는 것을 막을 수 있다. 즉, 좀 더 순수한 물질을 얻을 수 있도록 도와준다. 한편, 끓는점이 낮은 물질이 기화되어 나와 관으로 내려가면 찬물과 만나 액화된다. 냉각기는 비스듬히 설치하여 찬물을 아래에서부터 공급하는데, 그 까닭은 기체가 내려가면서 계속 찬물을 만나 액화의 효과를 증대시키기 위해서이다. 위에서 찬물을 공급할 경우 기체와 물이 같은 방향으로 이동하여 물의 온도가 기체의 열에 의해 낮아져 액화의 효과가 적게 나타날 수 있다. 또 찬물과 뜨거운 기체가 갑자기 만나면 유리가 깨질 수도 있기 때문에 찬물을 아래에서 위로 공급한다. 이렇게 냉각기까지 거친 에탄올 기체는 다시 액화되어 삼각 플라스크에 액체로 걸러지게 된다.

끓임쪽과 온도계의 위치

플라스크에 끓임쪽을 넣는 까닭은 액체가 갑자기 끓어오르는 것을 막기 위해서이다. 끓임쪽은 아주 작은 구멍들이 있는 유리, 사기, 돌 조각 등을 사용한다. 온도계는 기화되어 나오는 기체의 온도를 측정하기 위해 설치하는 것으로 온도계의 끝부분이 가지 달린 부분에 오도록 한다.

원유의 분별 증류

유전에서 뽑아 올린 원유는 여러 가지 물질이 섞여 있는 액체 혼합물이다. 정유 공장의 증류탑에서는 원유를 성분별로 분리할 수 있다. 원유를 가열하면 끓는점이 낮은 물질부터 분리되는데, 끓는점이 가장 낮은 물질은 석유 가스이고 그 다음으로 가솔린, 나프타, 등유, 경유, 중유, 찌꺼기 순서로 분리된다.

각 물질마다 끓는점에 차이가 있는 까닭은 물질 모두 탄소와 수소가 결합해 있는 화합물 형태이지만 탄소 수에 차이가 있기 때문이다. 탄소가 많이 함유된 물질은 분자의 질량이 크고 분자 사이의 결합하는 힘이 크기 때문에 끓는점이 더 높다.

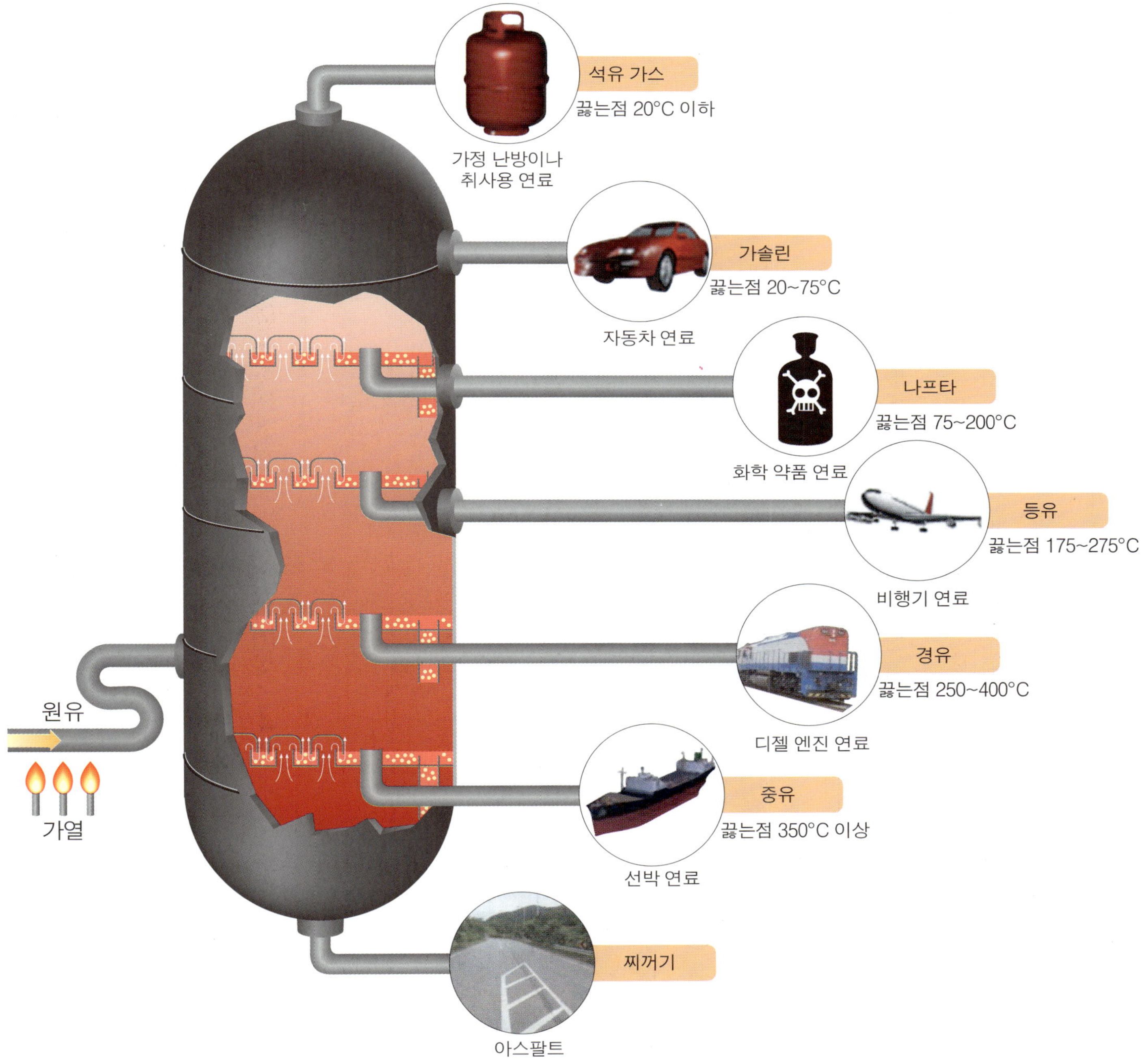

🔵 원유를 분리하는 증류탑의 내부 구조

혼합물 분리의 생활 속 적용

기름 유출, 치즈, 버터 제조, 쓰레기 재활용 등 물질의 특성에 따라 다양한 분야에서 혼합물의 분리 방법이 적용된다.

2010년 미국 멕시코 만 기름 유출 사고

사건 개요

2010년 4월, 미국 멕시코 만에서 발생한 딥워터 허라이즌(Deepwater Horizon) 석유 시추 시설의 폭발은 역대 가장 심각한 기름 유출 사건의 하나였다. 석유 시추 시설이 폭발하면서 한반도 크기보다 더 큰 기름띠가 바다를 덮었고, 90여 일 동안 유출된 기름의 양은 최소 250만 배럴에서 410만 배럴에 이르는 것으로 추정된다. 이 사건으로 인해 생태계 파괴는 물론 경제적인 손실은 300억 달러에 이를 정도로 큰 피해를 입었다. 이에 석유 회사인 BP는 2015년 7월 피해 지역에 총 187억 달러라는 천문학적인 금액을 배상할 것을 합의했다.

기름 방제 작업

바닷물에서 기름을 분리하는 방제 작업은 주로 오일펜스 등을 이용한 기계적인 방법과 유처리제를 이용한 화학적 방법, 미생물을 이용하는 생물학적 방법 등으로 나눌 수 있다.

오일펜스는 기름을 흡착하는 물질로 이루어진 펜스를 바다 위에 설치하여 기름을 모으거나 기름이 퍼지는 것을 막는 방법이다. 유처리제는 기름을 작게 분해하여 가라앉게 만드는 방법인데, 유출된 기름의 양이 적을 경우에 주로 사용하지만 가라앉은 기름이 바다의 생태계를 파괴할 수 있다는 우려가 있다. 미생물을 이용하여 기름을 분해하는 방법은 아직 완전하게 개발되지는 않은 상태이다.

△ 유출된 기름으로 오염된 멕시코 만

△ 멕시코 만 오일펜스 설치

△ 유출된 기름이 온몸에 묻은 펠리컨

△ 항공기로 유처리제 살포

우유

버터는 우유로부터 지방을 분리한 물질이다. 우유에서 지방을 분리해 크림을 만들고 계속해서 압력을 가하면 고체 형태의 버터가 만들어진다.

과거에는 버터 천(Butter Churn)을 이용하여 버터를 만들었는데, 나무로 된 기계에 크림을 넣고 계속해서 위아래로 누르면 버터가 만들어진다.

치즈는 우유로부터 단백질을 분리한 물질이다. 우유에 들어 있는 단백질 성분은 산성 성분과 만나면 고체로 응고된다. 따라서 우유에 레몬즙이나 식초와 같은 산성 물질을 넣고 데우면 단백질이 굳어져 치즈가 만들어지게 된다.

치즈는 다양한 종류가 있는데, 만드는 방법, 구성 성분 등에 따라 리코타, 카망베르, 모차렐라, 파마산, 체다 등으로 구분할 수 있고 각각 독특한 맛을 낸다.

🔺 버터

🔺 카망베르 치즈

🔺 치즈 공장

쓰레기 재활용

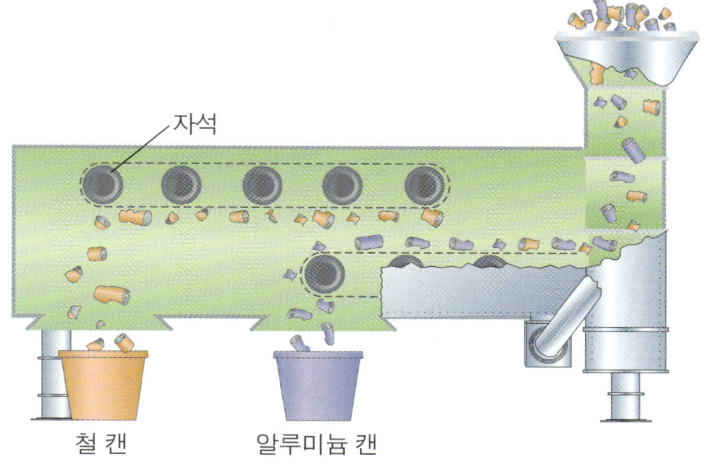

🔺 쓰레기 자동 분리기

혼합물의 분리는 쓰레기 재활용 과정에서도 필요하다. 배출된 생활 쓰레기에서 캔을 재활용하기 위해서는 알루미늄 캔과 철 캔을 따로 분리하여야 한다. 이를 위해 철이 자석에 붙는 성질을 이용하여 철 캔과 알루미늄 캔을 분리할 수 있다.

자석이 부착된 장치가 있는 쓰레기 자동 분리기에 섞여 있는 철 캔과 알루미늄 캔을 넣으면 철 캔은 자석에 달라붙고 알루미늄 캔은 그대로 지나가 분리할 수 있다. 분리한 캔은 불순물을 제거하고 압축한 후 가열하여 다시 다양한 용도로 사용된다.

🚀 더 나아가기

알루미늄 캔과 철 캔의 차이점

알루미늄과 철은 각기 장점과 단점이 있다. 우리 생활에서 탄산 음료의 용기로는 알루미늄 캔을 사용하고, 이산화 탄소가 들어 있지 않은 커피나 녹차와 같은 음료의 용기로는 철 캔을 사용한다. 탄산 음료의 경우에는 이산화 탄소에 의해 내부 압력이 높기 때문에 알루미늄 캔을 사용하면 외부에서 압력을 가해도 잘 찌그러지지 않는다. 하지만 이산화 탄소가 들어 있지 않은 커피나 녹차와 같은 음료는 내부 압력이 낮아 알루미늄 캔으로 만들면 외부에서 힘을 가할 때 바로 찌그러져 버린다. 그리고 알루미늄 캔은 모두 바닥이 안쪽으로 움푹 패어 있는데, 이는 알루미늄 캔이 내부 압력이 강해 터지는 것을 방지하기 위해서이다.

크로마토그래피 Chromatography

크로마토그래피를 이용한 잉크의 색소 분리

크로마토그래피는 용매에 의한 물질의 이동 속도 차이를 이용하여 혼합물을 분리하는 방법이다.

크로마토그래피용 거름종이의 한쪽 끝에서 1cm 되는 곳에 검은 수성 사인펜으로 점을 찍은 후 거름종이에 찍은 점이 물에 잠기지 않도록 눈금 실린더에 오른쪽과 같이 장치한다. 눈금 실린더에 거름종이를 넣을 때 물이 묻지 않도록 주의한다. 이때, 고정되어 있는 거름종이가 고정상이고 거름종이를 통해 이동하는 물이 이동상이다.

물이 거름종이를 통해 이동하면서 검은색 점과 만나면 사인펜 잉크는 여러 가지 색소의 잉크가 혼합된 혼합물이기 때문에 사인펜 잉크가 물에 녹아 이동하면서 몇 가지 색깔로 나누어진다. 이렇게 사인펜 잉크의 색소가 분리되는 까닭은 사인펜 잉크에 들어 있는 색소가 용매를 따라 이동하는 속도가 다르기 때문이다.

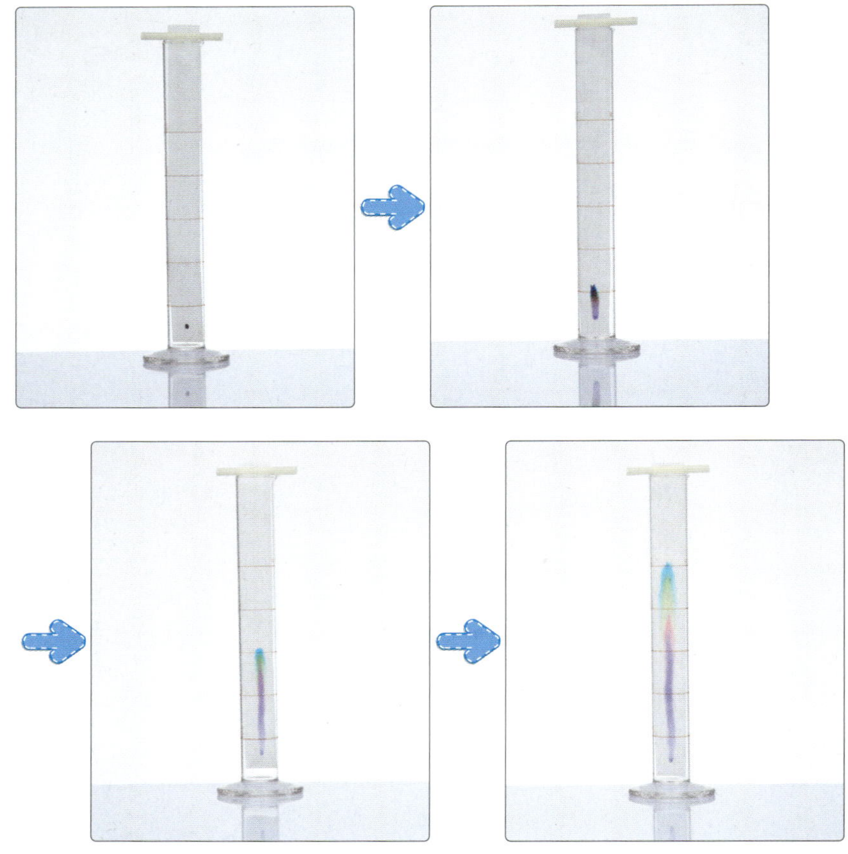

🔺 사인펜 잉크의 색소 분리

🔺 시금치의 색소 분리

크로마토그래피는 성질이 비슷한 물질이 섞여 있거나 혼합물을 이루는 성분의 양이 적을 때에도 효과적으로 성분 물질을 분리할 수 있다. 엽록소의 색소 분리, 단백질의 성분 검출, 의약품의 성분 분리 등에 크로마토그래피를 이용한다.

왼쪽 시금치의 색소 분리는 시금치의 잎 속에 들어 있는 엽록소 성분을 크로마토그래피를 이용하여 분리한 것이다.

기체 크로마토그래피

기체 크로마토그래피는 반응성이 작은 질소 기체를 이동상(고정상에 대해 움직이며 혼합물을 분리해 내는 물질)으로 사용하고, 오븐에 장치한 길고 가는 관의 코일 속에 고운 가루 입자로 된 표면에 소량의 액체를 흡수시킨 재료를 고정상(크로마토그래피에서 이동하지 않고 고정되어 있는 물질로, 어떤 물질이 달라붙는 성질이 강한 물질)으로 사용한다.

검사할 물질은 가는 관 코일에 들어가기 전에 이동상의 움직임에 따라 주입한다. 주입된 물질을 이루고 있는 각각의 성분은 다른 속도로 이동하게 되어 검출기로 들어간다. 검출기의 신호가 기록기에서 높고 낮은 피크로 기록되어 나타나는데, 각각의 피크는 성분의 농도를 나타낸다. 이와 같은 분석 방법도 운동 선수의 약물 복용 검출, 마약 복용 검출, 화약의 흔적 등에 널리 이용되고 있다.

크로마토그래피와 약물 복용 검사

크로마토그래피는 운동선수나 마약 복용자가 남용한 의약 물질을 확인하는 검사로 이용하는 가장 좋은 방법이다. 검사할 사람의 소변이나 혈액을 받아 몸속에 남아 있는 약물에 대해 크로마토그래피의 원리를 이용하여 검사한다.

우리나라 도핑 테스트 기술은 1988년 서울 올림픽에서 육상 선수의 약물 복용 사실을 밝혀 금메달 수상을 취소시킴으로써 세계적으로 매우 우수하다고 알려져 있다.

◎ 도핑 테스트 장치

배리 본즈(Bonds, Barry: 1964~)가 명예의 전당에 오르지 못하는 까닭

배리 본즈는 MLB(Major League Baseball) 역사상 가장 뛰어난 타자라고 부를 수 있을 만큼 많은 기록을 남긴 야구 선수이다. 그는 통산 762개의 홈런을 기록하여 역대 가장 많은 홈런 기록을 가지고 있으며, 2001년에는 73개의 홈런을 쳐서 한 시즌 최대 홈런 신기록을 가지고 있다. 또한 통산 500홈런 – 500도루 이상을 기록할 정도로 누구도 넘볼 수 없는 대단한 기록들을 작성하였다. 하지만, 위대한 업적을 남긴 MLB 선수들을 기념하는 명예의 전당에 그는 오르지 못하고 있다. 그 까닭은 무엇일까?

바로 약물 복용 때문이다. 배리 본즈가 2000년 겨울부터 약물을 복용한 사실이 도핑 테스트를 통해 드러나게 되면서 그의 업적은 모두 약물에 의한 업적이라며 비난받게 되었다.

종종 선수들은 금지 약물을 복용함으로써 운동 능력을 키우고 한계를 극복하고자 하는데, 이는 선의의 경쟁자에게 큰 피해를 줄 뿐 아니라 정정당당한 스포츠 정신에도 어긋나는 매우 비겁하고 잘못된 것이다. 따라서 각종 스포츠 단체는 이를 막기 위해서 도핑 테스트를 이용하여 선수들의 불법 약물 사용을 감시하고 있다. 도핑 테스트는 크로마토그래피 방법을 이용하여 약물의 사용을 검출하는 방식으로 물질의 양이 적거나 다양한 물질이 섞여 있는 경우에도 분리할 수 있다는 장점이 있다. 따라서 선수들의 소변이나 혈액을 크로마토그래피 방법으로 분리하면 선수들의 약물 사용 여부를 확인할 수 있는 것이다.

스포츠 세계는 약물 복용으로부터 깨끗하게 유지되어야 하기 때문에 크로마토그래피를 이용한 도핑 테스트는 앞으로도 스포츠 정신의 실현에 큰 도움이 될 것이다.

용액 Solution

용질이 용매에 골고루 섞여 있는 물질을 용액이라고 한다.

용액, 용매, 용질, 용해

용해는 어떤 물질이 다른 물질에 녹아 골고루 섞이는 현상이다. 용액은 용질이 용매에 골고루 섞여 있는 물질을 말한다. 또한, 용액이 만들어질 때 다른 물질을 녹이는 물질을 용매, 다른 물질에 녹는 물질을 용질이라고 한다. 단, 녹는 물질과 녹이는 물질이 명확하지 않은 경우에는 물질 중에 많은 양이 섞여 주성분이 되는 물질을 용매, 적은 양이 섞여 부성분이 되는 물질을 용질이라고 할 수 있다.

다음은 비커에 담겨 있는 액체 물질인 물은 용매, 물에 녹는 고체 물질인 소금은 용질, 소금물은 용액으로 이러한 전체적인 과정을 용해라고 할 수 있다.

▲ 소금의 용해 과정

상태가 다른 물질이 고르게 섞여 있는 경우에는 일반적으로 액체 물질이 용매가 된다. 용액 중에 사이다나 식초는 용질이 기체나 액체인 경우이다.

🚀 더 나아가기

물은 항상 용매인가?

용액은 두 가지 이상의 순수한 물질이 균일하게 섞여 있는 균일 혼합물이다. 이때, 용매는 무엇일까?

일반적으로 액체와 고체 물질이 혼합된 용액에서는 액체 물질을 용매라고 한다. 그러나 액체와 액체, 기체와 기체가 섞인 용액에서는 양이 많은 쪽을 용매, 양이 적은 쪽을 용질이라고 한다.

물은 보통 물질을 녹이는 용매로 사용되는 경우가 많다. 예를 들어 설탕물의 경우는 액체인 물과 고체인 설탕이 섞여 있는 용액이다. 이때, 물은 용매이고 설탕은 용질이 된다. 그러나 액체와 액체가 섞여 있는 용액의 용매와 용질은 구분하기가 힘들다.

다음은 에탄올과 물이 섞여 있는 액체와 액체의 혼합물이다.

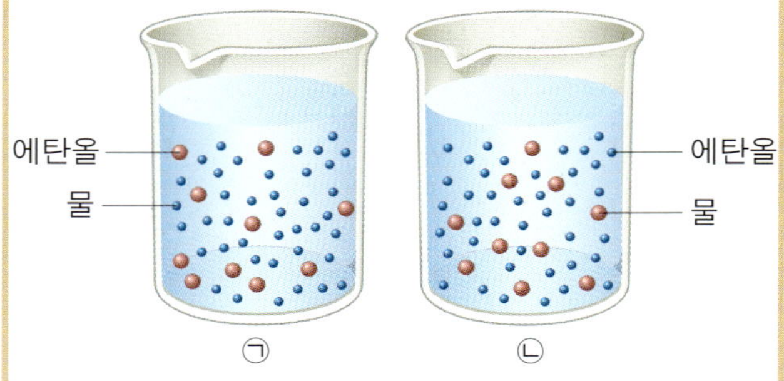

㉠의 경우 파란 입자가 물, 빨간 입자가 에탄올이고, ㉡의 경우 파란 입자가 에탄올, 빨간 입자가 물이다. ㉠의 경우에는 물의 입자 수가 에탄올의 입자 수보다 4배 정도 많이 있는 것으로 보아 용액에서의 물의 비율이 에탄올의 비율보다 많다는 것을 알 수 있다. 따라서 이 경우에는 물이 용매, 에탄올이 용질이다.

㉡의 경우에는 에탄올의 입자 수가 물의 입자 수보다 많으므로 에탄올이 용매, 물이 용질이 된다.

용액의 농도

용액의 농도는 용액의 묽고 진한 정도를 나타내는 값으로 용액에 녹아 있는 용질의 양에 따라 달라진다. 농도는 일정한 양의 용액 속에 녹아 있는 용질의 양으로 나타내며, 주로 퍼센트 농도로 나타낸다. 퍼센트 농도는 용액 100 g 중에 녹아 있는 용질의 g 수로 나타낸다.

$$\text{퍼센트 농도}(\%) = \frac{\text{용액의 질량(g)}}{\text{용매의 질량(g)}} \times 100$$

▲ 농도에 따른 황산 구리 수용액의 색깔 변화

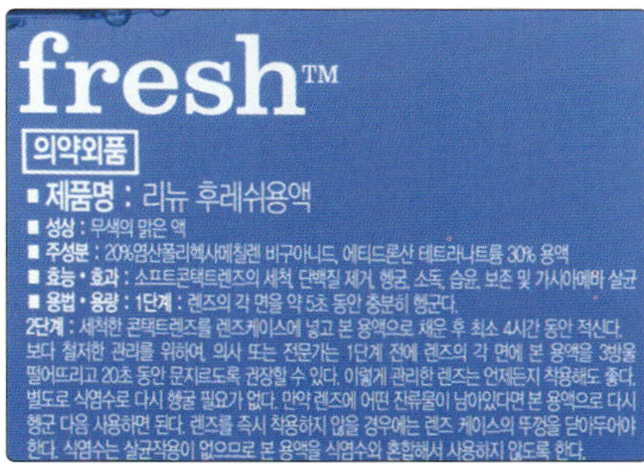

렌즈 세척액

발효 식초

▲ 우리 생활에서 퍼센트 농도가 이용되는 예

그 밖에 공기 중의 일산화 탄소 농도나 물속의 산소 농도는 ppm을 사용하는데, ppm은 용액 100만 g 중에 녹아 있는 용질의 g 수로 나타낸다.

콜로이드와 종류

콜로이드는 균일 혼합물이지만 입자의 크기가 용액에 비해 커서 불투명한 물질을 말한다.

입자의 크기는 보통 1.0nm~1000nm이고 기체, 액체, 고체의 세 가지 상태로 존재한다. 콜로이드는 비교적 큰 입자로 존재하기 때문에 틴들 현상(입자가 용해되지 않고 떠 다니기 때문에 빛을 산란시키는데, 빛이 콜로이드를 통과할 때 빛의 진행 방향이 보이는 것)이나 브라운 운동(콜로이드 입자들이 다른 입자와 충돌하면서 불규칙적으로 움직이는 현상)이 일어나기도 한다.

에멀션 액체와 액체가 분산되어 섞여 있는 것을 말하고, 우유, 마요네즈, 핸드크림 등이 있다.

거품 기체가 액체에 섞여 있는 것을 말하고, 생크림, 면도 크림 등이 있다.

에어로졸 기체 속에 고체나 액체의 작은 입자가 분산되어 섞여 있는 것을 말하고, 안개, 헤어스프레이, 연기, 구름 등이 있다.

졸 고체 입자가 액체나 고체에 분산되어 섞여 있는 것을 말하고, 잉크, 혈액, 페인트 등이 있다.

▲ 에멀션(액체＋액체)

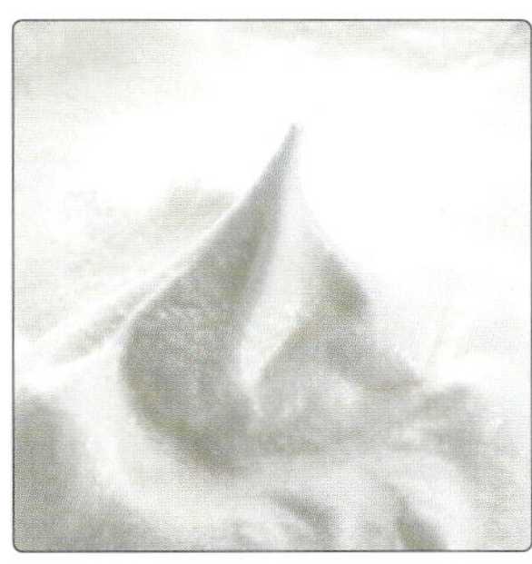

▲ 거품(액체＋기체)

▲ 에어로졸(기체＋액체, 고체)

▲ 졸(액체＋고체)

용해 Dissolution

어떤 물질이 다른 물질에 녹아 골고루 섞이는 현상이다.

용해 원리

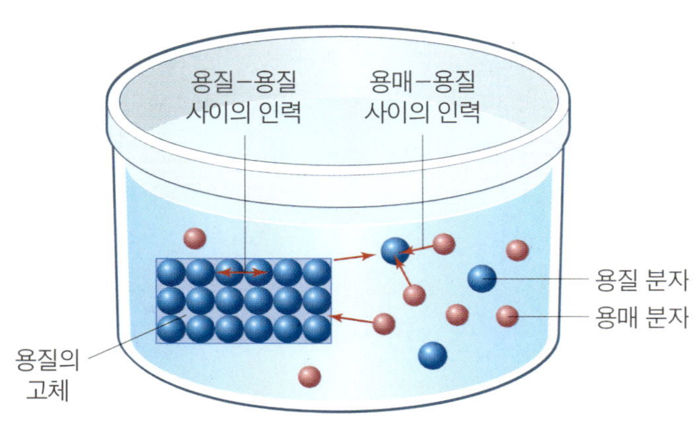

물질이 용해되는 것은 분자 사이에 결합하려는 힘의 차이 때문이다. 예를 들어 친구들과 함께 놀고 있는데 부모님께서 부르시면 각자 흩어져 집으로 돌아가게 된다. 친구들과 결합한 상태에서 부모님의 힘으로 인해 그 결합이 끊기게 되는 것이다.

물질의 용해 현상도 마찬가지다. 용질이 용매에 녹기 전에는 용질 사이의 인력만 작용하고 있다. 하지만 용매와 만나는 순간 용매와 용질 사이의 인력이 생기는데, 용질과 용질 사이의 당기는 힘보다 용매가 용질을 당기는 힘이 더 크면 용질의 결합이 깨지게 되고 용매에 용질이 균일하게 섞이는 용해 현상이 일어나게 된다.

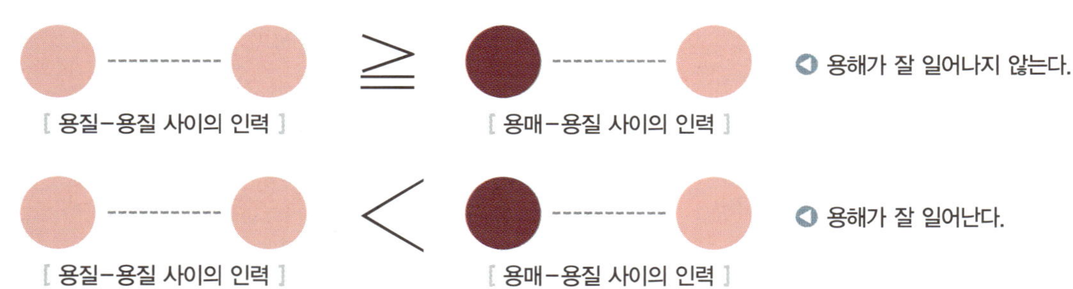

더 나아가기

공기의 용매, 용질은 무엇인가

보통 용액은 액체를 떠올리기 쉽지만 고체나 기체도 용액이 될 수 있다. 물질들이 균일하게 섞여 있으면 모두 용액이 될 수 있기 때문에 공기도 용액이다. 그렇다면 공기에도 용매와 용질이 있을까? 공기의 용매와 용질은 무엇일까?

용매와 용질을 결정하는 가장 큰 방법은 구성 비율이다. 많은 양을 차지하는 것을 용매, 적은 양을, 차지하는 것을 용질이라고 한다. 따라서 공기 중 가장 많은 양을 차지하는 원소인 질소가(약 78 %) 용매이고 나머지 원소인 산소(21 %), 아르곤(0.93 %), 이산화 탄소(0.03 %) 등은 용질이라고 할 수 있다.

바람자루

용해와 유유상종

유유상종(類類相從)이라고 하는 사자성어가 있는데, 이는 같은 무리끼리 사귄다는 뜻이다. 물질의 용해에서도 이런 현상을 찾아볼 수 있다.

용해는 기본적으로 용매와 용질이 섞이는 과정이다. 그런데 용매와 용질의 종류에 따라서 용해되는 정도가 달라진다. 용매와 용질이 같은 종류이거나 비슷한 성질을 나타내면 잘 섞이기 때문에 용해가 잘 되지만, 용매와 용질이 다른 종류이거나 성질이 다르면 잘 섞이지 않아서 용해되는 정도가 낮아진다. 이는 물질의 종류에 따라 물질끼리 결합하는 힘의 세기가 다르기 때문이다.

따라서 물질이 극성인지 무극성인지에 따라서 물질의 용해도가 달라지는데, 물과 식용유가 섞이지 않는 것, 소금은 물에는 잘 녹지만 아세톤에는 녹지 않고, 나프탈렌은 물에는 녹지 않지만 아세톤에는 잘 녹는 것이 모두 이와 관련된 현상이다.

🔺 물+나프탈렌   🔺 아세톤+나프탈렌

용매의 종류에 따라 용해되는 물질이 다른 것을 일상생활에서도 이용하고 있다. 손톱에 바른 메니큐어는 아세톤을 사용하여 지우고, 세탁소에서 옷에 묻은 기름 얼룩은 기름을 녹일 수 있는 용매를 사용하여 제거한다.

극성과 무극성

물질은 극성과 무극성의 성질로 나눌 수 있다. 물질에는 전자가 분포하는데, 전자의 분포에 따라 극성 물질이 되기도 하고 무극성 물질이 되기도 한다. 분자는 양전하와 음전하가 균형을 이루면 무극성이 되고, 균형을 이루지 못하면 극성이 된다. 즉, 두 원자가 공유 전자쌍을 끌어당기는 힘이 같으면 공유 전자쌍은 두 원자에 동등하게 끌리게 되는데, 이러한 결합을 무극성 공유 결합이라고 한다. 그러나 공유 전자쌍을 끌어당기는 힘이 서로 다르면 공유 전자쌍이 한쪽으로 치우치게 되는데, 이것을 극성 공유 결합이라고 한다.

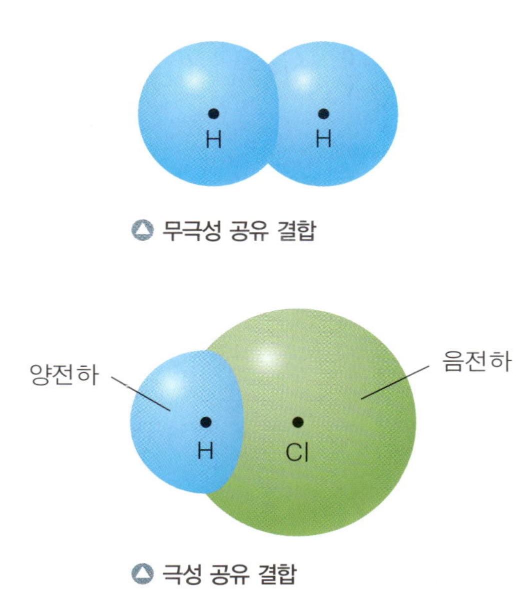

🔺 무극성 공유 결합

🔺 극성 공유 결합

예로 염화수소 분자를 구성하는 염소 원자와 수소 원자는 공유 전자쌍을 끌어당기는 힘이 서로 다르다. 염소 원자의 전기 음성도가 수소 원자보다 커서 염소 원자가 공유 전자쌍을 더 세게 끌어당겨 염소 원자는 음전하를 띠고 수소 원자는 양전하를 띤다. 이는 마치 자석에서 N극과 S극이 분리되어 있는 것과 비슷하여 극성 분자라고 한다. 수소는 같은 원자로 이루어져 있어 공유 전자쌍을 끌어당기는 힘이 같다. 이것은 무극성 분자라고 한다.

전기 음성도가 같은 원자들이 전자쌍을 공유하여 결합하면 무극성 공우 결합이지만, 전기 음성도가 다른 원자들이 전자쌍을 공유하여 결합하면 극성 공유 결합이다.

소금, 설탕의 용해

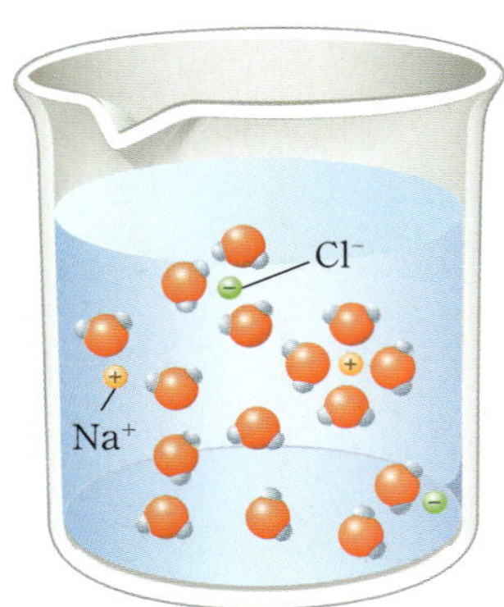

▲ 소금 용액

설탕과 소금은 모두 물에 녹지만 녹는 과정에는 차이가 있다. 소금($NaCl$)은 나트륨 이온(Na^+)과 염소 이온(Cl^-)이 결합하여 이루어진 물질인데, 소금을 물에 녹이면 나트륨 원자(Na^+)는 양의 성질을 갖는 이온 물질로 쪼개지고 염소 원자(Cl^-)는 음의 성질을 갖는 이온으로 쪼개져 나누어진다.

즉, 물(H_2O) 분자의 음전하를 띤 산소 원자 부분이 양전하인 나트륨(Na^+) 원자를 끌어당기고 물 분자의 양전하를 띤 수소 원자 부분인 음전하인 염소(Cl^-) 원자를 끌어당긴다. 그 결과 소금을 이루고 있는 나트륨 원자와 염소 원자 사이의 인력이 약해져서 결정이 계속 부서지면서 물에 녹게 된다.

▲ 설탕 용액

반면, 설탕은 물에 녹을 때 분자가 쪼개지지 않고 분자 덩어리째 그대로 녹는다. 즉, 설탕을 물에 넣으면 설탕 분자와 물 분자 사이에 인력이 작용하여 설탕 분자가 물 분자로 둘러싸여 녹는다.

각설탕이 물에 용해되는 과정

비커, 물, 각설탕을 준비하고 각설탕을 물에 넣으면 큰 설탕 덩어리가 조금씩 부서지기 시작하여 작은 설탕 덩어리로 흩어지고, 작은 설탕 덩어리는 눈에 보이지 않을 정도로 매우 작게 나누어져 물속에 섞인다.

각설탕은 한 번에 사라지는 것이 아니라 서서히 녹으면서 물과 섞이고, 작은 설탕 덩어리가 아지랑이처럼 물속에 섞인다.

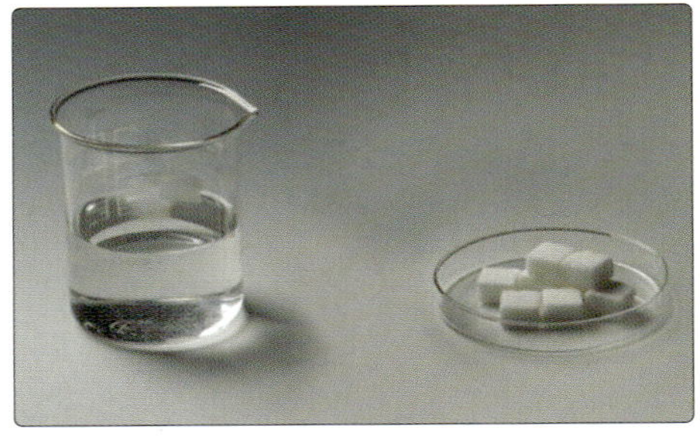

▲ 비커, 물, 각설탕을 준비한다.

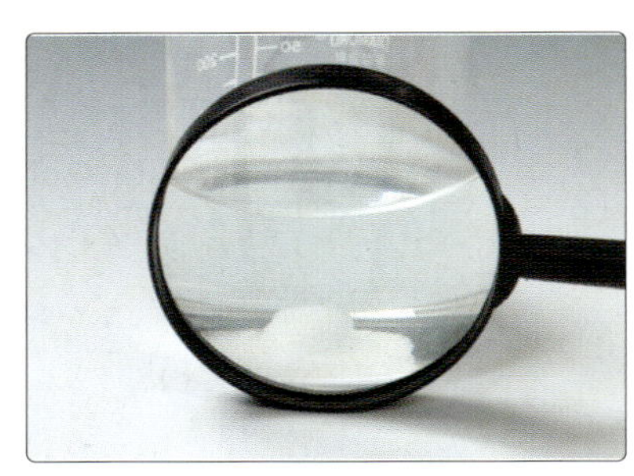

설탕이 물에 용해되기 전과 용해된 후의 무게

설탕이 물에 용해되면 매우 작은 입자로 나누어진다. 이때 설탕 입자의 크기는 매우 작아 눈에 보이지 않지만 물 입자와 골고루 섞여 있다. 물질은 용해되어 없어지는 것이 아니라 더 작은 입자로 나누어져 용매에 골고루 섞여 용액이 된다는 것을 실험으로 알아볼 수 있다.

| 준비물 |

비커, 전자저울, 약숟가락, 유리 막대, 물, 백설탕, 약포지 등

| 실험 과정 |

❶ 전자저울로 설탕이 담긴 약포지와 물이 담긴 비커의 무게를 측정한다.

❷ 설탕을 물에 넣어 모두 녹인다.

❸ 빈 약포지와 설탕을 모두 녹인 설탕물의 무게를 측정하고 용해되기 전의 무게와 비교한다.

| 실험 결과 |

설탕 입자가 용해되어 없어진 것이 아니라 물속에 섞여 들어가 그대로 남아 있기 때문에 설탕이 물에 용해되기 전과 용해된 후의 무게는 같다.

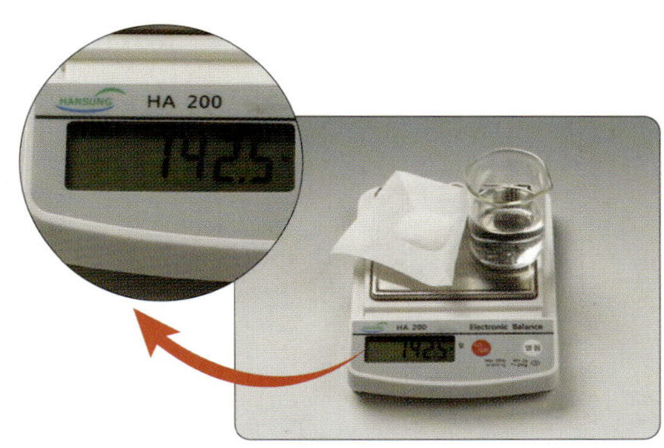

▲ 설탕이 물에 용해되기 전의 무게

=

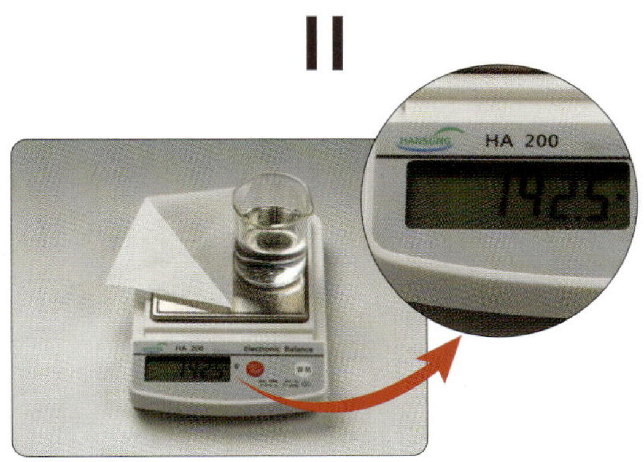

▲ 설탕이 물에 용해된 후의 무게

용해 과정에서의 흡열 반응과 발열 반응

용해 과정에서는 열을 흡수하는 흡열 반응이 일어나기도 하고, 열을 방출하는 발열 반응이 일어나기도 한다.

용매와 용질이 결합할 때, 흡열 반응이 일어나는 까닭은 용해가 일어나기 전의 용매와 용질이 가지고 있는 에너지가 용해가 일어난 후 용액이 갖게 되는 에너지보다 낮기 때문이다. 즉, 원래 물질이 가지고 있는 에너지가 낮고 반응 후 생성되는 물질이 갖게 되는 에너지가 높은 상태라면 물질의 반응에 에너지를 흡수해야 한다. 따라서 이러한 경우 용해 과정에서 열에너지를 흡수하여 더 높은 에너지 상태의 물질로 생성된다.

용해 과정에서의 흡열 반응의 예로 염화 마그네슘과 물을 섞은 반응이 있다. 염화 마그네슘이 물에 녹으면서 엄청나게 많은 열을 필요로 한다. 따라서 주변의 열을 흡수하게 되고 용해 과정은 열을 흡수하는 쪽으로 반응이 진행되어 염화 나트륨이 물에 더 많이 녹게 된다. 이와 같이 대부분의 고체는 용해 과정에서 열을 흡수하는 흡열 반응이 일어난다.

그러나 어떤 물질의 경우는 녹는 과정에서 열을 내보내는 경우도 있다. 이를 발열 반응이라고 한다. 발열 반응의 경우 물질이 용해되기 전의 에너지 크기가 용해된 후 생성된 물질의 에너지보다 크기 때문에 발생한다. 용해되면서 에너지가 더 작은 물질로 변하기 때문에 그 과정에서 에너지를 방출하게 되고 주변의 온도가 올라가게 되는 것이다. 이러한 반응에는 수산화 칼슘과 물의 반응이 있다. 물과 수산화 칼슘이 섞이면 석회수가 되는데, 이 과정에서 열이 발생하여 주위의 온도를 높여주면 오히려 녹지 않는다. 따라서 온도가 높아질수록 용해도가 낮아지기 때문에 이러한 물질은 주위의 온도를 낮추어야 잘 녹는다.

용액의 농도 Concentration of Solutions

용액에 용질이 녹아 있는 정도를 농도라고 하고 용액의 진하기라고도 한다. 용액의 농도는 물질의 증기 압력, 끓는점, 어는점 등에 영향을 미친다.

용액의 농도를 나타내는 방법－몰 농도와 몰랄 농도

용액의 농도를 나타내는 대표적인 방법이다. 몰 농도는 용액 1L 속에 녹아 있는 용질의 몰수로 나타내며, 단위는 몰/L 또는 M으로 표시한다. 온도가 변하면 용액의 부피가 변하므로 몰 농도의 값도 달라진다.

$$\text{몰 농도(몰/L)} = \frac{\text{용질의 몰수(몰)}}{\text{용액의 부피(L)}}$$

몰랄 농도는 용매 1kg 중에 녹아 있는 용질의 몰수로 나타낸다. 단위는 몰/kg 또는 m으로 표시한다.

$$\text{몰랄 농도}(m) = \frac{\text{용질의 몰수(몰)}}{\text{용매의 질량(kg)}}$$

용액의 농도를 나타내는 방법－퍼센트(%)

퍼센트 농도는 용액 100g 속에 몇 g의 용질이 녹아 있는지를 나타내는 방법이다. 용질의 질량을 용액의 질량으로 나눈 후 100을 곱하면 된다. 용액의 질량은 용매와 용질이 섞이기 전 질량의 합과 같다.

$$\text{퍼센트 농도(\%)} = \frac{\text{용질의 질량(g)}}{\text{용액의 질량(g)}} \times 100$$

$$= \frac{\text{용질의 질량(g)}}{\text{(용매+용질)의 질량(g)}} \times 100$$

예를 들어 소금물의 퍼센트 농도가 10%이면 물 100g 속에는 소금이 10g 포함되어 있다는 의미이다. 퍼센트 농도는 질량으로 비교하기 때문에 온도나 압력이 변해도 농도가 변하지 않는다는 장점이 있지만 액체를 부피가 아닌 질량으로 측정해야 한다는 번거로움이 있다. 퍼센트 농도는 주로 식품의 함량을 표시하는 데 사용한다.

용액의 농도를 나타내는 방법－퍼밀(‰)

퍼밀은 용액 1000g 속에 포함되어 있는 용질의 g 수를 나타내는 방법이다. 예를 들어 소금물 1000g 속에 소금이 35g 녹아 있을 때에 이 소금물의 농도는 35퍼밀(‰)이다. 퍼밀 농도는 주로 적은 양의 용질이 들어 있는 용액의 농도를 나타낼 때에 사용한다. 바닷물의 농도를 나타낼 때에도 백분율(%) 대신 천분율인 퍼밀(‰)을 사용한다. 평균적인 바닷물의 염분은 35퍼밀(‰)이지만 아라비아 반도 서북쪽의 소금 호수인 사해는 하천물의 유입량과 거의 같은 양의 수분이 증발하기 때문에 염분이 매우 높다. 수면의 경우에는 평균적인 해수 염분의 다섯 배에 가까운 200퍼밀(‰)이나 된다.

용액의 농도를 나타내는 방법－피피엠 (ppm)

🔵 대기 중의 일산화 탄소의 농도

ppm은 용액 100만g 중에 녹아 있는 용질의 g 수를 나타낸다. 예를 들어 1kg의 물속에 0.5mg의 오염 물질이 포함되어 있다면 수질 오염도는 0.5ppm이다. 주로 수질 오염도나 대기 오염도를 나타낼 때에 사용한다. 공기 중의 일산화 탄소 농도나 물속의 산소 농도는 매우 낮기 때문에 그 양을 나타내기 위한 농도로 ppm을 사용한다.

퍼센트 농도의 이용

(가)
(나)
(다)

퍼센트 농도는 음료수의 영양 성분 표를 통해 쉽게 발견할 수 있다. 이 영양 성분 표를 통해 음료수에 함유된 용질의 양을 비교할 수 있고 사람들은 이 영양 성분 표를 통해 제품의 성격을 판단하고 구입을 결정한다.

(가) 제품은 용액 100 mL를 기준으로 탄수화물, 당류, 단백질, 지방 등이 0 g 함유되어 있다.

(나) 제품은 100 mL 용액에 탄수화물 13 g, 당류 13 g, 단백질 1 g, 지방 0 g이 포함되어 있다.

(다) 제품은 용액 150 mL를 기준으로 탄수화물 16 g, 당류 15 g, 단백질 4 g, 지방 6 g이 포함되어 있다.

따라서 세 용액은 일정한 부피 안에 탄수화물과 당류의 양이 서로 다르다는 것을 알 수 있다. 정확한 질량 백분율을 구하기 위해서는 용액의 부피가 아닌 질량으로 용질을 나누어야 하지만 용액은 부피의 개념을 익숙하게 사용하기 때문에 질량보다는 부피를 표현하는 것이 일반적이다.

용해도

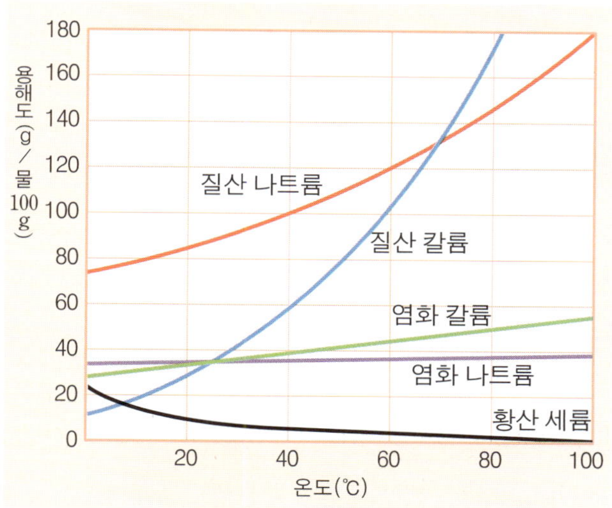

[고체의 용해도 곡선]

용해도는 어떤 온도에서 용매 100 g에 최대로 녹을 수 있는 용질의 g 수를 뜻한다. 정도에 차이는 있지만 온도가 높아질수록 고체 물질이 물에 녹는 양이 많아져 용해도가 증가하고, 온도가 낮아질수록 고체 물질이 물에 녹는 양이 적어져 용해도가 감소한다.

위 그래프에서 물의 온도가 60℃일 때 질산 나트륨>질산 칼륨>염화 칼륨>염화 나트륨>황산 세륨 순서로 용해도가 크다. 60℃에서 용해도가 가장 크다는 것은 60℃에서 다른 물질보다 녹는 양이 많다는 의미이다. 물질의 종류에 따라 용해도가 달라지기 때문에 용해도는 물질을 구별하는 데 이용할 수 있는 물질의 특성이다.

염화 나트륨은 물에 잘 녹지만 식용유는 거의 녹지 않는다. 이와 같이 용해도는 용매의 종류에 따라 달라지므로 용해도를 나타낼 때에는 용매의 종류와 온도를 함께 표시해야 한다.

염화 나트륨을 물에 녹이면 용액의 온도는 조금 낮아지는데 염화 나트륨의 용해는 흡열 반응을 하기 때문이다. 즉, 외부에서 열을 공급해 주면 용해 과정은 열을 흡수하는 쪽으로 반응이 진행되어 염화 나트륨이 물에 더 많이 녹게 된다.

고체의 용해도는 온도가 높아지면 대부분 증가한다. 그러나 황산 세륨은 용해 과정이 발열 반응이기 때문에 온도가 높아질수록 용해도가 감소한다.

포화 용액

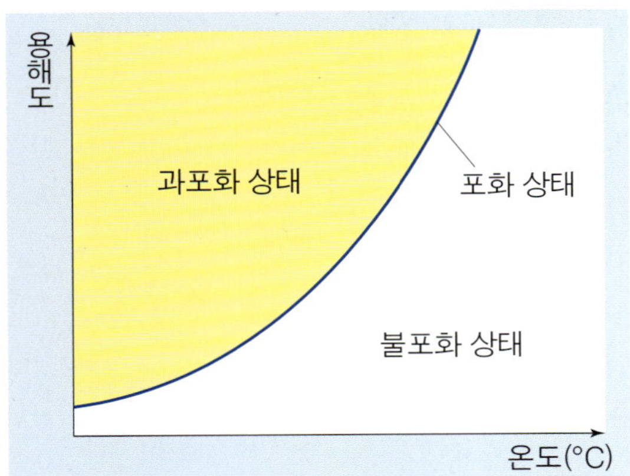

용질이 어떤 온도에서 더 이상 녹을 수 없을 만큼 최대한 녹아 있는 상태를 '포화 상태'라고 한다. 물에 소금을 넣고 계속 녹이다 보면 처음에는 잘 녹다가 어느 정도 녹으면 녹는 빠르기가 점점 느려지다가 더 이상 녹지 않게 된다. 이와 같이 용매에 용질을 더 이상 녹일 수 없는 가장 진한 용액을 포화 용액이라고 한다. 이 상태에서 용질의 양이 용해도가 된다.

물질이 용해되는 것은 용매 입자와 용질 입자 사이의 끌어당기는 힘 때문이다. 끌어당기는 힘이 크면 용질은 용매 사이로 잘 녹아 들어간다. 그러나 용매 $100\,g$에 녹을 수 있는 용질 입자의 수가 한정되어 있기 때문에 용질은 일정한 양만큼만 녹을 수 있다.

불포화 용액

불포화 용액은 포화 용액보다 용질이 더 적게 녹아 있는 상태로 용질을 더 넣으면 용질이 녹을 수 있는 용액이다.

예를 들어 20℃에서 물 $100\,g$에 $5\,g$의 용질을 녹여 포화 상태가 된 용액을, 온도를 높여 60℃에 이르게 하면 용질이 더 녹을 수 있는 불포화 용액이 된다. 60℃에서 용해도가 $15\,g$이라면, $10\,g$의 용질을 더 녹여야 포화 상태의 용액이 된다. 반대로, 20℃에서 $4\,g$의 용질을 녹여 만든 포화 용액을 10℃의 온도로 낮추면, $2\,g$의 용질이 가라앉게 될 것이다.

용액이 형성되는 과정

❶ 용질 입자 사이의 끌어당기는 힘이 약해져서 용질 입자가 서로 분리된다.

❷ 용매 분자 사이의 끌어당기는 힘이 약해져서 용질 입자가 들어갈 수 있는 공간을 만든다.

❸ 용질 입자와 용매 분자 사이의 상호 작용이 일어나 용액을 형성한다.

용해 평형

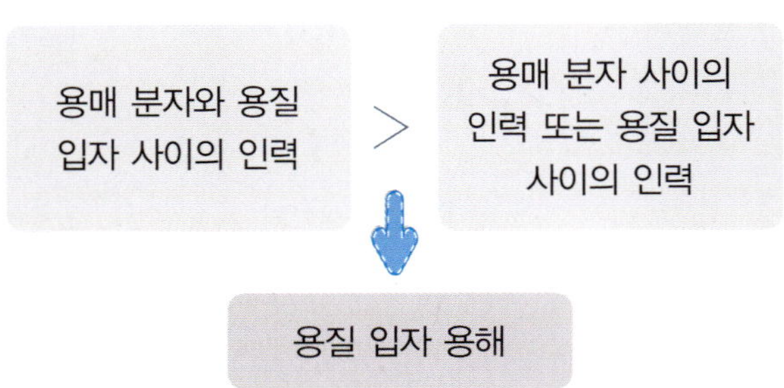

용매와 용질이 섞여 용액이 되는데, 이 과정에서 용질의 용해와 석출은 계속해서 일어난다. 석출이란 용매에 녹았던 용질이 다시 용질로 돌아오는 현상을 말한다. 용해 과정에서는 용질이 용매에 녹기도 하지만 녹았던 용질이 다시 본래의 모습으로 돌아오기도 한다. 이러한 과정에서 용해 속도와 석출 속도가 같아지면 용액이 용해 평형 상태에 있다고 말한다. 이때 용액에서 용질은 더 이상 녹지 않는 것처럼 보이는데, 이는 용질이 녹는 만큼 다시 석출되기 때문이다.

온도가 높아지면 용매 입자의 수가 일정하여도 더 많은 양의 용질이 녹는데, 그 까닭은 온도가 높을 때에 입자 운동이 활발해져 용질 입자와 용질 입자 사이의 인력을 쉽게 끊고 용질 입자와 용매 입자의 인력이 커지기 때문이다.

과포화 용액

과포화 용액은 포화 용액보다 비정상적으로 용질이 많이 녹아 있는 경우를 말한다. 포화 상태의 용액의 온도를 낮게 하거나 용매를 증발시키면 용해될 수 있는 용질의 양이 줄어들기 때문에 과포화 상태가 된다. 따라서 과포화 용액은 매우 불안정한 상태이고 약간의 충격에도 순간적으로 용질이 석출되게 된다.

용액의 끓는점

액체를 가열할 때 끓기 시작하면 끓는 동안에는 온도가 일정하게 유지되는데, 이때의 온도를 끓는점이라고 한다. 끓는점은 물질에 따라 달라서 물질을 구별할 수 있는 특징이 된다.

일반적으로 끓는점은 대기압이 1기압일 때의 끓는점이다. 예를 들어 감압(압력이 줄거나 압력을 줄임.) 용기에 90 ℃의 물을 넣고 공기를 빼내면 물은 다시 끓어오르기 시작한다. 이것은 감압 용기에서 공기를 빼내면 용기 안의 압력이 작아지면서 물의 끓는점이 낮아지기 때문이다.

높은 산에서 밥을 지으면 밥이 설익는 것은 이와 같은 원리이다.

또한, 용액의 끓는점은 순수한 용매의 끓는점보다 높아지게 되는데, 이와 같은 현상을 끓는점 오름이라고 한다.

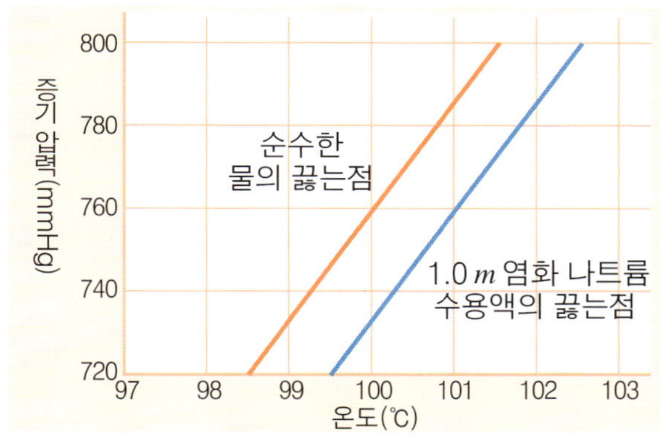

[용액의 끓는점 오름]

위 그래프를 보면 순수한 물의 끓는점은 760 mmHg에서 100 ℃인데, 염화 나트륨 수용액의 끓는점은 101 ℃이다.

끓는점과 우리 생활

🔺 라면을 끓이는 모습

용액은 순수한 용매에 비해 끓는점이 더 높다.

물을 끓일 때, 수프를 먼저 넣으면 라면 국물은 순수한 물이 아닌 용액이 된다. 즉, 용액의 끓는점 오름 현상에 의해 국물의 끓는점이 더 높아지게 된다. 따라서 100 ℃에서 끓던 물에 면을 넣고 삶는 경우보다 더 높은 온도에서 끓는 라면 국물에 면을 삶으면 더 빠른 시간에 면이 익게 되어 면이 불게 되는 현상을 막을 수 있다. 따라서 과학적인 관점에서 보면 라면을 끓일 때 수프를 먼저 넣고 끓이는 것이 보다 쫄깃한 면을 맛볼 수 있는 방법이다.

🔺 자동차에 사용하는 부동액

물은 0 ℃에서 얼고 100 ℃에서 끓는다. 만약 자동차 냉각수로 물을 사용하면 겨울에는 얼기 쉽고 여름에는 쉽게 끓을 것이다. 그런 이유 때문에 자동차 부동액으로 물에 에틸렌글리콜을 섞으면 어는점은 낮아지고 끓는점은 높아지게 된다. 이러한 원리로 자동차 부동액은 겨울에 쉽게 얼거나 여름에 쉽게 끓지 않는다.

고체의 용해도 Solid Solubility

고체의 용해도는 용매, 용질의 종류와 온도에 영향을 받는다.

용해도 곡선

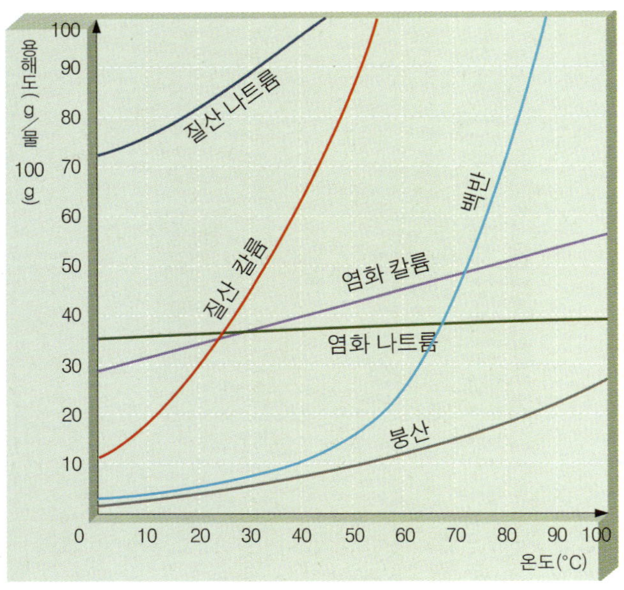

[고체의 용해도 곡선]

용해도는 용매 100 g에 녹을 수 있는 최대의 양이며, 고체의 용해도는 고체의 종류와 온도에 따라 차이가 있다. 대부분의 고체는 온도가 높아질수록 용해도도 증가한다. 용해도 곡선을 보면 대부분의 고체가 온도가 높아질수록 더 많은 양의 고체가 녹을 수 있는 것을 확인할 수 있다.

이는 고체 물질 대부분의 용해 과정이 흡열 반응이기 때문이다. 흡열 반응은 물질이 반응할 때 열을 흡수하는 반응으로, 반응을 위해 열에너지가 필요한데 열에너지가 많아지면 그만큼 반응이 잘 일어나게 된다.

한편 고체의 종류에 따라 용해도의 변화 정도에는 차이가 있다. 질산 칼륨의 경우 온도가 증가하면서 용해도도 크게 증가하지만 염화 나트륨의 변화는 크지 않다.

물질의 종류에 따라 용해도가 다르다. 용해도는 물질을 구별하는 데 이용할 수 있는 물질의 특성이다.

더 나아가기

용해되기 전과 후의 부피 변화

고체 용질이 용매에 용해되면 용액의 부피는 어떻게 될까? 일반적으로 용질이 용매에 그대로 녹아 있기 때문에 '용질의 부피 + 용매의 부피 = 용액의 부피'라고 생각하기 쉽다. 하지만 용질이 용매에 녹으면 용액의 부피가 용매와 용질의 부피를 합한 것보다 줄어든다.

이는 용매 입자의 빈 공간 사이에 용질 입자들이 녹아 끼어들기 때문이다. 따라서 빈 공간이 용질 입자로 채워지게 되고 용액의 부피는 용매와 용질의 부피를 합한 부피보다 줄어든다. 예로 큰 자갈돌과 작은 모래를 섞었을 때 모래가 자갈의 빈틈으로 들어가 부피가 더 줄어드는 경우와 같다.

> 용매의 부피 + 용질의 부피 > 용액의 부피

고체 물질 빨리 녹이기

알갱이의 크기

용매에 덩어리 상태의 용질보다는 가루 상태의 용질이 더 빨리 녹는다. 용질이 용해되기
위해서는 용매와 맞닿아야 하는데, 용질의 입자 크기가 덩어리보다 가루가 되어야 표면
적이 넓어지고, 표면적이 넓어지면 용매와 닿는 면이 넓어지게 되어 용해가 더 빨리 일
어난다.

▲ 덩어리를 녹일 때

▲ 가루를 녹일 때

용매의 온도

물의 온도가 높으면 용매 분자의 움직임이 빨라진다. 용매 분자의 움직임이 빠르면 용질
과의 결합이 더 빨라지기 때문에 용질이 용매에 더 빠르게 녹는다.

▲ 차가운 물에 녹일 때

▲ 따뜻한 물에 녹일 때

젓는 빠르기

용질이 용매에 녹기 위해서는 용질이 용매와 만나야 한다. 따라서 용질의 겉 부분이 더
빨리 녹게 되는데 용질의 겉 부분은 녹은 후에도 용질 주변에 머물러 있게 된다. 그러면
서 내부의 용질이 녹는 것을 방해하게 된다. 이때 용액을 저어 주면 녹은 용질이 흩어지
고 내부의 용질 분자들이 용매와 만나 빨리 녹을 수 있게 된다.

▲ 천천히 저을 때

▲ 빨리 저을 때

기체의 용해도 Air Solubility

기체의 용해도는 기체의 종류, 온도, 압력에 영향을 받는다.

기체의 종류와 용해도

구분	암모니아	염화 수소	이산화 황
물에 잘 녹는 기체			

극성 용매에 극성 물질이 잘 녹는 것은 기체에도 적용된다. 종류에 따라 극성 분자, 무극성 분자가 있는데, 대표적인 극성 분자로 이루어진 기체인 암모니아, 염화 수소, 이산화 황은 물에 잘 녹는다.

구분	산소	이산화 탄소	헬륨
물에 잘 녹지 않는 기체			

물이 극성을 띠기 때문에 무극성인 산소, 이산화 탄소, 헬륨 등 무극성 분자로 이루어진 기체는 물에 잘 녹지 않는다. 하지만 이산화 탄소는 물과 반응하기 때문에 산소, 헬륨 등 다른 무극성 기체보다 조금 더 잘 녹는 편이다.

결론적으로 기체의 용해도는 극성 용질은 극성 용매에 잘 용해되고, 무극성 용질은 무극성 용매에 잘 용해된다.

✓ 극성 용매＋극성 용질
➡ 용해가 잘 일어난다.
✓ 무극성 용매＋무극성 용질
➡ 용해가 잘 일어난다.
✓ 극성 용매＋무극성 용질
➡ 용해가 잘 일어나지 않는다.
✓ 무극성 용매＋극성 용질
➡ 용해가 잘 일어나지 않는다.

온도와 기체의 용해도

구분	20℃	40℃	60℃
산소	4.3	3.3	2.7
질소	19	15	13
이산화 탄소	173	97	58

[기체의 용해도(1기압, mg/100 g 물)]

기체는 고체와는 다르게 온도가 높을수록 용해도가 줄어든다. 이는 기체의 용해 과정에서 발열 반응이 일어나기 때문이다. 기체는 분자 사이의 인력이 거의 작용하지 않는 상태로, 기체 분자가 가지고 있는 에너지는 높고 불안정한 상태이다. 하지만 용해되면 액체 분자들과 결합하게 되는데, 이 과정에서 안정화되고 에너지가 낮아지기 때문에 그만큼의 에너지를 방출하게 된다.

예를 들어 우리 생활에서 콜라를 따뜻한 곳에 두면 청량감이 많이 떨어지는 까닭은 온도가 높은 상태에서 콜라의 이산화 탄소 용해도가 낮아지기 때문에 이산화 탄소가 기체로 날아가 밋밋한 맛이 된다. 또한 뜨거운 여름이 되면 강가의 물고기들이 입을 물 밖으로 내밀면서 숨을 쉬는데, 이는 높은 온도 때문에 산소의 용해도가 줄어들어 물속의 산소가 부족해 지기 때문에 나타나는 현상이다.

압력과 기체의 용해도–헨리 법칙

기체의 용해도는 고체와 달리 압력의 영향을 받는다. 압력은 고체나 액체의 용해도에는 거의 영향을 미치지 못하지만 기체에는 큰 영향을 미친다. 즉, 압력이 커질수록 기체의 용해도도 증가한다.

(가)

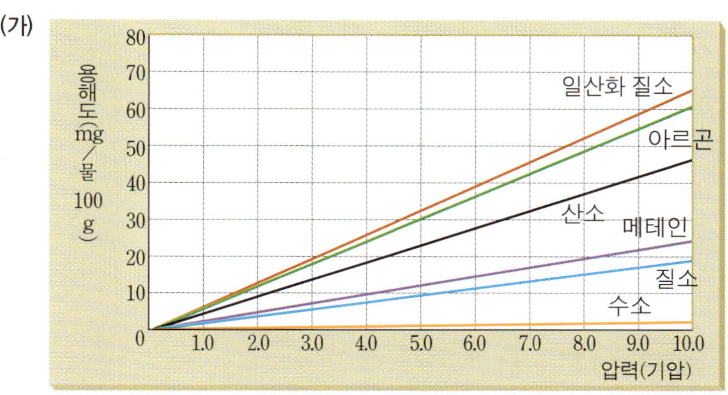

[압력 변화에 따른 여러 가지 기체 용해도]

(나)

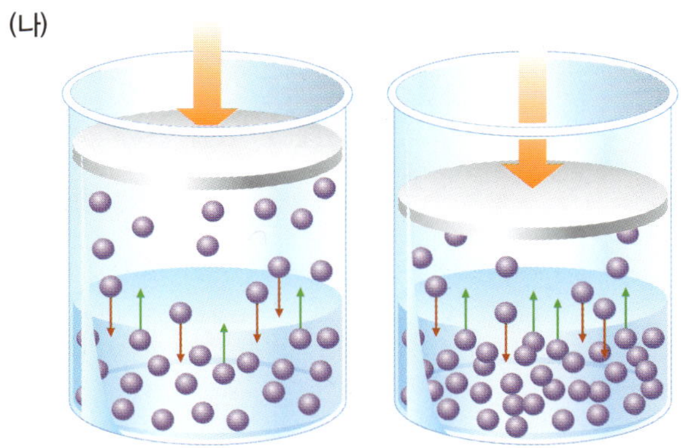

헨리 법칙은 압력과 기체의 용해도와의 관계를 설명하는 법칙이다. 헨리 법칙에 따르면 일정한 온도에서 일정량의 액체에 용해되는 기체의 질량은 그 기체의 압력에 비례한다. 즉, 기체의 압력이 커질수록 더 많은 질량의 기체가 녹는다는 것이다. 따라서 기체 용해도와 압력의 관계는 (가)와 같이 비례하는 그래프로 나타난다. 더 많은 질량의 기체가 녹는다는 것은 더 많은 입자 수의 기체가 녹는다는 것을 뜻하기도 한다. (나) 그림과 같이 용액에서 기체에 압력을 가하면 기체의 용해도는 증가한다.

하지만 모든 기체가 헨리 법칙을 따르는 것은 아니다. 주로 낮은 압력에서 용해도가 크지 않은 기체가 헨리 법칙에 잘 적용되는데, 수소, 헬륨, 질소, 산소, 네온과 같은 무극성 분자들이 이에 해당된다. 반대로, 암모니아, 염화 수소, 이산화 황 등과 같이 물에 잘 녹는 기체는 헨리 법칙에 잘 적용되지 않는다.

FUN

심하게 흔들린 탄산음료의 뚜껑을 폭발하지 않게 열려면 어떻게 해야 할까

탄산음료는 음료 속 액체에 잘 용해되지 않는 이산화 탄소가 녹아 있기 때문에 작은 자극에도 녹아 있던 이산화 탄소가 기체가 되어 날아가면서 음료가 폭발할 수 있다. 흔히 탄산음료를 심하게 흔들거나 따뜻한 곳에 둘 때 이러한 현상을 볼 수 있는데, 심하게 흔들린 상태의 탄산음료 뚜껑을 열어야 할 때 폭발하지 않게 하기 위해서는 어떻게 해야 할까?

탄산음료가 많이 흔들리면 용액 속에 녹아 있던 이산화 탄소가 기체가 되어 용기 안에서 터지기만을 기다리고 있는 상태라고 할 수 있다. 이러한 상태의 탄산음료 뚜껑을 폭발하지 않게 열려면 이산화 탄소 기체를 다시 용액에 녹여야 한다.

그렇게 하기 위해서 압력을 높이거나 온도를 낮추어야 한다. 즉, 차가운 곳에 장기간 보관하거나 페트병의 주변을 강하게 눌러 주면 용기의 압력이 증가하여 이산화 탄소 기체가 다시 용액에 녹아 들어가게 되어 탄산음료의 폭발을 막을 수 있다.

단, 이러한 방법에 한계가 있을 수 있으니 방심해서는 안 된다.

삼투 현상 Osmosis

반투막을 사이에 두고 농도가 서로 다른 용액을 넣어 두었을 때, 양쪽 용액의 농도가 같아질 때까지 농도가 작은 용액의 용매가 농도가 큰 용액 쪽으로 이동하는 현상이다.

삼투 현상

삼투 현상은 농도가 다른 두 용액이 반투막을 사이에 두고 접해 있을 때 발생한다. 반투막은 미세한 구멍이 뚫려 있는 막으로 용매는 통과할 수 있지만 입자 크기가 큰 용질은 통과할 수 없는데, 세포막, 달걀 속껍질, 동물의 방광막 등이 이에 속한다. 따라서 반투막에서는 농도가 다른 용액이 만나면 농도가 작은 용액의 용매가 농도가 큰 용액 쪽으로 이동하게 된다. 소금물에 담가 둔 배추가 숨이 죽는 것은 배추 속의 물이 소금물 쪽으로 이동하였기 때문이다.

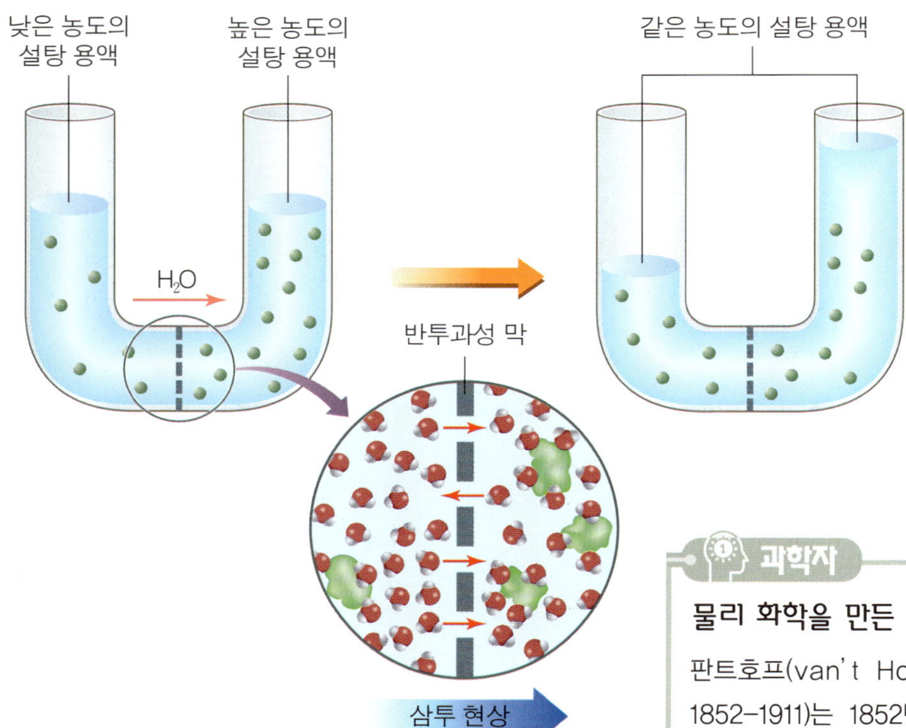

🔺 용액의 삼투 현상 모형

위 그림을 보면 설탕의 농도가 작은 용액에서 농도가 큰 용액으로 물이 이동한다. 물이 이동하게 되면 원래 농도가 작았던 용액의 농도는 점차 커지고 원래 농도가 컸던 용액의 농도는 점차 작아져 어느 순간 농도가 같아지게 되는데, 이때 물은 이동을 멈추게 된다. 이처럼 농도가 작은 용액의 용매가 반투막을 통해 농도가 큰 용액 쪽으로 이동하는 현상을 삼투 현상이라고 한다.

> **과학자**
>
> ### 물리 화학을 만든 판트호프
>
> 판트호프(van't Hoff, Jacobus Henricus: 1852–1911)는 1852년 네덜란드에서 태어났다. 제1회 노벨 화학상 수상자인 그는 어려서부터 미술, 문학 등을 좋아하며 자연 과학에 뛰어났다. 1874년 비대칭 탄소 원자에 대한 논문을 냈는데 이는 입체 화학의 기초가 되었다. 반응 속도론, 화학 평형 등의 문제에 성과를 내었고, 삼투압은 용매나 용질의 종류에 관계없이 용액의 몰 농도와 절대 온도(물질의 특이성에 의존하지 않는 온도, 섭씨 −273.15 ℃)에 비례한다는 판트호프의 법칙을 발견하였다.

삼투압

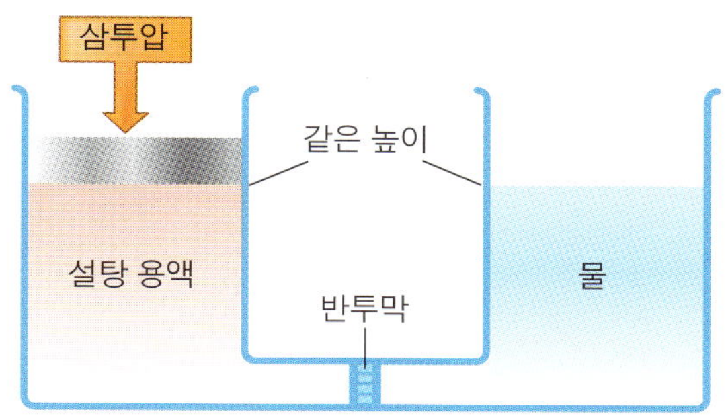

삼투 현상에서 용액의 농도가 다르면 용매가 이동하고 이로 인해 두 용액 사이에 부피의 차이가 생긴다. 따라서 생긴 높이 차이만큼 압력의 차이가 발생하는데, 그 크기의 압력만큼을 진한 용액에 가해 주면 용매가 이동하지 않게 되고 이때의 압력을 삼투압이라고 한다. 즉, 삼투압은 삼투 현상을 막기 위해 농도가 큰 용액에 가해야 하는 힘의 크기를 말한다.

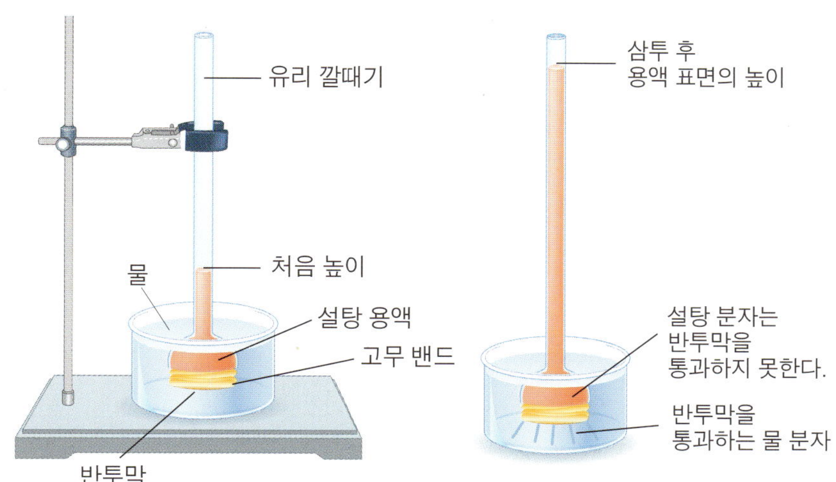

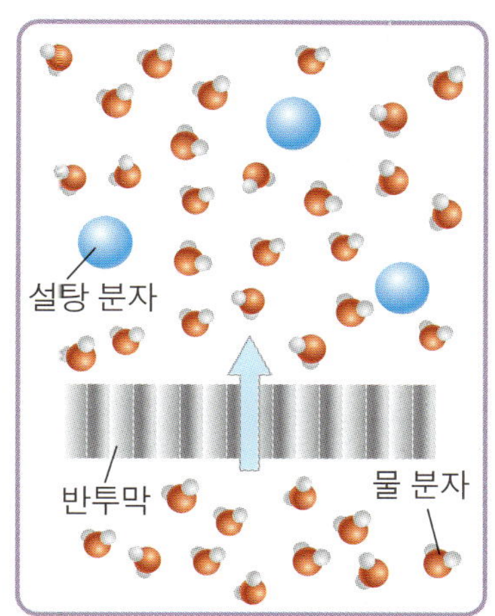

위 그림에서 양쪽 수면의 높이가 같아지도록 하기 위해서는 설탕 용액 쪽에 압력(삼투압)을 가해 주어야 한다. 이때, 더 큰 압력을 가하면 역삼투가 일어나기도 하는데, 역삼투는 진한 용액에서 용매가 빠져나가는 현상이다.

생활 속에서 삼투 현상이 이용되는 예

김치를 담그기 위해 배추를 소금에 절이면 삼투 현상에 의해 배추의 수분이 밖으로 빠져 나오게 된다. 또, 식물이 뿌리에서 물을 빨아들일 수 있는 것도 삼투 현상 때문이다. 식품을 오래 저장할 때 소금을 넣는 것도 삼투 현상을 이용한 것인데, 음식에 접근한 박테리아가 소금에 의해 삼투 현상이 일어나 수분을 빼앗겨 죽게 된다.

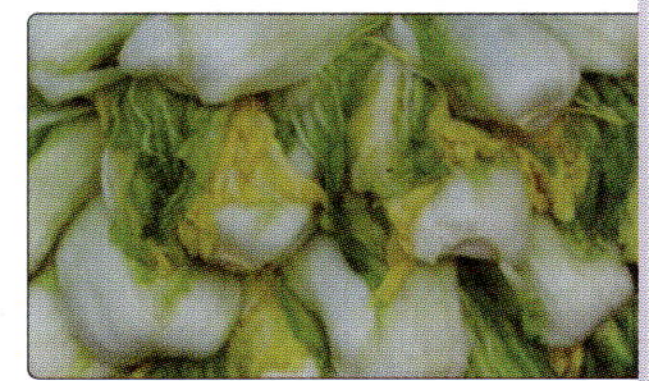

△ 소금에 절인 배추

신장병과 혈액 투석기

신장의 기능이 상실되면 독이 몸속에 쌓여 여러 가지 이상 현상이 나타난다. 이런 경우에는 몸 밖에서 피를 맑게 해 주는 혈액 투석을 하게 된다. 혈액 투석에는 반투막을 이용한다. 반투막을 통해 용매나 이온 입자를 큰 물질과 분리해 주는 방법을 투석이라고 하는데, 신장 기능이 훼손된 환자의 피를 걸러 주는 장치인 혈액 투석기도 이 원리를 이용한 것이다.
환자의 정맥과 투석기를 연결하면 반투막을 통해 적혈구, 백혈구, 혈소판 등의 큰 입자는 피에 남게 되고 노폐물은 반투막을 통해 빠져나간다.

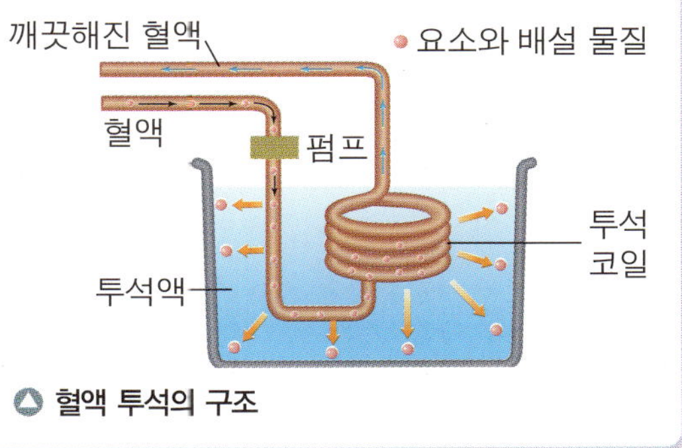

△ 혈액 투석의 구조

전해질 Electrolyte

용매에 녹으면 이온화되어 전류를 흐르게 하는 물질이다.

전해질과 비전해질

전해질은 이온성 고체가 용매에 용해될 때 이온화되어 전류를 흐르게 하는 물질을 말한다. 소금($NaCl$)에서 볼 수 있듯이 전해질은 고체에서는 이온 결합으로 존재한다. 따라서 고체에 전류를 흘려주어도 전기가 통하지 않는다.

하지만 이러한 물질이 용매에 녹을 때 양전하와 음전하를 띠는 이온으로 나뉘어 녹게 된다. 이때 용액에 전류를 흘려주면 이온들의 움직임으로 인해 전류가 흐르게 된다. 양전하를 띠는 물질(나트륨)은 (−)극으로 이동하고 음전하를 띠는 물질(염소)는 (+)극으로 움직이게 된다. 따라서 전해질이 녹아 있는 용액에서는 전류가 흐르게 된다.

반면 비전해질 물질은 용매에 녹아도 전기를 흐르게 하지 못하는 물질이다. 설탕이나 포도당 등과 같이 비전해질 물질은 이온 형태로 존재하지 않기 때문에 용매에 녹아도 전하를 갖는 이온으로 되지 않고 큰 분자 단위로 녹는다.

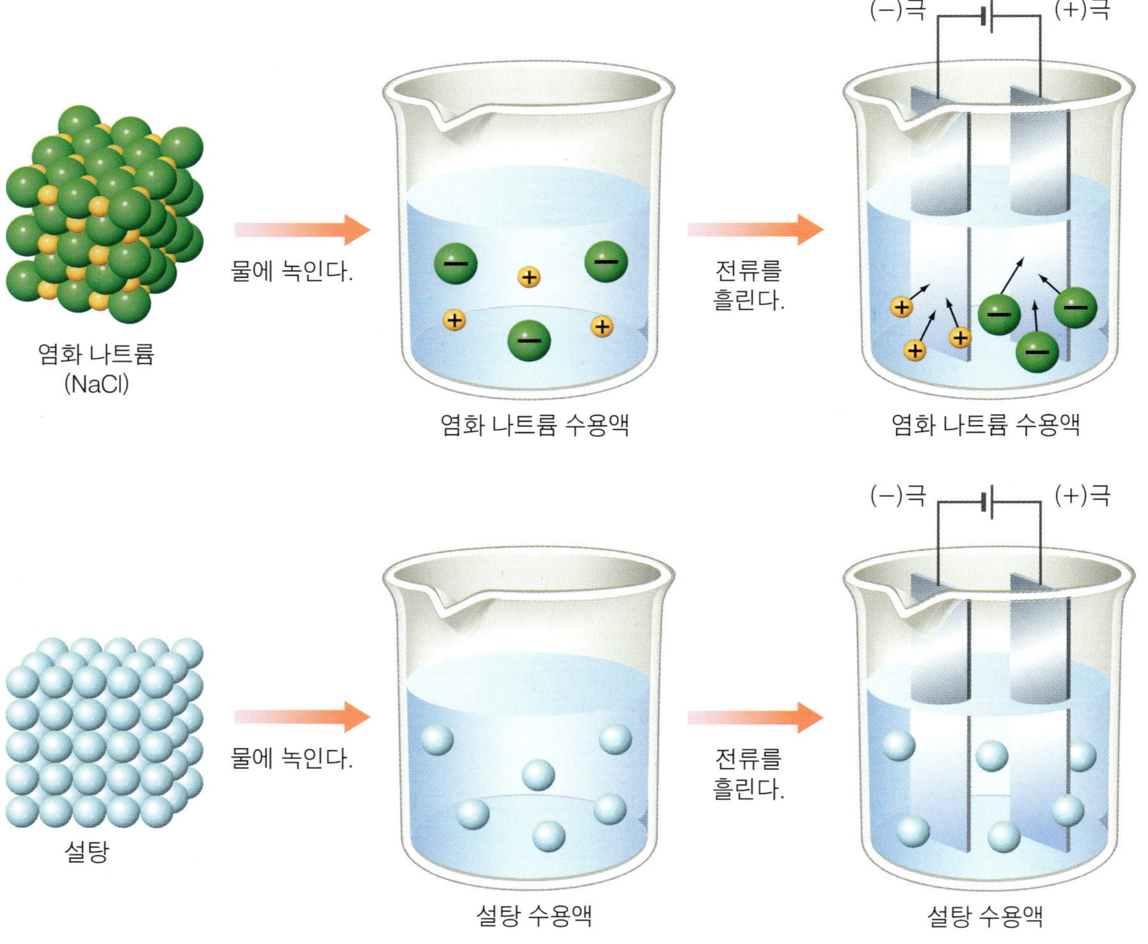

이온 결합 물질의 성질

대부분 이온 결합 물질은 고체 상태에서는 전류가 통하지 않지만, 수용액이나 용융(녹아서 섞이는 일) 상태에서는 전류가 잘 통한다. 그 까닭은 전하를 띤 이온으로 구성되어 있으나 고체 상태에서는 이온들이 제자리에서 진동 운동만 하고 있어 전기 전도성을 나타내지 못하기 때문이다.

그러나 물에 녹아 수용액 상태가 되거나 용융되어 액체 상태가 되면, 이온들은 서로 자유롭게 움직일 수 있어 전류를 흐르게 하므로 전기 전도성을 나타낸다.

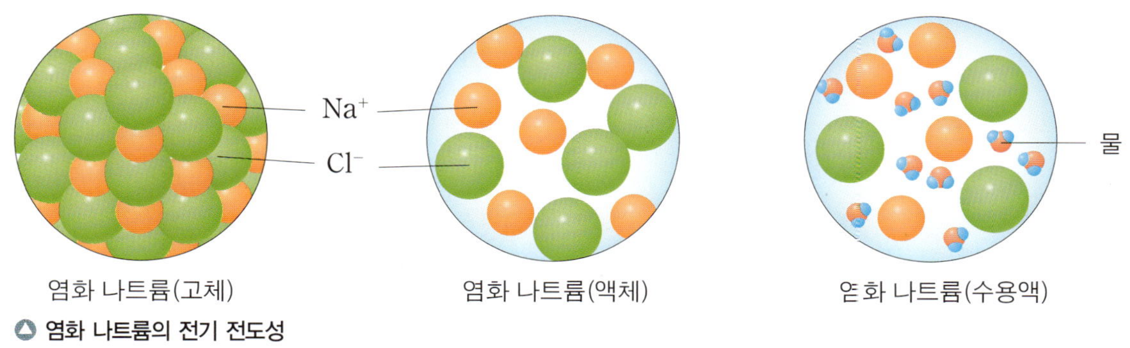

 염화 나트륨의 전기 전도성

소금은 나트륨 이온과 염화 이온이 결합한 이온 결합 물질이다. 용융 상태의 소금에 전자를 제공하면 나트륨 금속이 발생하고 전자를 빼앗으면 염소 기체가 발생한다.

IF

사람 몸에 전해질이 없다면

사람의 몸은 70%가 수분으로 이루어져 있다. 하지만 사람의 몸이 단순히 물로만 이루어진 것은 아니다. 사람의 몸을 구성하는 물은 다양한 이온이 녹아 있는 전해질 상태이다. 이러한 전해질은 사람이 자극 신호를 전달하는 데 매우 중요한 역할을 한다. 보고, 듣고, 느끼고, 움직이는 모든 신호들은 전해질을 통해서 전기적 신호로 전달되는데, 나트륨과 칼륨의 농도는 근육을 움직이는 작동 원리이기도 하다. 또 몸속의 전해질은 체내를 약한 염기성으로 유지하도록 하는 데 매우 중요한 역할을 한다. 이처럼 전해질은 생명 유지에 꼭 필요한 물질이다.

만약, 사람의 몸에 전해질이 없다면 전기적 신호를 전달할 수 없기 때문에 다양한 자극을 받아들이지 못할 것이고 뇌의 신호가 전달되지 않기 때문에 말, 행동, 호흡 등 생명 유지를 할 수 없을 것이다. 마치 건전지의 연결선이 끊어진 로봇 장난감처럼 아무것도 할 수 없는 상태가 될 것이다.

전기 분해 Electrolysis

전해질 용액에 전류를 흘려주어 물질을 반응시키는 것을 전기 분해라고 하고, 각종 금속의 제련과 전기 도금에도 활용된다.

전기 분해

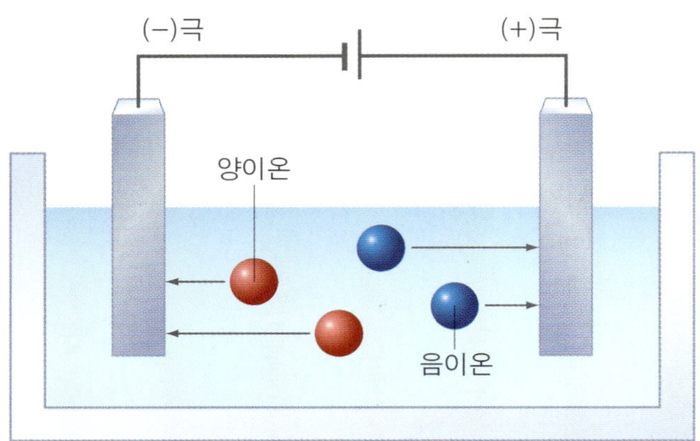

전기 분해는 전해질 용액에 전류를 흘려줄 때 이온이 반응하는 현상을 말한다. 전해질은 양이온과 음이온으로 존재하는데, 전류를 흘려주면 양이온은 (−)극으로 이동하고 음이온은 (+)극으로 이동하게 된다. 이때, (−)극으로 이동한 양이온은 (−)극으로부터 전자를 받아들여 환원 반응(원자나 이온이 전자를 얻는 반응)이 일어나고 (+)극으로 이동한 음이온은 (+)극에 음이온을 내놓는 산화 반응(원자나 이온이 전자를 잃는 반응)이 일어난다.

탐구 실험

물의 전기 분해

일반적으로 공유 결합 물질은 전기가 거의 통하지 않는다. 물은 수소와 산소의 공유 결합이지만 전기 분해를 하면 수소와 산소로 분해된다. 전기 분해로 물 분자는 (−)극에서는 전자를 얻어 수소가 발생하고, (+)극에서는 전자를 빼앗겨 산소가 발생한다.

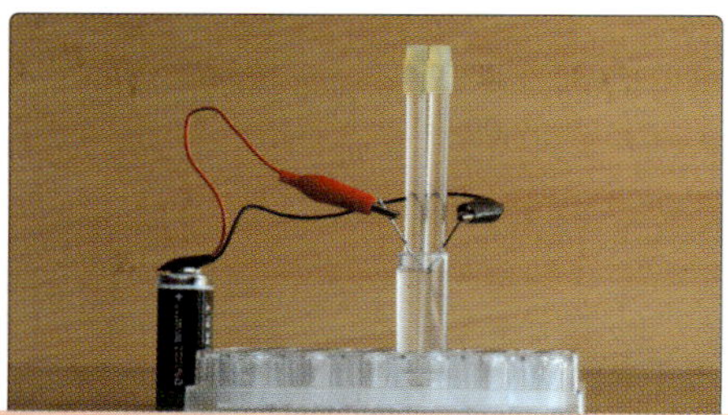

염화 나트륨 수용액의 전기 분해

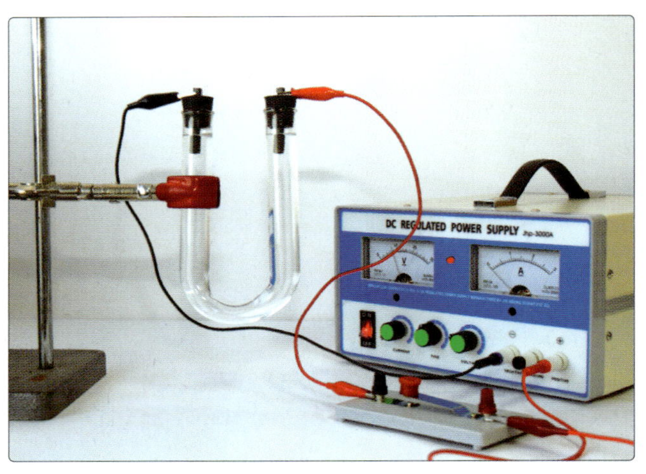

염화 나트륨 수용액은 염화 나트륨을 액체 상태로 만들어 오직 염화 나트륨만이 존재하고 있는 전해질 용액을 뜻한다. 염화 나트륨은 나트륨 이온(Na^+)과 염소 이온(Cl^-)이 결합하고 있는 형태인데 이러한 용액을 전기 분해하면, (−)극 주위로는 나트륨 이온(Na^+)과 물이 이동하고, (+)극 주위로는 염화 이온과 물이 이동한다. (−)극에서는 수소 기체가 발생하고 (+)극에서는 염소 기체가 발생한다.

염화 나트륨 수용액에 전기를 흘려주면 음이온인 염소 이온(Cl^-)은 (+)극으로 이동하여 전자를 내놓게 된다. 이때, 염소 이온은 기체가 되어 거품을 내며 날아간다. 반대로 양이온인 나트륨 이온(Na^+)은 (−)극으로 이동하게 된다. (−)극으로 이동한 나트륨 이온(Na^+)은 전자를 받아들여 나트륨 금속(Na)이 된다.

따라서 염화 나트륨 수용액을 전기 분해하면 염소 기체(Cl_2)와 나트륨 금속(Na)을 얻을 수 있다.

부자가 되고 싶었던 청년, 홀
(Hall, Charles Martin: 1863~1914)

홀은 미국 오벨린 대학교의 학생이었다. 어느 날 홀이 수업을 듣고 있는데 수업 중에 교수님이 알루미늄 금속을 가지고 와서는 이렇게 말씀하셨다.

"이 금속은 가볍고 단단하여 다양한 곳에 쓰일 수 있는 금속이다. 하지만 이 금속을 생산하는 데 많은 돈이 들고 순도가 높은 금속을 얻기가 힘들어서 널리 쓰이지 못하고 있다. 만약, 누군가가 쉽고 싼 방법으로 순수한 알루미늄을 생산할 수 있게 된다면 그 사람은 큰돈을 벌 수 있을 것이다."

이 말을 들은 홀은 곧장 순수한 알루미늄을 얻기 위한 연구를 시작하였다. 알루미늄은 자연에서 산소와 결합하여 보크사이트라는 형태로 존재하였는데, 이 보크사이트를 알루미늄으로 분리만 해낼 수 있다면 큰돈을 벌 수 있다고 생각하였다. 홀은 전기 분해 방법을 활용하여 알루미늄을 분리하고자 하였지만, 보크사이트가 잘 녹지 않아서 일이 쉽게 풀리지 않았다. 그러던 중 우연히 빙정석이라는 금속에 보크사이트가 녹는다는 것을 발견하였고, 빙정석에 녹인 보크사이트를 전기 분해하여 순수한 금속을 얻을 수 있게 되었다. 결국 홀은 24살의 어린 나이에 알루미늄 회사를 세우고 큰 부자가 되었으며, 홀이 세운 회사는 아직도 세계 제일의 알루미늄 회사로 남아 있다.

▲ 보크사이트 원석

전기 도금

도금은 금속에 녹이 스는 것을 방지하거나 물체를 아름답게 하기 위해서 표면을 얇은 금속의 막으로 씌우는 것이다. 이러한 도금에도 전기 분해가 사용되는데, 도금할 물체에 금속이 자연스럽게 달라붙도록 하면 물체가 금속으로 덮이게 된다.

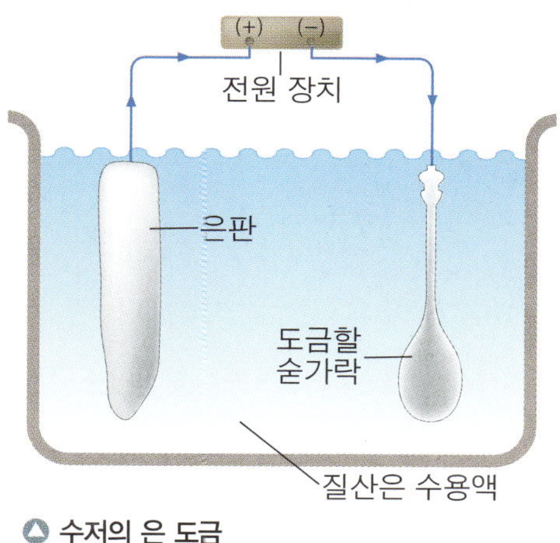

▲ 수저의 은 도금

위의 그림은 수저를 은으로 도금하는 과정이다. 일반적으로 도금할 물체를 (−)극에, 도금시킬 금속을 (+)극에 매달고 전기 분해를 한다. 수저를 은(Ag)으로 도금할 경우 (−)극에는 수저를 대달고, (+)극에는 은판을 매단 후 질산은 수용액을 도금액으로 하여 전류를 흘려보내 도금을 한다. 전류를 흘려보내면, 은판에서 은(Ag) 이온이 산화되어 용액 속으로 녹아들어 가고 수용액 속의 양이온인 은(Ag)이 (−)극에 연결되어 있는 숟가락으로 달라붙게 된다. (−)극에 달라붙은 은(Ag) 이온은 전자를 만나 은 금속으로 석출되어 숟가락에 달라붙게 된다. 즉, 은판은 은(Ag) 이온을 산화시켜 질산은($AgNO_3$) 수용액으로 끊임없이 공급하고 산화된 은(Ag) 이온은 다시 (−)극으로 이동하여 환원하면서 숟가락에 달라붙어 도금이 된다.

- 빙정석: 나트륨과 알루미늄의 플루오르화 광물로 그 모습이 얼음과 비슷하다.
- 전기 분해: 물질에 전기 에너지를 가하여 산화−환원 반응이 일어나도록 하는 것이다.

산과 염기

산은 물에 녹아 이온화하여 수소 이온(H^+)을 내놓는 물질이고, 염기는 물에 녹아 이온화하여 수산화 이온(OH^-)을 내놓는 물질이다.

산

산은 수용액 상태에서 수소 이온(H^+)을 내놓는 물질로 염산, 황산, 탄산, 아세트산 등이 산성을 나타내는 물질이다.

산은 물에 녹으면 수소 이온(H^+)과 음이온으로 나뉘는데, 예를 들면 산성 용액인 염산(HCl)은 수소 이온과 염화 이온으로 나뉘고, 묽은 황산(H_2SO_4)은 수소 이온과 황산 이온으로 나뉜다.

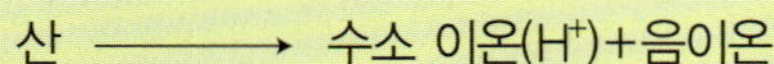

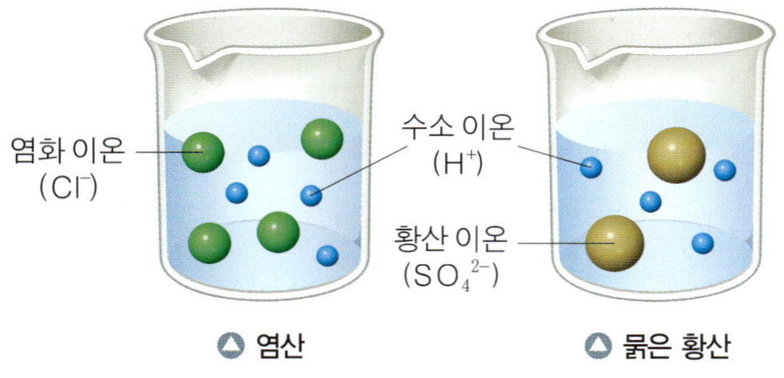

염기

염기는 수용액 상태에서 수산화 이온(OH^-)을 내놓는 물질로 수산화 나트륨, 수산화 칼륨, 암모니아수 등이 염기성을 나타내는 물질이다.

염기가 물에 녹으면 수산화 이온(OH^-)과 양이온으로 나뉜다. 수산화 나트륨($NaOH$)은 나트륨 이온과 수산화 이온으로 나뉘고 수산화 칼륨(KOH)은 칼륨 이온과 수산화 이온으로 나뉜다.

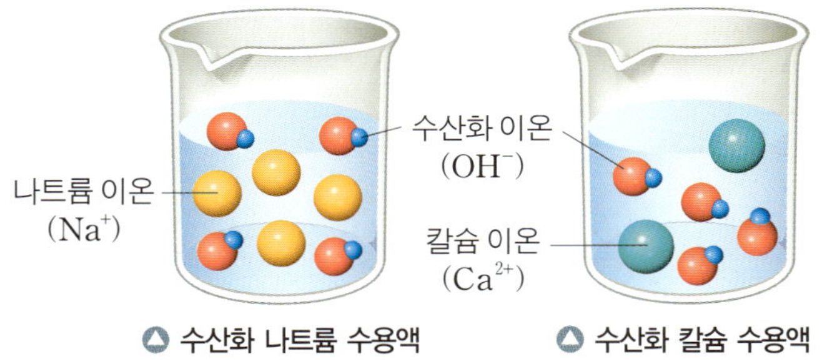

산의 성질

산의 공통적인 성질은 산성이다.

첫째, 산의 수용액은 대부분 신맛이 난다. 산(acid)이란 말은 '시다.' 라는 뜻의 라틴어 'acidus'에서 유래하였다. 사과, 포도, 오렌지 등은 과일 속에 시트르산, 사과산 등의 산이 들어 있어 신맛이 나고, 익은 김치의 신맛은 발효되면서 젖산이 생겼기 때문이다. 그러나 모든 산이 신맛이 나는 것은 아니다. 예를 들어 사이다, 콜라와 같은 음료에 들어 있는 탄산은 산이지만 신맛이 나지 않는다.

둘째, 푸른색 리트머스 종이가 빨간색으로 변한다. 리트머스 종이에 산성 용액을 떨어뜨리면 리트머스의 수소 이온(H^+)이 나오지 못해 수소가 붙어 있게 되고 빨간색으로 보인다.

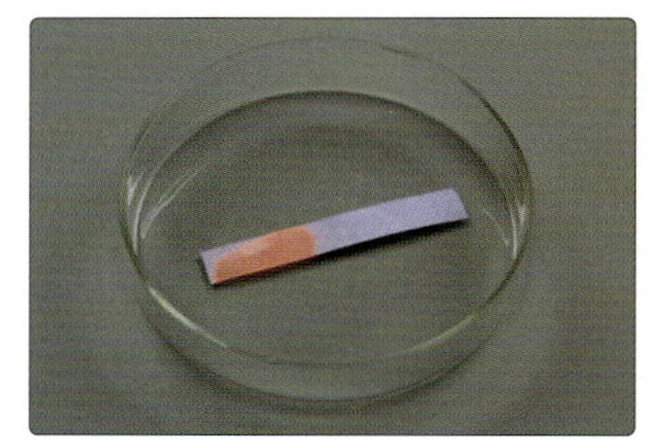
▲ 푸른색 리트머스 종이에 묽은 염산을 떨어뜨렸을 때

셋째, 산의 수용액에 전기를 흘려보내면 전류가 흐른다. 산이 물에 녹으면 양이온인 수소 이온(H^+)과 음이온으로 나누어지기 때문에 전류가 흐른다.

넷째, 산은 마그네슘, 아연, 철 등과 같은 금속과 반응하면 기포가 발생하는데, 이 기포는 수소 기체이다.

시험관에 묽은 염산을 넣고 마그네슘 조각을 넣으면 기포가 발생하는데, 이때 발생하는 기체에 성냥불을 가까이 대면 '펑' 하는 소리가 나며 타는 것을 볼 수 있다. 수소는 불과 만나면 폭발하는 성질이 있기 때문에 이 실험에서 발생한 기체는 수소라는 것을 알 수 있다. 그러나 모든 금속과 산이 반응하는 것은 아니다. 금, 은, 구리 등과 같이 수소보다 반응성이 작은 금속과는 반응하지 않는다.

다섯째, 산이 탄산칼슘($CaCO_3$)과 만나면 기포가 발생한다. 이때 발생하는 기포는 이산화 탄소이다. 탄산칼슘이 주성분인 대리석, 달걀 껍데기를 묽은 염산에 넣으면 이산화 탄소가 발생하며 녹는 것을 관찰할 수 있다.

이와 같이 여러 가지 산은 수용액에서 수소 이온(H^+)을 내놓는다.

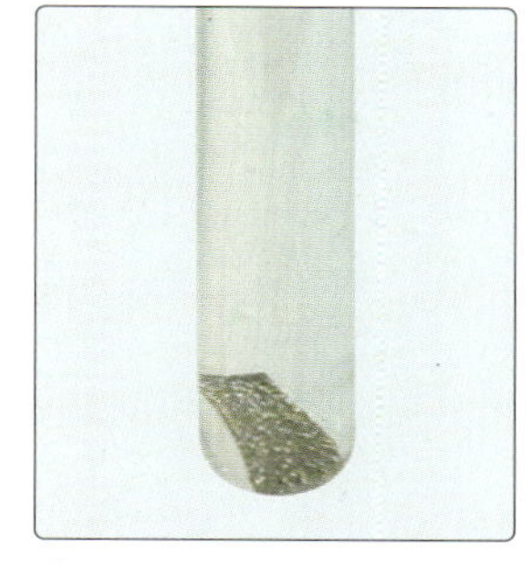

△ 묽은 염산에 철 조각을 넣었을 때

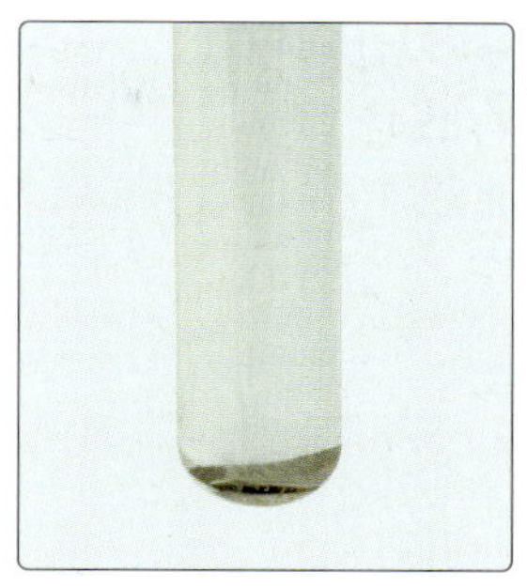

△ 묽은 염산에 마그네슘 조각을 넣었을 때

△ 묽은 염산에 달걀 껍데기를 넣었을 때

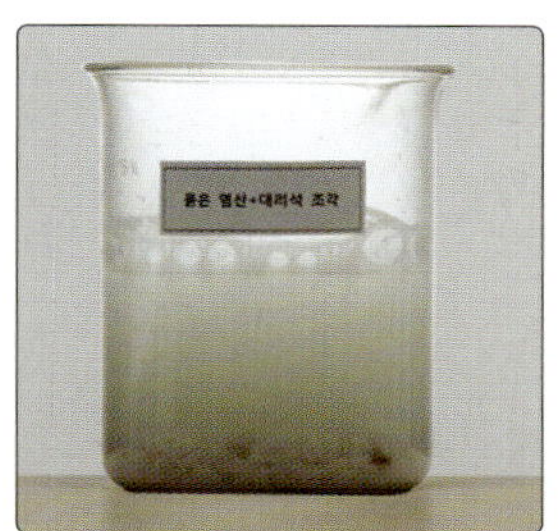

△ 묽은 염산에 대리석 조각을 넣었을 때

수소 이온(H^+)의 이동

실험 방법

❶ 받침 유리 위에 수돗물을 적신 거름종이를 올려놓고, 그 위에 붉은색과 푸른색 리트머스 종이를 놓은 다음 집게로 고정한다.

❷ 실에 묽은 염산을 적셔 리트머스 종이의 중앙에 올려놓고, 집게의 양 끝에 직류 전원을 연결하고 관찰한다.

알 수 있는 사실

묽은 염산은 산이므로 푸른색 리트머스 종이가 붉은색으로 변한다. 또한 묽은 염산에 전류가 흐르면 수소 이온이라는 양이온이 (−)극 쪽으로 움직이게 된다. 따라서 리트머스 종이의 색깔을 변화시키는 것은 염산의 수소 이온이라는 것을 알 수 있다.

이 실험을 통해 산의 공통적인 성질은 산의 수용액 속에 있는 수소 이온(H^+)에 의해 나타난다는 것을 알 수 있다.

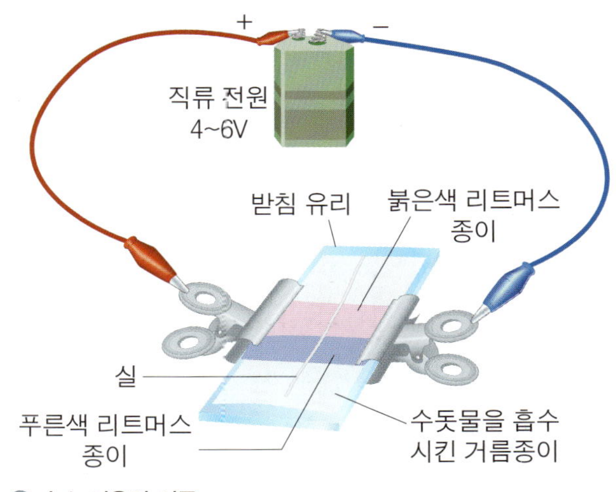

△ 수소 이온의 이동

염기의 성질

염기의 공통된 성질을 염기성이라고 한다. 염기는 다음과 같은 공통점을 가지고 있다.

첫째, 대부분 쓴맛이 난다. 탄산수소 나트륨(소다)이 쓴맛을 내는 것은 염기를 포함하고 있기 때문이다.

둘째, 단백질을 녹이는 성질이 있기 때문에 손으로 만지면 미끈미끈하다. 비누를 만질 때 미끈미끈한 것도 비누가 염기성 물질인 수산화 나트륨을 원료로 만들었기 때문이다.

예로 머리카락으로 인해 하수구가 막혔을 때 수산화 나트륨을 원료로 하는 세척제를 넣어 뚫을 수 있는 까닭은 머리카락의 주성분은 단백질이고 수산화 나트륨이 염기성 물질이기 때문에 머리카락을 녹일 수 있기 때문이다. 염기는 피부를 손상시킬 수 있으므로 맛을 보거나 만지지 않도록 주의해야 한다.

셋째, 염기의 수용액은 전류가 흐른다. 염기가 물에 녹으면 양이온과 음이온인 수산화 이온(OH^-)으로 나누어지기 때문에 전류를 흐르게 한다.

넷째, 붉은색 리트머스 종이는 푸른색으로 변하고, 페놀프탈레인 용액의 색깔은 붉은색으로 변한다.

이와 같이 염기가 공통적인 성질을 나타내는 까닭은 수용액 상태에서 공통적으로 수산화 이온(OH^-)이 생성되기 때문이다.

△ 비누를 손으로 만지면 미끈미끈하다.

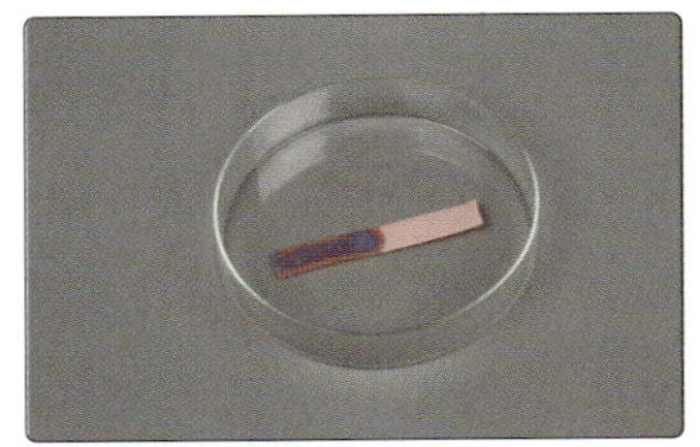

△ 붉은색 리트머스 종이가 푸른색으로 변한다.

△ 페놀프탈레인 용액이 붉은색으로 변한다.

수산화 이온(OH^-)의 이동

실험 방법

❶ 오른쪽 그림과 같이 받침 유리 위에 수돗물을 적신 거름종이를 놓고, 그 위에 붉은색과 푸른색 리트머스 종이를 올려놓은 다음 집게로 고정한다.

❷ 실에 수산화 나트륨 수용액을 적셔 리트머스 종이의 중앙에 놓는다.

❸ 집게의 양 끝에 직류 전원을 연결하고 관찰한다.

알 수 있는 사실

잠시 후 실이 닿는 부분부터 (+)극 쪽으로 푸른색으로 변하는 것을 볼 수 있다. 수산화 나트륨 용액은 염기성이므로 붉은색 리트머스 종이가 푸른색으로 변하는데, 리트머스 종이의 색깔 변화가 (+)극 쪽으로 나타나는 것은 수산화 이온(OH^-)이 (+)극 쪽으로 이동하기 때문이다.

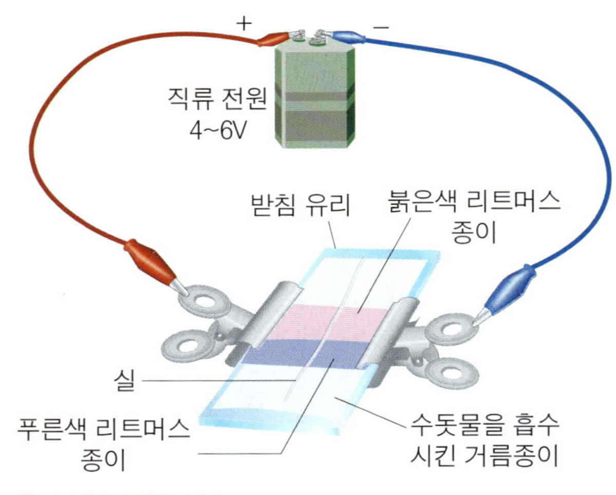

△ 수산화 이온의 이동

산과 염기의 정의

1880년대에 스웨덴의 과학자 아레니우스(Arrhenius, Svante August: 1859~1927)는 산과 염기의 수용액에서의 이온화 현상으로 산과 염기를 정의하였다. 즉, 수용액 상태에서 수소 이온(H^+)이 생성되는 물질을 산, 수산화 이온(OH^-)이 생성되는 물질을 염기로 정의하였다. 하지만 아레니우스의 정의는 수용액의 경우에만 설명이 가능하다. 암모니아(NH_3)와 같이 자체에 수산화 이온(OH^-)이 없는 물질이 기체 상태에서 일어나는 산과 염기의 반응을 설명할 수 없었다.

이에 브뢴스테드(Brønsted, Johannes Nicolaus: 1879~1947)와 로리(Lowry, Thomas Martin: 1874~1936)는 화학 반응 안에서 산과 염기를 구분했다. 산은 수소 이온(H^+)을 내놓는 것, 염기는 수소 이온(H^+)을 받는 것으로 정의하였다.

염산과 암모니아를 예로 살펴보면, 염산과 물을 반응시켰을 때 염산은 수소 이온(H^+)을 내놓고 염화 이온(Cl^-)이 되므로 산성이고, 물은 수소 이온(H^+)을 받아들이므로 염기성이 된다.

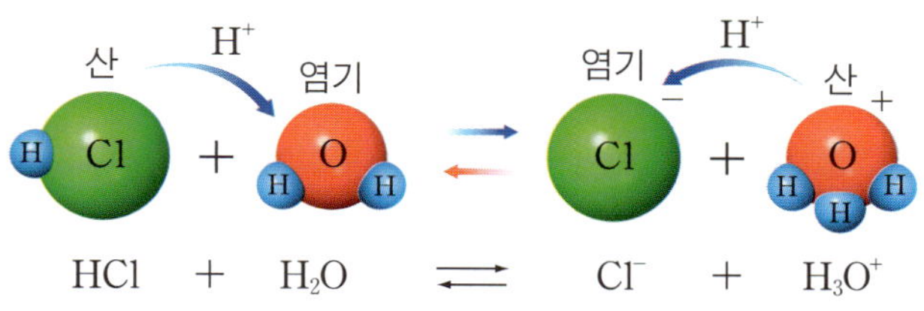

🔵 염산과 물의 반응

암모니아와 물을 반응시켰을 때 암모니아는 수소 이온(H^+)을 받아 암모늄 이온으로 바뀌므로 염기이고, 물은 수소 이온(H^+)을 내놓아 수산화 이온(OH^-)이 되므로 산성이다.

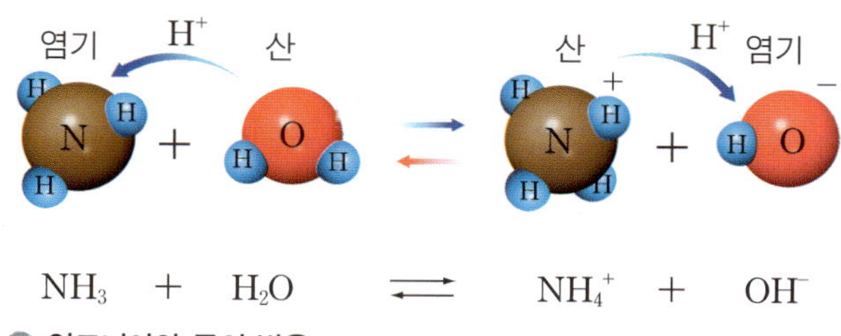

🔵 암모니아와 물의 반응

이 두 반응에서 알 수 있듯이, 물은 산도 되고 염기도 되는 양쪽성 물질이다. 즉, 수소 이온을 받을 수도 있고 줄 수도 있는 물질이다.

브뢴스테드와 로리의 정의는 대부분의 산과 염기의 반응을 설명할 수 있었다. 그러나 산은 반드시 수소 원자를 포함하고 있어야 한다는 한계점이 있었다.

이에 루이스(Lewis, Gilbert Newton: 1875~1946)는 수소 이온의 이동 대신에 전자쌍을 이용하여, 산은 전자쌍을 받는 물질이고 염기는 전자쌍을 주는 물질이라고 정의했다. 이는 기존의 정의를 더 확장한 것이다.

삼염화 붕소(BCl_3)와 암모니아(NH_3)의 반응으로 설명하면 전자가 남는 암모니아(NH_3)는 전자가 부족한 삼염화 붕소(BCl_3)에게 전자쌍을 주기 때문에 암모니아(NH_3)는 염기, 삼염화 붕소(BCl_3)는 산이다.

🚀 더 나아가기

알칼리와 염기

알칼리는 주로 물에 잘 녹아 염기성을 나타내는 물질을 말한다.

옛날 아라비아인들이 식물의 재를 가열한 후 물에 녹이면 강한 염기성을 띠어 알칼리라고 불렀다. 이것이 일반화되어 재에서 추출한 물질과 비슷한 성질, 즉 강한 염기성을 나타내는 물질을 모두 알칼리라고 부르게 되었다.

산과 염기의 세기

강한 산과 약한 산, 강한 염기와 약한 염기를 구분하는 기준은 물에 넣었을 때 이온화하는 정도이다.

산의 세기

산은 수용액에서 이온화하여 공통적으로 수소 이온을 내놓는다. 산이 산성을 나타내는 것은 수소 이온 때문이다.

$$\text{산} \longrightarrow \text{수소 이온}(H^+) + \text{음이온}$$

강산과 약산

강산은 수용액에서 대부분 이온화하여 수소 이온(H^+)을 많이 내놓는 산으로 염산, 황산, 질산 등이 있다. 약산은 일부만 이온화되어 수소 이온(H^+)을 적게 내놓는 산으로 탄산과 아세트산, 과일산 등이 있다.

예를 들어 염산을 물에 넣었을 때 염산 알갱이의 대부분이 수소 이온(H^+)과 염화 이온(Cl^-)으로 나뉜다. 그러나 아세트산은 물에 잘 녹아도 아세트산 알갱이 그대로 뭉쳐 있고 일부만 수소 이온과 아세트산 이온으로 분리된다. 그래서 염산은 강산이고 아세트산은 약산이다. 따라서 산의 세기는 산의 농도, 즉 양을 많이 녹이거나 적게 녹였느냐에 따라 달라지는 것이 아니라 산의 종류에 따라 결정되는 것이다.

[염산과 아세트산의 이온화 비교]

산의 세기 비교

산의 세기를 비교하는 방법에는 전류를 측정하거나 산과 금속을 반응시키는 방법이 있다.

강산인 묽은 염산과 약산인 아세트산 수용액에 간이 전기 전도도 측정 장치를 각각 넣고 비교하면 묽은 염산에 넣은 발광 다이오드 불빛이 더 밝은 것을 관찰할 수 있다. 그 까닭은 강산은 수용액에서 염산과 같이 대부분 이온화하여 수소 이온을 많이 내어 전류가 세게 흐르고, 약산은 아세트산과 같이 조금만 이온화하여 수소 이온을 적게 내어 전류가 약하게 흐르기 때문이다.

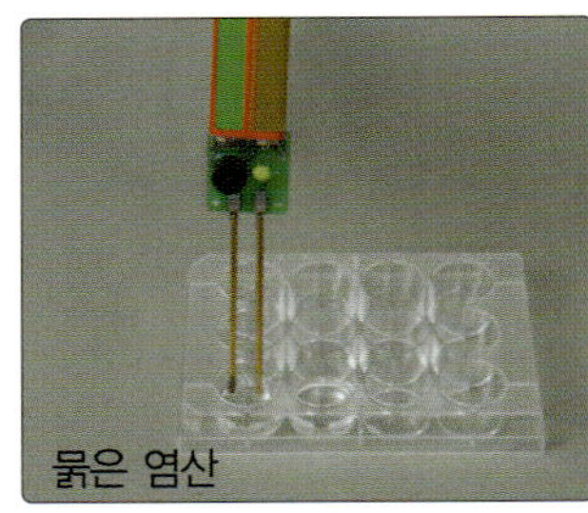
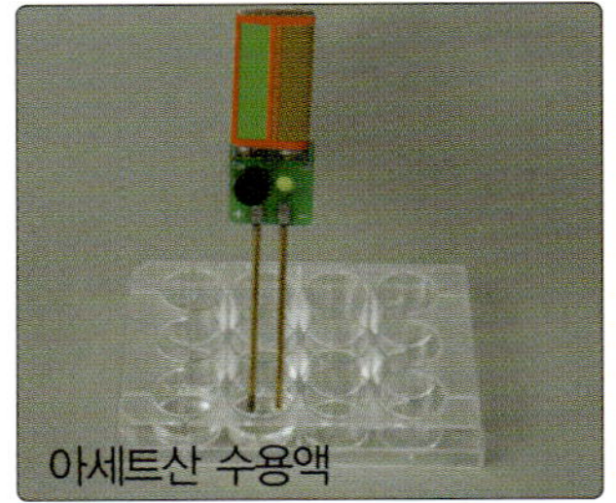

🔷 산의 전기 전도도 측정

같은 농도의 염산과 아세트산이 담긴 시험관에 각각 마그네슘 리본을 넣으면 강산인 염산에서 더 빠르게 수소 기체가 발생하는 것을 볼 수 있다. 이는 강산의 수용액에서 수소 이온의 농도가 더 크기 때문에 반응이 빠르게 발생하는 것이다.

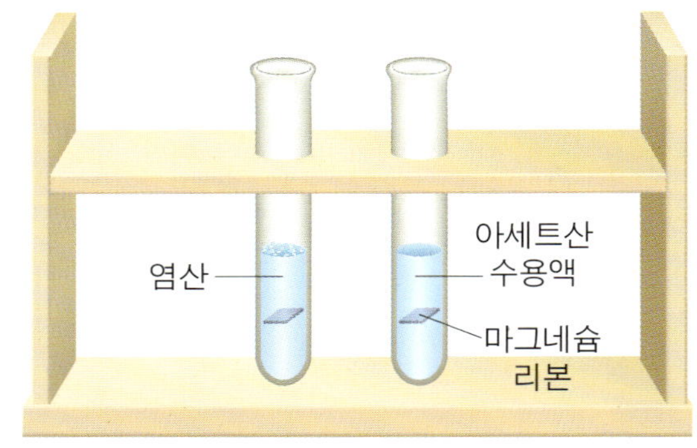

염기의 세기

염기도 물과 만나면 수용액에서 이온화하여 수산화 이온(OH^-)을 내놓는다. 이런 까닭으로 염기가 공통적인 성질을 가지고 이온화하는 정도에 따라 강한 염기와 약한 염기로 나눈다.

$$염기 \longrightarrow 양이온 + 수산화\ 이온(OH^-)$$

대부분 이온화하여 수산화 이온(OH^-)을 많이 내놓는 수산화 나트륨, 수산화 칼륨, 수산화 바륨 등이 강염기이고, 일부만 이온화하여 수산화 이온(OH^-)을 적게 내놓는 수산화 마그네슘, 암모니아 등이 약염기이다.

강염기(수산화 나트륨)	약염기(수산화 마그네슘)
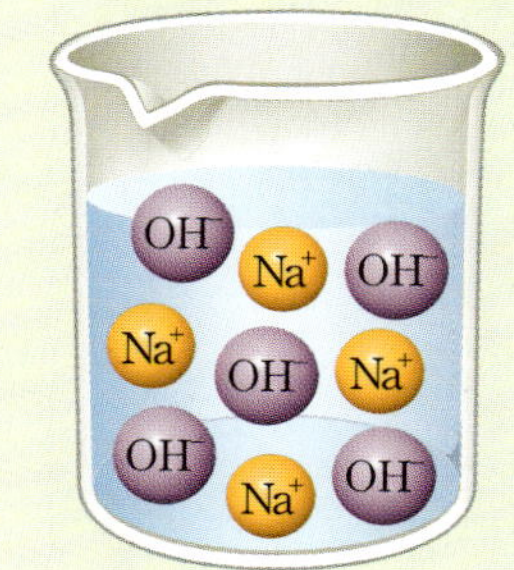	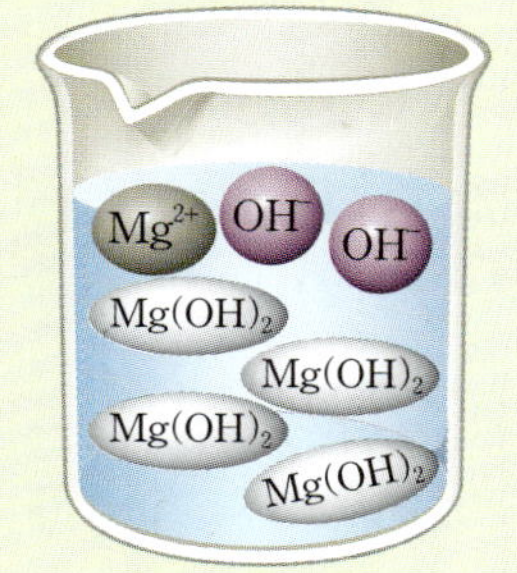
대부분 수산화 이온으로 이온화한다.	일부만 수산화 이온으로 이온화한다.
그 밖에 수산화 칼륨, 수산화 칼슘 등이 있다.	그 밖에 암모니아 등이 있다.

같은 농도의 수산화 나트륨 수용액과 암모니아수에 전류를 흘려주면 수산화 나트륨 수용액이 암모니아수에 비해 전류가 더 잘 흐르는 것을 관찰할 수 있다. 이것은 수산화 나트륨 수용액이 암모니아수보다 이온화가 잘 되기 때문이다.

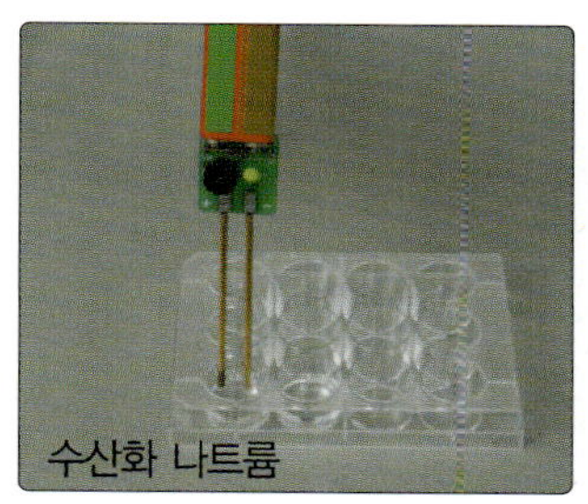

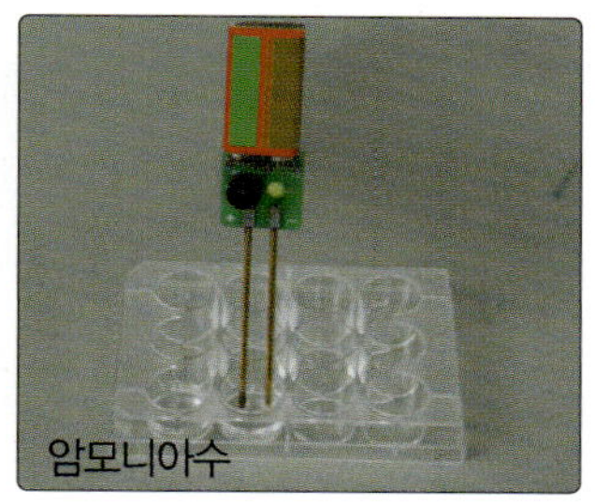

⬥ 염기의 전기 전도도 측정

산과 달리 금속과 반응을 통해서는 염기의 세기를 비교할 수 없다. 염기는 대부분의 금속과 반응하지 않기 때문이다. 물론 알루미늄, 아연 등과 같은 일부 금속은 염기와 반응하여 수소 기체를 발생할 수 있으나 대부분은 반응하지 않는다.

그러나 염기의 세기는 단백질을 녹이는 성질로 구분할 수 있다. 강한 염기성 용액과 약한 염기성 용액에 두부 조각이나 달걀 흰자와 같은 단백질을 각각 넣는다. 하루 정도가 지나면 강한 염기성 용액에 담긴 단백질 물질이 더 많이 녹아 있는 것을 볼 수 있다.

 **IF**

강산에 물을 넣으면 약산이 되나요

강산에 물을 많이 넣으면 약산으로 변할 것이라고 생각하는 경우가 많다. 실제로 묽은 염산에 물을 넣고 pH를 측정해 보면 변하는 것을 볼 수 있다. 그러나 산성이 약해지는 것은 아니다.

물을 더 많이 넣는다는 것은 용액의 농도와 관련 있다. 그러나 산의 세기는 이온화 정도에 따라 나뉜다. 물이 많다고 해서 산이 수소 이온을 적게 내놓는 것은 아니므로 약산으로 변하지 않는다.

강산을 약산으로, 강염기를 약염기로 변화시킬 수는 없지만, 용액에 물을 넣어 농도를 묽게 하여 사용하는 경우도 있다. 식초가 그 대표적인 예이다.

식초에는 그 안에 약간의 아세트산이 포함되어 있어 신맛을 낸다. 아세트산은 약산이지만 농도가 진할 경우 독성이 강하여 피부에 닿으면 화상을 입기도 한다. 이런 아세트산에 물을 넣어 희석하여 사용하면 식초로 유용하게 사용할 수 있다.

⬥ 식초

여러 가지 산

산의 공통적인 성질은 수소 이온(H^+) 때문이다. 염산, 황산, 질산, 아세트산, 탄산 등과 같은 산이 각각 특이성을 갖는 까닭은 각각의 음이온이 다르기 때문이다.

염산(HCl)

염산은 800년경 연금술사 게베르가 소금과 황산을 반응시키는 과정에서 처음 발견하였다. 중세 시대에는 염산을 '소금의 혼'이라고 부르기도 했다.

염산은 염화 수소(HCl) 기체를 물에 녹인 용액으로, 염화 나트륨에 진한 황산을 넣고 가열할 때 발생하는 염화 수소 기체를 물에 녹여 만들기도 하고, 공업적으로는 전기 분해에서 발생한 수소와 염소를 직접 반응시켜 얻기도 한다.

염소는 대표적인 강산으로 무색 투명하고 자극적인 냄새가 나며 휘발성(상온에서 액체가 기체로 변하는 성질)이 있다. 또한, PVC, 염료, 조미료 등을 만드는 원료가 되고 금속의 녹을 제거하는 데 사용된다.

고농도의 염산은 다량의 증기가 발생하여 옷이나 피부를 상하게 할 수 있다. 또한, 과망산 칼륨이나 하이포염소산 나트륨 등과 섞이면 유독한 염소 기체가 생성되므로 조심스럽게 다루어야 한다.

△ PVC

△ 염료

황산(H_2SO_4)

약간의 점성을 띤 무색무취의 산성 액체로 용도가 다양하여 많이 사용된다.

황산은 염료, 합성 섬유, 비료 등 화학 공업의 원료와 납축전지의 전해질로 사용한다.

△ 납축전지

진한 황산은 탈수 작용이 커서 설탕이나 종이에 떨어뜨리면 설탕이나 종이가 검게 변한다. 탈수 작용은 다른 물질로부터 수소와 산소를 빼앗는 현상이다. 따라서 피부에 닿을 경우 탈수 작용과 발열로 인해 화상을 입을 수 있으므로 주의해야 한다.

△ 황산의 탈수 작용: 탈수 작용이 일어나 물이 빠져나가고 탄소만 남아 검게 부풀어 오른다.

묽은 황산은 강한 산성을 띠어 물과 진한 황산을 섞어 만들 때 열이 발생하므로 물에 진한 황산을 조금씩 넣어야 한다. 만약 진한 황산에 물을 한꺼번에 부으면 많은 열이 발생하여 위험하다.

질산(HNO_3)

자극적인 냄새가 나는 무색의 강산이다. 본래는 무색이지만, 햇빛을 받으면 서서히 분해되어 황갈색의 이산화 질소(NO_2)가 되므로 햇빛을 막을 수 있는 갈색 병에 넣어 보관해야 한다.

질산 나트륨에 진한 황산을 넣고 가열하여 만들 수 있다. 금속과 반응하여 수소 이외에 다른 혼합 기체가 생성되어 순수한 수소를 얻기 힘들다. 피부에 닿으면 화상을 입을 수 있으므로 주의해야 한다. 비료, 화약 등의 원료로 사용한다.

🔺 화약

아세트산(CH_3COOH)

순수한 아세트산은 17℃ 이하에서 응고하여 고체가 되므로 빙초산이라고도 한다. 무색이며 자극성이 강한 냄새가 난다. 고농도의 아세트산을 섭취할 경우 목에 통증, 구토, 설사 등이 일어날 수 있으며, 증기를 흡입하거나 피부에 닿는 경우 코 안쪽, 피부 등이 손상을 입을 수 있다.

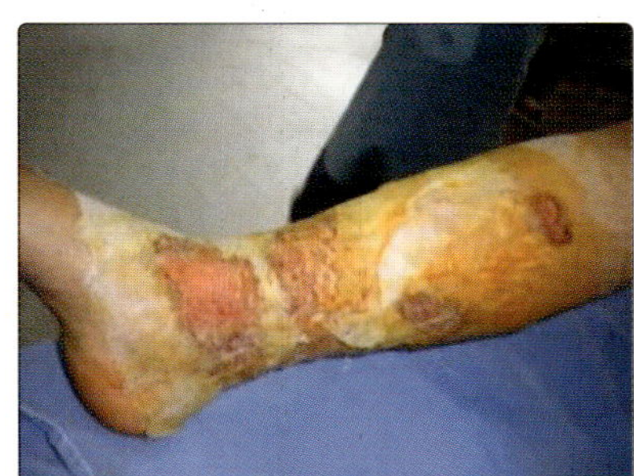

🔺 빙초산으로 인한 화상

아세트산의 수용액은 신맛을 내어 식초의 주성분이 된다. 3~5%의 아세트산 수용액을 식초라고 한다. 식초 이외에도 의약품의 원료, 섬유 가공, 아세트산 비닐의 원료로 사용한다.

탄산(H_2CO_3)과 시트르산($C_6H_8O_7$)

탄산은 이산화 탄소가 물에 녹아 생성된 약산이다. 톡 쏘는 맛이 있어 탄산음료에 사용되며, 석회 동굴이 만들어지는 원인이 된다.

🔺 탄산음료

🔺 석회 동굴

시트르산은 레몬이나 덜 익은 감귤류의 과일에 많이 있는 약산이다. 구연산이라고도 하고, 과즙이나 음료 등에 첨가된다. 환경 친화적인 청소제로 쓰이며 섬유 유연제 등에 사용한다.

🧪 탐구 실험

사이다 만들기

▎실험 과정▎

❶ 차가운 물을 반 정도 넣은 컵에 설탕을 넣고, 탄산수소 나트륨을 일회용 숟가락으로 $\frac{1}{3}$ 정도 넣는다.

❷ 잘 저어 녹인 다음 얼음을 넣는다.

❸ 시트르산을 일회용 숟가락으로 $\frac{1}{2}$ 정도 넣고 재빨리 저은 다음 랩을 씌워 입구를 막는다.

▎실험 결과▎

잠시 후 컵 안에서 기포가 올라오는 것을 관찰할 수 있다. 시트르산은 산성 용액으로 탄산수소 나트륨은 산성 용액과 반응하면 이산화 탄소 기체가 발생하게 된다.

실제 판매되는 탄산 음료도 이산화 탄소가 들어 있어 톡 쏘는 맛이 난다. 그러나 실제 판매되는 탄산음료는 탄산수소 나트륨을 이용하여 이산화 탄소를 발생시키는 것이 아니라, 높은 압력과 낮은 온도에서 이산화 탄소 기체를 직접 액체 속에 녹이는 방법으로 만든다.

여러 가지 염기

염기의 공통적인 성질은 수산화 이온(OH⁻) 때문이다. 수산화 나트륨, 수산화 칼륨, 수산화 칼슘, 암모니아수 등과 같은 염기가 각각 특이성을 갖는 까닭은 각각의 양이온이 다르기 때문이다.

수산화 나트륨(NaOH)

물에 녹아 거의 모두 이온화하는 강염기이다. 반투명한 흰색 고체로 공기 중에 들어 있는 수분을 흡수하여 스스로 녹는 현상인 조해성이 있어서 공기와의 접촉을 차단하여 보관해야 한다. 또한 공기 중의 이산화 탄소와 반응하여 흰색 고체인 탄산 나트륨을 만든다. 이 반응은 비누에서 찾아볼 수 있다. 비누의 수산화 나트륨 성분과 공기 중의 이산화 탄소가 반응하여 생긴 탄산 나트륨은 비누의 표면에 만들어지는 흰색 가루이다.

수산화 나트륨은 화학 실험에서 널리 사용한다. 섬유의 불순물을 제거하고 지방산과 반응하여 비누를 만들며, 단백질을 녹이고 지방을 유화시키는 성질 때문에 하수구 세척제로도 이용한다. 그리고 종이, 유리, 섬유의 원료가 된다.

물, 에탄올, 메탄올에도 잘 녹는다. 물에 녹을 때 열이 많이 발생하여 피부에 닿으면 화상을 입을 수 있으므로 주의해야 한다.

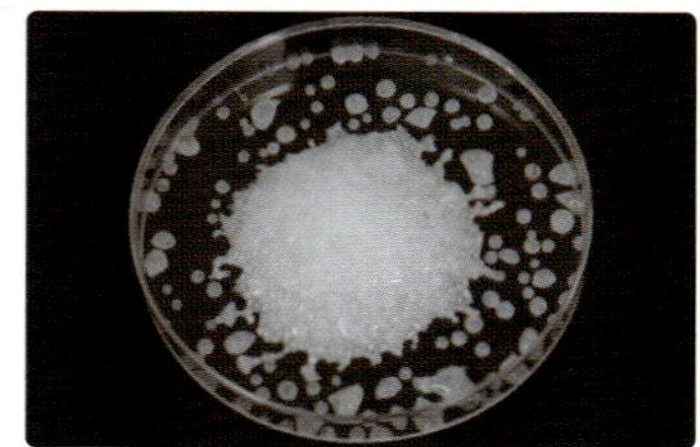

⬥ **수산화 나트륨의 조해성**
공기 중에 들어 있는 수분을 흡수하여 스스로 녹는다.

수산화 칼륨(KOH)

수산화 칼륨은 물에 녹을 때 많은 열이 발생한다. 흰색 고체로 조해성과 부식성이 강하다. 수산화 칼륨 수용액은 이산화 탄소의 흡수에 사용되고, 유리, 비누, 의약품, 알칼리 전지 등을 만드는 데 사용한다.

수산화 칼륨과 수산화 나트륨은 성질이 매우 비슷하지만 포함되어 있는 금속 원소가 다르므로 불꽃색을 이용하여 구별할 수 있다. 수산화 나트륨은 나트륨으로 인해 노란색, 수산화 칼륨은 칼륨으로 인해 보라색을 띤다.

수산화 칼슘(Ca(OH)₂)

수산화 칼슘 수용액은 석회수라고 한다. 석회수는 이산화 탄소와 반응하면 흰색 탄산 칼슘 앙금을 만들어 뿌옇게 흐려지는데, 이 성질을 이용하여 이산화 탄소를 확인하는 데 이용한다.

수산화 칼슘은 시멘트나 건축 원료의 제조에 사용하며, 수산화 칼슘이 들어간 비료를 사용하여 산성화된 토양을 중화시키기도 한다.

석회수 + 이산화 탄소 ⟶ 탄산 칼슘 + 물
(Ca(OH)₂)　(CO₂)　　　　　(CaCO₃)　(H₂O)

⬥ 석회수와 이산화 탄소의 반응　　⬥ 시멘트

암모니아수(NH₄OH)

암모니아(NH_3)의 수용액으로 수산화 암모늄이라고도 한다. 물 1L에 670L 정도의 암모니아가 녹을 수 있는데, 암모니아가 물에 녹을 때 열이 발생하므로 조심해야 한다.

암모니아(NH_3)의 화학식에는 수산화 칼륨(KOH)이나 수산화 나트륨($NaOH$)과 같은 수산화 이온(OH^-)이 없기 때문에 염기가 아닌 것으로 생각할 수 있다. 그러나 암모니아가 물에 녹으면 물의 수소 이온과 결합하여 수산화 이온이 생성되므로 염기이다.

> 암모니아 + 물 ⟶ 암모늄 이온 + 수산화 이온
> (NH_3)　(H_2O)　　　　(NH_4)　　　(OH^-)

암모니아는 자극적인 냄새가 나는 무색의 기체로 공기보다 가볍고, 염화 수소와 만나면 염화 암모늄의 흰 연기를 생성한다.

암모니아는 비료의 원료나 냉동기의 냉매로 이용된다.

수산화 마그네슘(Mg(OH)₂)

수산화 마그네슘은 약염기로 물에 잘 녹지 않아서 물과 섞으면 용액이 과포화되어 하얀색을 나타낸다.

우리 생활에서는 위액 분비를 억제하고 위산을 중화시키는 제산제 등의 의약품 원료로 사용한다. 또한 산성인 폐수를 중화시키고, 식품의 산도 조절제 등에 이용한다.

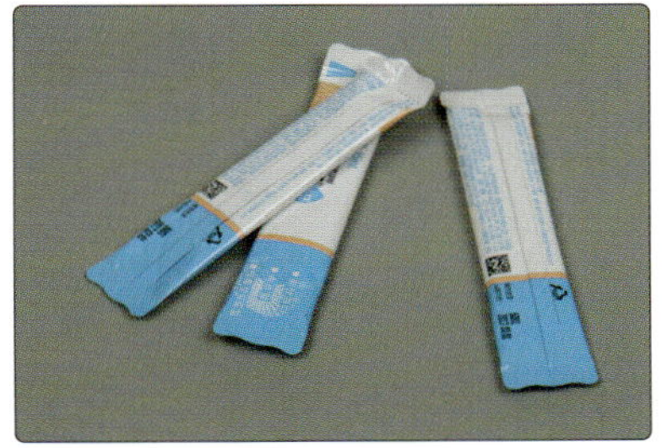

⬧ 수산화 마그네슘이 함유된 제산제

암모니아 분수

| 준비물 |

둥근 플라스크, 스포이트, 고무마개, 유리관, 스탠드, 비커, 페놀프탈레인 용액, 암모니아

| 실험 과정 |

❶ 고무마개에 물을 채운 스포이트와 유리관을 끼운다.

❷ 암모니아수를 넣은 시험관의 윗부분에 둥근 플라스크를 거꾸로 세워 씌우고 둥근 플라스크에 암모니아 기체를 모은다.

❸ 암모니아 기체를 모은 둥근 플라스크 입구를 고무마개로 막는다.

❹ 물이 든 비커에 페놀프탈레인 용액을 2~3방울 떨어뜨리고, 유리관 밑에 위치하도록 놓는다.

❺ 장치가 다 꾸며지면 스포이트를 눌러 2~3방울의 물을 둥근 플라스크에 떨어뜨린다.

| 실험 결과 |

잠시 후 둥근 플라스크 속 유리관에서 붉은색 물이 분수처럼 뿜어져 나온다. 이는 암모니아가 물에 잘 녹기 때문에 둥근 플라스크에 스포이트로 물을 넣어 주면 암모니아 기체가 물에 녹게 된다. 그러면 둥근 플라스크 안의 압력이 낮아져 비커의 물이 유리관을 통해 올라가게 된다.

암모니아수는 염기이고, 유리관을 따라 올라간 비커의 물에는 페놀프탈레인 용액이 들어 있기 때문에 암모니아수와 페놀프탈레인 용액이 반응하여 붉은색을 띠게 된다. 페놀프탈레인 용액 대신 다른 지시약을 활용하면 다양한 색깔의 분수를 만들 수 있다.

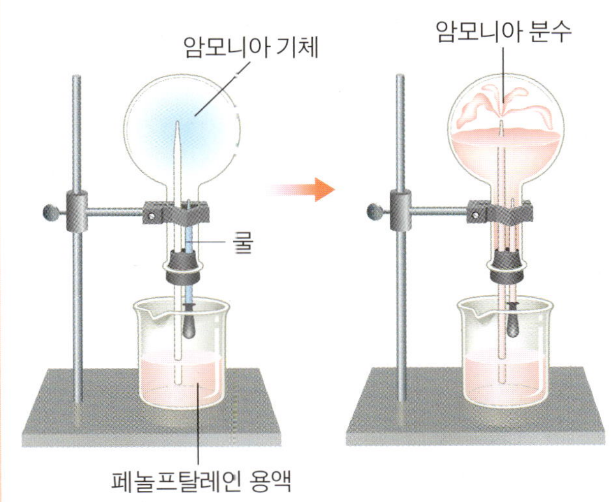

지시약 Indicator

어떤 물질을 만났을 때에 그 물질의 성질에 따라 눈에 띄는 변화가 나타나는 물질이다.

지시약의 특징

페놀프탈레인 용액, BTB 용액, 메틸오렌지 용액은 산성과 염기성의 정도에 따라 각각 다른 색을 나타낸다. 산성이나 염기성의 정도에 따라 색깔이 변하여 물질의 특성을 구분하는 물질을 지시약이라고 한다. 지시약으로 사용되기 위해서는 용액의 특성에 따라 전혀 다른 변화가 나타나야 한다.

지시약은 16세기 과학자 보일이 발견한 것으로, 주로 제비꽃과 리트머스 이끼와 같은 식물을 사용했다.

지시약에서 산과 염기는 각각 색깔의 변화가 같다. 즉, 산성인 염산과 황산을 각각 떨어뜨리면 지시약의 색깔 변화는 같다.

지시약은 색깔이 변하기도 하고, 형광이나 발광이 나타나기도 하며 침전물이 생기기도 한다. 가장 많이 사용되는 것은 색깔이 변하는 것으로 극히 소량을 첨가해도 적정 용액의 색깔 변화를 민감하게 감지할 수 있어야 한다.

지시약 국수

자주색 양배추와 국수를 이용하여 지시약 국수를 만들 수 있다.

먼저 자주색 양배추를 잘라 그릇에 넣어 끓이고 걸러서 자주색 양배추즙을 만든다. 이 양배추즙에 국수를 넣어 삶고 체에 건져 낸 다음 식힌다.

삶은 국수는 자주색 양배추의 색깔이 물들어 보라색의 국수가 된다.

식초, 오렌지주스, 소다, 비눗물 등을 국수에 뿌려 색깔 변화를 관찰해 본다. 식초와 오렌지주스을 뿌린 국수는 붉은색, 소다, 비눗물을 뿌린 국수는 초록색으로 변하는 것을 관찰할 수 있다.

지시약의 종류

지시약에는 리트머스 종이, 페놀프탈레인 용액, BTB 용액, 메틸 오렌지 용액 등이 있다.

산성일 때 푸른색 리트머스 종이는 붉은색으로, 염기성일 때 붉은색 리트머스 종이는 푸른색으로 변한다. 메틸 오렌지 용액은 산성에서 붉은색, 중성에서 주황색, 염기성에서 노란색으로 변한다. 페놀프탈레인 용액은 산성과 중성일 때는 색깔이 변하지 않고, 염기성일 때만 붉은색으로 변한다. BTB 용액은 산성에서 노란색, 중성에서 초록색, 염기성에서 파란색으로 변한다.

장미꽃, 나팔꽃, 봉숭아꽃, 할미꽃, 포도, 검정콩, 피튜니아, 자주색 양배추 등에 안토사이아닌이 들어 있어 천연 지시약을 만들 수 있다.

용액의 성질에 따른 지시약의 변화

구분	페놀프탈레인 용액	BTB 용액	메틸오렌지 용액
지시약			
산성			
중성			
염기성			

지시약의 원리와 변색 범위

지시약은 약산, 약염기 물질로 수소 이온이 들어 있는 정도에 따라 색깔이 다르게 변한다.

만약 산성 용액에 약산인 지시약을 1~2방울 떨어뜨리면 지시약의 수소 이온은 잘 빠져나가지 않는다. 산성 용액 속 수소 이온이 많기 때문이다. 그러나 염기성 용액에 약산인 지시약을 떨어뜨리면 지시약의 수소 이온이 많이 빠져나가게 된다. 염기의 수산화 이온과 지시약의 수소 이온이 중화 반응을 하기 때문이다. 이때 지시약은 수소 이온이 없는 상태의 알갱이 수가 많아지게 된다. 즉, 용액의 산성도에 따라 지시약의 분자 구조가 바뀌어 색깔도 함께 변하는 것이다.

지시약의 종류에 따라 색이 변하는 범위와 정도는 다양하다. 지시약의 색깔이 점차 변하는 범위를 변색 범위라고 하는데, 대표적인 지시약의 변색 범위는 다음의 표와 같다.

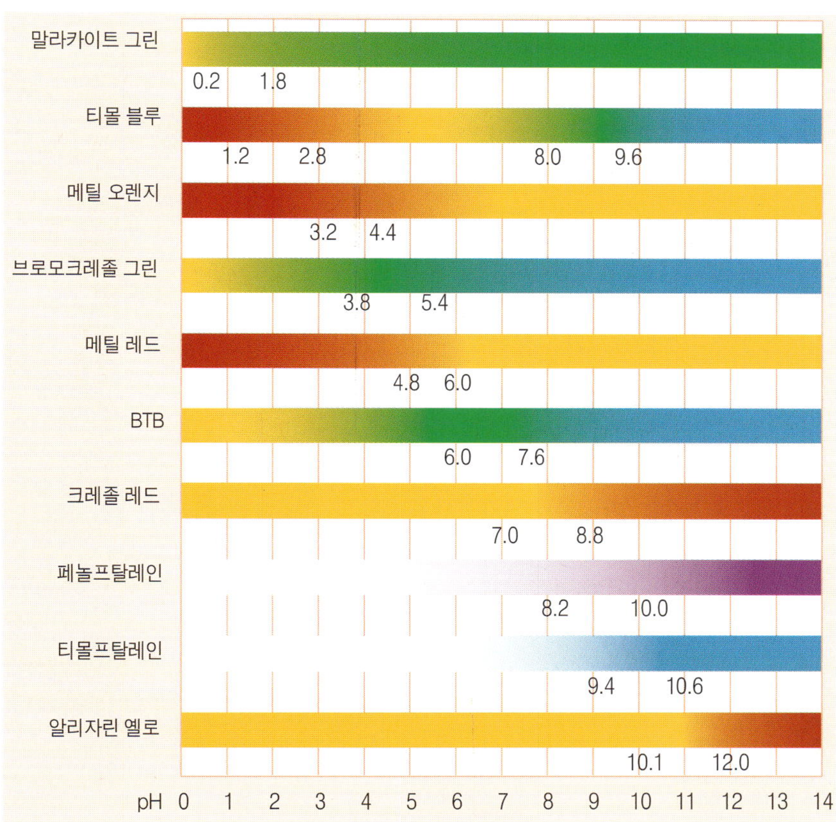

[여러 가지 지시약의 색깔 변화와 변색 범위]

안토시아닌 색소가 들어 있는 식물을 이용하여 천연 지시약을 만들 수도 있다. 식물을 지시약으로 만들 수 있는 까닭은 식물 속에 들어 있는 안토사이아닌이 용액의 산성도에 따라 색깔이 다르게 나타나기 때문이다. 안토사이아닌 색소는 산성 용액과 만나면 붉은색, 중성 용액 사이에서는 보라색, 염기성 용액에서는 푸른색 또는 노란색을 띤다.

살아 있는 지시약 수국

6~7월에 피는 수국은 흰색, 분홍색, 보라색, 파란색 등 색깔이 다양하다. 처음에는 흰색 또는 연노란색으로 핀다. 꽃이 피면서 꽃 색깔이 달라지는데, 이때 영향을 주는 것은 햇빛의 양, 유전적 요인과 토양의 산도이다.

꽃이 피기 시작하면서 수국에 있는 안토사이아닌이라는 색소가 땅에서 흡수하는 성분과 반응을 하게 된다. 산성 토양에는 알루미늄 이온이 많은데, 알루미늄 이온이 안토사이아닌과 반응하면 푸른색을 띠게 된다. 염기성 토양에는 알루미늄 이온이 많지 않아서 붉은색을 띠게 된다.

따라서 수국을 푸른색으로 변화시키려면 황산 알루미늄을 뿌려 주고, 붉은색으로 변화시키려면 염기성인 석회를 첨가하면 된다.

하나의 수국에서 여러 색깔의 꽃이 피는 경우도 있다. 이것은 수국의 줄기와 뿌리가 뻗은 방향이 조금씩 다르고 그 뿌리가 있는 부분의 토양 성분이 각각 다르기 때문이다.

◎ 여러 가지 색깔의 수국

수국은 쌍떡잎식물로 넓은 달걀 모양의 반질반질한 잎이 2개씩 마주나며 가장자리는 톱니 모양이다. 꺾꽂이나 포기나누기로 번식한다.

수소 이온 농도 지수(pH)와 산성비

pH는 용액의 산성이나 염기성의 세기를 수치로 나타낸 것이다. 황산이나 질산 등을 포함하여 산성을 띠는 비를 산성비라고 한다.

수소 이온 농도 지수(pH)

용액의 산성이나 염기성의 세기를 정확하고 쉽게 비교하기 위해 수치로 나타낸 것을 수소 이온 농도 지수(pH)라고 한다. 수용액에서 수소 이온의 농도나 수산화 이온의 농도는 그 값이 너무 작아서 숫자로 나타내기 힘들었다. pH 표시법은 덴마크의 생화학자 쇠렌센(Sørensen, Søren Peter Lauritz: 1868~1939)이 최초로 고안하였다.

중성인 순수한 물에서 수소 이온의 농도는 1.0×10^{-7}M이고, $-\log(1.0 \times 10^{-7})=7$이므로, 순수한 물의 pH는 7이 된다.

pH가 7이면 중성, 7보다 작으면 산성, 7보다 크면 염기성을 나타낸다. 산성이 강할수록 pH는 작아지고, 반대로 염기성이 강할수록 pH는 점점 커진다.

> • pH<7: 산성   • pH=7: 중성   • pH>7: 염기성

🔺 pH와 용액의 성질

pH 측정

pH를 간편하게 측정할 때는 pH 시험지나 pH 미터를 사용한다. pH 시험지는 많은 지시약을 섞어서 종이에 적셔 만든 것이다. 시험지를 적절히 잘라 용액에 담그면 pH 시험지의 색깔이 달라지므로 뚜껑에 있는 변색표와 대조하여 pH를 알 수 있다. pH에 따라 다양한 색깔로 변하므로 비교적 정확하게 측정할 수 있다.

pH 미터는 전극을 용액에 담그면 pH가 눈금이나 수치로 표시되는 것으로 보다 정확한 측정값을 알기 위해 사용된다.

🔺 pH 시험지

🔺 pH 미터

여러 가지 물질의 pH

레몬, 오렌지 등과 같은 과일에는 여러 가지 산이 들어 있어서 산성을 나타낸다. 우리 몸의 혈액은 pH 7.4, 제산제는 pH 10 정도, 하수구 세척액은 pH 13 정도의 염기이다.

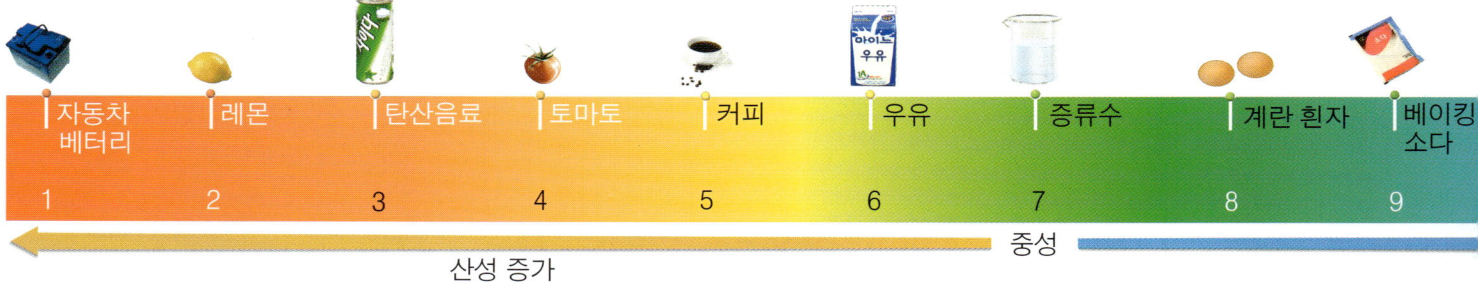

산성비의 생성 과정

영국의 화학자 스미스(Smith, Robert: 1817~ 1884)가 1872년 산성비라는 용어를 처음 사용하게 되었다. 산성비는 심각한 환경 문제 중의 하나로 우리에게 많은 피해를 주고 있다.

순수한 물은 중성으로 pH가 7이다. 그러나 대기 중의 이산화 탄소가 빗물에 자연스럽게 녹아 들어가면 pH 5.6~6.5 정도의 약산성을 띠게 된다. 그런데 자동차의 배기가스, 공장의 매연과 같은 물질이 구름으로 유입되어 비가 내리면 강한 산성을 띤 비가 내리게 된다.

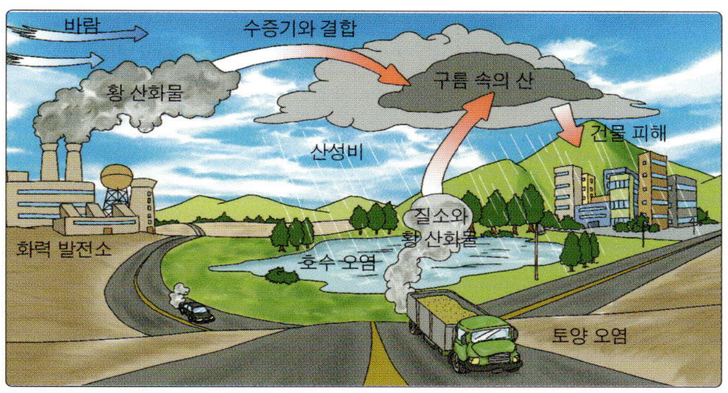

▲ 산성비의 형성 과정

산성비의 주 원인은 공장, 가정 등에서 사용하는 석탄, 석유 등의 연료가 연소되며 나오는 이산화 황과 자동차 배기가스의 질소 산화물이다. 공장에서 화석 연료에 포함된 황이 연소하면서 발생하는 이산화 황은 대기 중에서 수증기와 만나 황산이 된다. 자동차 엔진에서 발생하는 질소 산화물은 빗물에 녹아 질산이 된다. 황산, 질산 같은 강한 산성 물질이 비, 눈, 안개 등에 흡수되어 내리게 되는데 이 비가 산성비이다.

산성비의 피해와 대책

산성비는 토양, 식물, 호수, 건축물 등에 많은 피해를 준다. 미국과 유럽에서는 공장 지대의 침엽수림이 말라 죽는 등 삼림이 황폐화하고, 장기적으로는 토양을 산성화하여 농작물이 잘 자라지 못한다. 또한 빗물이 호수나 강으로 유입되어 물속 생물을 멸종시키기도 한다. 대리석으로 된 조각품이나 금속으로 된 철교와 같은 건축물을 부식시켜 경제적, 문화적으로 피해를 준다.

이와 같은 피해는 결국 사람들에게 심각한 문제가 되므로 모든 나라에서 산성비의 피해를 줄이기 위해 노력해야 한다. 근본적으로 산성비의 원인인 황 산화물과 질소 산화물의 발생을 줄여야 한다. 즉, 화석 연료 사용을 줄이기 위해 천연가스와 같은 청정에너지를 사용하고 자동차의 사용을 줄이며, 공장에 정화 처리 장치를 설치하는 등의 노력이 필요하다. 더불어 태양 에너지, 수력, 풍력 등의 대체 에너지의 개발이 필요하다.

▲ 산성비에 의한 피해

중화 반응 Neutralization Reaction

산의 수소 이온(H^+)과 염기의 수산화 이온(OH^-)이 반응하여 물이 되는 반응이다.

중화 반응

산과 염기가 만나면 산에서 나오는 수소 이온(H^+)과 염기에서 나오는 수산화 이온(OH^-)이 결합하여 중성인 물(H_2O)을 만든다. 이와 같이 산과 염기가 결합하여 물이 되는 반응을 중화 반응이라고 한다.

아래 그림은 묽은 염산(HCl)에 수산화 나트륨 수용액($NaOH$)을 계속 떨어뜨리면 중화 반응이 일어나는 이온 모형이다. 묽은 염산만 있을 때에는 염화 이온과 수소 이온만 있지만, 수산화 나트륨($NaOH$) 수용액을 조금씩 떨어뜨리면 수산화 이온(OH^-)이 염산의 수소 이온(H^+)과 결합하여 물을 만들기 시작한다. 모든 수산화 이온이 수소 이온과 결합하여 물이 되면 중성이 되고, 계속해서 염산을 떨어뜨리면 수소 이온이 더 많아져 산성이 된다.

결론적으로 산성 용액과 염기성 용액을 섞었을 때 수소 이온(H^+)과 수산화 이온(OH^-)이 모두 결합하여 어느 한쪽이 남는 것이 없으면 중성, 수소 이온이 더 많이 남으면 산성, 수산화 이온이 더 많이 남으면 염기성이다.

중화 반응으로 생성되는 물질

산과 염기를 반응시키면 산의 수소 이온(H^+)과 염기의 수산화 이온(OH^-)이 만나 물이 되고, 산의 음이온과 염기의 양이온은 서로 만나 염을 만든다. 따라서 산과 염기의 중화 반응은 다음과 같이 나타낼 수 있다.

$$\text{산} + \text{염기} \longrightarrow \text{염} + \text{물} + \text{중화열}$$
$$(HCl) + (NaOH) \qquad (NaCl) + (H_2O)$$

염산과 수산화 나트륨을 반응시키면, 염산의 수소 이온과 수산화 나트륨의 수산화 이온이 반응하여 물이 되고, 염소 이온과 나트륨 이온이 결합하여 염화 나트륨($NaCl$)이 만들어진다. 여기에서 염화 나트륨($NaCl$)이 염이 된다.

$$\text{염산} + \text{수산화 나트륨} \longrightarrow \text{물} + \text{염화 나트륨}$$
$$(HCl) \qquad (NaOH) \qquad (H_2O) \qquad (NaCl)$$

중화 반응에서의 온도 변화

산과 염기가 중화 반응을 할 때에 발생하는 열을 중화열이라고 한다.

| 실험 방법 |

- 오른쪽과 같이 실험 장치를 꾸미고, 농도가 같은 염산과 수산화 나트륨 수용액의 처음 온도를 같게 한다.
- 두 용액의 양을 다르게 섞어 중화 반응에서의 온도 변화를 관찰한다.

| 실험 결과 |

- 그래프로 나타내면 섞인 두 용액의 비율에 따라 차이가 있지만 두 용액을 섞으면 온도가 올라가는 것을 알 수 있다.
- ㉢ 용액이 가장 완전하게 중화했다고 볼 수 있다.

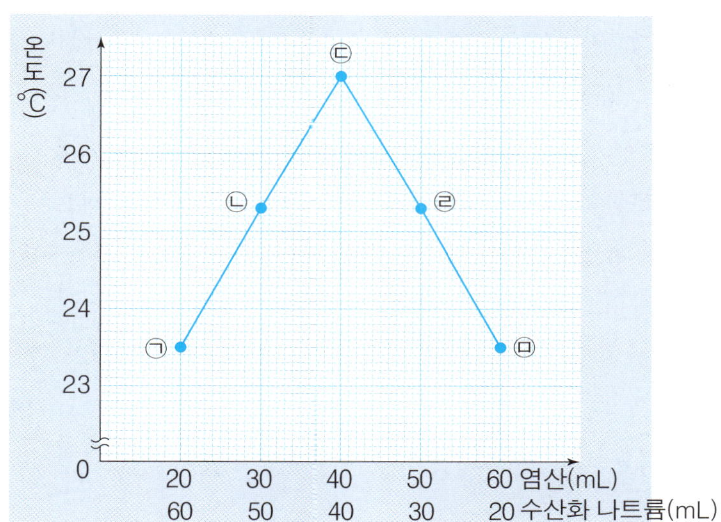

구분	염산(mL)	수산화 나트륨 수용액(mL)	최고 온도(℃)
㉠	20	60	23.5
㉡	30	50	25.3
㉢	40	40	27
㉣	50	30	25.3
㉤	60	20	23.5

중화 반응의 이용

우리 생활에서 산과 염기의 반응은 다양하게 이용되고 있다. 예로 입에서 음식물이 분해될 때 산성 물질이 생성되어 충치가 생기므로 염기성인 치약으로 중화하고, 벌이나 벌레의 침에 있는 독은 산성이므로 염기성인 암모니아수를 사용하여 중화한다.
또한 우리의 위 속에서는 위액이 분비되는데 이것은 염산이 주성분이다. 따라서 위액이 과다 분비되어 염산이 위를 자극하여 속이 쓰리면 염기성인 제산제를 먹는 것도 중화 반응의 예이다.
신 김치에는 젖산이 들어 있어 산성을 띤다. 여기에 탄산칼슘이 주성분인 달걀 껍데기나 소다를 넣으면 산을 중화시켜 신맛이 덜 난다. 또한 염기성인 비누로 머리를 감아서 머리카락이 뻣뻣할 때 식초 물에 헹구거나, 산성화된 호수나 토양에 석회나 석회석 가루를 뿌리는 경우도 중화 반응을 이용한 것이다.

김치가 시어지면 김장독에 조개껍데기를 넣는다.

생선을 손질한 도마는 식초로 닦아낸다.

생활 속 산과 염기

산성 식품은 체내에서 염소, 인, 황과 같은 산성 물질을 남기는 식품이고, 염기성 식품은 나트륨, 칼륨, 마그네슘과 같은 염기성 물질을 남기는 식품이다.

우리 주변의 산과 염기

과일 주스, 식초, 신 김치, 탄산음료 등은 우리 주변에서 쉽게 볼 수 있는 산성 물질이다.

탄산음료에는 탄산, 식초에는 아세트산, 과일 주스에는 시트르산(구연산)이나 말산(사과산) 등이 들어 있다.

김치와 같은 발효 식품에는 젖산이 들어 있어서 신맛이 난다. 젖산은 음식의 부패 방지를 위해 사용되기도 하고 가죽을 부드럽게 하는 데 사용되기도 한다. 또한 우리가 운동할 때도 만들어진다. 우리 몸은 ATP라는 에너지를 만들어 사용한다. 갑작스럽게 심한 운동을 했을 때 필요한 양의 ATP를 만들 수 없어서 탄수화물을 산소 없이 분해하는데, 이 과정에서 근육에 젖산이 생기게 된다.

염기성인 생활용품으로는 비누, 샴푸, 하수구 세척액, 치약, 비료, 소다 등이 있다. 주로 비누와 하수구 세척액에는 수산화 나트륨, 위액을 중화시키는 제산제에는 수산화 마그네슘, 치약에는 탄산 마그네슘, 비료에는 암모니아가 들어 있다.

구제역 바이러스를 제거하는 데 생석회(CaO)를 이용하는데, 구제역 바이러스는 고온이나 pH 6.0 이하 9.0 이상에서 없어진다. 생석회가 물과 반응하면 100 ℃ 이상의 고열이 발생하고, 소석회 즉 수산화 칼슘이 되어 염기성으로 바뀐다. 따라서 생석회를 뿌리면 고온과 염기성 환경을 만들어 구제역 바이러스를 없앨 수 있다.

동식물 속 산과 염기

자연 속에는 자신을 보호하기 위해 산이나 염기 물질을 지닌 동물과 식물이 있다.

개미나 벌 등은 개미산이라는 것을 분비한다. 포름산이라고도 불리며, 무색의 자극적인 냄새가 나는 액체이다. 피부에 닿으면 수포가 생기고 찌릿찌릿한 통증을 느끼게 된다. 개미산은 쐐기풀에도 들어 있다고 한다.

헬리코박터 파일로리균은 사람의 위에 사는 세균이다. 예전에 사람들은 위액은 강산이므로 위 내부에는 세균이 살 수 없을 거라고 생각했다. 그러나 헬리코박터 파일로리균은 위에서 살면서 염기성인 암모니아를 만들어 위산을 중화시켜 위염을 일으킨다.

파리지옥이나 끈끈이주걱은 대표적인 식충 식물이다. 입을 벌리고 있다가 곤충이 접근하면 순간적으로 입을 닫는다. 그리고 산성의 소화액이 나와 벌레를 분해하여 영양분을 섭취한다.

▲ 파리지옥

버드나무 껍질에는 살리실산이라는 진통제 성분이 있다. 조상들은 환자에게 버드나무 껍질을 씹도록 처방했었다. 그러나 설사를 일으키고 위벽을 자극하는 등의 부작용이 나타나자 19세기에 독일의 제약회사에서 이를 개선하여 아스피린을 만들었다.

해파리 중에는 염기성 물질이 포함된 독을 가진 것이 있어서 해파리에 쏘였을 경우 식초로 상처를 소독하여도 된다. 그러나 특이하게도 우리나라에서 발견되는 해파리는 산성 물질이 포함된 독을 지닌 것이 많아 식초로 소독해서는 안 된다.

▲ 헬리코박터 파일로리균

산성 식품과 알칼리성 식품

오렌지나 식초는 신맛이 나고, 제산제나 소다(탄산 나트륨)는 쓴맛이 난다. 그렇다면 신맛이 나는 음식은 산성 식품이고, 쓴맛이 나는 음식은 알칼리성 식품일까?

산성 식품과 알칼리성 식품은 음식의 맛이나 산도에 따라 결정되는 것이 아니라 식품이 우리 몸에 들어와 분해되었을 때, 어떤 원소가 남느냐에 따라 구분된다.

우리 몸 안에 들어와 분해되어 나트륨, 칼륨, 칼슘, 마그네슘과 같은 염기성 물질이 만들어지면 알칼리성 식품이고, 염소, 인, 황과 같은 비금속 원소가 산성 물질을 만들기 때문에 산성 식품이다. 예를 들어 과일의 산은 우리 몸에 들어와 분해되고 금속 이온이 알칼리성 물질을 만들기 때문에 알칼리성 식품이다.

산성 식품 대부분은 열량이 높아 우리 몸에 에너지원을 공급하고 근육, 호르몬 등을 구성하는 단백질이나 비타민이 들어 있다. 알칼리성 식품에는 우리 몸의 기능을 조절하는 금속 이온이나 각종 비타민이 많이 들어 있다. 따라서 우리가 건강하게 살기 위해서는 산성 식품과 알칼리성 식품을 골고루 섭취해야 한다.

보통 음식을 먹을 때 산성 식품과 알칼리성 식품을 동시에 먹게 된다. 건강한 사람의 경우 고기나 빵과 같은 산성 식품을 조금 많이 섭취하더라도 우리 몸의 조절 시스템에 의해 중화되므로 크게 걱정하지 않아도 된다. 그러나 산성 식품이나 알칼리성 식품을 과다하게 섭취할 경우 우리 몸은 항상성을 유지하기 힘들어진다.

🔺 산성 식품

🔺 알칼리성 식품

신맛이 나는 음식을 많이 먹으면 몸이 산성이 될까

사이다, 오렌지 주스, 레몬과 같은 신맛이 나는 음식을 많이 먹으면 우리 몸도 산성으로 변할 것이라고 생각할 수 있다. 그러나 우리 몸은 산성으로 변하지 않는다.

우리 몸의 산도는 혈액을 이용하여 알아볼 수 있다. 혈액의 pH는 7.4 정도로 중성인데 산성이나 염기성이 되면 심각하게 위험해진다. 따라서 우리 몸속에는 산도를 일정하게 유지해 주는 조절 시스템이 있다.

음식이 소화 기관으로 들어가 소화가 될 때 위액은 강한 산성이지만, 다른 소화 효소들은 대부분 염기성이기 때문에 중화가 되어 음식과 위액으로 인해 몸이 산성이 되지는 않는다.

또, 혈액 자체적으로 pH가 일정하게 유지되도록 조절해 준다. 혈액에 함유된 인산, 탄산, 탄산 수소 이온이 혈액의 pH를 유지하는 역할을 하고 있으며, 신장에서 필요한 농도보다 많은 탄산 수소 이온 또는 수소 이온을 제거하는 역할도 하고 있다.

호흡과 소변을 통해 산성 물질을 배출하기도 한다. 호흡을 통해서 이산화 탄소, 즉 산을 배출하고, 과다한 산은 소변으로 배출한다.

이러한 시스템을 통해 산성 음식을 많이 먹더라도 혈액의 산도를 중성으로 유지할 수 있는 것이다.

비누 Soap

기름과 강한 염기를 반응시켜 만든 것을 비누라고 한다. 비누는 때나 먼지를 깨끗하게 씻기 위해 사용한다.

비누의 발달

세제가 없었던 시절 옛날에는 오줌으로 손을 씻고 세탁도 하고, 식물을 태우고 남은 재에 물을 부어 우려낸 잿물로 세탁했다는 기록이 있다. 고대 로마에서도 썩은 오줌과 표백토(산성 반응을 나타내는 진흙)를 섞어 비누 대용으로 사용했다고 한다.

더럽게 느껴지는 오줌과 잿물로 세탁을 할 수 있었던 까닭은 바로 오줌과 잿물에 들어 있는 염기 때문이다. 잿물에는 강염기 성분이 들어 있어 지방과 단백질을 쉽게 분해할 수 있으며, 오줌 역시 암모니아와 유사한 성분이 있어 염기성을 나타낸다.

아시아의 유목민들은 양고기를 구울 때 떨어지는 기름에 나무를 태운 재를 혼합해서 손을 씻거나 세탁을 했는데, 이것이 최초의 비누이다. 그리고 18세기 말 프랑스의 화학자 르블랑(Leblanc, Nicolas: 1742~1806)에 의하여 탄산 나트륨(소다) 제조법이 발명되고, 19세기 초에 슐브르의 유지에 대한 화학적 조성 연구에 의하여 오늘날과 같은 비누 제조 기술이 생겨났다. 이후 비누가 대중화되기 시작하였고, 석유 화학 공업이 발달함에 따라 석유를 이용한 합성 세제가 개발되기 시작하였다.

비누 제조법

비누는 기름에 수산화 나트륨이나 수산화 칼륨과 같은 강한 염기를 넣고 가열하여 비누화 반응을 일으켜 만든다.

기름은 고급 지방산과 글리세롤의 반응으로 생성되는 것으로 식물성 기름으로는 올리브유, 팜유, 야자유 등이 있고, 동물성 기름으로는 우지, 돈지, 어유 등이 있다. 이런 유지에 강한 염기를 넣고 가열하면 칼륨염이나 나트륨염이 생기는데 이것이 바로 비누이다. 칼륨 비누는 단단하지 않고 수분을 많이 함유하며 물에 녹기 쉽지만, 나트륨 비누는 단단하다.

폐식용유로 비누 만들기

폐식용유를 이용하여 비누를 만들면 환경 오염도 줄이고 경제도 살릴 수 있다.

| 비누를 만드는 과정 |

- 찌꺼기를 걸러 낸 폐식용유(유지) 50 g에 수산화 나트륨 용액(물 50 mL + 수산화 나트륨 7 g)을 천천히 붓는다.
- 잘 저어 준 후 틀에 넣고 약 1주일 정도 두면 비누가 완성된다.

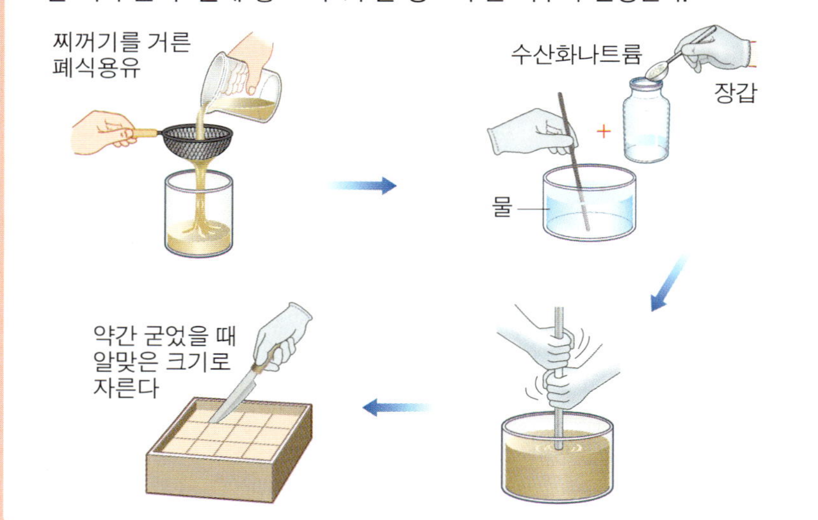

비누의 원리

보통의 비누는 긴 탄화 수소 사슬을 가지고 있다. 비누가 물에 녹으면 친수성기는 물 안쪽으로 향하고 친유성기는 물 바깥쪽으로 배열되어 공 모양을 만든다. 이 공 모양의 입자를 마이셀이라고 한다. 이 비눗물에 때가 묻은 옷을 넣으면 마이셀이 옷과 때 사이에 침투한다. 이때 친유성기는 때 쪽을, 친수성기는 물 쪽을 향하여 붙는다. 시간이 지나면 옷과 때의 결합이 약해지고 분리된다. 이때 손으로 비비거나 세탁기에서 저어 주는 등의 물리적인 힘을 가하면 때가 더 잘 분리된다. 옷에서 분리된 때는 작은 알갱이로 분산되어 물속에 떠 있다가 나가게 된다.

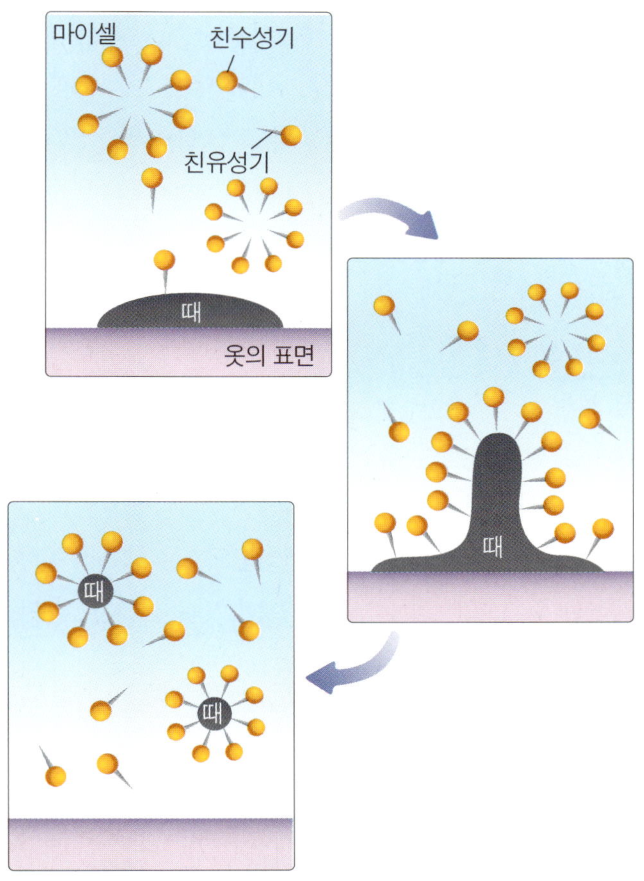

⬆ 비누의 세탁 작용

그러나 지하수로 빨래할 때는 계면 활성제로 작용할 수 없어 세탁이 잘 되지 않는다. 그 까닭은 지하수에는 칼슘 이온이나 마그네슘 이온이 들어 있는데, 비누는 칼슘 이온이나 마그네슘 이온과 반응하여 앙금을 형성하기 때문에 세척력이 떨어진다.

비누의 특성

비누는 대표적인 계면 활성제이다. 계면이란 기체와 액체, 액체와 액체, 액체와 고체가 서로 맞닿는 경계면을 말한다. 따라서 계면 활성제는 이 경계를 완화시키는 역할을 하는 것을 말한다.

하나의 분자 내에 친수성과 친유성을 가진 화합물로 물의 표면 장력을 약화시키고 물과 기름 입자가 섞여 있는 상태를 유지시켜 준다. 계면 활성제는 화장품, 마요네즈, 치약, 샴푸, 파스 등 우리가 자주 사용하는 생활용품에 많이 포함되어 있다.

파스에 들어 있는 계면 활성제는 피부에 물질이 달라붙도록 하는 점착제와 약물이 잘 섞일 수 있게 도와주는 역할을 한다. 또한 비누는 분자 안에 친수성과 친유성을 함께 가지고 있어서 친수성 물질과 친유성 물질이 서로 잘 섞이게 하는 역할을 한다.

빨랫비누는 수산화 나트륨이 포함되어 있어 공기 중의 이산화 탄소를 흡수하여 표면에 탄산 나트륨의 흰색 가루가 생긴다. 비누는 물속에서 이온화되면 수산화 이온(OH^-)이 생성되어 염기성을 띤다. 따라서 염기는 단백질을 녹이기 때문에 동물성 섬유의 세탁에는 적절하지 않다.

⬆ 계면 활성제가 들어 있는 마요네즈와 화장품

합성 세제 Synthetic Detergent

합성 세제는 석유를 원료로 인공적으로 만든 세제이다. 염기인 비누와 달리 중성을 띠어 중성 세제라고도 한다.

합성 세제

제1차 세계 대전 중에 기름이 화약의 재료로 쓰이게 되면서 비누를 만드는 데 필요한 기름이 부족하게 되었다. 그러자 독일 과학자들은 기름을 사용하지 않은 최초의 합성 세제를 만들었다. 이후 석유 화학 공업이 발달하면서 석유를 이용하여 합성 세제를 개발하였다.

합성 세제는 석유계 탄화 수소를 합성하여 만드는데, 그 구조에 따라 ABS(알킬 벤젠 술폰산 나트륨) 세제와 LAS(선형 알킬 벤젠 술폰산 나트륨) 세제가 있다.

ABS(알킬 벤젠 술폰산 나트륨) 세제는 가격이 저렴하고 세척력이 우수하다. 그러나 피부에 많은 자극을 주고, 가지가 많은 구조를 하고 있어 미생물에 의해 잘 분해되지 않으며 물에서 쉽게 거품이 일어 하수 처리에 지장을 주는 등 환경 오염을 일으키기 때문에 최근에는 거의 사용되지 않는다.

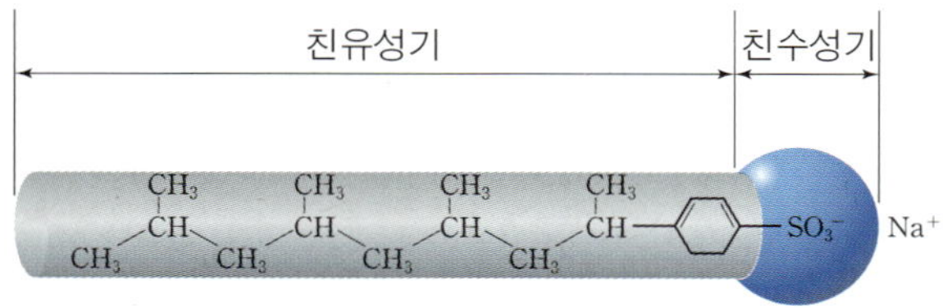

🔺 알킬 벤젠 술폰산 나트륨

이후에 개발된 LAS(선형 알킬 벤젠 술폰산 나트륨) 세제는 ABS(알킬 벤젠 술폰산 나트륨) 세제보다 분해가 빨라 널리 사용되게 되었다. 일반 가정용 세제는 LAS(선형 알킬 벤젠 술폰산 나트륨) 세제가 대부분이다.

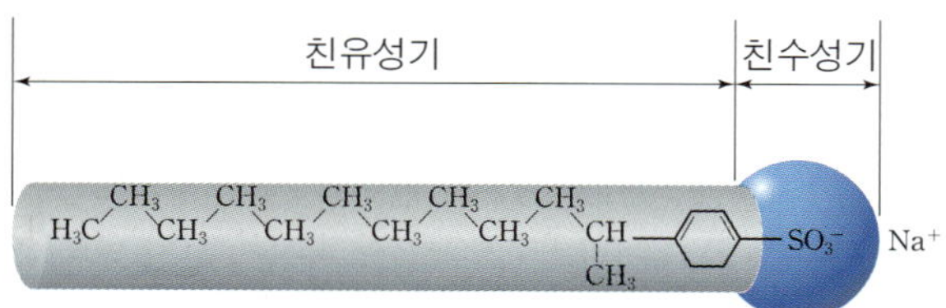

🔺 선형 알킬 벤젠 술폰산 나트륨

비누와 합성 세제 비교

비누와 합성 세제 모두 때를 없애는 데 사용되고, 친수성기와 친유성기를 모두 가지고 있는 점은 같다. 그러나 비누는 동물의 기름이나 식용유 같은 지방으로부터 만들어지고, 합성 세제는 석유로부터 만들어진다.

비누는 찬물에서 잘 녹지 않아 깨끗하게 세탁되지 않는 단점이 있지만, 합성 세제는 찬물에서도 잘 녹기 때문에 깨끗하게 세탁할 수 있다. 또한 비누

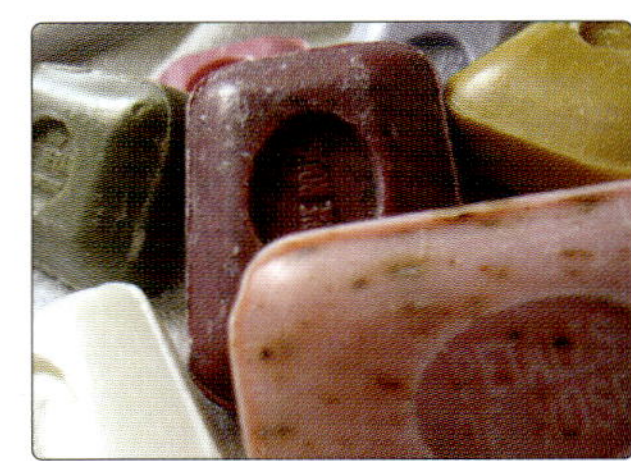

🔺 비누

는 센물에서는 칼슘 이온이나 마그네슘 이온과 결합하여 세척력이 떨어지지만, 합성 세제는 금속 이온을 침전시키거나 제거하는 경수 연화제가 들어 있어 센물에서도 세척력이 우수하다.

비누는 염기성을 띠어 단백질을 녹이기 때문에 동물성 섬유에는 사용하지 않아야 하지만, 합성 세제는 중성 세제이므로 동물성 섬유, 식물성 섬유, 합성 섬유 모두를 세탁할 수 있다.

합성 세제는 비누보다 세척력이 우수하지만 환경을 오염시키는 단점이 있다. 석유를 원료로 하는 합성 세제는 세탁 후 하천으로 흘러 들어간 물이 미생물에 의해 분해되어야 하는데, 분해되지 않고 그대로 남아 합성 세제의 거품이 강이나 하천의 표면을 덮어 산소가 물속으로 녹아들 수도 없고, 햇빛도 통과하지 못하여 물을 오염시킨다. 즉, LAS(선형 알킬 벤젠 술폰산 나트륨) 세제가 ABS(알킬 벤젠 술폰산 나트륨) 세제보다 잘 분해되기는 하지만 산소가 희박할 경우 분해가 느려 어패류에 축적될 수 있으며, 분해될 때 발생되는 화합물도 수질 오염을 일으킨다.

합성 세제의 종류

여러 가지 합성 세제

합성 세제는 용도에 따라 세탁용 세제, 모발용 세제, 주방용 세제, 청소용 세제, 치약 등으로 분류할 수 있다.

세탁용 세제는 가정에서 옷과 신발 등을 세탁하기 위해 사용하는 세제로 계면 활성제에 황산 나트륨과 세탁력을 높이기 위한 표백제, 형광제 등을 첨가한다.

모발용 세제는 머리를 감을 때 사용하며, 주로 음이온성 계면 활성제를 사용하여 거품이 잘 일어나게 한다. 좋은 냄새가 나도록 향료와 머리카락을 보호하기 위한 단백질 성분을 첨가한다.

주방용 세제는 물에 잘 녹지 않는 기름기를 제거하기 위해 강한 세척력을 가지면서도 그릇에 남지 않는 세제를 사용한다. 주로 LAS(선형 알킬 벤젠 술폰산 나트륨) 세제를 많이 사용한다.

변기나 하수구 등을 청소할 때 사용하는 세제는 강한 산성 또는 염기성 성분이 들어 있다. 주로 가정에서는 염기성 세제를 사용하여 기름때나 머리카락 등을 제거한다.

치약은 세제와 연마제의 혼합물이다. 연마제는 치아 표면의 치석과 불순물을 제거하여 윤이 나도록 한다. 향료, 살균 소독제, 색소 등이 첨가되어 있다.

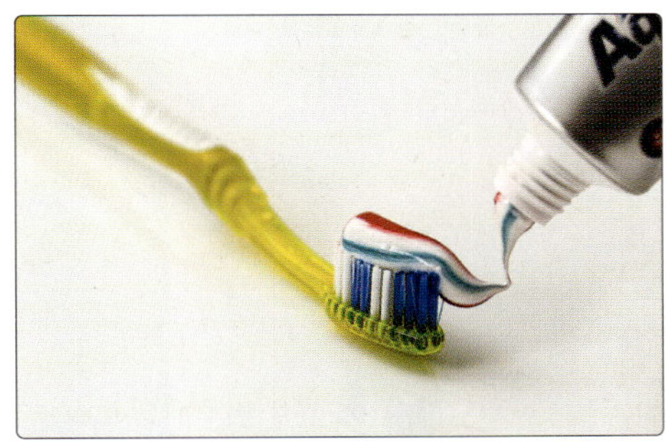

세제와 연마제의 혼합물인 치약

합성 세제가 환경과 인체에 미치는 영향

합성 세제를 사용한 물은 쉽게 분해되지 않고 물속 플랑크톤의 영양 물질이 되어 수중 미생물들이 폭발적으로 늘어나는 부영양화 현상을 일으킬 수 있다. 또한 거품이 많이 생겨 물에 산소가 녹는 것을 방해하여 물속의 물고기들이 살기 힘든 환경이 된다.

합성 세제는 인체에도 좋지 않은 영향을 준다. 오랜 기간 많이 사용할 경우 간 기능이 약화되고, 손이 갈라지거나 지문이 없어지기도 한다. 또한 세탁 후에도 섬유에 세제가 남아 있어서 피부병을 일으키는 원인이 된다. 샴푸는 머리카락을 가늘게 하고 탈색과 탈모 현상을 일으키며, 정자의 파괴와 기형아 출산의 위험도 있다.

합성 세제를 사용할 때는 되도록 고무장갑을 끼고 세제가 남지 않도록 잘 헹궈야 한다. 그리고 세제액에 채소나 과일을 담그지 말아야 한다.

또한 합성 세제의 사용을 줄이기 위해서는 설거지를 할 때 기름기가 없는 그릇은 물로만 닦고, 기름기가 있는 그릇은 휴지로 한번 기름을 닦아내면 세제 사용을 줄일 수 있다. 또한 빨래를 할 때 비누로 빨고 세탁기로 헹구거나 합성 세제 대신 비누 녹인 물을 사용할 수도 있다. 샴푸 대신 비누로 머리를 감는 등 다양한 노력으로 합성 세제의 사용을 줄일 수 있다.

🚀 더 나아가기

표백제

섬유나 식품 등의 얼룩, 유색 물질을 분해하고 제거하여 하얗게 만드는 것을 표백제라고 한다. 표백제에는 염소계 표백제와 산소계 표백제가 있다.

염소계 표백제의 대표적인 것이 락스이다. 락스는 표백과 함께 살균 작용을 한다. 염소계 표백제에 산성 성분의 세정제를 혼합하면 유독한 염소 가스가 발생하고, 많이 흡입할 경우 사망할 수도 있으므로 주의해야 한다.

산소계 표백제에는 분말형과 액체형이 있다. 약한 염기성으로 과산화 수소수가 산소로 분해되어 표백 작용을 한다.

연소 Combustion

어떤 물질이 공기 중에 있는 산소와 반응하여 열과 빛을 내며 타는 현상이다.

플로지스톤설과 연소설

18세기의 과학자들은 화학, 약학 등의 기술에서 연소가 많이 사용되었기 때문에 연소 현상에 많은 관심이 있었다. 그 당시 많은 과학자들은 플로지스톤설을 믿고 있었다. 이는 물질 속에는 플로지스톤이라는 물질이 포함되어 있고, 물질이 연소하면 그 물질 안에 있는 플로지스톤이 빠져나와 무게가 더 가벼워지게 된다는 이론이었다. 즉, 나무가 타서 생기는 재는 나무가 연소하는 동안 나무 안에 있는 플로지스톤이 빠져나온 것이며, 따라서 연소 전보다 무게가 줄어든 것이라고 설명했다. 당시의 과학자들은 자신들이 얻은 모든 실험 결과를 플로지스톤설로 설명하였다.

그러나 연소 후의 금속은 연소 전보다 무겁다는 것이 실험을 통해 밝혀졌고, 플로지스톤이 빠져나갔는데도 무게가 증가한다는 사실은 이 이론의 문제점으로 대두되었다. 그럼에도 불구하고 플로지스톤설을 지지하는 과학자들은 플로지스톤이 음의 무게를 갖는다는 설명으로 플로지스톤설을 고수했다. 즉, 금속이 연소할 때 질량이 증가하는 것은 음의 무게를 가진 플로지스톤이 빠져나왔기 때문이라고 설명했던 것이다.

하지만 라부아지에의 생각은 달랐다. 물질이 연소할 때 물질 안의 어떤 성분이 빠져나가는 것이 아니라 공기의 어떤 성분이 연소에 관여한다고 생각했다. 라부아지에는 밀폐된 용기에 공기와 금속을 넣고 가열하는 실험을 했다. 실험 결과 연소 전과 후의 밀폐된 용기에 넣은 금속의 질량은 변하지 않았지만, 연소된 금속은 처음보다 무거워졌음을 알게 되었다. 또한 금속의 증가한 질량은 감소한 공기의 무게와 같다는 것을 알아냈다. 이로써 라부아지에는 연소되는 과정에서 물질이 공기 속의 어떤 성분과 반응한 것이라고 말했다. 그리고 이를 산소라고 이름붙였다.

라부아지에는 산소의 발견을 통해 새로운 연소설을 정립했고 많은 과학자들로부터 인정을 받게 되었다.

연소 반응

연소는 어떤 물질이 공기 중의 산소와 빠르게 반응하여 열과 빛을 내며 타는 현상 또는 물질이 열과 빛을 내며 빠르게 산소와 결합하는 반응이다. 넓은 의미로 열과 빛을 내지 않아도 결과적으로 산화물을 생성하는 화학적 변화를 포함하기도 한다.

나무나 숯, 부탄가스, 프로판 가스 등과 같은 물질을 태우는 까닭은 연소할 때 발생하는 열과 빛을 이용하기 위해서이다. 연소는 물질이 가진 화학 에너지를 열에너지와 빛에너지로 쉽게 전환할 수 있는 현상으로 자동차와 로켓이 움직이는 것도 연소를 이용한 것이다.

알코올이 타는 모습

가스레인지의 가스가 타는 모습

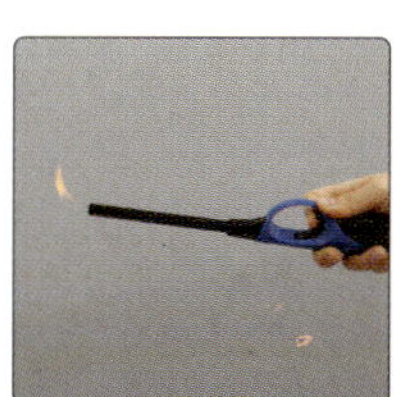

점화기의 가스가 타는 모습

성냥이 타는 모습

나무가 타는 모습

숯이 타는 모습

연소와 무게 변화

기체가 발생하는 연소 반응에서는 연소 후에 무게가 감소하지만, 금속의 연소는 금속 산화물로 인해 무게가 증가한다. 예를 들어 탄소와 수소의 화합물인 나무가 연소할 때는 산소와 결합하여 재가 남고, 이산화 탄소와 수증기가 생겨 날아가게 된다. 따라서 무게가 감소하게 된다. 그러나 금속이 연소할 때는 기체가 발생하지 않고 금속과 산소가 결합하여 산화된다. 따라서 금속의 무게는 결합한 산소의 무게만큼 증가하게 된다.

산화와 연소 모두 산소와 결합하는 것은 같지만 반응 속도가 다르기 때문에 차이가 있다. 산화는 반응이 아주 천천히 일어나기 때문에 이때 발생하는 열은 거의 무시할 정도이지만, 연소는 매우 빠른 속도로 산소와 반응이 이루어지기 때문에 빛과 열을 발생하게 된다.

🔺 기체가 발생하는 연소 반응

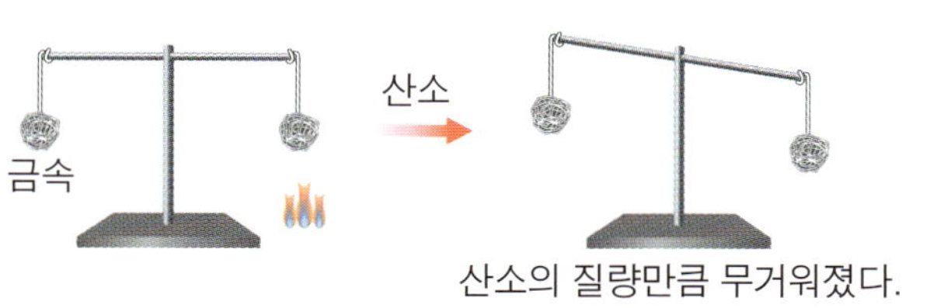

🔺 금속의 연소

연소의 형태

연소는 그 형태에 따라 표면 연소, 증발 연소, 자기 연소, 확산 연소, 분해 연소 등으로 나눌 수 있다.

표면 연소 공기가 잘 통하지 않는 잿더미 속에서 숯이 타는 것처럼 고체의 내부에 연소를 도와주는 물질에 의해서 그 물질의 표면에서만 연소하는 현상을 말한다. 표면 연소는 불길이 나타나지 않는다.

증발 연소 증발한 기체가 공기와 섞여 연소하는 형태이다. 휘발유, 알코올과 같은 액체는 보통의 온도에서도 쉽게 수증기의 형태로 바뀌어 불꽃을 가까이 하면 쉽게 연소한다.

자기 연소 물질 자체에 산소를 가지고 있어 산소가 공급되지 않아도 연소가 일어나는 것으로 화약이나 폭죽, 로켓의 연료가 여기에 속한다.

확산 연소 가스가 퍼져 나가면서 주위의 공기에서 산소를 얻어 이루어지는 연소로 LPG, 부탄가스, 프로판 가스 등의 연소가 여기에 속한다.

분해 연소 탄소를 포함하고 있는 나무, 석탄 같은 물질이 열에 의해 분해되면서 생긴 기체가 산소와 반응하여 연소하는 것을 말한다.

🚀 더 나아가기

초의 연소

촛불의 불꽃은 불꽃심, 속불꽃, 겉불꽃으로 나뉜다. 불꽃심은 초의 파라핀이 심지를 타고 올라와 분해되는 곳으로 산소가 가장 적게 도달하여 어두워 보이고 약 400~900℃이다. 가장 밝은 부분인 속불꽃은 주황색 혹은 노란색으로 보이는데 이 온도는 약 1,200℃이다. 속불꽃이 가장 밝은 까닭은 연소하지 못한 탄소 알갱이가 가열되어 빛을 내고 있기 때문이다. 겉불꽃은 산소가 가장 많이 공급되어 온도가 약 1,400℃로 가장 높고 푸른빛을 띤다.

고체인 초는 촛불에 의해 가열되면 액체 상태로 변하고, 액체 상태의 초는 모세관 현상으로 심지를 타고 올라간다. 액체 상태의 초는 촛불에 의해 기체 상태로 변하여 연소된다.

초의 연소는 다음과 같은 실험을 통해 알 수 있다. 촛불의 심지 근처에 가늘고 투명한 유리관의 한쪽 끝을 대고, 다른 쪽 끝에 성냥의 불꽃을 가까이 하면 불이 붙는 것을 볼 수 있다. 즉, 초는 기체 상태의 물질이 유리관을 타고 다른 쪽 끝으로 이동하여 탄다는 것을 알 수 있다.

연소의 조건

연소의 세 가지 조건은 탈 물질, 산소, 발화점 이상의 온도이다.

연소의 조건

첫째, 탈 물질(연료)이 있어야 한다. 탈 물질은 상온에서의 상태에 따라 고체, 액체, 기체 연료로 구분할 수 있다. 나무나 숯, 석탄과 같은 고체 연료는 값이 싸지만 옮기기 어렵고 재가 많이 남는다. 휘발유, 등유와 같은 액체 연료는 연소 조절이 쉽고 재가 남지 않지만 냄새가 많이 나고 가격 변동이 심하다는 단점이 있다. 액화 천연가스(LNG), 액화 석유 가스(LPG) 등과 같은 기체 연료는 불을 붙이기 쉽고 재가 남지 않으며 발열량이 크다는 장점이 있지만, 폭발의 위험이 있고 이동과 저장이 어렵다는 단점이 있다.

모든 물질이 탈 물질이 되는 것은 아니다. 산소와 네온과 같이 산소와 결합할 수 없거나 이미 산소와 결합하여 더 이상 산소와 반응할 수 없는 물과 이산화 탄소 등과 같은 물질 등은 연소할 수 없다.

둘째, 산소가 공급되어야 한다. 일반적으로 공기 중에 포함된 산소가 이용된다. 또한 공기 중의 산소 이외에 산소를 가지고 있는 화합물이 가열이나 마찰, 충격 등을 받아 산소가 배출되어 공급되기도 한다.

셋째, 발화점 이상의 온도이다. 숯이나 휘발유 등과 같은 연료가 공기 중에 있어도 연소되지 않는 까닭은 상온의 온도가 발화점보다 낮기 때문이다.

탈 물질, 산소, 발화점 이상의 온도 중 한 가지 조건이라도 없으면 연소는 일어나지 않는다.

🔺 연소의 세 가지 요소

발화점과 인화점

발화점은 물체를 마찰하거나 가열할 때 스스로 불이 붙는 최저 온도이다. 발화점은 물체에 따라 서로 다르며 고체의 경우 시료의 모양이나 크기, 공기와의 혼합비 및 측정 방법 등에 따라 다르다. 나무를 서로 비벼 발생하는 마찰열로 불을 붙이거나, 돋보기를 이용하여 햇빛을 모아 종이를 태우는 것도 나무나 종이를 발화점 이상으로 온도를 높여 주었기 때문이다.

인화점은 외부의 직접적인 불꽃에 의해 불이 붙는 최저 온도로 발화점보다 낮다.

물질	발화점(℃)	물질	발화점(℃)
수소	580~600	석탄	330~450
메테인	650~750	숯	360
흰 인	60	에탄올	363

[여러 물질의 발화점]

물질	인화점(℃)	물질	인화점(℃)
아세톤	−18	메탄올	11
휘발유	−20 ~ −43	에탄올	13
이황화탄소	−30	글리세린	160

[여러 물질의 인화점]

완전 연소와 불완전 연소

완전 연소의 경우 탈 물질 속의 탄소가 완전히 연소되어 물과 이산화 탄소가 발생한다. 불완전 연소의 경우 산소의 공급이 충분하지 못하여 물질이 완전히 연소하지 못하고 이산화 탄소, 물과 함께 일산화 탄소나 그을음이 발생하게 된다.

> **완전 연소**
>
> 화석 연료 + 충분한 산소 ⟶ 물 + 이산화 탄소

> **불완전 연소**
>
> 화석 연료 + 불충분한 산소 ⟶
> 일산화 탄소 + 이산화 탄소 + 물, 그을음

일산화 탄소는 냄새와 색깔이 없는 유독한 기체로 혈액의 헤모글로빈과 결합하여 산소 공급을 방해하는 위험한 기체이다. 일산화 탄소를 많이 마시게 되면 머리가 무겁고 메스껍거나 어지러운 증상이 생기며, 심하면 호흡 곤란과 함께 생명을 잃을 수도 있다.

자동차의 연료 중 LNG나 LPG 등은 탄소에 비해 수소의 수가 많기 때문에 연소할 때 필요한 산소의 수가 적다. 따라서 완전 연소하기가 쉽다. 그러나 휘발유(C_8H_{18}), 경유(C_{16}~C_{18}) 등은 수소에 비해 탄소의 수가 많아 연소할 때 필요한 산소의 수가 많아져 불완전 연소를 한다. 그리하여 그을음이나 일산화 탄소를 배출하기가 쉽다.

연소와 공기의 흐름

초에 불을 붙이고 위와 아래에 구멍을 뚫은 아크릴 통을 덮어 관찰하면 아래쪽 구멍에서는 새로운 공기가 들어오고 위쪽 구멍에서는 연소 후 생긴 물질이 빠져나가는 것을 볼 수 있다. 즉, 물질이 연소하려면 산소가 계속 공급되어야 하고 연기가 잘 빠져나갈 수 있어야 한다.

이를 이용한 생활용품으로는 숯불구이 판의 공기 조절 밸브, 난로, 초롱, 남포등, 온돌 등이 있다. 숯불구이 화로와 난로의 밸브는 공기의 양을 조절하여 불꽃의 크기를 조절할 수 있다. 남포등, 초롱, 벽난로는 위쪽과 아래쪽이 뚫려 있어서 공기가 아래쪽으로 들어와 위쪽으로 빠져나갈 수 있다. 즉, 아래쪽으로는 공기 중의 산소가 공급되고, 탄 물질은 위쪽으로 이동하여 나아간다.

온돌은 방 아래쪽에 위치한 아궁이에 나무를 넣고 불을 붙이면 산소가 공급되어 연소하게 된다. 따뜻해진 공기는 방바닥 아래를 지나면서 방을 따뜻하게 하고 굴뚝을 통하여 위쪽으로 빠져나가게 된다. 이러한 공기의 공급과 흐름이 반복되면서 방이 따뜻하게 유지될 수 있다.

🔺 온돌

종이로 라면 끓이기

종이 냄비로 라면을 끓일 수 있을까? 종이 냄비 안의 물은 열을 흡수하여 물의 끓는점인 100℃에 도달하고 수증기로 변하게 된다. 종이 냄비 안의 물이 다 증발될 때까지 물이 열을 흡수하기 때문에 종이는 발화점에 도달하지 못하여 종이 냄비가 타지 않는 상태에서 라면을 끓일 수 있다.

연소 생성물 Products of Combustion

연소 후에는 연소 전의 물질과는 다른 새로운 물질이 생성되는데 이를 연소 생성물이라고 한다.

연소 생성물

연소 생성물이란 연소에 의해 생성되는 물질로, 연료가 가진 성분 원소에 따라 차이가 있다.

일반적으로 석유, 석탄과 같은 화석 연료나 종이, 나무 등의 물질은 탄소(C)와 수소(H) 원자가 있다. 연소할 때 탄소(C)는 산소(O_2)와 결합하여 이산화 탄소(CO_2)가 되고, 수소(H)는 산소(O_2)와 결합하여 물(H_2O)이 생성된다. 황(S)이나 인(P)이 포함된 성냥과 같은 것은 연소할 때 산소(O_2)와 결합하여 오산화 인(P_4O_{10})이나 이산화 황(SO_2)이 생성된다. 철이나 마그네슘 등과 같은 금속의 경우에는 연소할 때 산소와 결합하여 산화 철이나 산화 마그네슘 등과 같은 금속 산화물이 생성된다.

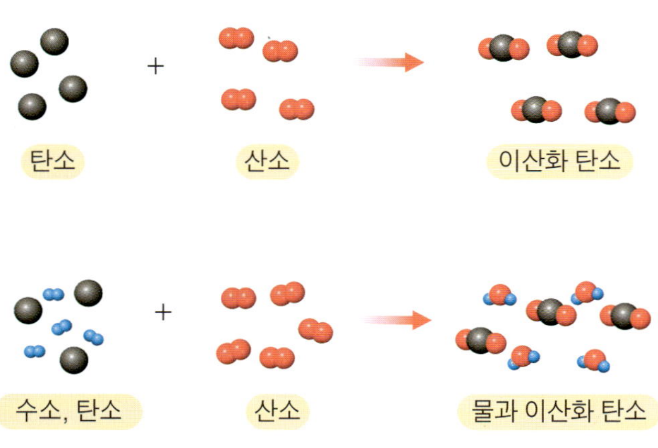

일반적으로 천연가스, 프로판가스 등은 수소에 비해 탄소의 수가 적어 완전 연소하게 되지만, 수소에 비해 탄소의 수가 많은 물질은 불완전 연소를 하는 경우가 많다.

물질이 연소할 때에 생기는 물질 중 물은 물질을 이루는 수소가 완전히 타서 생긴 것이고, 이산화 탄소는 물질을 이루는 탄소가 완전히 타서 생긴 것이다.

초의 불꽃에 숟가락이나 유리판을 가까이 하면 그을음이 생기는 것을 볼 수 있다. 초의 성분인 파라핀은 필요한 산소의 수가 많아 불완전 연소하여 그을음이나 일산화 탄소를 배출하기 쉽다. 그을음은 대부분 탄소로 이루어져 있다. 물질이 연소할 때 산소가 충분하지 못하면 그을음이 생기거나 불꽃의 색깔이 달라지기도 한다.

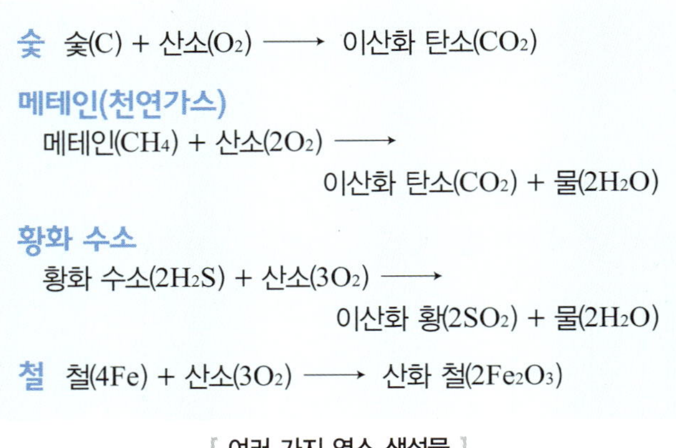

[여러 가지 연소 생성물]

연소 생성물과 유해성

완전 연소가 일어날 때 생성물의 종류는 적지만 불완전 연소의 경우는 다양한 생성물이 발생한다.

이산화 탄소 자체는 독성이 거의 없으나 많을 경우 사람의 호흡을 힘들게 하고 유해 가스의 흡입을 증가시켜 위험하다. 일산화 탄소는 산소의 운반 기능을 약하게 하여 사람을 질식시킬 수 있다.

황을 포함하고 있는 물질이 불완전 연소할 때 발생하는 황화 수소는 후각을 마비시키고 오래 노출되면 현기증과 호흡기에 통증을 발생시킨다.

유황이 함유된 고무 등이 연소할 경우 발생하는 이산화 황은 유독성 기체로서 눈과 호흡기 등의 점막을 상하게 하고 질식사의 위험이 있다.

연소 생성물의 확인 - 물

푸른색 염화 코발트 종이를 이용하여 연소 후에 물이 생기는 것을 확인할 수 있다. 푸른색 염화 코발트 종이는 염화 코발트 용액을 종이에 흡수시켜 말려 놓은 것이다. 푸른색 염화 코발트 종이는 원래 푸른색이지만 물이 묻으면 코발트 이온이 물과 결합하여 붉은색으로 변한다. 이 성질을 이용하여 물을 확인하는 데 쓰인다.

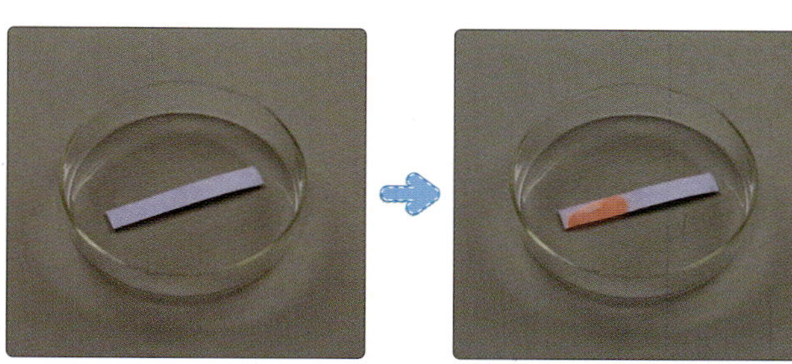

▲ 푸른색 염화 코발트 종이에 물이 닿지 않았을 때

▲ 푸른색 염화 코발트 종이에 물이 닿았을 때

아크릴 통 속의 벽면에 푸른색 염화 코발트 종이를 붙이고 촛불을 덮은 다음에 변화를 관찰하면 아크릴 통 안쪽 벽면에 김이 서리면서 푸른색 염화 코발트 종이가 붉게 변하는 것을 볼 수 있다.

이 실험을 통해 초가 연소할 때에 물이 생긴다는 사실을 알 수 있다.

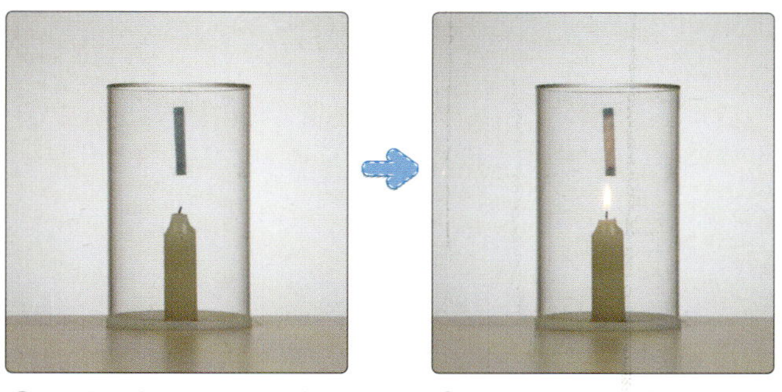

▲ 초에 불을 붙이지 않았을 때

▲ 초에 불을 붙였을 때

푸른색 염화 코발트 종이 이외에 무수 황산구리를 이용하여 물을 확인할 수 있다. 본래 황산구리는 푸른색을 띠는 물질로 이 물질에서 물 분자가 빠져나가면 무수 황산구리가 된다. 즉, 황산구리는 가열하면 흰색의 무수 황산구리가 된다. 무수 황산구리는 물과 결합하기 전에는 흰색의 가루 물질이기 때문에 물과 결합하면 푸른색을 띠게 된다.

연소 생성물의 확인 - 이산화 탄소

석회수를 이용하여 연소 후에 이산화 탄소가 생기는 것을 확인할 수 있다. 석회수는 수산화 칼슘($Ca(OH)_2$)을 물에 녹인 것으로 이산화 탄소(CO_2)와 만나면 탄산칼슘($CaCO_3$)과 물(H_2O)이 생성된다. 탄산칼슘은 물에 녹지 않는 흰색의 앙금으로 물을 뿌옇게 흐려지게 만든다.

집기병에 석회수를 약간 담고 연소 숟가락에 초를 세우고 불을 붙여 집기병 속에 넣는다. 유리판으로 집기병의 입구를 막은 후 관찰하면 잠시 후 촛불이 꺼진다. 연소 숟가락을 빼고 집기병의 입구를 막은 채로 흔들면 집기병 안의 석회수가 뿌옇게 흐려지는 것을 볼 수 있다. 석회수는 이산화 탄소와 만나면 뿌옇게 흐려지는 성질이 있기 때문에 초가 연소할 때 이산화 탄소가 생겼다는 것을 알 수 있다.

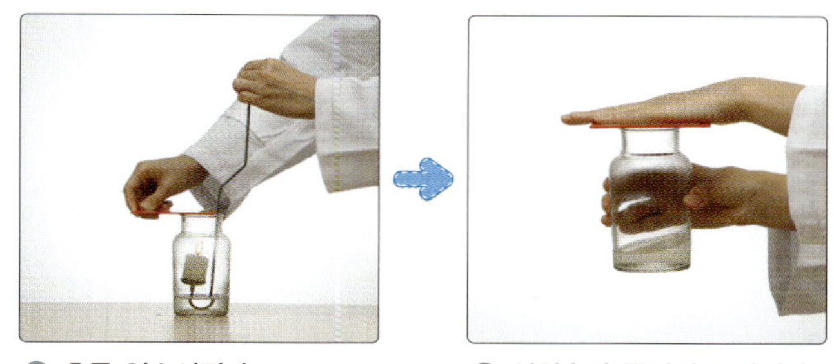

▲ 초를 연소시킨다.

▲ 석회수가 뿌옇게 흐려진다.

하지만 모든 물질의 연소에서 물과 이산화 탄소를 확인할 수 있는 것은 아니다. 금속은 탄소와 수소를 가지고 있지 않기 때문에 물과 이산화 탄소를 생성하지 않고, 산소와 결합하여 새로운 금속 산화물을 생성한다. 철이 연소된 후 산화 철이 되는데, 기존의 철은 자석에 붙지만 산화 철은 자석에 붙지 않고 연소되기 전의 철보다 무게가 무겁다.

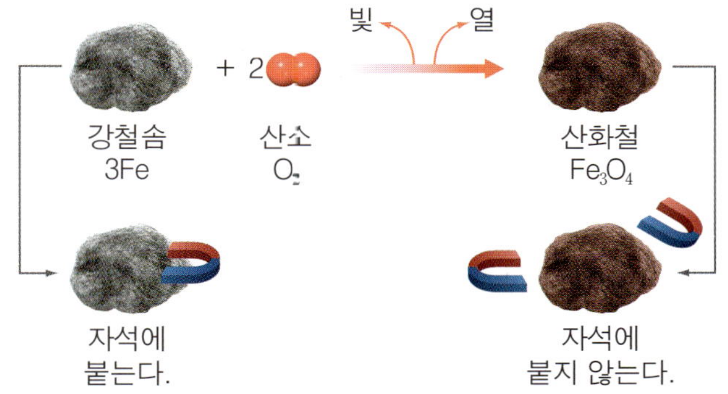

소화 Fire Extinguishing

연소의 조건 중에서 한 가지 이상의 조건을 없애 주어 불을 끄는 것을 소화라고 한다.

소화의 조건

물질이 연소하려면 탈 물질, 산소, 발화점 이상의 온도가 필요하다. 소화는 반대로 연소의 세 가지 조건 중 한 가지 이상의 조건을 없애 불을 끄는 것을 말한다. 즉, 탈 물질을 없애거나 산소를 차단하거나 온도를 발화점 미만으로 낮추면 소화가 일어난다.

탈 물질 없애기

탈 물질을 없애는 방법으로는 가스레인지의 연료 조절 밸브를 잠그기, 입으로 불어 촛불 끄기, 초의 심지를 가위로 자르기, 산불이 났을 때 맞불 놓기 등이 있다. 가스레인지의 연료 조절 밸브를 잠그는 것은 가스관을 통해 공급되던 연료를 끊어 탈 물질을 없애는 것이다. 산불이 났을 때 맞불을 놓는 것은 불이 타고 있는 방향의 맞은편에 불을 놓아 산에 더 이상 탈 것이 없도록 하여 불을 끄기 위해서이다. 하지만 자칫하면 더 큰 불이 날 수 있으므로 바람의 방향 등 상황을 봐서 조심스럽게 해야 한다.

▲ 가스레인지 연료 조절 밸브를 잠가 가스 공급 차단

▲ 초의 심지를 핀셋으로 잡아 탈 물질이 이동하지 못하게 하기

산소(공기)의 공급 막기

산소(공기)의 공급을 막는 방법의 예로는 알코올램프의 뚜껑 덮기, 타고 있는 물질을 담요나 카펫으로 덮기, 흙이나 모래 뿌리기, 소화기로 이산화 탄소 뿌리기 등이 있다.

이러한 방법들은 물질이 연소하고 있을 때 불에 잘 타지 않는 물질로 덮어 공기 중의 산소를 차단하는 것이다. 나일론과 같이 불에 잘 타는 물질로 덮으면 불이 더 번질 수 있다.

발화점 온도 낮추기

온도를 발화점 아래로 낮추는 방법의 예로는 물 뿌리기, 물걸레로 덮기 등이 있다.

물을 뿌리거나 물걸레로 덮으면 온도를 발화점 미만으로 낮출 수 있다. 단, 기름 화재나 전기 누전 화재에서는 물을 뿌리면 안 된다. 기름이 물에 떠서 불이 더 번질 수 있고, 물은 전기가 잘 통하는 도체이므로 감전될 위험이 있기 때문이다.

▲ 뚜껑을 덮어 산소 공급 막기

▲ 물을 뿌려 발화점 아래로 온도 낮추기

구리 선으로 촛불 끄기

나선형으로 감은 구리 선을 촛불 위로 재빨리 가져가면 구리 선이 불꽃으로부터 열을 빼앗아 불꽃 주위의 온도가 갑자기 떨어진다. 따라서 발화점 아래로 온도를 낮추어 촛불을 끌 수 있다.

하지만 구리 선을 촛불 위로 천천히 가져가면 구리 선이 가열되어 불이 꺼지지 않는다.

소화기의 종류와 원리

우리 주변에서 쉽게 볼 수 있는 소화기는 분말 소화기, 이산화 탄소 소화기, 할론 소화기 등이 있다. 소화기 안의 분말 또는 가스는 불에 닿아 열을 받으면 수증기와 이산화 탄소가 발생한다. 화재가 발생한 곳의 열을 빼앗고 산소를 차단하여 불을 끄게 된다.

분말 소화기

가장 많이 사용되는 소화기로 일반 화재, 기름이나 전기로 인한 화재에 적합하다. 분말 소화기는 기체의 고압 가스를 이용하여 제일인산암모늄이나 탄산수소 나트륨 분말을 뿌리는 것이다. 이 분말을 화재가 난 곳에 뿌리면 불에 닿아 분해되면서 이산화 탄소를 발생시켜 공기를 차단한다. 가격이 싸고 사용이 간편하다는 장점은 있지만 한번 사용 후 재사용이 어렵다. 또한 사용 후 가루가 오래 남아 청소하는 데 번거로움이 있다.

▲ 분말 소화기

이산화 탄소 소화기

이산화 탄소를 높은 압력으로 압축해서 액체로 만들어 넣어 둔 것으로, 화재가 난 곳을 이산화 탄소로 덮어 산소를 차단한다. 냉각 효과도 커서 물을 뿌리면 안 되는 화재에 좋다.
사용 후 잔여물이 남지 않고 사용 후 재충전할 수 있다는 장점이 있으나, 사람에게 분사하면 동상을 입을 수 있다는 단점이 있다.

▲ 이산화 탄소 소화기

할론 소화기

할론 가스가 들어 있는 소화기이다. 일반 화재와 기름, 가스, 전기 등으로 인한 화재 등에 다양하게 사용된다. 사용 후에는 흔적이 없고, 뿌릴 때 물체에 손상이 없다는 장점이 있다. 그러나 가격이 비싸고 창문이 없거나 밀폐된 공간에서는 사용할 수 없다. 또한 할론이 오존층을 파괴한다는 단점이 있다.

▲ 할론 소화기

소화기 관리법

소화기는 관리를 하지 않으면 위급할 때 사용할 수 없을 수도 있다. 통행에는 지장이 없도록 눈에 잘 띄는 곳에 보관하며, 습기가 많으면 부식될 수 있으므로 직사광선이 비치지 않는 서늘한 곳에 보관해야 한다. 흔히 사용하는 분말 소화기는 안에 분말이 들어 있는데, 약 1개월에 한 번씩 안에 있는 약제가 굳지 않도록 잘 흔들어 주어야 한다. 그리고 압력계 바늘이 녹색 범위를 가리키는지 점검해야 한다. 만약 다른 부분을 가리킨다면 압축 가스가 부족한 것이므로 관련 업체를 통해 질소 가스를 충전하거나 새 소화기를 구입해야 한다.

🚀 더 나아가기

여러 가지 소방 시설

옥내 소화전은 건축물 화재 발생 시 신속한 진화가 가능하도록 건축물 내에 설비하는 고정식 물 소화 설비로 비교적 큰 불도 소화가 가능하다.
그 밖에 화재 시 자동으로 물이 나오는 스프링클러, 초기 화재 진압에 사용되는 소화기, 화재 발생 시 호스를 꽂으면 물이 나오는 옥외 소화전도 있다.

▲ 옥외 소화전

소화기의 사용법

소화기를 이용하여 불을 끌 때, 먼저 소화기를 화재가 발생한 장소로 운반한다. 그리고
소화기의 안전핀을 뽑는다. 이때 손잡이를 꽉 쥐고 있으면 안전핀이 뽑히지 않으므로 한
손으로는 소화기의 몸통을 잡고 다른 한 손으로 안전핀을 잡아당긴다. 바람이 불고 있다
면 바람을 등지고 소화기를 사용해야 한다. 만약에 불어 오는 바람을 마주 보며 소화 약
제를 뿌리면 약제가 자신에게 날아오게 된다. 바람을 등지고 소화기의 호스를 불이 난
곳을 향해 잡고 빗자루로 쓸 듯이 골고루 뿌린다.
옥내 소화전은 소화전의 문을 열고 호스를 꺼내어 불이 난 곳으로 끌고간 다음에 소화전
에 설치된 밸브를 시계 반대 방향으로 틀면 물이 나온다.

△ 손잡이 부분의 안전핀을 뽑
는다.

△ 바람을 등지고 서서 호스를
불쪽으로 향하게 한다.

△ 손잡이를 힘껏 움켜쥔다.

△ 소화 약제를 불을 향해 뿌
린다.

화재의 종류에 따른 소화법

화재의 종류는 A, B, C, D급 화재로 나눈다.
A급 화재는 연소 후 재를 남기는 화재로 목재, 의류 등
일반 화재가 여기에 속한다. 주로 물이나 소화기를 이용
하여 온도를 낮추거나 산소를 차단하여 불을 끈다.
B급 화재는 등유, 경유 등 기름으로 인한 유류 화재로 연
소 후 재를 남기지 않는다. 기름에 의한 화재, 즉 유류 화
재는 물을 끼얹으면 물과 섞일 수 없는 기름이 위로 튀어
오르게 되고, 불이 붙은 기름이 사방으로 튀어 더 큰 화
재로 이어진다. 그러므로 물을 이용하지 않고 소화기를
이용하거나 두꺼운 담요, 모래 등으로 한번에 완전히 덮
어 산소를 차단하는 방법으로 불을 끄는 것이 좋다.
C급 화재는 전기와 관련된 설비에서 전기로 인한 화재
를 말한다. 일반 가정에서는 과열, 합선 등으로 콘센트
나 배선에 불이 붙는데, 물을 뿌리면 감전될 수 있으므
로 절대 물을 뿌려서는 안 된다. 가장 먼저 차단기를 내
리고 이산화 탄소, 할론, 분말 등의 소화 약제를 이용하

여 산소를 차단하거나 온도를 발화점 미만으로 낮추는
방법으로 소화해야 한다.
주변에서 흔히 보는 소화기에 A, B, C라고 쓰여 있는데,
이것은 일반 화재, 유류 화재, 전기 화재에 모두 사용할
수 있다는 뜻이다.

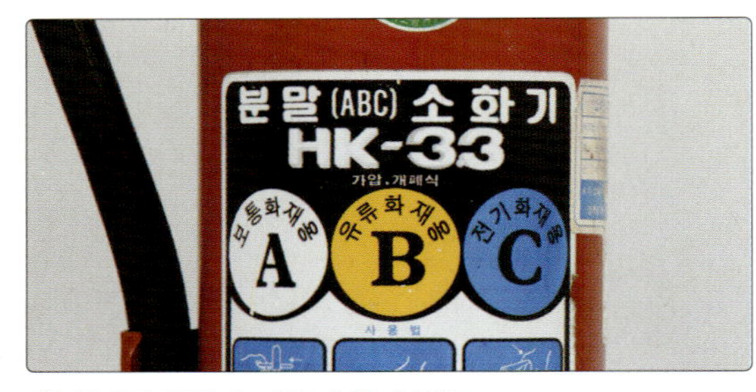

△ 화재의 종류에 따른 소화기 적용

D급 화재는 마그네슘, 리튬 등의 금속에서 발생하는 화
재이다. 주로 금속이 가루 상태일 때 발생한다. 화재 발
생 시 높은 온도가 발생하고 소화 작업이 어려우며 오랜
시간이 걸린다. 물기가 없는 모래나 흙을 덮어 소화해야
한다.

화재 발생 시 대처 방법

화재가 발생한 경우 먼저 가족과 이웃에게 화재 사실을 알려야 한다. 그리고 즉시 119에 화재를 신고하고, 불이 난 건물의 위치, 동이나 호수, 화재 상태, 갇힌 사람의 유무 등의 내용을 함께 알려 주는 것이 좋다.

화재는 맨 처음에 하는 대처가 대우 중요하므로 화재 초기에는 소화기나 옥내 소화전을 이용해 초기 진화에 힘써야 한다. 만약 화재를 늦게 발견했거나 초기 화재 진압 시기를 놓쳤을 때는 바로 대피한다.

대피할 때는 수건, 양말 등에 물을 묻혀 코와 입을 막고, 위에 있는 유독 가스를 피해 몸을 낮추어 최대한 연기를 흡입하지 않도록 해야 한다. 화재와 동시에 전원이 차단되어 엘리베이터가 멈출 수 있으므로 엘리베이터를 이용하지 않고 복도와 계단을 이용해야 한다. 아파트 화재에서 밖으로 나가기 어려울 때는 발코니에 설치된 경량 칸막이를 부수고 옆집으로 대피하는 방법도 있다. 경량 칸막이는 발코니 한쪽 벽면을 두드렸을 때 가벼운 소리가 나는 쪽이다. 얇은 석고 보드 등으로 만들어져 발로 세게 차면 부술 수 있다. 대피가 어렵다면 발코니나 옥상으로 대피하여 구조를 기다리는 것이 좋다.

불에 타지 않는 최첨단 소재

화재가 발생하면 많은 인명 피해가 날 수 있다. 이러한 피해를 줄이기 위해 연소의 진행 속도를 늦출 수 있도록 불에 잘 타지 않는 재료를 사용한 방염 제품을 개발하고 사용해야 한다.

불이 잘 붙지 않거나 불에 타지 않는 성질을 '난연성', '불연성'이라고 한다. 난연성은 연소하기 어려운 재료의 성질이고, 불연성은 콘크리트, 기와 등과 같이 타지 않는 성질을 말한다. 난연성, 불연성을 가진 소재는 화재가 진행되는 것을 늦추거나 멈추게 하기 때문에 건축, 인테리어 재료와 소방복 등에 사용되고 있다.

예로 화재가 발생했을 때, 일반 커튼은 불이 쉽게 옮겨 붙어 화재가 커진다. 또한 연기나 가스가 발생하여 질식의 위험이 있다. 그러나 불연성 커튼은 불에 잘 타지 않으므로 화재가 커지지 않고 연기나 가스를 배출하지 않는다.

합성 섬유, 목재 등과 같이 화재의 위험이 높은 물질에 화재가 발생하였을 때 피해를 줄이기 위해서 불에 잘 타지 않도록 약품을 처리한 것을 방염이라고 한다. 여러 사람이 이용하는 학교의 벽과 바닥재, 지하철의 의자, 손잡이, 바닥재 등에는 불에 잘 타지 않는 재료나 약품을 처리한 방염 제품을 사용하여 화재가 발생하였을 때 불이 번지는 속도를 늦출 수 있다.

🔵 불에 잘 타지 않는 제품을 사용한 지하철

물 Water

산소와 수소가 결합한 것으로, 생물의 생명 유지에 절대적으로 필요한 물질이다.

물의 역사 – 물에 대한 고대인의 관점

탈레스(Thales: B.C. 624년경~546년경)는 그리스의 철학자로 만물의 근원이 물이라고 하였다. 세상의 모든 것은 물로 이루어져 있다는 뜻인데, 물은 모양과 상태가 쉽게 변하고 생명 유지에 꼭 필요한 물질이기 때문에 이러한 생각을 했을 것으로 추측하고 있다. 비록 그의 사상이 옳지는 않았지만 그의 생각은 만물에 대한 고민과 연구, 물에 대한 이해의 시작점이 되었다.

엠페도클레스(Empedocles: B.C. 493년경~430년경)는 고대 그리스의 철학자로 스스로를 신이라고 칭하였는데 이를 증명하기 위해서 에트나 화산 꼭대기의 분화구에 스스로 뛰어내렸다고 전해진다. 한편 엠페도클레스는 물질이 불, 공기, 물, 흙으로 이루어져 있다고 주장하였다. 탈레스가 모든 물질이 물로 이루어져 있다고 주장한 것을 발전시켜 4원소설을 주장한 것이다. 이러한 그의 주장은 후에 아리스토텔레스로 이어져 2천 년 동안 동·서양의 물질론에 영향을 주었다.

과학자

물의 성분을 알아낸 과학자

게이뤼삭(Gay-Lussac, Joseph Louis: 1778~1850)은 물을 전기 분해하면 산소와 수소가 발생한다는 것을 밝혀냈다. 특히 라부아지에가 단순히 산소와 수소의 결합이라고 증명한 것에서 더 나아가 수소와 산소의 부피 비가 2:1이라는 것을 밝혀냄으로써 물의 구조를 보다 정확하게 설명하였다. 이를 통해 기체 사이의 반응은 일정한 부피의 비로 이루어진다는 기체 반응의 법칙을 완성하였다.

지구의 물과 물 부족 실태

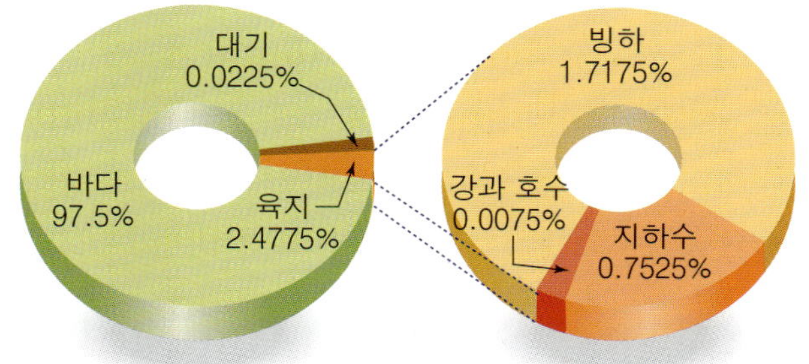

지구 상에는 물이 약 13억 6,000만 km³만큼 존재한다. 이 중에서 97.5%에 달하는 양이 바닷물이고 육지에 있는 짜지 않은 물은 약 2.5%에 불과하다. 또 짜지 않은 물 중에서 지하수는 전체의 약 0.8%, 강과 호수는 약 0.008%에 불과하다.

🔼 지구에 있는 물의 양

🔼 각국의 담수 자원량

각국의 1인당 연 강수량을 기준으로 20,000 m³ 이상은 아주 풍부, 10,000 m³ 이상은 비교적 풍부, 5,000 m³ 이상은 풍부 2,500 m³ 이상은 걱정, 2,500 m³ 이하는 비교적 부족, 1,500 m³ 이하는 심각한 부족으로 구분하고 있다. (2013년)

물의 구성 성분과 구조

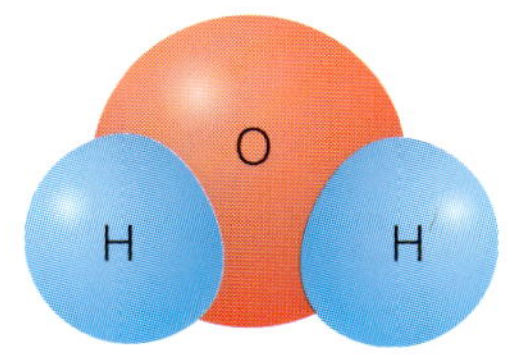

물은 화학식으로 표시하면 H_2O로, 물 분자 1개는 산소 원자 1개, 수소 원자 2개가 결합한 형태이다. 이때, 수소 원자 2개는 104.5도의 각을 이루며 결합하고 있다. 물 분자 자체는 중성을 띠지만, 2개의 수소 원자는 위의 그림과 같이 굽어 있다. 수소 원자 쪽은 양전하를 띠고, 산소 원자 쪽은 음전하를 띠고 있다.

물이 얼음이 되면 물 분자들은 규칙적인 배열을 하여 빈 공간이 늘어난다.

실생활

물의 극성 확인

물의 극성을 확인하기 위해서는 물에 극성 물질을 가져가 보면 된다.

(+)극이나 (−)극으로 대전된 대전체(전기를 띠는 물체)를 물줄기에 가져가 보면 물줄기가 휘어지게 된다. 이는 물이 극성을 띠어 대전체와 다른 극을 띠는 물 분자의 일부분이 끌려오기 때문이다.

실생활에서 쉽게 사용할 수 있는 대전체로는 머리나 털옷 등에 문지른 빗이나 풍선 등이 있다.

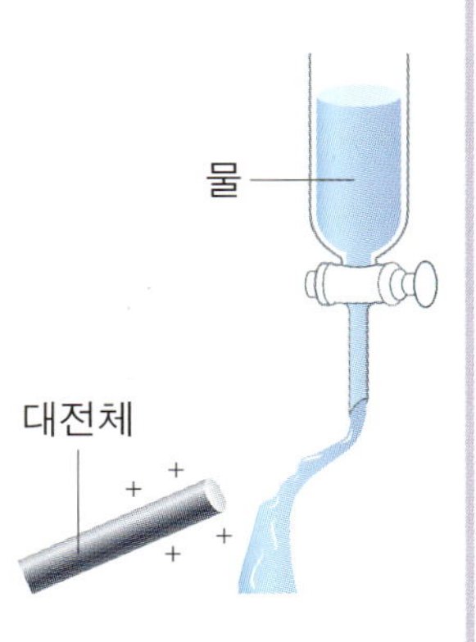

물의 세 가지 상태

물은 고체, 액체, 기체일 때, 각각 얼음, 물, 수증기로 존재하며 다양한 성질을 갖고 있다.

물의 순환

물은 얼음, 물, 수증기 세 가지 상태를 끊임없이 반복하며 지구를 순환한다.

하늘의 구름이 비나 눈이 되어 내리면 강물이나 지하수를 통해 바다로 흘러가기도 하고, 식물의 양분이 되기도 한다. 바다나 강의 물은 증발과 응결을 반복하고, 식물의 양분이 된 물은 다시 식물의 증산 작용으로 공기 중으로 빠져나간다. 동물이 흡수한 물도 배출과 배설 등을 통해 다시 증발하고 구름이 되어 비나 눈으로 떨어진다. 이처럼 물은 한곳에 머무르지 않고 끊임없이 이동하며 순환한다.

△ 물의 순환

탄소의 순환

기권에서 기체 상태의 이산화 탄소에 포함된 탄소는 광합성을 통해 식물체에 흡수되어 식물을 생장시키는 데 이용된다. 식물에 포함된 탄소는 초식 동물로 옮겨지고 계속되는 먹이 사슬을 통해 다른 많은 동물로 이동된다. 동식물이 죽으면 그들의 몸이 분해되어 탄소는 다시 지권으로 돌아가 오랜 세월이 지나면 석탄이나 석유, 천연가스와 같은 화석 연료로 변하기도 한다. 식물이나 동물은 호흡을 통해 기권으로 이산화 탄소를 배출하고, 기권의 이산화 탄소는 바다와 육지의 강이나 호수의 물에 다시 녹아 들어간다.

△ 탄소의 순환

물과 얼음의 밀도와 부피

물은 일반 액체와 다른 특징을 가진다. 대부분의 액체는 고체가 되면 부피가 줄어들지만, 물은 고체인 얼음이 되면 부피가 늘어나고 밀도는 낮아진다.

아래의 그래프를 보면 온도에 따른 물의 부피 변화와 밀도 변화를 확인할 수 있다. 물의 부피는 4℃에서 최소이고, 얼음이 되는 순간 부피가 늘어나게 된다. 이러한 특이성은 물의 온도에 따른 밀도 변화 그래프에서도 확인할 수 있는데, 물의 온도가 4℃일 때 밀도가 최대이지만 얼음이 되는 순간 밀도는 낮아진다. 물은 온도가 0℃보다 낮아지면 수소 결합에 의해 분자들이 규칙적인 배열을 하기 때문에 빈 공간이 늘어난다. 따라서 같은 질량의 얼음의 밀도는 물보다 낮아지기 때문에 얼음은 물 위에 뜨고, 얼음이 얼면 부피가 늘어난다.

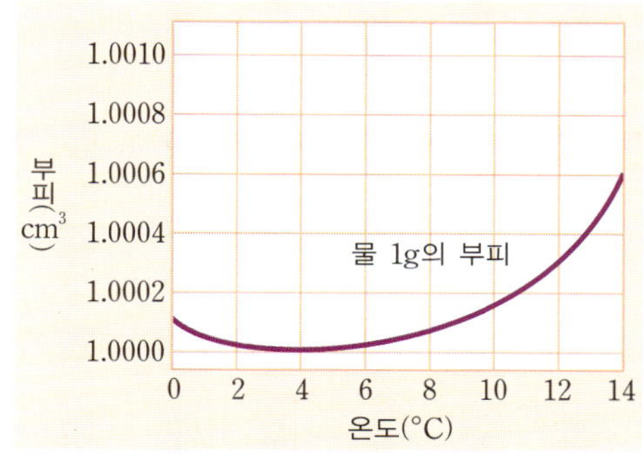

🔺 물의 온도 변화에 따른 부피 변화

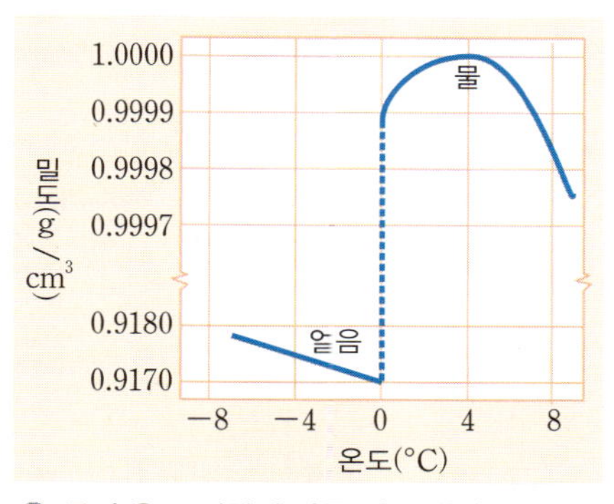

🔺 물의 온도 변화에 따른 밀도 변화

물과 얼음의 수소 결합

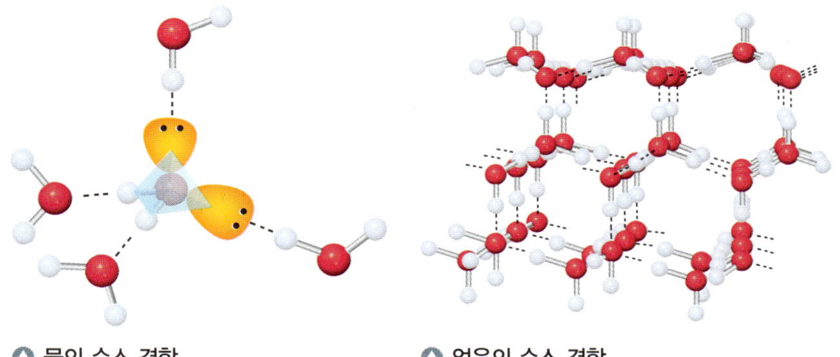

🔺 물의 수소 결합   🔺 얼음의 수소 결합

수소 결합은 전기 음성도가 큰 원자(질소, 산소, 플루오린)와 수소가 결합한 화합물들 사이에 작용하는 인력이다.

물이 얼음이 될 때, 부피가 늘어나는 까닭은 얼음의 수소 결합 때문이다. 물은 얼음이 되면 물 분자가 육각형의 구조로 결합한다. 따라서 오히려 액체일 때보다 빈 공간이 많이 생겨 부피가 늘어난다. 반대로 얼음이 녹아서 물이 되면 수소 결합이 부분적으로 끊어져서 얼음의 빈 공간이 줄어들기 때문에 부피가 줄어든다.

🐟 IF

얼음이 육각형 구조로 결합하지 않는다면

얼음의 육각형 구조로 인해 부피가 늘어나면서 발생하는 현상은 다양하다. 만약 얼음의 부피가 물보다 작다면 어떤 일이 생길까? 우선, 겨울철 배수관이 얼어서 터지지 않고, 물이 얼어서 일어나는 암석의 풍화 작용이 일어나지 않는다. 이것은 물이 얼어도 부피가 늘어나지 않기 때문이다. 그러나 물이 얼어 부피가 늘어나지 않으면 강이나 호수의 얼음이 가라앉아 물속에 생물이 살 수 없을 것이다. 겨울철 물속의 생명체가 모두 사라진다면 강가에는 어떠한 생물도 존재하지 못할 것이다. 얼음이 육각형 구조인 덕분에 수많은 생명이 살아남을 수 있는 것이다.

물의 비열

비열은 단위 질량에 대한 열용량으로 물질 1kg의 온도를 1℃ 올리는 데 필요한 열량을 말한다. 질량 m(kg)인 물체의 온도를 t(℃) 올리는 데 필요한 열량이 Q(kcal)라고 할 때의 비열(C)을 식으로 나타내면 다음과 같다.

$$\text{비열(C)} = \frac{\text{열량(Q)}}{\text{질량(m)} \times \text{온도 변화(t)}} \quad \text{(단위 : kcal / kg℃)}$$

물 1kg의 온도를 1℃ 올리는 데 필요한 열량을 1kcal라고 했으므로 물의 비열은 1kcal/kg℃이다.

물의 비열은 다른 물질에 비해 매우 크다. 이는 물 분자들이 서로 수소 결합으로 이루어져 있기 때문이다. 물 분자 사이의 수소 결합이 매우 강하여 수소 결합을 끊어 기체 상태로 변화시키려면 많은 에너지가 필요하기 때문에 물의 끓는점은 다른 물질에 비하여 높다. 비열은 물질마다 다르다. 질량이 같은 물체에 같은 열량을 가할 때, 비열이 작으면 온도 변화가 크고 비열이 크면 온도 변화가 작다. 일반적으로 액체의 비열은 크고 금속의 비열은 작다.

물질	온도(℃)	비열(kcal/(kg℃)	물질	온도(℃)	비열(kcal/(kg℃)
물	0	1.009	알루미늄	20	0.211
물	20	1.000	철	20	0.107
바닷물	20	0.940	구리	20	0.092
에탄올	0	0.547	은	20	0.056
얼음	0	0.487	수은	20	0.033
석유	20	0.470	금	20	0.031

[여러 가지 물질의 비열]

물의 열용량

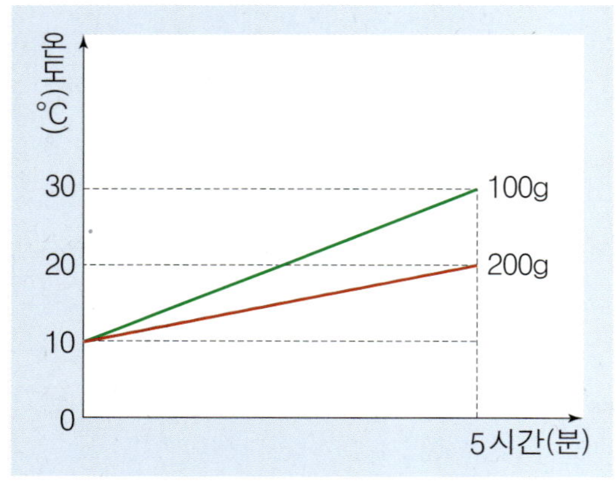

열용량이란 물질의 온도를 1℃만큼 높이는 데 필요한 열량을 말한다. 따라서 열용량은 질량이 클수록 커지고 물질의 비열이 클수록 커진다.

왼쪽 그래프를 보면 같은 물질 100g과 200g의 시간에 따른 온도 변화를 관찰할 수 있다. 100g인 물질은 5분 동안 20℃가 상승하였지만 200g인 물질은 5분 동안 10℃밖에 상승하지 않았다. 5분 동안 같은 열량을 공급 받았지만 100g인 물질이 200g인 물질보다 온도 변화가 2배 증가했다. 이것은 비열이 같아도 물질의 양에 따라서 열용량이 달라질 수 있음을 의미한다.

지구의 온도

지구의 평균 온도는 산업화(1980년대) 이후 약 0.8℃ 정도 상승하였다. 이에 세계의 여러 나라들은 2010년 12월 멕시코 칸쿤 기후 회의에서 기후의 상승을 2℃ 이내로 제한할 수 있도록 노력하고자 약속하였다. 물의 온도가 2℃ 정도 올라가는 것이 매우 간단하고 쉬운 일인 것처럼 보이는데 지구의 온도가 2℃ 올라가는 것에 사람들은 왜 이토록 민감한 것일까?

물 1kg의 온도를 1℃ 올리는 데에는 1kcal만큼의 에너지가 필요하다. 하지만 물의 양이 많아지면 열용량도 커지게 된다. 지구의 온도 상승을 단순히 바닷물의 온도 상승으로 따진다고 해도 바닷물의 온도가 1℃ 상승하는 데에는 1,296.67kcal만큼의 에너지가 필요하다. 즉, 같은 1℃이지만 지구의 온도가 1℃ 상승한다는 것은 그만큼 많은 에너지가 지구에 축적된다는 것이고, 이는 각종 자연 재해, 식량 부족 등 생태계의 구성에 영향을 줄 수 있다.

물의 증발열

물도 여러 가지 액체와 같이 기체가 된다. 기체가 되는 과정에서 열을 흡수하게 되는데, 이때 흡수하는 열을 증발열 또는 기화열이라고 한다. 물은 특히 분자 사이의 결합이 강하기 때문에 기화열이 큰 편이다. 즉, 물이 기체가 되기 위해서는 많은 열을 흡수해야 한다는 뜻이다. 물이 기화하면서 열을 흡수하기 때문에 기화가 일어난 주변의 온도는 낮아지게 된다. 액체 표면에서 분자들이 기화되는 현상을 증발이라고 한다.

우리 생활에서 뜨거운 마당에 물을 뿌리거나 분수가 나오는 주변이 시원하고, 땀이 마르면 몸이 추워지는 현상 등은 모두 물의 증발열과 관계있다고 볼 수 있다.

냉장고의 원리

냉장고는 음식을 시원하게 보관하기 위한 기계이다. 그렇다면 냉장고는 어떤 원리로 차가운 온도를 유지할 수 있을까?

냉장고는 크게 압축기, 응축기, 모세관, 증발기의 구조로 나뉜다. 압축기에서는 냉매를 고온, 고압의 기체로 압축하고 이 기체가 응축기로 가면서 액체가 된다.

냉장고의 뒷부분이 뜨거운 까닭은 응축기에서 액화가 일어나면서 열이 방출되기 때문이다. 응축기에서 액체가 된 냉매는 모세관을 지나면서 압력이 낮아지고 증발기에서 증발하게 되는데, 이때 주변의 온도를 흡수하는 증발열 때문에 냉장고 간이 시원해지는 것이다.

물의 상평형 Phase equilibrium

적절한 온도와 압력에서 물질이 다양한 상태로 존재할 때 상평형이라고 하고, 상평형 그림을 통해 그래프로 나타낸다.

물의 상평형

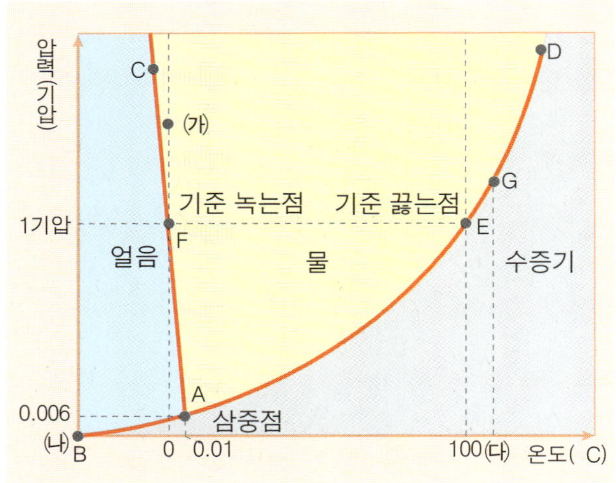

🔺 물의 상평형

곡선 AD는 물의 증기 압력 곡선으로 이 곡선상의 온도와 압력에서는 액체인 물과 기체인 수증기가 함께 존재한다. 점 E는 1기압에서 물의 끓는점이 100℃로 이 온도에서 물은 액체와 수증기로 평형을 이룬다. 물의 증기 압력이 E에서 G로 높아지면 물의 끓는점도 100℃에서 (다)로 높아진다.

곡선 AC는 얼음과 물의 상태가 함께 존재하는 융해 곡선으로 점 F는 1기압에서 얼음의 녹는점이 0℃임을 나타낸다. 융해 곡선에서 얼음의 압력을 (가)로 높이면 얼음이 녹아 물이 된다. 이는 얼음의 결합 모양 때문이다. 얼음이 육각 모양으로 결합하면 빈 공간이 생기기 때문에 압력을 가하면 분자의 결합이 깨지기 때문에 물이 되는 것이다.

곡선 AB는 얼음과 물이 함께 존재하는 승화 곡선이다. 승화 곡선에서 얼음의 증기 압력을 (나)로 낮추면 얼음이 승화되어 수증기가 된다. 점 A는 물의 상중점으로 0.006 기압, 0.01℃의 조건에서 얼음, 물, 수증기 세 가지 상이 존재한다.

이산화 탄소의 상평형

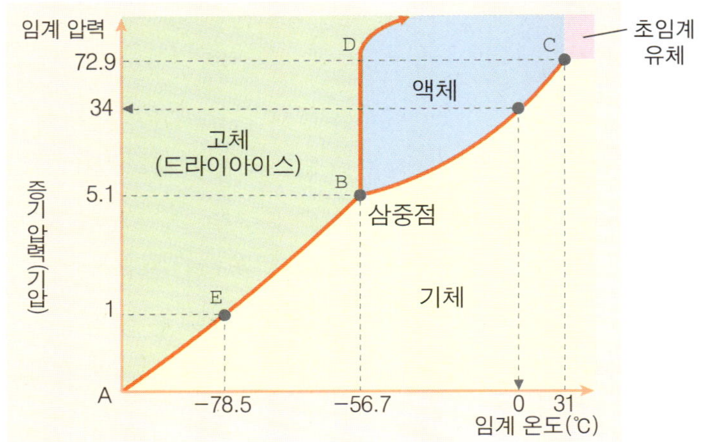

🔵 이산화 탄소의 상평형

이산화 탄소의 상평형 그림을 보면 곡선 BD는 융해 곡선으로 압력이 커질수록 온도가 높아진다. 이는 압력이 증가하면 녹는점(어는점)이 높아진다는 뜻이다. 이처럼 대부분의 물질은 압력이 커질수록 녹는점(어는점)이 높아진다.

점 B는 이산화 탄소의 삼중점이다. 이산화 탄소는 삼중점 이하의 온도에서는 액체 상태가 존재하지 않는다. 이산화 탄소의 삼중점은 5.1기압의 −56.7℃이다. 즉, 5.1기압 이상의 온도에서는 액체 상태의 이산화 탄소가 존재하는 것이다. 초임계 유체는 액체와 기체가 더 이상 구분되지 않는 상태이다.

물과 이산화 탄소의 상평형 비교

물과 이산화 탄소의 상평형 그림을 비교해 보면 물의 경우 압력이 커지면 녹는점(어는점)이 낮아지고, 이산화 탄소는 압력이 커지면 녹는점(어는점)이 높아진다.

반면에 물과 이산화 탄소는 모두 압력이 커지면 끓는점도 높아진다. 이는 압력이 커질수록 액체 분자 사이의 거리가 가깝고 결합이 강해지기 때문에 분자의 결합을 끊고 기체가 되기 위해서는 더 많은 열에너지를 필요로 하기 때문이다.

압력에 따른 얼음의 상태 변화

일정한 온도에서 물과 수증기의 상평형은 다음과 같다.

$$물 \quad H_2O(l) \longleftrightarrow \quad 수증기 \quad H_2O(g)$$

온도와 압력이 변하면 물질의 상태도 변한다. 고체인 얼음을 가열하면 액체인 물을 거쳐 기체 상태인 수증기가 된다.

상평형 그림을 보면 주어진 온도와 압력에서 어떤 물질이 어떤 상태로 존재할 것인지, 또한 물질의 상태가 어떻게 변할 것인지를 알 수 있다.

압력에 따른 얼음의 상태 변화를 알아보기 위해 다음과 같이 양 끝에 추를 매단 가는 철사를 얼음 위에 걸쳐 놓는다. 철사에 닿는 부분의 얼음은 높은 압력으로 인해 얼음이 녹아 물이 되어 철사가 지나갈 수 있다. 철사가 지나간 다음에는 고체 상태의 얼음이 된다. 이와 같이 물질은 압력에 따라 상태가 변한다.

한 물질이 어느 상태에 속하는지는 온도와 압력에 따라 결정된다.

◎ 압력에 따른 얼음의 상태 변화

스케이트의 비밀

스케이트가 얼음판 위에서 빠르게 미끄러지는 까닭은 물의 상평형과 관련이 깊다. 얼음은 압력을 가하면 녹는점이 낮아져 물로 융해된다. 따라서 얇은 스케이트 날을 신고 빙판 위에 올라서면 압력에 의해 부분의 얼음이 녹게 되고 이때 생기는 물에 의해 쉽게 미끄러진다. 이러한 이론은 1849년 영국의 과학자 캘빈에 의해 알려졌는데, 그는 '압력 녹음' 현상이라 칭하며 스케이트의 원리를 설명하였다. 하지만 최근 이에 대해 반박하는 이론이 발표되었다.

2005년 미국 로렌스 대학교의 교수 로젠버그는 '압력 녹음' 원리로 스케이트의 미끄러짐을 설명할 수 없다고 주장하였다. 그의 이론에 따르면 가벼운 어린이가 운동화를 신고 빙판 위에 올라선 경우도 스케이트 선수가 스케이트를 신고 빙판 위에 올라설 때처럼 미끄럽다는 것이다. 즉, 압력 때문에 얼음이 녹아서 미끄러운 것이라면 가벼운 어린이는 미끄러지지 않아야 한다는 것이다. 압력으로 인해 얼음을 녹이는 것에는 한계가 있는데 몸무게가 68 kg인 선수가 스케이트를 신고 빙판에 올라섰을 때 얼음의 녹는점은 약 영하 0.017℃ 정도가 된다고 한다. 고작 0.017℃ 정도가 낮아지는 것이면 영하 2℃ 정도만 되어도 얼음에는 물이 생길 수 없다는 것이다.

이에 최근 다시 주목받고 있는 이론이 있는데 1850년대에 패러데이(Faraday, Michael: 1791~1867)가 제안한 것으로 얼음이 본래 얇은 물로 덮여 있다는 주장이다. 얼음 내부의 분자들은 물 분자들과 사방으로 연결되어 얼음을 결합하고 있지만 얼음의 표면 분자들은 위로는 기체와 닿아 있기 때문에 결합을 형성하지 못한다. 따라서 완전한 얼음이 되지 못하고 액체 상태를 유지하고 있다는 것이다. 이처럼 아직까지 스케이트의 완벽한 비밀은 알 수 없지만 중요한 것은 물의 성질 덕분에 스케이트를 즐길 수 있다는 사실이다.

부식과 합금

금속이 자발적으로 산화되는 것이 부식이고, 금속의 단점을 보완하기 위해 여러 금속을 섞어 만든 금속을 합금이라고 한다.

금속의 반응성

금속이 부식한다는 것은 다른 물질과 반응하여 산화되었다는 것을 의미한다. 금속이 이온으로 되려는 성질을 금속의 이온화 경향이라고 하며, 이는 금속의 종류에 따라 다르게 나타난다. 금속은 이온화 경향이 클수록 반응성이 크고, 부식이 잘 된다.

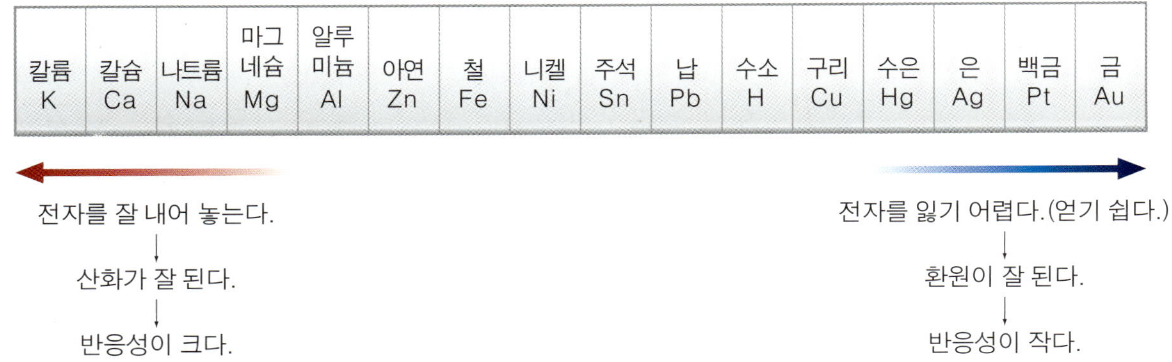

위 그림에서 왼쪽으로 갈수록 금속의 반응성이 커져 부식이 잘 되고, 오른쪽에 있는 금속일수록 반응성이 작아서 금속이 잘 부식되지 않는다. 금속의 반응성은 상대적인 값이기 때문에 두 금속이 함께 연결되어 있다면 반응성이 큰 금속은 부식되고, 반응이 작은 금속은 부식되지 않는다.

음극화 보호

음극화 보호는 왼쪽 그림과 같이 산화되기 쉬운 금속에 반응성이 더 큰 금속을 연결하여 금속이 녹스는 것을 막는 것이다. 왼쪽 그림을 보면 기름 탱크는 철로 되어 있는데 철은 녹슬기 쉽기 때문에 철에 녹이 스는 것을 방지해야 한다. 이것을 음극화 보호라고 한다.

음극화 보호는 철보다 반응성이 큰 금속인 마그네슘을 연결하면 마그네슘이 산화하면서 전자가 철로 이동한다. 철은 전자를 받아 녹슬지 않게 되고 마그네슘은 녹슬게 된다. 이렇게 함으로써 부식할 때마다 기름 탱크를 바꾸는 대신 마그네슘을 교체하는 방법으로 철의 부식으로 인한 피해를 최소화할 수 있다.

양철(주석판)과 함석(아연 도금 철판)

철은 우리 생활에서 매우 다양하게 쓰이는 금속이지만 부식이 잘 되기 때문에 부식을 방지하기 위한 방법이 다양하게 활용된다. 철은 물과 산소가 있을 때 부식이 잘 되는데 이러한 물질과의 반응으로부터 보호하기 위해 양철과 함석을 활용한다. 두 방법 모두 철을 보호하기 위해서 다른 금속을 입힌 형태이지만 그 특징에 차이가 있다.

🔺 양철의 활용 – 통조림 캔

양철은 철에 주석을 입힌 금속이다. 주석은 이온화 경향이 작은 금속으로 반응성이 낮은 편이기 때문에 잘 부식되지 않는다. 따라서 부식되지 않는 금속이 둘러싸고 있는 철도 잘 부식되지 않게 된다. 하지만 만약 양철에 흠집이 생긴다면 양철보다 부식이 잘 되는 철이 부식이 더 빨리 되는 부작용이 생길 수 있다. 양철은 통조림 캔의 재료로 가장 널리 사용된다.

🔺 함석의 활용 – 함석 지붕

함석은 철에 아연을 입힌 금속이다. 함석 표면에 보이는 꽃 모양 무늬는 아연의 결정이다. 아연은 부식이 잘 되는 금속이지만 얇은 막을 형성하여 철을 보호한다. 따라서 철이 부식하지 않게 된다. 만약 함석에 흠집이 생긴다고 할지라도 아연이 철보다 부식이 잘 되기 때문에 철 대신 아연이 부식되어 철의 부식을 최소화할 수 있게 된다.

합금

서로 다른 금속을 섞어 만든 금속 혼합물을 합금이라고 한다. 원래 금속 원자 사이의 배열에 새로운 금속 원자가 결합하게 되면 결합의 세기가 달라지기 때문에 새로운 성질을 갖는 금속이 된다. 주변에서 쉽게 볼 수 있는 합금에는 스테인리스강, 망가니즈강, 청동, 백동, 황동, 양은, 니크롬, 땜납, 아말감 등이 있다.

예로 땜납은 납과 주석의 혼합물로 만들었다. 순수한 납의 녹는점은 328℃로 쉽게 녹지 않지만, 땜납은 녹는점이 200℃ 정도로 낮아져 쉽게 녹일 수 있다.

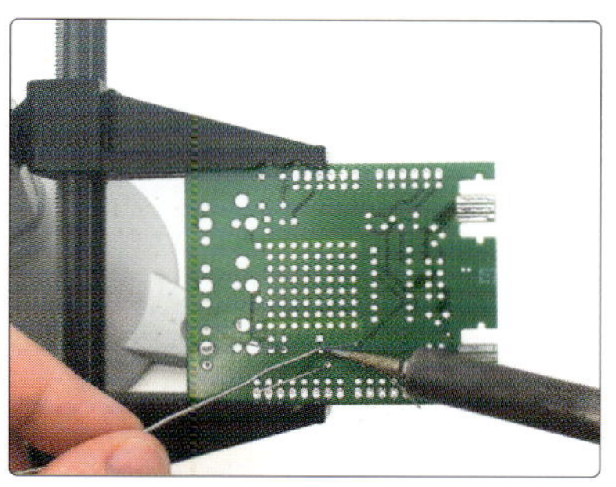

🔺 땜납

터미네이터의 T-1000, 정말 가능할까

영화 터미네이터를 보면 T-1000이라는 악당이 나온다. 이 악당은 총알에 의해 몸이 뚫려도 순식간에 몸이 다시 본래의 모습으로 회복되는 성질을 가졌다. 과학 기술이 지금보다 더 발달한다면 이런 로봇을 만들 수 있을까? 그 가능성은 형상 기억 합금에 달렸다고 볼 수 있다. 형상 기억 합금이란 자신의 모양을 기억했다가 온도가 변화되어 모양이 바뀌어도 원래 온도가 되면 본래의 모습으로 돌아오는 합금을 말한다.

1938년, 미국 하버드 대학교의 그래닝거 교수와 무래디언 교수에 의해 금속에 형상 기억 성질이 있다는 것이 처음 알려진 후, 1963년 미국의 뷸러는 형상 기억 합금을 만드는 데 성공하였다. 하지만 아직까지는 기술적인 한계가 있어 다양한 분야에 사용되지 못하고 있지만, 기능성 속옷, 치아 교정틀, 안경테 등 점차 그 한계를 극복하기 위한 연구가 계속되고 있다. 가까운 미래에 완벽한 형상 기억 합금을 발명하게 되면 인류의 삶에 큰 영향을 줄 수 있을 것이다.

화장품과 향수

화장품과 향수는 화학 기술을 이용한 것으로, 피부 건강, 개성 표현, 미의 추구 등을 위해 사용된다.

화장품의 원리

화장품의 종류와 용도는 매우 다양하지만, 기본적으로 피부의 건강을 유지하거나 피부를 아름답게 보이기 위해 사용한다.

오래전부터 아름다움은 인류가 꿈꾸던 중요한 가치 중 하나였기 때문에 아름다워 보이고자 다양한 노력을 하였다. 물과 기름이 섞일 수 있도록 하는 유화제의 발견 이후, 화장품의 개발이 본격적으로 이루어졌다. 피부의 건강 유지를 위해서는 수분 유지가 중요한데 기름 성분이 피부의 수분 증발을 막아 준다.

화장품은 기본적으로 수분, 기름, 유화제, 각종 첨가제로 이루어져 있다. 첨가제는 피부의 영양 공급을 위한 물질이나 노화 방지, 자외선 차단, 주름 개선 등 화장품의 용도와 목적에 따라 다양한 화학 물질이 사용되는데, 최근에는 이러한 화학 물질의 사용이 오히려 피부의 건강을 해칠 수 있다는 연구 결과도 나오고 있어 주의해서 사용해야 할 것이다.

● 어러 가지 화장품

고대의 화장품

● 엘리자베스 1세

클레오파트라는 납을 이용해 화장을 했다고 하고, 1500년대 영국의 엘리자베스 1세 여왕은 몸을 하얗게 보이게 하기 위해서 온몸에 수은을 발랐지만 부작용으로 머리가 빠져 가발을 사용했다고 한다. 하지만 납이나 수은은 인체에 매우 유해한 중금속으로 치명적인 부작용이 있었을 것이라고 한다. 아름다움에 대한 지나친 추구가 인간의 생명에 부정적인 영향을 끼친 것이다.

오늘날에도 사람들은 아름다움을 위해서 다양한 방법으로 노력하지만 이것 역시 과학 기술이 더 발전할 미래에서 돌아볼 때는 아름다움에 대한 욕심이 또 되풀이되는 것은 아닌지 생각해 보아야 할 것이다.

용어 풀이

- **첨가제**: 물질의 단점을 보완하여 더 좋게 고치기 위해 첨가하는 물질
- **납**: 실온에서 청백색의 광택을 내고, 아주 잘 늘어나고 펴지는 금속으로 우리 몸에 축적되면 중독 증상이 발생한다.
- **중금속**: 납, 수은, 카드뮴, 주석, 아연, 니켈 등의 금속 원소로 아주 적은 양이라도 사람의 몸속에 들어오면 배설되지 않고 쌓여 부작용을 일으킨다.

향수의 원리

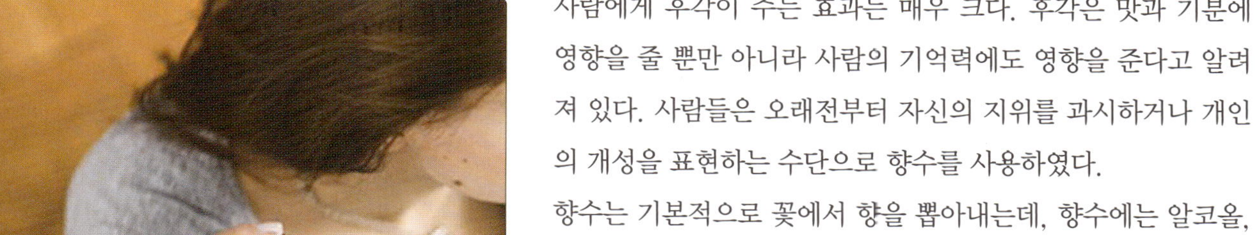

사람에게 후각이 주는 효과는 매우 크다. 후각은 맛과 기분에 영향을 줄 뿐만 아니라 사람의 기억력에도 영향을 준다고 알려져 있다. 사람들은 오래전부터 자신의 지위를 과시하거나 개인의 개성을 표현하는 수단으로 향수를 사용하였다.

향수는 기본적으로 꽃에서 향을 뽑아내는데, 향수에는 알코올, 정유향, 물 등이 들어 있다. 또한 향은 한 가지 향만 포함된 것이 아니라 가장 기본이 되는 향, 지속력이 중간쯤 되는 향, 지속력이 짧은 향 등으로 나누어진다. 향수는 뿌린 시간의 흐름에 따라서 향이 조금씩 달라진다.

따라서 향수를 만드는 일은 다양한 향기를 혼합하여 원하는 향을 내는 정유향을 만들고 이를 알코올과 적절하게 섞어 향기의 확산 시간과 강도까지 고려해야 하는 매우 복잡하고 과학적인 과정이다.

곤충이 뿌리는 향수, 페로몬

사람이 말이나 몸짓을 통해서 의사 소통을 하듯, 곤충도 페로몬이라는 물질을 분비하여 의사를 전달한다.

페로몬이라는 물질은 일종의 화학 물질로, 해당 생물이 내뿜는 향기라고 볼 수 있다. 페로몬은 다른 이성을 유혹하는 수단으로 활용되기도 하고 먹이를 발견하였을 때 동료들이 찾아올 수 있도록 안내하는 길의 역할을 하기도 한다. 또 적의 침입과 같은 긴급한 상황에서 위험 신호로 사용되기도 한다.

페로몬은 곤충의 생존과 집단의 유지에 매우 중요한 요소가 된다. 이러한 곤충의 특이성을 바탕으로 최근에는 사람에게도 페로몬이 분비되는가에 대한 연구가 많이 진행되고 있다.

🐟 IF

음식에 향기가 없다면

우리가 먹는 거의 모든 음식에는 고유의 향이 있다. 맛과 생김새가 음식의 선택에 중요한 가치가 되는데 그만큼 음식의 향기도 매우 중요한 역할을 한다. 그리고 실제로 음식 맛의 80%를 냄새가 좌우할 정도로 냄새가 음식의 맛에 미치는 영향은 절대적이다.

우리가 감기에 걸려 맛에 둔감해지거나 코를 막고 음식을 먹으면 어떤 음식을 먹었는지 맞히지 못하는 실험을 통해서 이를 확인할 수 있다.

따라서 만약 음식에 향기가 없다면 다양한 음식을 통해 맛볼 수 있는 고유의 향과 맛을 느낄 수 없을 것이고, 사람들이 음식을 선택하고 만드는 기준도 매우 간단해질 것이다.

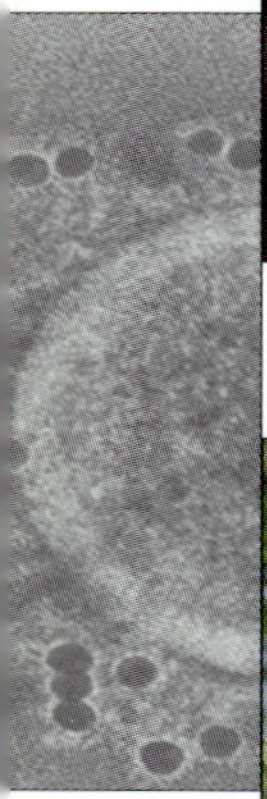

집필하신 분

정일섭
전주교육대학교 졸업
원광대학교 교육대학원 교육행정 석사
전 서울인헌초등학교 교장

박병태
서울교육대학교 졸업
단국대학교 과학교육과 박사
현 서울청파초등학교 교감

전성수
진주교육대학교 졸업
한국교원대학교 초등과학교육과 박사
현 경남회원초등학교 교사

김종철
서울교육대학교 졸업
한국교원대학교 초등과학교육과 석사
현 서울도성초등학교 교사

이지훈
진주교육대학교 졸업
현 경남회원초등학교 교사

정선라
서울교육대학교 졸업
충북대학교 천문학과 박사
현 서울강월초등학교 교사

김현이
서울교육대학교 졸업
서울교육대학교 과학교육과 석사
현 서울석촌초등학교 교사

이민규
서울교육대학교 졸업
서울교육대학교 초등영재교육과 석사
현 서울숭신초등학교 교사

김민성
서울교육대학교 졸업
서울교육대학교 초등과학영재교육과 석사
현 서울명신초등학교 교사

김오범
광주교육대학교 졸업
한국교원대학교 과학교육과 박사
현 경기문발초등학교 교사

개념으로 풀어 쓰는 과학 1 (생명 과학/화학)

1판 2쇄 인쇄 | 2016년 4월 12일
1판 2쇄 발행 | 2016년 4월 18일

엮은이 | (주)교학사
펴낸이 | 양진오
펴낸곳 | (주)교학사

기획 | 김현기
교정 | 홍애영 · 김진우 · 김유승
디자인 | (주)교학사 디자인센터

출판 등록 | 1962. 6. 26.(18-7호)
공장 | 서울특별시 금천구 가산디지털 1로 42
사무소 | 서울특별시 마포구 마포대로 14길 4
영업 문의 | 02-7075-147
내용 문의 | 080-7075-352(수신자 부담)
누리집 | www.kyohak.co.kr